하워드 가드너 심리학 총서 2

인간은 어떻게 배우는가

하워드 가드너 심리학 총서

— 학습편 —

인간은 어떻게 배우는가
The Disciplined Mind

하워드 가드너 지음 | 류숙희 옮김

사회평론

나의 부모님 힐데 가드너와 랠프 가드너
사랑하는 아내 엘렌 위너
사랑하는 우리 아이들 케리스, 제이, 앤드루, 벤저민
그리고 미래 세대에게

◈ 차례

6장 이해를 위한 교육 183

7장 성공적인 교육을 위해 221

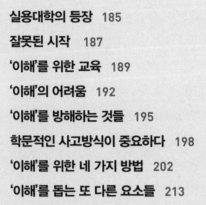

11장 마무리하며 393

감사의 말

나는 인지과학과 생물학에 관하여 30년 이상 해왔던 연구들과 대학 이전까지 15년 이상 내가 받아온 교육을 이 책에서 종합해 보고자 했다. 많은 사람들이 이 책에 담긴 사고과정에 도움을 주었고 또 여러 기관에서 나의 연구에 아낌없는 지원을 해주었다. 그 모든 분들께 일일이 감사를 표할 방법이 없다는 것이 안타깝다. 그러나 이 책의 모든 장에 영향을 끼친 나의 스승이자 친구인 제롬 브루너 선생께는 특별히 감사를 드리고 싶다.

덧붙여 나는 이 책의 초고를 읽고 실질적인 비평을 해주었던 동료들에게 감사하고 싶다. 토머스 암스트, 베로니카 보와 만실라, 퍼트리샤 볼라노스, 미하이 칙센트미하이, 윌리엄 데이먼, 퍼트리샤 그라한 …… 그리고 엘렌 위너에게 감사한다. 또한 나는 열정을 가지고 있는 헌신적인 두 연구조교 리사 브로머와 알렉스 치점(알렉스는 부록에서 보듯이 모차르트의 악보를 멋있게 재생하여 준비해주었다.) 그리고 출판사 사이먼 앤 슈스터의 재능 있는 교정자 졸란

타 베낟에게 감사하며, 퓨 포럼의 교육개혁위원들께도 감사한다. 마지막으로 아틀라스 커뮤니티 프로젝트와 세미나에서 함께 일했던 많은 동료들, 아틀라스 프로젝트의 연구기금을 제공해준 뉴 어메리칸 스쿨과 맥아더 재단, 록펠러 재단, 스펜서 재단에도 감사드린다. 이 모든 사람들과의 7년의 작업과 논의가 없었다면 이 책은 존재하지 않았을 것이다.

매사추세츠 케임브리지에서

2000년 6월

1장

모든 이들을 위한 교육

최종적으로 교육이란 세상의 젊은이들이
그렇게 되어주길 바라는 인간상을 만드는 것이다.

모두를 위한 좋은 교육은 있다

◇ 🌸 ◇

나는 교육에 깊은 관심을 가진 심리학자로서 세계적으로 교육 문제에 대한 관심이 높아지고 있는 것을 반갑게 생각하고 있다. 그동안 미주 지역을 여행하거나 유럽, 남미, 극동아시아를 방문하면서 이 나라들의 교육에 대한 견해에 일치하는 부분이 있음을 발견하고 놀라곤 했다. 그것은 국가 교육 시스템의 질이 앞으로의 국가 성공을 결정하는 주요 요인 중 하나, 어쩌면 가장 중요한 요인이라는 신념이다.

그러나 또한 좌절감을 느끼기도 한다. 교육에 관한 많은 논의가 여전히 너무 협소한 관점에서 이루어지고 있기 때문이다. 솔직히 나는 교육자들이 도구적이거나 일시적인 부분에 초점을 두고 쓴 글에 염증을 느낀다. 아이들을 사립학교에 입학시키는 데 바우처(저소득층 학비 지원)를 주어야 하는가? 차터스쿨(교육부의 통제를 받지 않는 특수 목적 공립 초·중등학교)의 장점은 무엇인가? 교사단체가

　　　　　　　　　1장 모든 이들을 위한 교육

문제를 일으키는가? 그렇다면 그 해결책은 무엇인가? 교사 자격증은 대학 수준이나 대학원 수준에서 주어져야 하는가, 아니면 교육현장을 경험한 후에 주어져야 하는가? 컴퓨터나 인터넷을 통한 교육은 어느 정도의 비율로 이루어져야 하는가? 이에 대해 지방 정부의 감독, 국가적 표준, 나라 간의 비교가 필요한가? 나는 이런 주제들에 무척 싫증이 난다. 또한 전통주의 대 진보주의, 언어교육의 발음 중심 교수법phonics 대 총체적 언어 접근법whole language 등의 교육철학적 논쟁에도 지쳤다.

이러한 논쟁들이 중요하지 않은 것은 아니지만, 가장 중요한 질문에서 벗어나 있다. 교육의 목적, 즉 모든 사회가 젊은이들의 교육에 재정적·인적 자원을 쏟아붓는 이유를 고려하지 않고 있다. 나는 여러 해 동안 교육을 연구하고, 교육에 대한 글을 쓰고, 전 세계 수백 개의 학교를 방문하면서 이 문제에 대해 나름의 결론을 내렸다. 그 결론은 지극히 개인적인 것이다. 그리고 어떤 면에서 이 책은 나의 네 아이와 그 후손들을 위한 것이다. 하지만 그와 동시에 이 책을 보편적인 것으로 만들어, 교육에 관심을 둔 전 세계의 사람들에게 알리기 위해 쓰고 있다. 이번 장의 제목처럼 나의 궁극적인 관심은 '모든 이들을 위한 교육'이기 때문이다. 나는 오직 하나의 이상적인 교육이 있다고 생각하지 않는다. 그런 생각은 순진하다. 다만 전 세계 어디서나 통하는 좋은 교육을 만드는 특정 요소가 있으며, 더 나아가 궁극적으로 그러한 좋은 교육이 있다고 믿는다.

좋은 교육을 위한 요소

◇❀◇

나는 사람들이 교육의 핵심적인 내용, 즉 교육내용을 어떻게 표현하고 숙련하고 사용하며 다른 사람에게 어떻게 전달해야 하는가에 중점을 두기를 바란다. 특히 나는 교육에 활력을 불어넣을 세 가지 중요한 요소가 있다고 믿는데, 여기에는 아주 예전부터 이어져 내려온 명성과 역사가 깃들어 있다. 그 세 가지는 바로 진실truth, 아름다움beauty, 선함morality이다. 진실의 영역은 무엇이 틀린 것이고 무엇이 불확실한 것인지 알려준다. 아름다움의 영역은 추악하고 저속한 경험이나 대상이 무엇인지 알게 해준다. 그리고 선함의 영역은 선한 것이 무엇이고 악한 것이 무엇인지 깨닫게 해준다.

각 영역에 포함되는 것들을 분명하게 하기 위해 앞으로 제시할 세 가지 예의 의미를 독자들이 온전하게 이해하기를 바란다.

우선 '진실'의 문제와 관련해서는 '진화론'을 예로 다룰 것이다. 진화론은 찰스 다윈Charles Darwin이 처음 발표한 후 지난 150년에 걸쳐 여러 과학자들에 의해 발전되었다. 진화론은 과학에서 중요한 이론이며 특히 발달심리학에 있어서 더욱 그렇다. 만일 어떤 사람이 종species, 변이variation, 자연선택natural selection, 적응adaptation이라는 진화론의 핵심 개념[1]과 그 발견 과정을 이해하지 못한다면, 또 특정한 생태학적 지위에 있는 개체 혹은 집단이 끊임없이 벌여온 생존경쟁을 이해하지 못한다면, 그 사람은 우리가 속해 있는, 살아 숨 쉬는 세계를 이해할 수 없다.

무수히 많은 신진 과학자들에게 그랬던 것처럼, 진화의 과정은 그 자체로 대단히 매력적이다. 과학자들뿐만 아니라 일반인들도 현대사회에 의미 있게 참여하기 위해서는 이 부분에 대한 이해가 필요하다. 진화에 대해 이해하지 못한다면, 오늘날 인간에게 영향을 미치는 다양한 주제들을 체계적으로 생각할 수 없다. 즉 복제의 이점과 위험, 유전 질환 상담과 유전자 치료 및 여러 우생학적 유형의 타당성, '생명체' 같은 개체들이 컴퓨터 작업으로 창조되고 이 물체가 유기체처럼 진화한다는 주장, 인간행동은 사회생물학 또는 진화심리학에 의해 가장 잘 설명될 것이라는 주장 등에 대해 체계적으로 사고할 수 없게 된다.[2]

'아름다움'에 대해서는 모차르트의 음악, 특히 오페라 〈피가로의 결혼〉을 예로 들 것이다. 이 오페라를 선택한 이유는 그저 나의 개인적인 선호 때문이다. 나는 고전음악 중에서도 특히 모차르트의 음악을 사랑한다. 적어도 나에게는 그것이 인간이 만들어낼 수 있는 아름다움의 최고 경지다. 나는 모든 사람들이 〈피가로의 결혼〉 같은 훌륭한 작품들을 이해해야 한다고 생각한다. 그 섬세한 예술적 언어, 풍부한 감정을 가진 현실적인 인물에 대한 묘사, 한 시대를 환기시키는 탁월한 표현을 이해해야 한다.

이러한 '이해'는 그 자체로 보상을 가져다준다. 즉 전 세계 수백만 명의 사람들은 모차르트의 음악을 듣거나 다양한 문화의 다른 예술 걸작에 몰두함으로써 풍부한 교양을 쌓았다. 여기서 더 나아가 모차르트의 업적을 정교하게 이해하게 되면, 생소한 예술에 익숙해지고 아름다운 것을 새롭게 창조할 영감을 얻을 수도 있을 것이다. 또한 이와 같은 '이해'는 우리가 시민으로서 내리는 결정과 관련이 있다. 어떤 예술, 어떤 예술가 혹은 어떤 창조적인 작업을 하는 사람을 지원할 것인가, 어떻게 그들을 지원할 것인가, 그들이 새로운 일을 하도록 용기를 북돋워 줄 최선의 방법은 무엇인가, 누군가가 예술적 창조를 하는 것을 검열하거나 규제할 수 있는가, 만약 그렇다면 누가 그럴 수 있을 것인가, 그리고 학교에서 혹은 방과 후에 예술을 가르쳐야 하는가 아니면 가르쳐서는 안 되는가 등에 대한 결정 말이다.

마지막으로 '선함'의 영역에 대한 예로서 제2차 세계대전과 홀로코스트(유대인 대학살)라고 알려진 일련의 사건들을 이해하기 바란다. 나치가 유대인 등에게 저지른 이 조직적인 살해는 나에게 개인적으로 특히 중요하다. 우리 집안이 독일에서 이민을 왔고 가족 중 몇 사람은 그 홀로코스트의 희생자가 되었기 때문이다. 인간이란 존재가 때로는 은밀하게, 때로는 심지어 긍지를 가지고 이런 일을 저지를 수 있다는 것을 사람들이 이해할 필요가 있다. 홀로코스트는 인간의 전례 없는 잔인함을 보여주는 것으로 통상 알려져 있지만, 그 비극적 상황에서도 선하고 영웅적인 행동이 곳곳에서 일어나기도 했다.

과학과 예술을 공부하는 것과 마찬가지로 역사적인 사건을 공부하는 것도 본질적으로 매력적일 수 있다. 그러나 역사적 이야기에는 좀 더 폭넓은 의미가 담겨 있다. 나는 우리가 역사적으로나 동시대적으로 혹은 예술 작품 속에서 사람들이 여러 가지 압박과 딜레마를 어떻게 다루는지 이해해야만 삶의 여정을 제대로 계획

할 수 있으며 중요한 결정을 내릴 수 있다고 생각한다. 이런 이해가 있어야 비로소 충분한 지식을 가지고 제2차 세계대전 중에 벌어진 개인이나 국가의 과실에 대한 당대의 토론과 결정에 참여할 수 있다. 또 이러한 이해를 통해서만 르완다와 옛 유고슬라비아에서 발생한 대량학살에 맞서고 학살자들을 처벌하기 위해 인류가 져야 할 책임에 대해 숙고할 수 있게 된다.

진실, 아름다움, 선함과 관련해 내가 제시한 인상적인 사례들을 깊이 이해하는 것은 인간 고유의 권리라고 할 만큼 의미 있는 일이다. 그러나 동시에 이러한 이해는 생산적인 시민의식을 위해서도 필요하다. 수 세기에 걸쳐 발전된 생각의 방식과 그에 대한 훈련_{disciplines}은 어떤 주제에 대해서든지 우리가 그것을 대할 때 가장 좋은 도구가 된다. 이러한 이해 없이는 우리가 살아가고 있는 이 세상에 완전하게 참여할 수 없다.

이 유명한 사례들은 꽤 널리 잘 알려져 있다고 생각할 것이다. 하지만 미국인들 두 명 중 한 명, 특히 과학 교사들 중 20퍼센트가 진화론이 옳지 않다고 생각한다는 것을 알면 깜짝 놀랄 것이다.[3] 과학자 칼 세이건^{Carl Sagan}에 따르면, 미국인의 9퍼센트만이 인류가 신의 개입 없이 고대의 생명체에서 천천히 진화했다고 믿는다.[4] 홀로코스트에 대해서도 스웨덴의 고등학생 중 1/3이 그런 사건은 일어난 적이 없다고 생각한다. 이와 비슷한 의구심이 미국의 다양한 집단에서도 나타난다. 미국인의 20퍼센트가 홀로코스트 당시에 어떤 일이 일어났는지 모른다고 했고, 70퍼센트는 그 사건에 대해 더 알고 싶어 했다.[5] 해밀턴 대학의 철학 교수인 로버트 사이먼^{Robert Simon}에 따르면, 자신이 가르치는 미국 학생의 10~20퍼센트가 나치의 인종말살 정책에 대해 옳지 못한 일이라고 선뜻 말하지 못했다고 한다.[6]

앞의 세 가지 사례에 대한 사람들의 다음과 같은 반응을 예상하는 것은 어렵지 않다. 이것이 과연 모두를 위한 교육인가? 이런 질문은 시간적인 제약(현대라는 시대)과 공간적 제약(서유럽과 그 영향을 받은 공간) 그리고 심지어 저자인 나의 개인적 관심이라는 제약에서 비롯되는 것이다.

사람들의 말처럼 이러한 지적은 옳기도 하고 그르기도 하다. 사람들이 진화, 모차르트, 홀로코스트라는 주제에 깊이 몰두한다면 진심으로 기쁠 것이다. 개인의 인식 지평을 넓히는 데 있어 더 나쁜 방법들도 있다. 그러나 이러한 주제 선택이 특권적인 것도, 유일한 것도 아니라는 점을 명심할 필요가 있다. 서양 문화권에는 그 밖에도 수많은 중요한 과학이론(두 가지만 예를 든다면, 뉴턴의 역학과 판 구조론)이 있다. 다른 독자적인 예술 업적(미켈란젤로, 렘브란트, 셰익스피어 혹은 조지 엘리엇의 작품)도 있으며, 도덕적 사고를 필요로 하는 그 밖의 다른 역사 사건들(프랑스혁명과 공산주의 혁명, 미국의 노예해방운동)도 있다. 그리고 다른 문화적 전통에도 진실, 아름다움, 선악을 다루는 풍부한 사례들이 있다. (진실에 관한 사례로는 민간 치료법과 중국의 전통 한의학 등을 들 수 있으며, 아름다움에 관한 것으로는 먹과 수묵화, 아프리카의 북 음악이 있다. 그리고 선악에 대해서는 자이나교의 교훈, 폴 포트의 이야기와 마오쩌둥의 문화혁명, 보살의 자비로움 등이 그 예가 될 수 있다.)

모든 사람들이 하나의 종種을 구성하는 것이 무엇인지 설명할 수 있어야 한다는 것은 아니다. 또한 〈피가로의 결혼〉에서 멜로디의 전개 과정과 사랑의 복잡한 관계의 변화를 연결 지을 수 있어야 한다거나, 그렇게 많은 독일인들이 홀로코스트에 관여했던 이유를 분석해낼 수 있어야 한다고 말하는 것이 아니다. 단지 '모든 이들을 위한 교육'을 위해 '진실, 아름다움, 선함'을 통해 이해할 수 있는 인류의 중요한 업적을 깊이 있게 탐구해야 한다는 것이다.

이에 대해 다른 반대 의견도 있을 수 있다. '진실', '아름다움', '선함'이라는 범주가 시간과 문화의 제약을 받고 있지는 않은가 하는 점이다. 이 또한 타당한 지적이지만, 결정적이지는 않다. '진실', '아름다움', '선함'을 아우르는 개념들은 철학 중심의 문화를 반영한다. 실제로 이 미덕을 논의한 첫 번째 공식 기록은 약 2500년 전 그리스의 플라톤이 쓴《대화편》이다. 물론 다른 문화권에서도 다르게 표현하기는 했지만, 이 세 영역에 관한 비슷한 개념들이 발전되어왔다. 그러나 어떤 문화에서 가치를 결정하고 후손에게 전하고 처벌하거나 금지하는 신념과 관습은 각 문화가 가진 독특한 관점, 즉 세상이 어떤 모습이며, 어떤 모습이어야 하고 또 어떤 모습이어서는 안 되는지에 대한 관점을 나타낸다. 그리고 이러한 관점이 진실, 아름다움, 선함에 함축된 의미를 구체적으로 보여준다.

나의 이런 시도에는 더 중요한 다른 이유가 있다. 최종적으로 교육이란 세상의 젊은이들이 그렇게 되어주길 바라는 인간상을 만드는 것과 관련이 있기 때문이다. 나는 세상을 이해하는 사람, 그 이해를 바탕으로 살아가는 사람, 열렬하고 지속적으로 이해를 개선하려는 사람을 간절히 바란다. 그동안 세상을 세심히 연구하며 깊이 있게 살아왔던 사람들이 묘사한 대로, 학생들이 세상을 이해하는 법을 배워야만 이와 같은 시민들이 존재할 수 있다. 또 인류가 이루어온 지식의 산맥(정상, 계곡, 곧은 길, 구불구불한 길)에 익숙해지고 이전에는 기대하지 못했던 것을 포함해 인류의 가능성이라는 관점에서 자신의 삶을 관찰하는 것을 배워야 할 것이다. 이와 같은 지혜에 도달하는 다양한 방법이 있다는 것은 의심할 여지가 없지만, 이 책에서는 내가 좋아하는 길을 보여주고자 한다.

나는 독자들에게 익숙한 세 가지 교과서적인 예를 선택했다. 그러나 다시 강조하고 싶은 것은 이 세 가지가 절대적인 주제는 아니라는 것이다. 훗날 다른 책에서는 상대성 이론, 혁명 그리고 인도 음악 〈라가〉를 다룰 수도 있다. 그리고 그런 책이 나온다면 나는 아주 열심히 읽을 것이다.

이 책에 대하여

◇ ▩ ◇

이 책은 비록 개인적인 책이지만, 나 혼자만의 독특한 시각을 담고 있는 것은 아니라고 생각하고 싶다. 이 책은 과거의 교육적 시도에 대한 나의 분석과 과학이 인간의 마음과 문화에 대해 밝혀온 것들에 기초하고 있다. 다음의 두 장에서 나는 교육의 과거를 탐색하고 오늘날 교육에 가해지는 새로운 압력을 규명할 것이다. 세상이 오늘날처럼 빠르게 변한 적은 없었다. 우리는 명백하게 대조되지만 사실은 보완적인 두 가지 사항에 기반하여 교육을 할 필요가 있다. 그 한 가지는 시대를 초월한 인간의 조건이며, 다른 한 가지는 현재나 미래에 있을 압력, 도전 그리고 기회다. 이 두 개의 닻 없이는, 시대에 뒤떨어지고 파편적이며 순진하고 어리석을 뿐만 아니라 부적절한 교육을 하게 될 것이다.

이와 같은 영속적이면서 동시에 시류적인 교육의 측면을 살펴보기 위해서, 나는 과학과 인문학을 바탕으로 인간의 마음과 두뇌, 그리고 문화에 대해 현재 우리가 알고 있는 것들을 설명할 것이다. 이 각각의 관점이 가지고 있는 이점은 간과해서는 안 될 매우 중요한 것들이다. 마음과 두뇌에 관한 연구들(4장)은 인간이 어떻게 인식하고 이해하는가를 알려줄 것이다. 이 연구들은 각 개인마다 지식을 습득하고 그 지식을 정신적으로 표현하는 데 서로 다른 방법이 있다는 것을 보여준다. 또한 변화가 필요한 부분에 대한 효과적인 접근법을 제안하고는 있지만, 어린 시절에 형성된 세상에 대한 견해를 변화시키기는 어렵다는 사실을 알려주고 있다. 인간 문화에 대한 연구(5장)에서는 인류가 걸어온 교육 경로들을 하나씩 살펴볼 것이다. 어떤 사회에서는 교육의 매우 세세한 것까지 규정하지만, 학생들이 스스로 혹은 동료들과 함께 지식을 '구성해나가도록' 장려하는 사회도 있다.

종합해보면 인간의 마음/두뇌 그리고 문화의 스펙트럼이 교육의 가능성과 한계를 동시에 규정한다고 할 수 있다. 하지만 교육이라는 주제는 '본성'과 '양육'이라는 단순한 대비를 거부한다. 모든 이들을 위한 교육이란 금세기에 얻은 놀라운 지식들을 포함하는 동시에 그 토대 위에 세워져야 한다.

책의 후반부에서는 교실 안팎의 교육에 관한 쟁점을 직접적으로 다룰 것이다. 교실에서는 깊은 이해에 도달하기 어렵다는 사실이 이미 입증되었고, 최근에는 이러한 이해를 기르는 데 성공한 교육적 실험들도 많이 알려졌다. 지금은 이러한 발견을 검토하고 가장 강력한 통찰력을 바탕으로 한 교육을 구성해야 할 시점이다.

하지만 효과적인 교육이 무엇인지에 대해 추상적으로 설명하는 글들을 보면 종종 실망스러울 때가 있다. 구체적인 사례를 찾기 힘들기 때문이다. 나는 앞에서 소개한 사례를 가지고 이 세 영역에 대해 다시 논의할 것이다. 즉 새로운 통찰력을 바탕으로 진화, 모차르트, 홀로코스트처럼 중요한 쟁점과 문제를 깊이 이해하기 위한 교육을 어떻게 구성할 수 있는지 보여주고자 한다. 이것은 그 자체로 가치가 있으며 오늘날의(그리고 미래의) 세계에 의미 있게 참여할 수 있도록 해주기 때문이다.

이 세 가지 주제에 대한 조사는 내가 연구해온 강력한 아이디어 두 가지를 종합하려는 지속적인 노력의 결과이다.[7] 두 가지 아이디어란 '이해의 달성'과 '다중지능의 발견'을 의미한다. 나는 학생들의 다중지능을 활성화함으로써 교육자가 더 많은 학생에게 다가갈 수 있고 그들에게 훨씬 큰 영향을 줄 수 있다고 생각한다. 이에 대해서는 7, 8, 9장에서 더 자세히 이야기할 것이다.[8]

이 책의 마지막 부분에서는 까다로운 질문에 맞닥뜨리게 된다.

내가 바라는 교육이 어떻게 대규모로 이루어질 수 있느냐이다. 이에 대해 나는 최근 다른 이들과 함께한 유망한 교육 실험에 의지하려고 한다. 확실히 나에게는 내가 좋아하는 교육적 접근법이 있다. 따라서 어떤 의미에서 이 책은 그 방법을 지지하기 위해 작성된 변론이자, 그것이 어떻게 실현되는지에 대한 지침이기도 하다.

그러나 다양한 집단과 문화에서 나타나는 가치체계가 매우 큰 차이를 보이기 때문에, 어떤 이상적 형태의 교육을 발전시켜 전 세계에서 실행하는 것이 가능할지는 확신하기 어렵다. 아마도 그 편이 다행일지도 모르겠다. 세계가 하나의 교육 시스템으로 움직이거나 하나의 문화를 가지게 된다면 매우 지루한 세상이 될 것이다. 차라리 전 세계 인구의 필요와 욕구를 충족시키는 제한된 수의 강력한 접근방법을 만들어내는 것이 훨씬 더 실현 가능해 보인다. 나는 내가 선호하는 한 가지 경로를 포함해, 서로 다른 여섯 가지 교육 경로를 발전시키는 방법을 기술했다. 그리고 마침내 가치라는 필수불가결한 쟁점으로 돌아왔다. 즉 우리가 어떤 교육적 가치를 소중히 여기는지, 좋은 교육이 또한 모든 인류를 위한 '인문교육'임을 어떻게 확신할 수 있는지를 다룬다.

이 책을 읽기 전에

◇ ▒ ✧

우선 독자들이 이 책을 읽는 데 도움이 될 몇 가지 길잡이를 제시하고자 한다. 나는 이제 내 생각을 보여줄 이정표를 세울 것이다. 좀 더 쉽게 비유하자면, 교육에 대하여 내가 가진 패를 여러분께 선보일 것이다.

먼저 교육은 학교 그 이상으로 구성된다는 것이다. 내가 쓰고자 하는 것의 상당 부분은 교실에서 이루어지는, 혹은 이루어져야 하는 교육에 관한 것이다. 그러나 교육은 학교라는 공식적 기관이 생겨나기 훨씬 전부터 이루어졌고, 오늘날에 이르러서는 방송 매체 같은 다른 기관이 교육적 범위와 권한을 두고 학교와 경쟁을 벌이게 되었다.

또한 교육에 관한 논의는 인지의 영역, 심지어 특정한 학과에 제한되어 있다. 나의 학문 작업과 응용 작업도 이러한 방향에 국한된 것으로 비춰지기도 했다. 그러나 나는 교육이 동기, 정서, 사회적·도덕적 관습과 가치를 포함하는 더 넓은 시도라고 생각한다. 개인이 가진 이러한 측면들이 일상적인 실천으로 통합되지 않는 한, 교육은 효과가 없거나 더 심각하게는 인간성이라는 개념에 대립하는 개인을 만들어낼 것이다.

대체로 교육은 명시적이기보다는 암시적으로 이루어진다. 사람들이 도덕적으로 생각하고 행동하는 법을 배우기 위해 특정 교육과정을 거칠 수 있음은 분명하다. 일부 교훈적인 강의는 이에 적합하다고 할 수 있다. 그러나 인간은 주로 다른 대상을 관찰함으로써 배우는 동물이다. 사람들이 가치를 부여하는 것, 경멸하는 것, 매일매일 행동하는 방식 그리고 특히 아무도 보지 않는다고 생각될 때 하는 행동을 관찰한다. 계속해서 나는 특정 가치를 구현하고 있는 학교들, 더 정확하게는 학교 공동체와 특정한 미덕을

1장 모든 이들을 위한 교육

보여주는 교사들을 이 책에서 다룰 것이다. 마찬가지로 방송, 가정, 그 밖의 영향력 있는 교육기관도 보여줄 생각이다.

다음으로 나에게 붙어 있는 꼬리표에 대해 이야기해보자. 내가 쓴 상당수의 글들은 존 듀이John Dewey의 교육적 전통, 즉 진보주의적 혹은 신진보주의적 교육이라 불리는 것과 동일하게 비칠 수 있다. 하지만 나는 이러한 꼬리표와 함께 딸려온 (내게는 온당치 않아 보이는) 비판들을 거부한다. 우리는 전통적인 교육목표를 옹호하고 공부, 성취, 행위에서 최상의 기준을 요구하는 동시에 진보주의적일 수 있다. 듀이의 말에 따르면 "어른과 전문가의 체계화된 교과교육은 …… 교육이 끊임없이 나아가야 할 목표를 보여준다".[9]

기본원리는 어떤가? 진화, 모차르트, 홀로코스트의 사례를 보면 내가 서구적 사고방식만을 받아들이고, 심지어 과대평가된 유명 백인 학자들의 논란 많은 유산을 옹호하는 것처럼 보일 수 있다. 나는 인류의 가장 중요한 업적과 주제, 딜레마들을 철저히 연구하는 데 전념했다. 모두가 영웅을 가져야 한다고 생각한다. 물론 어떤 영웅이든 결점은 있게 마련이지만 이들을 통해 무언가를 배울 수 있기 때문이다. 그러나 영웅들이 선험적 기본원리를 결정하는 것과는 별개로 무엇이 중요한지를 결정하는 일은 특정 교육 공동체의 몫으로 남기는 것이 최선이라고 본다. 그러한 결정은 잠정적인 결론일 경우가 많으며, 끊임없이 협의하고 재고해야 하기 때문이다.

나의 연구도 이런 관점으로 보면, 나는 반박의 여지가 없는 단

하나의 진실, 아름다움, 선함이 있다고 믿지 않는다. 모든 시대의 모든 문화는 나름대로 일시적인 선호와 잠정적인 목록을 가지고 있다. 우리는 우리 공동체가 추구하는 이상을 탐구하는 것에서 출발해야 한다. 그리고 다른 공동체가 추구하는 이상에도 친숙해져야 한다. 포스트모더니즘 미학이나 이슬람 원리주의의 도덕, 바티칸 공의회에서 논의되는 진리에 동의할 수 없다. 그러나 이를 받아들이는 사람들이 있는 세상에 살고 있다. 그러므로 그들과 함께 살아가는 법을 배우고, 그들도 우리와 함께 살아가는 법을 배우도록 하는 것은 필수적이고 정당한 일이다.

나는 '핵심 지식' 또는 '문화소양 cultural literacy'이 있다는 것을 그다지 믿지 않는다.[10] 그것은 무책임한 접근이고 기껏해야 피상적이며 최악의 경우에는 반지성적인 교육관을 전달한다고 생각한다. 이 책을 이 시대의 어느 교육 사상가와 나눈 지속적인 대화('다툼'도 좋다)라고 한다면, 그 사상가는 저명한 문학이론가이자 교육가인 허시 E. D. Hirsch일 것이다. 허시는 유치원부터 고등학교까지 이어지는 교육과정을 제안하면서 각 학년에 맞게 학생들이 다루어야 할 수많은 주제와 개념을 망라했다. 나는 개인들이 그들 고유의 문화와 다른 문화에 익숙해지는 것이 중요하다고 확신하지만, 그러한 문화소양은 중요한 쟁점을 면밀히 관찰하고 그것을 훈련된 방식으로 생각하는 법을 배울 때 비로소 얻을 수 있다. 매년 미리 정해진 수백 개의 주제를 완전히 익힌다고 해서 나타나는 결과가 아니라는 것이다.

나의 교육적 관점에서는 답보다 질문이 더 중요하다. 즉 지식 그리고 그보다 더 중요한 '이해'는 그러한 질문을 끊임없이 탐구하는 과정에서 발전한다. 내가 진실이나 아름다움, 혹은 선함이 무엇인지 확실히 알고 있기 때문에 이에 대한 학습을 강조하는 것이 아니다. 오히려 나는 진실, 아름다움, 선함이 무엇인지 알고 있다고 주장하는 사람들을 믿지 않는다. 내가 이 주제를 중심으로 설명하는 이유는 이것이 사람들에게 세상을 배우고 이해하도록 동기를 부여하기 때문이다. 또 본질적인 질문에는 명백한 답이 없다는 이유로 그 질문을 멈추는 세상을 원하지 않기 때문이기도 하다.

아무도 전문용어, 특히 다른 사람들이 사용하는 전문용어를 좋아하지 않는다. 더욱이 교육자들이 쓰는 속어만큼 외면받는 전문용어는 없을 것이다. 그래서 나는 '교육학적 이야기'를 최대한 적게 할 생각이며, 전문용어를 사용해야 할 때는 그에 대해 자세히 설명할 것이다. 교육에 대한 연구는 그 자체로 하나의 '학문분야'이다. 따라서 그 통찰을 무시하는 것은 어리석은 일이며, 그 용어들을 사용하지 않는 것도 기만적이다. 그래서 다소 아쉬운 대로 나는 교육목적(왜 우리가 교육을 원하고 필요로 하는지), 교육과정(사람들이 강조하고자 하는 주제와 내용), 학문분야(어떤 주제 그리고 더 비판적으로 말해서 어떤 사고방식을 심어주는 것이 중요한지), 교육학(학습전략, 학습기술 그리고 교육에 대한 책임을 공식적으로 부여받은 이들이 만들어낸 활동들), 교육평가(학생이 익혀야 할 것과 익히지 않아도 될 것이 무엇인지에 관해 교육자와 더 넓은 지역사회가 설정해놓은 형식적·비형식적인 수단들)에 대해서도 이야기할 것이다.

마지막 관심사는 다음과 같다. 만약 내 연구에 익숙한 독자가 있다면, 인간은 적어도 여덟 가지로 분리된 지능의 형태*를 가지고 있으며, 사람들의 지식 프로필이 각각 다르다는 주장에도 익숙할 것이다. 나와 동료들은 물론이고 다른 사람들도 내가 주장한 이 이론의 교육적 함의를 연구하기 위해 많은 노력을 기울여왔다. 나는 나중에 이러한 연구 중 몇 가지를 다루고자 한다.

다중지능에 대한 나의 심리학적 연구는 예기치 않은 결과를 낳았다. 일부 비판적인 이들은 내가 엄격한 교육에 호의적이지 않으며 교육적 기준을 높게 설정하는 것을 회피한다고 생각한다. 그들이 그렇게 생각하는 것은 아마도 다중지능이라는 아이디어가 직접적으로는 단일한 지능이란 개념을 비판하는 동시에 언어 및 논리수학에 관한 역량과 관심에만 초점을 둔 학교교육과정을 비판하는 것으로 보이기 때문인 것 같다. 또한 내가 언어 및 논리수학적 능력만을 강조하는 표준화된 전통적 시험을 비판하다 보니, 그들은 내가 대체로 평가를 불편해하리라는 결론을 내렸을 것이다.

다중지능에 대한 신념에서 기준, 엄격함 또는 기대를 전혀 언급하지 않았지만, 그렇다고 내가 그것을 거부하는 것은 아니다. 반대로 나는 높은 기준과 힘겨운 기대치를 설정하는 데 귀재다. 삶과 일에서 늘 성공하지는 못했지만, 노력이 부족해서 그런 것은 아니다. 나의 연구가 낮은 기준, 낮은 기대, '아무래도 좋다'를 옹호하는 사람들의 연구와 같이 취급되는 것('음해를 받는'이라고 쓸 수도 있겠지만)은 고통스럽다.

---

* 다중지능을 의미한다._옮긴이

그러한 잘못된 해석을 바로잡기 위해 내가 할 수 있는 일은 없는 것 같다. 그러나 나는 모든 사람을 위한 교육이 우리 모두, 즉 학생과 교사, 개인과 사회 그리고 독자와 저자에게 더 많은 것을 요구하는 교육이라는 점을 최대한 강조할 것이다. 더욱이 지금껏 제대로 이해한 것은 무엇이며, 정도가 어쨌든 오해를 받은 것은 무엇인지 파악할 방법이 있어야만 모든 사람을 위한 교육에 성공할 것이다. 나는 그저 세계 시민을 마음속에 그려볼 뿐이다. 이 교육을 위해 높은 학문적 소양을 갖추고 잘 훈육됐으며 비판적이면서도 창의적으로 생각할 수 있는 사람, 문화에 대한 폭넓은 지식을 갖추고 새로운 발견과 대안들에 대해 토론할 적극성을 갖춘 사람, 또 옳다고 믿는 것을 위해 기꺼이 위험을 감수할 사람 말이다.

나의 이러한 입장은 친구와 적, 양쪽 모두를 어리둥절하게 만들 수 있다. '진보주의자들'은 진리와 성취 기준에 대해 언급한 내용을 보고 내가 그들의 편을 떠났다고 염려할 수도 있다. '전통주의자들'은 이러한 '중세식 고해성사'를 환영하겠지만, 개별화된 교육을 강조하고 고정된 규범을 반대하는 나의 의견에 대해서는 계속 논쟁을 벌이려고 할 것이다. 나는 이 책이 이들 양쪽 지지자들을 자극해 아직 검증되지 않은 가정을 검증하고 또 재고하게 되기를 희망한다.

내가 아는 한(이것은 진실에 대한 추정이다), 우리는 (복제 이전 시대라면) 이 행성에 한 번 왔다 갈 뿐이다. 우리가 가진 찰나의 존재감을 최대한 활용하자. 나는 진실, 아름다움, 선함에 대해 우리의 문화가 쌓아왔던 것들에 기초하여 많은 이들이 이 기회를 긍정적으로 활용하기를 희망한다. 나는 여기에 기술된 '이해^{understanding}'를 위한 교육이 개인뿐만 아니라 우리가 함께 살아가야 할 공동체에도 보상을 안겨줄 것이라 믿는다.

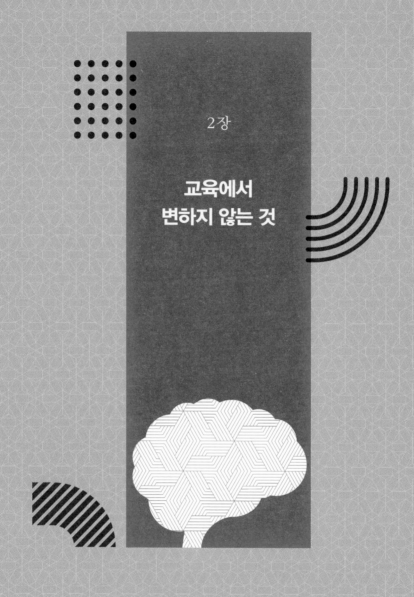

2장

교육에서
변하지 않는 것

교육과정은 시대와 장소에 따라 다를 수 있지만,
그것을 익히는 과정에서 배양된 덕목들은
놀라울 정도로 변치 않고 남아 있다.

역할과 가치의 전승

당신이 TV 프로그램 연출자이고 인간 역사 전체를 조망하는 교육용 영상물의 제작을 요청받았다고 생각해보자. 엄청나게 다양한 무대장치를 구상하고 '주제'와 '실제 영상'을 멋지게 배열하려고 할 것이다. 어떤 장면은 촬영한 상태 그대로 이용 가능하겠지만 어떤 것들은 다시 제작하거나 드라마로 만들어야 할 것이다. 아마 사바나를 횡단하며 사냥에 나섰던 원시인의 장면에서 시작할지도 모른다. 그곳에서 (아버지 등에 업힌) 사내아이들은 아버지가 사냥하는 것을 면밀하게 관찰하고, 그 사냥감을 운반해서 여러 조각으로 나누어 분배하는 것을 돕는다. 반면 여자아이들은 그 장면을 멀리서 구경하면서 어머니들이 청소나 요리를 하고 고기로 음식 차리는 것을 돕는다. 어쩌면 그날 저녁에 아이들은 불 주위에 모여 신과 관련된 영웅적 이야기 또는 위험한 불, 파괴적인 악당, 야만적인 이웃 부족에 관한 교훈적인 이야기를 들을지도 모른다.

그다음에는 농경 시대로 넘어갈 것이다. 거기서 젊은이들은 새벽에 일어나 나이 많은 이들이 가축을 돌보고, 주식인 농작물을 심고, 땅을 갈고, 수확하는 것을 돕는다. 오후나 연말에는 다양한 연령층이 좋은 날씨와 풍년 그리고 친척들의 장수를 기원하는 의식을 갖거나 부적을 새기는 일에 참가한다.

처음에 사람들은 이런 것들이 먼 옛날, 먼 나라 이야기라고 생각할지도 모른다. 그러나 오랫동안 이어져 내려와 오늘날 아이들의 생활에도 녹아 있는 관습의 자취를 그 속에서 찾아낼 수 있다. TV에서 소개된 적 있는 우리 연구에 따르면, 아이들이 연장자나 또래들과 사냥놀이를 하는 것, 부모님과 함께 일하는 것, 고장 난 것을 수선하고 가족이 먹을 음식을 요리하며 부모님과 쇼핑하는 것, 가족들과 함께 영화나 라이브 공연을 보는 것, 종교 의식에서 역할을 맡거나 예술 작품을 만들기 위해 돕는 것 등이 이러한 옛 관행과 관습의 흔적을 보여주는 것인지도 모른다. 이 사례들에서 명시적으로 드러나는 것은 별로 없을지 모르지만, 어른들의 관습은 세상이 어떤지 그리고 어때야 하는지에 대한 확실한 신념을 보여주곤 한다. 그리고 이 신념은 진실, 아름다움, 선함에 대한 개념을 포함하고 있다.

사실 동서고금을 통하여 교육의 주요한 두 가지 목표는 어른의 역할을 모델화하는 것과 문화적 가치를 전달하는 것이다. 모든 사회는 지도자, 선생님, 부모, 성직자 등 사회에서 중요한 어른들의 역할을 다음 세대의 구성원들이 적절히 이어받아 채우도록 해야 한다. 그 문화가 사냥꾼, 요리사, 선원, 직조공, 성직자, 변호사, 상인 또는 컴퓨터 프로그래머 가운데 누구에게 달려 있든, 일정 비율의 젊은이들이 이와 같은 일을 능숙하게 해내고 궁극적으로 그 다음 세대에 이 역할의 주요한 특징을 전달하는 것이 중요하다. 마찬가지로 모든 사회는 성공적으로 전해져 온 그 사회의 가장 핵심적인 가치들, 용기 또는 평화로움, 친절함 또는 강인함, 다원주의 또는 통일성 등을 언젠가는 그 후손들에게 전수해줄 사람들에게 성공적으로 전달해야 한다.

과거에는 역할과 가치 모두가 매우 더디게 발달했다. 또 많은 사회에서 전승의 수단은 수 세기를 거치면서도 거의 변하지 않았다. 오늘날에도 가치는 과거에 비해 좀 더 빠르기는 하지만 여전히 신중한 속도로 변화하고 있다. 반면 역할은 한 세대에서 다음 세대로 넘어가면서(또는 심지어 10년 만에) 매우 빠른 속도로 변화하여 교육기관을 상당히 압박하고 있다.

학문의 등장

◇▪◇

오늘날 우리는 교육이라고 하면 집, 들판, 난롯가에서 이루어지는 일상적인 관찰이나 작업보다 공식적인 학교환경을 주로 떠올린다. 정규교육은 주로 특정 조건하에서 이루어진다. 선박이 난류亂流 속에서 장거리 항해를 하는 일과 같은 과정은 너무 복잡해서 관찰만으로 쉽게 파악하기 어려울 것이다. 발음 규칙, 수체계, 지리적 위치 등을 나타내는 표기체계는 상당한 기간에 걸쳐 철저하게 공부해야 한다. 또 종교나 율법에서 볼 수 있는 일련의 구전 지식은 연구되고, 기억되고, 적절할 때 이용되며, 결국에는 다음 세대로 전달되어야 한다. 그리고 마침내 이 지식은 각 문화가 물리적·생물학적·개인적 세계에서 당면한 문제를 해결하는 절차를 반영한 공식적인 학문이 되곤 한다.

전 세계적으로 학교는 이러한 기능을 가르치기 위해 점진적으로 발전해왔다. 아프리카에는 학생들이 자기 부족의 역사를 배우는 '덤불 학교bush school'가 있다. 남태평양의 젊은이들은 비공식 교육기관에서 항해술에 관한 정보뿐만 아니라 그들이 항해해야 할 섬 수백 개의 이름과 위치를 암기한다.

그리스어, 히브리어, 라틴어, 아랍어, 산스크리트어 등 어떤 언어로 쓰였던 간에 종교 문서를 가지고 있는 사회에서는 학생들이 그 성스러운 문서를 해석해내고, 일부를 필사하며, 세속적 목적을 위해 문자언어로 각색하는 것을 배우는 학교들이 생겨났다. 그리고 정규 학과목이 발달된 사회에서는 직장에서나 시민으로서의 역할을 위해 이러한 학문적 지식을 필요로 하는 사람들에게 학교가 최소한의 기본적인 것들을 전달한다.

학교는 비공식 교육환경과는 다른 중요한 특징 하나를 가지고 있다. 학교교육은 궁극적으로 그것이 활용되는 장소(예를 들어 남태평양에서의 항해, 법정에서의 논쟁이나 시장에서의 상품 거래)에서 멀리 떨어진 곳에서 이루어진다. 그런 의미에서 전문용어로 말하면 학교는 대체로 '탈맥락화decontextualized'된 공간이다. 사실 앞에서 말한 가상의 TV 다큐멘터리에서 볼 수 있듯이, 전 세계의 교실은 서로 비슷하다. 전 세계적으로 교육이 오랜 기간 동안 적합한 상황 안에서 역할과 가치를 전수하는 동안, '탈맥락화된 학교 decontextualized school'는 주로 더 구체적인 두 가지 목표를 위해 고안되었다. 그중 하나는 표기법을 포함한 문해력 literacy의 습득이고 다른 하나는 학과목의 숙달이다.

인류는 수만 년 동안 연례적이고 종교적이며 수치적인 행사를 기록하기 위해 표기법을 사용했다. 그러나 보다 더 정교한 표기체계를 광범위하게 사용하게 된 것은 불과 몇천 년에 지나지 않는다. 사람들이 글을 읽고 쓰며 복잡한 계산을 할 수 있으려면, 이러한 문해체계의 요소에 통달해 유창하고 융통성 있게 사용하는 방법을 배우는 데 몇 년의 시간을 들여야만 한다.

어떤 사회에서든 몇몇 사람은 글을 읽고 쓰는 것을 완전히 익히는 데 특별히 어려움을 겪게 마련이지만, 대부분의 사회에서는 '3R'을 젊은이들에게 효과적으로 전달할 수 있는 교육 시스템을 고안해냈다. 전 세계에서 문맹이 사라지지 않는 이유는 읽기 Reading, 쓰기 wRiting, 계산하기 aRithmetic를 가르치는 방법을 모르기 때문이 아니라 오히려 이 일에 적절하게 자원을 배분하는 데 실패했기 때문이다. 중국과 쿠바는 공교롭게도 둘 다 공산주의 체제하에서 문맹 퇴치를 국가 정책 최우선 순위로 두었고 수십 년 만에 전 국민들이 글을 읽고 쓸 수 있도록 교육해 문맹률을 떨어뜨릴 수 있음을 입증했다.

학교에서 학과목을 가르치려면 보다 더 복잡한 사항을 고려해야 한다. 그 집단의 역사, 종교와 도덕적 계율, 그리고 (사냥이나 요리, 뜨개질, 항해, 상품의 판매나 논쟁 해결에 관한) 기술적 지식을 그다음 세대에 전승하는 것이 중요하다. 이 과정은 때로 시범 설명이나 '현장에서'의 일상 대화 등을 통해 비공식적으로 이루어질 수도 있고, 또 때로는 장편의 구비서사시를 가지고 있는 문화에서처럼 조금 더 공식적인 구전체계를 통해 암기되기도 한다. 최근에는 글과 그림을 통해 공식적인 지식이 유지되는 학과목들이 생겨났다. 종교적 상황에서 이러한 텍스트는 암기되고 의례적으로 암송된다. 세속적 상황에서는 학생들이 텍스트를 읽을 수 있고 그것을 통해 의미를 파악할 수 있으며, 필요할 때(적어도 시험에서, 이상적으로는 학교생활 밖에서) 이 지식을 이용할 수 있으면 된다.

하나의 텍스트는 암기하면 되고, 학과목이 하나라면 아마도 비공식적인 도제식 수업을 통해서도 배울 수 있을 것이다. 그러나 문해체계와 계통을 갖춘 학문을 접할 기회가 거의 없는 곳에서는 공식적인 학교가 각광을 받게 되었다. 하지만 단순히 '해석을 위한 읽고 쓰는 능력'으로는 충분하지 않다. 다양한 텍스트를 유창하게 읽을 수 있고, 요약문과 감상문을 쓸 수 있으며, 빠르고 정확하게 계산을 할 수 있을 뿐만 아니라 수체계를 이용해 측정과 실험을 할 수 있는 능력이 필요하다. 이를 위해서는 1~2년 이상 비공식적 교육이 필요하다. (물론 소수의 재능 있는 사람들은 공식적인 교육 없이도 이러한 능력을 익힌다. 또한 교육이 주로 남자아이들을 대상으로 하고 있는 환경 속에서 소녀들의 교육은 전통적으로 은밀하게 혹은 돌봐주는 친척의 도움으로 이루어졌다.)

학교라는 개념은 형식적인 문자체계의 존재와 밀접한 관련이 있는데, 이를 숙달하는 것은 종교적·경제적·사회적 이유 때문이었다. 그리고 학교교육의 수업연한이 '기본적인' 초등교육 이후로까지 확장됨에 따라, 공식적인 정규교육은 역사와 신학에서 과학에 이르는 학문분야를 완전히 익히는 것을 의미하게 됐다. 그리고 이제는 성인들이 단순히 필기시험에 통과하기 위해서가 아니라 이러한 학문분야의 사고방식을 직업적으로나 시민으로서 활용하기 위해 몇몇 학과목에 능통해야 한다고 생각하게 되었다.

그러나 전통적인 교육기관을 너무 좁은 의미에서 단순하게 파악하여, 심지어 도구에 불과하다고 생각하는 것은 잘못된 것이다. 이는 초기의 교육기관들을 현재의 신념과 관점에서 읽어내는 '현재주의의 죄sin of presentism'를 범하는 것이다. 오히려 그러한 기관은 전통적으로 무엇을 믿어야 하는지, 무엇에 가치를 두었는지, 어떻게 살아야 할 것인지에 대한 명확한 관념을 특히 중시했다.

도제제도를 생각해보자. 여기서 한 개인은 특정 장인과 공식적인 관계를 맺고 스스로 장인의 단계에 오르기까지 일련의 과정을 거친다. 도제제도는 학교와 달리 장인과 매일 고작 몇 시간을 같이 보내는 것으로 구성되어 있지 않다. 수습생은 권위 있는 한 사람에게 온전히 헌신하는데, 장인과 계약을 맺고 심지어 그 집에서 살기도 한다. 장인과 그 가족의 삶에 매시간 완전히 매여 있는 것이다. 이러한 계약을 통해 수습생은 장인의 세계관을 온전히 받아들인다. 즉 장인이 이 세상에서 진실이라고 믿는 것은 무엇이며, 그가 받아들일 수 있는 일의 수준과 기준은 무엇인지, 그리고 작업장 안팎에서 바람직한 행동과 인내해야 할 행동, 엄격하게 금지된 행동에는 어떤 것들이 있는지를 받아들인다.

또는 전통적인 종교학교를 생각해보자. 일반적으로 교장은 남성이고 미혼인 경우가 많다. 그는 그 사회에서 당연시되는 도덕 덕목을 기반으로 선택된 사람이며, 학생들은 그에게 상당한 정도의 지적, 윤리적 권위를 부여한다. 그는 그 문화의 신념과 전통을 판단할 뿐만 아니라 자신이 그것을 구현해야 한다. 교장에게 학생들을 단련시킬 권한이 있다 하더라도, 만약 그가 사회의 기준에 부합하지 않는 행동을 한다면 그에 대한 책임을 지게 될 것이다.

학교의 독특한 본질은 그에 수반되는 의례를 통해 전달된다. 예를 들어 유대인의 전통에서 소년이 헤데르cheder(유대인의 전통 초등 학교)에 입학한 첫날은 즐거운 기념일이다. 온 가족이 옷을 잘 차려입고 소년을 학교에 데려간다. 소년은 꿀에 적신 글자 모양의 빵을 받는다. 이것으로 배움의 달콤함이 그 소년의 변연계(인체의 기본적인 감정·욕구 등을 관장하는 대뇌 신경계)에 깊숙이 각인된다.

이런 것들에 대해 이상적인 경우라는 단서를 붙이고 싶다. 어떤 장인들은 아랫사람들을 무자비하게 때리고, 또 어떤 교사들은 학생들이나 그 자신의 도덕적 결점을 아무 일 아니라는 듯 무시해 버린다. 그러나 그러한 미숙한 인식으로는 근본적이고 더 넓은 교육적 비전, 즉 진실, 아름다움, 선함을 특징으로 하는 비전에 도전하지 못한다. 이 비전은 내가 그리는 교육적 세계관에도 흥미로운 형태로 변형되어 나타나게 될 것이다.

진·선·미의 교육

세 가지 덕목에 대한 정의와 이를 구별하는 정도는 문화에 따라 다르다. 전통적으로 가장 중요한 진리는 종교적인 것, 다시 말해 인간이란 무엇인가, 우주에서 인간은 어떤 위치인가, 인간은 신이나 다른 영적인 존재들과 어떻게 연관되어 있는가, 어떤 신적인 힘이 인간의 운명을 결정하는가에 대한 그 문화의 신념이었다. 심지어 세속적인 것으로 여겨지는 진리, 예를 들어 특별한 개인이나 종족의 이름과 정체성도 토템 신앙에서는 중요한 의미가 깃들어 있다.

점차 실증적 사실들이 밝혀지면서 진리의 수가 늘어나고, 진리와 종교적 정설 간의 관계에 문제가 발생했다. 가령 임신과 출산에 대한 신성한 가설은 이제는 일상적 경험과 상식에 더 적합할지 모른다. 물론 그렇지 않을 수도 있다. (아이가 미심쩍게도 이웃 마을의 농부나 군인을 쏙 빼닮았다면 사람들은 어떻게 생각하겠는가?) 때때로 종교와 실증적 진리는 긴장감 없이 사이좋게 존재한다. 그러나 때로는 이 투쟁에서 한쪽이 반드시 굴복해야 한다.

학문분야의 발전은 곧 세상에 대한 지식의 지평을 넓히기 위해 오랜 시간 얼마나 노력했는지를 보여준다. 생물학은 생명 세계의 본질과 생존과정에 대해 설명하고, 물리학은 물질세계와 물질을 지배하는 힘을 기술한다. 가장 최근에 발전한 사회과학은 인간의 본질, 행동, 동기, 가능성에 대해 알려준다. 그리고 과학보다 명확하지는 않지만, 인문학이나 미학 또한 정보와 지식을 제공한다. 그것은 아름다움과 도덕의 다양성에 대한 우리의 이해의 폭을 넓혀 준다. 즉 시간과 공간을 뛰어넘어 개인이 자신과 자신이 속한 세계, 그리고 자신의 선택과 운명을 인식하는 다채로운 방법에 익숙하도록 해준다.

또한 이 영역들 사이에서는 편리한 분업이 이루어진다. 과학은 사물, 생물의 종種, 인간을 관통하는 패턴들을 발견하려 하고, 예술과 인문학은 개인과 일, 경험의 특성을 파고든다. 다윈은 과학자로서 모든 종을 지배하는 법칙을 밝히려고 했다. 이와 달리 모차르트 오페라의 한 장면에 심취한 사람들은 등장인물, 상황, 멜로디, 악구, 막간의 휴식 같은 독특성에 열중한다. 홀로코스트를 연구하는 역사가들은 비공식적으로 다른 집단학살과의 유사점을 찾고자 하는 과학적 기질을 가진 사람들과 나치에 의한 홀로코스트로 대표되는 특정 사건을 탐구하는 인본주의적 신념을 가진 사람들로 나뉜다.

한편에는 진실이라는 덕목을, 다른 한편에는 아름다움 및 선함의 덕목을 놓았을 때, 둘 사이 관계에서 곤혹스러운 면이 드러나기도 한다. 세속적인 현대사회에서는 이 덕목들을 대략 과학, 예술, 도덕이라는 분리된 영역으로 보는 경향이 있다. 계몽주의와 후기 계몽주의 사상은 이성, 과학, 지식, 진실로 이루어진, 하나의 자율적이고 독립된 영역을 규정했다. 미학과 도덕은 정서적, 주관적 혹은 파편적인 것으로 폄하하거나 축소하고, '선함'과 '아름다움'의 관계는 그저 불확실한 것으로 간주했다.

많은 사람들(정치적 신조가 대립되는 사람들을 포함해서)은 도덕을 가정과 교회 혹은 가정이나 교회의 문제로 보고, 학교에서 분리하려고 한다. 한때 진실의 최종 결정권자로 여겨졌던 종교는 이제 어쩔 수 없이 과학에 그 자리를 내주고 도덕의 영역에 자리를 잡게 되었다. 그리고 물론 몇몇 포스트모더니즘 사상가는 역사적 명성을 지닌 '진실', '선함', '아름다움'이라는 용어들이 정말 유용한 것인지에 의문을 제기하고 있다.

과거에는 이러한 영역 간의 관련성이 복잡해 보이지 않았다. 고대 그리스에서는 덕이 있는 사람virtuous person이라는 관념이 발전했는데, 이는 충분히 성숙한 사람이라는 의미였다.[1] 이러한 개인은 지식을 생산해낼 수 있는 사람이었다. 그는 용기 있고 충성스럽고 정의로우며 신체적으로 강인하고 유연했다. 또한 심신 모두에서 발달된 미적 감각을 가지고 있었다. 따라서 그리스·헬레니즘 시대의 교육제도인 '파이데이아paideia'의 목적은 가급적 많은 사람들을 이와 같은 균형 잡힌 탁월함에 이르도록 하는 데 있었다.

그 시대 즈음 발전하고 있던 유교적 관점에서는 젊은이들이 선비가 되는 것, 즉 서화와 음악과 무술 등에 능하고, 가족과 국가에 충성하며, 인간관계에서 공정하면서도 겸손하고 자애로우며 친절하고 공손한 사람이 되는 것이 중요했다.[2] 마찬가지로 이러한 덕목들의 조화는 이상적인 교육, 즉 평생에 걸친 인내와 끊임없는 자기혁신을 통해서만 함양될 수 있는 것이었다. 유교사회에서는 아름다움과 선함을 융합된 것으로 여겼다. 아름답지만 도덕적으로 타락한 사람이나 사물이 있다는 생각은 동의를 얻을 수 없었다.

고전문화는 덕이 있는 인간을 길러내기 위해서 호메로스의 작품에 등장하는 영웅들이나 공자와 같은 인물처럼 바람직한 특성을 구현한 특정 인물을 문학과 역사 그리고 당대의 삶 속에서 찾고 있다. 또한 나약함, 비겁함, 거만함, 이기심 혹은 '비극적 약점'으로 악명 높은 사람들과 같은 비극적 사례들도 있다. 사람들은 이러한 인간이나 초인을 타산지석으로 삼아 자신을 판단하고, 교사들은 학생들에게 그들이 이러한 이상에 얼마나 다가갔는지 혹은 얼마나 부족했는지를 가르칠 것이다.

고전문화에서는 또한 전인全人적 인간을 형성하는 데 특정 학과목이 중요하다고 생각했다. 핵심 텍스트를 완벽하게 파악하고, 음악과 시에 능통하며, 체조와 승마, 사격 등을 통해 육체를 단련하고, 수사학, 측량, 의학, 음악, 천문학의 기초를 다지는 것 등이 바로 그것이다. 말하자면 교육과정은 시대와 장소에 따라 다를 수 있지만, 그것을 익히는 과정에서 배양된 덕목들은 서양의 중세 시대나 중국의 봉건 시대를 거치면서도 놀라울 정도로 변치 않고 남아 있다.

덕목에 대한 전통적인 관점을 이해하려면, 한 가지 분명히 해야 할 것이 있다. 고대인들은 각각의 덕목이 서로 연계될 수 있거나 연계되지 않을 수도 있는 일련의 것들로 보지 않았다는 점이다. 오히려 그들은 확고하게 인간에 대해 전체론적인 관점을 취했다. 사람들은 모든 면에서 탁월해지기 위해 노력했고, 평생 계속해서 이를 위해 분투하며 통합적이고 균형 잡힌 인간이 되고자 노력했다. 어떤 사람은 지적·신체적·도덕적·미학적인 특성을 망라한 사람일 수도 있고, 또 어떤 사람은 아닐 수도 있다. 지식과 기술을 습득하는 것은 사회를 위해 복무하기 위한 도덕적 덕목, 즉 최고의 선을 얻기 위해 필요한 부속물로 여겨졌다.

오늘날 우리는 대부분 진, 선, 미가 동일한 전체를 구성하는 요소라고 생각하지 않는다. 각 영역들은 분리되었다. 그러나 우리는 여전히 존 키츠^{John Keats}의 〈그리스 항아리에 부치는 송시^{Ode on a Grecian Urn}〉의 마지막 구절에서 감동을 받는다.

"아름다움은 진리요, 진리는 아름다움이다."
이것이 네가 이 땅에서 알고 있는 전부요, 네가 알아야 할 전부다.

시간이 지나면서 무엇이 진리이고 무엇이 진리가 아닌지, 무엇이 선이고 무엇이 악인지, 무엇이 아름다움이고 무엇이 아름답지 않은 것인지에 대한 현재의 생각을 그 문화에 속한 젊은이들에게 전달하는 것이 교육기관들의 일차적인 과제가 되었다. 오늘날에는 교육의 적정 범위에 대해 논란의 여지가 더욱 많다. 학교의 주된 임무가 지식과 진리를 가르치는 것임을 부인하는 사람은 없다. 그러나 학교가 아름다움과 선함의 주요한 전달자가 되어야 하는지에 대해서는 명확하지 않다. 이러한 문제에 대해 상당한 합의를 이룬 문화에서는 아름다움과 선함을 전달하는 역할이 학교로 넘어갔다. 그래서 비교적 동일한 인종으로 구성된 유럽 국가에서는 학생들이 학교에서 종교를 공부하고 공식적인 예술 교과과정을 배운다.

그러나 미국사회에서는 법적, 문화적인 이유로 교육적 책무가 양분되거나 삼분되고 있다. 많은 사람들이 자녀를 지역학교에 보내려 하다가도 그 학교가 종교적이거나 도덕적인 교육을 할지도 모른다는 생각에 망설이게 된다. 그들은 이러한 교육이 가정이나 교회, 혹은 지역의 다른 기관에서 담당해야 할 일이라고 생각한다. 보이스카우트와 걸스카우트, 방과 후 단체, 여름 캠프 등의 조직들이 이 역할을 대신하곤 한다. 그리고 점점 더 많은 미국 사람들이 자신의 개인적인 가치체계를 전해주는 것에 관심이 많은 나머지 공교육을 무시하고 종교단체나 홈스쿨링 등을 선호하기도 한다. 이러한 맞춤화된 교육형태들은 사회가 가지고 있는 진리에 대한 관념을 직접적으로 거부하는 것일 수도 있다. 예를 들어 어떤 부모들은 진화론이 인간의 기원에 대한 최선의 설명이라는 일반적 견해에 이의를 제기하고 근본주의적 성경 버전의 창조론을 선호하기도 한다.

나는 이 상황을 다음과 같이 이해한다. 이전에는 학문적인 기관을 통해 진리, 선함, 아름다움을 가르치는 것이 비교적 문제가 되지 않았던 적도 있었다. 덕목 위주의 교육을 가능하게 했던 합의가 전 세계적으로 약화되고, 특히 근대사회에서나 미국 같은 포스트모던 사회에서는 극도로 미미해졌다. 어떤 사람들은 이 사명이 폐기되었으며 학교가 오래된 덕목을 전수하는 것을 보지 않아도 되니 더 나아졌다고 결론을 내릴 수도 있다. 여기서 나는 그와 반대되는 대안을 계속해서 생각해보려고 한다. 즉 교육은 문제가 되는 측면과 문화 및 하위문화에 걸쳐 형성된 의견 차이를 충분히 인식하면서 진실(거짓), 아름다움(추함), 선함(악함)과 계속 대면해야 한다. 이러한 관심은 아주 오래되었을지 모르지만, 언제까지라도 다시 논의하고 수정해야 한다. 학문적 단련은 이러한 사명을 추구하는 최선의 방법으로 남게 될 것이다.

학교의 고민은 계속된다

◇▨❖

지금까지 나는 동서고금의 공통된 교육의 목적 네 가지를 강조했다. 그 네 가지는 역할을 전달하는 것, 문화적 가치를 전하는 것, 글을 읽고 쓰는 능력을 길러주는 것, 특정 학문의 내용과 사고방법을 알려주는 것이다. 그리고 오랫동안 교육에 생기를 불어넣어온 세 가지 덕목의 조화를 강조하기도 했다. 즉 자신의 문화 속에서 진리인 것, 아름다운 것, 선한 것을 추구하는 것이다. 하지만 교육기관들이 다양한 방법으로 이를 실천해왔음을 아는 것 또한 중요하다. 그 실천과정에서 여러 가지 논란이 일곤 했는데, 그 논란의 흐름은 수많은 축을 따라 그 극단을 오가며 변해왔다.

폭과 깊이의 축 일반적으로 교육은 최대한 많은 정보를 다뤄야하며 가능한 한 많은 진실을 전달해야 한다는 압박을 받는다. 그러나 때로는 적은 수의 주제를 더 깊이 있게 탐구하는 데 따르는 장점도 인식되곤 한다. 영국계 미국 철학자 앨프리드 노스 화이트헤드 Alfred North Whitehead 는 이렇게 주장했다. "극소수의 중요한 아이디어만 아동교육에 도입하고, 그 아이디어로 모든 조합이 가능하도록 하자."[3] 오늘날 미국에서는 "적을수록 더 좋다"고 주장하는 시어도어 사이저Theodore Sizer 같은 교육가들과 문화적 문해력을 갖추기 위해 필요한 상당량의 핵심 지식을 구체적으로 명시한 허시 같은 교육가들 사이의 갈등을 볼 수 있다. 이탈리아에서 싱가포르에 이르기까지 어느 곳에서든 이 같은 논쟁은 맹렬히 계속되고 있다.

지식의 축적과 구성의 축 오랜 시간 대다수 학교는 그 사회에서 높이 평가하는 지식을 많이 축적하는 것이 중요하다고 강조해왔다. 교사가 강의를 하고 학생들이 교재를 읽으면서 지식을 흡수해 기억하고 반복하여 암기했다.[4] 사실 중세의 교재들은 자료를 충실하게 암기하는 방법에 상당히 주의를 기울이곤 했다. 그것이 정신의 그릇을 채우기 위한 최고의 방법이었다.

그러나 이와 대조적으로 고대에도 지식을 '구성하거나' '변화시키는' 입장 역시 존재했다.[5] 소크라테스의 대화에서 그 전형적인 예를 찾아볼 수 있다. 어떤 교육자들은 학생들에게 수수께끼 같은 질문을 던지라고 했다. 그러면서 학생들이 대안이 되는 답을 찾기 위해 분투하는 것과 계속 의문을 제기하면서 나름의 결론을 내리는 것을 장려했다.

공리주의적인 결과와 지적인 성장 자체를 중시하는 축 교육자들은 자신들의 가르침이 돈을 많이 벌거나 일본보다 앞서는 데 도움을 주는 것은 아니더라도, 천국에 들어가는 것을 수월하게 하는 데는 효용성이 있음을 보여주라는 압력을 오랫동안 받아왔다. 그러나 이와는 다른 전통도 있었다. 특히 존 카디널 뉴먼^{John Cardinal Newman} 같은 영국의 교육가와 고대의 키케로나 공자는 앎 그 자체가 중요하다고 주장했다.[6] 이런 입장에서는 세상을 탐구하고 정신을 개발하는 것이 중요한 덕목이었기 때문에 그것이 물질적 재화를 늘릴지 늘리지 않을지는 중요하지 않았다. 여기서 놀랄 만한 귀결은, 일부 미국의 기업 경영자를 비롯한 몇몇 사람은 급속히 변하는 세계에 대비하는 최선의 방법이 전통적인 자유교양 교육이라고 주장한다는 것이다.

획일적인 교육과 개별화된 교육의 축 대부분의 학교는 모든 아이들을 하나의 방식으로 가르치고 평가한다는 의미에서 획일적이다. 이러한 접근법은 동아시아 사회뿐만 아니라 프랑스나 프랑스어권 국가 같은 중앙집권적인 사회에서 사용하는 방법이다. 획일적인 교육을 옹호하는 입장에서는 이것이 가장 공정하다고 주장한다.

반대 입장에서는 개인들의 강점, 욕구, 목표 간의 커다란 차이를 강조하는 개별화된 교육을 주장한다. 이 입장에서는 개인 간의 차이를 고려하는 교육을 확립하는 것이 이치에 맞다고 본다. 아마도 실제로 이러한 교육이 더 공정할 것이다. 이와 같은 교육에서는 어떤 마음가짐이 중요한지 가치를 정하지 않고, 학생들의 현재 모습을 중심으로 각 학생들에게 눈높이를 맞춘다. 또한 각 학생들에게 그 사회의 다른 학생들과 똑같아지도록 강요하지 않는다. 각 개인이 그 지역사회의 설계에 따라 조형되어야 한다는 로크^{John Locke}의 시각*과 다른 '루소적' 관점**에서는 개인이 가지고 태어난 자연스러운 본성이 드러나고 유지되도록 해야 한다고 주장한다.

수많은 사적 단체가 주도하는 교육과 공적 책임으로서의 교육의 축
역사적으로 교육은 주로 사적인 일이었다. 세계 최초의 공립학교인 미국의 공립 초등학교는 19세기 중엽에야 설립이 추진되었다. 대중을 대상으로 하는 공교육은 분명 20세기의 현상이다. 오늘날 공교육은 독립적이고 비영리적으로 운영되는 종교적·비종교적 학교를 선호하는 사람이나 사기업이 학교를 운영하길 바라는 사람들 모두에게서 공격을 받고 있다. 제퍼슨주의적 관점에서는 교육이 공적 책임이어야 한다고 주장한다. 즉 지역사회가 비용을 지불하고 그 사회 구성원들에게 열려 있으며 공동체의 이상과 가치를 보전하고 전달하는 데 헌신해야 한다고 하는 것이다. 이 견해는 미국에서 시작된 것으로 보이지만, 이제는 전 세계 대부분의 나라에서 받아들여지고 있으며, 실제로 대학 수준으로까지 확대되고 있다.

---

* 존 로크는 모든 아이는 백지 상태로 태어나고, 문화와 어른들이 그 아이에게 어떤 그림을 그리느냐에 따라 아이가 달라질 수 있다고 했다._옮긴이
** 장 자크 루소Jean Jacques Rousseau는 모든 아이가 나름의 특성을 가지고 태어나기 때문에 교육에서 할 일은 그 아이의 본성을 사회가 오염시키지 않도록 보호하는 것이라고 했다._옮긴이

학문을 무시하거나 융합하는 교육과 학문의 통달을 강조하는 교육의 축 오늘날 학문이라는 개념은 많은 지역에서 비난받고 있다. 구식이고 강압적이며 문제 중심의 교육이나 주제 중심의 교육과 조화되지 않고, '한물간 백인 남성pale, stale males'의 영역처럼 여겨지는 것이다. 최소한 학생들이 대학에 들어갈 때까지 그 학문의 개념을 교육과정에서 무시하거나 학생들에게서 차단하고, 학생들 자신의 호기심에 따르도록 하는 편이 낫다고들 한다.

이와 대비되는 견해에서 학문은 인간의 중요한 업적을 나타낸다. 흔한 비유를 하자면 학과목으로 인해 "인간은 야만인과 구별된다"는 것이다. 모든 학문에는 진리, 아름다움, 도덕성 중 하나 이상이 내재되어 있다. 특히 문제의 틀을 잡고 접근하는 방법에 녹아 있다. 학생들은 그 시대에 맞는 학문분야와 기술에 통달해야 한다. 종국에 학문의 단점을 발견하고 그 결점을 피하거나 초월하게 될지라도 말이다.

평가를 최소화하거나 비판하는 교육과 평가와 사정査定에 뿌리를 둔 교육의 축 모든 학생, 선생님, 교육 행정가는 시험을 좋아하지 않는다. 공립학교마저 시험을 필요악으로 여긴다. 요즘 시험에 대해 학교 내외에서 상당한 논란이 있다. 어떤 사람들은 평가란 필연적으로 부당한 것이어서 가능한 한 최소한으로, 주의 깊게, 개별적으로 이루어져야 한다고 생각한다.

이와 정반대의 견해를 지닌 사람들은 평가를 모든 배움의 본질적이고 긍정적인 측면이라고 해석한다. 교사를 비롯한 능숙한 전문가들이 끊임없이 평가에 참여하는데 그들은 평가가 때로는 보상을 받는 경험이 될 수 있음을 발견한다. 예를 들어 평가받는 이들은 문제를 발견해 스스로 해결책을 고안해내며, 시간이 지남에 따라 자신의 기술이 향상되었음을 알게 된다. 이 견해에 따르면 학생들에게 처음부터 평가가 있음을 알려야 하고, 평가는 교육의 일부분이 되어야 하며, 학생들은 가능한 한 빨리 (자기)평가과정에 참여해야 한다.

상대적이고 개별성이 고려된 기준과 보편적이고 높은 기준의 축
오늘날 어느 누구도 기준 자체를 반대하지는 않는다. 아마도 이러한 의견 일치는 바람직할 것이다. 정치인들, 사업가들, 부모들, 교육자들은 누가 가장 자주 그리고 적극적으로 기준을 적용하거나 언급하는지 보여주기 위해 경쟁한다. 그러나 기준을 옹호하는 의견에도 서로 다른 갈래가 있다. 불쾌한 기준이나 자존심 손상을 우려하는 사람들은 기준이 조심스럽게 제시되어야 하고, 학생의 능력이나 목표를 고려해 끊임없이 조정되어야 한다고 주장한다. 또는 기준을 충족하지 못한 교사와 학생에게 어떤 결과를 부여하기 전에, '배움의 기회'를 모든 학교와 지역사회에 동일하게 주어야 한다고 이야기한다.

융통성은 없지만 보편론적인 접근에서는 모든 학생들에게 명확하고 높은 기준을 밝혀 그러한 기준에 계속 집중하게끔 해야 한다고 주장한다. 또 학생들이 기준을 충족하도록 특단의 노력을 기울이며, 기준이 충족되지 않을 때의 결과를 명백하게 설정해야 한다고 강조한다. 하지만 학생들이 그러한 기준을 어떻게 준비해야 하고 그 기준으로 그들을 어떻게 평가할지에 대해서는 다양한 견해들이 논의된다.

과학기술을 소개하는 교육과 인간적 측면을 강조하는 교육의 축

특히 사업가들이나 정치인들은 기술을 구원자로 여긴다. 기술을 통해 결과적으로 교육을 전문화할 수 있고, 모든 학생들을 열성적인 학습자나 최소한 효과적인 학습자로 만들 수 있다고 생각한다.

반면 많은 인본주의자들은 기술의 발전을 두려워한다. 그들은 사회가 이미 비인간화되었고, 컴퓨터는 인간적인 측면의 종말을 앞당길 뿐이라고 말한다. 교육은 반드시 인간과 인간 정신의 독특한 속성 사이에 결속을 형성하고 보존해야 한다는 것이다. 이 현대판 러다이트Luddite(영국 산업혁명 당시 기계화, 자동화에 반대해 기계파괴 운동을 주도했다)들은 과학기술이 다른 영역을 침범하지 말고 자기 자리를 지켜야 한다고 주장한다.

각 입장의 이율배반적 측면에 관해 나는 직설적으로 말하면 넓이보다는 깊이를, 축적보다는 구성을, 지식의 유용성보다는 지식 자체의 추구를, 획일적인 교육보다는 개별화 교육을, 공적인 목적을 갖는 교육을 선호한다. 또한 교사 중심의 교육보다 학생 중심의 교육을 선호하고, 발달적 차이와 개별 차이를 배려하는 교육을 지지한다. 이러한 측면에서는 내가 교육의 장에서 자유주의적이고 진보적인 사람으로 보일 것이다.

그러나 나는 학문에 뿌리를 둔 교육 또한 좋아한다. 그런 교육에서는 학생들을 정기적으로 평가하고 학생들의 학업 수준이 높은 기준에 도달하도록 해야 한다. 그러한 의미에서 나는 전통적이고 보수적인 진영에 서 있다.

마지막으로 과학기술에 관해서는 정확하게 중도에 있다. 신기술은 놀라운 가능성을 약속하지만 그 가능성을 목적보다 수단으로 인식해야 한다고 생각하기 때문이다. 연필은 스펜서의 아름다운 소네트를 쓰는 데도 사용되지만 다른 사람의 눈을 찌르는 데도 사용될 수 있다. 컴퓨터는 반복 훈련을 하여 질리게 하는 방식으로 교육내용을 전달할 수도 있고, 과학적 수수께끼에 대한 흥미를 북돋울 수도 있다. 또한 교육이나 계몽을 할 수도 있고, 즐거움이나 가르침을 줄 수도 있으며, 감각을 무디게 할 수도, 소비지상주의를 자극할 수도, 인종적 고정관념을 강화할 수도 있다. 인터넷은 활기차고 건설적인 공동체를 만들어내는 데 도움을 줄 수 있지만, 개인을 동료에게서 고립시켜 둔감하게 만들 수도 있다. 심지어 증오를 조장할 수도 있다.

나는 적절한 시기에 이 조정된 입장과 관련해 다양한 교육자 및 학부모들과 연대하기를 바란다. 논란이 더욱 격렬해져 논란 자체가 힘들어지는 순간이 오면 모든 분노가 나에게 향할까 봐 걱정이 되기도 한다. 하지만 그렇다 하더라도 내가 감내해야 할 몫일 것이다.

시간을 거슬러 과거를 돌아보고 광대한 공간을 가로질러 조망해보면, 우리는 교육의 중요하고 보편적인 목적을 이해할 수 있다. 그것은 가치를 전달하는 것, 역할을 모델화하는 것, 표기법과

학과목에 통달하는 것이다. 이러한 목표를 인지하는 것은 중요하다. 이것을 무시하는 것은 새로운 시대와 세계를 내다볼 때 어리석은 일이다. 또한 이미 명백하게 진행되고 있는 큰 변화와 교육 및 학교수업에 앞으로 틀림없이 영향을 끼치게 될 많은 커다란 변화들을 무시하는 것도 역시 근시안적인 생각이다.

3장

변화하는 교육

세상은 너무나 빠르고 확실하게 변화해서,
학교가 과거의 모습 그대로 남아 있거나
단순히 몇 가지 표면적인 변화만 도입하고 말 수는 없을 것이다.

교육기관의 보수성

◇ ❀ ◇

사람들이 "날이 갈수록 예의가 없어지고 있다"고 로마의 극작가 플라우투스는 빈정거렸다. 그는 거기에 "세상은 항상 …… 빠르게, 더 빠르게 변하고 있다"라고 덧붙일 수도 있었을 것이다. 오늘날 우리는 현재 진행 중인 엄청난 변화에 모두 익숙해져 있다. 직업, 사업, 그 밖의 일터, 농업, 교통, 통신수단, 가족, 가정 등 모든 영역에서 100년 전, 심지어 25년 전과도 상황이 매우 다르다. 오늘날 인원감축, 구조조정, 경영혁신은 산업 분야 전반에서 빼놓을 수 없는 말이 되었다. 미래에는 이에 더해 아직은 모르지만 다가올 다른 변화가 특징이 될 것이다.[1]

학교가 100년 동안 변하지 않았다고 하면 과장이라고 할지도 모른다. 미국 안팎에서 생태학 같은 새로운 주제와 개인용 컴퓨터, 비디오 같은 새로운 도구가 등장했고, 공립 유치원과 학습장애가 있는 아이를 위한 특수교육, 신체적·정신적 장애가 있는 아이들을 '주류화'하려는 노력과 같은 새로운 교육방법도 생겨났다. 하지만 비교적 표면적인 변화를 제외하면 시간을 뛰어넘어 100년 전의 과거에서 온 사람도 오늘날 교실에서 이루어지는 대부분의 활동이 무엇인지 알 수 있을 것이다. 강의로 이루어지는 수업, 반복학습의 강조, 기본 읽기 교재에서 받아쓰기 시험에 이르는 온갖 탈맥락화된 자료와 활동을 교실에서 볼 수 있다. 교회를 제외한다면 차세대를 위한 정규교육은 그 근본적인 방식이 거의 바뀌지 않았다.

이런 상태를 학생들이 교실 밖에서 겪는 경험과 비교해보자. 현대사회에서 아이들은 이전 세대였다면 기적과도 같았을 다양한 매체를 접하고 있다. 산업화가 덜 된 사회에서는 아직도 놀라워할 매체들이다. 텔레비전, 이동전화, 시디롬이 부착된 개인용 컴퓨터, 팩스, 비디오디스크, 휴대용 스테레오, 정지 화면이나 동영상을 찍을 수 있는 비디오카메라 등. 학생들은 친구, 가족 심지어는 우호적일 수도 있고 악의를 가졌을 수도 있는 전 세계의 낯선 사람들과도 바로 접촉할 수 있다. 학생들의 습관, 태도, 지식은 주변 사람들뿐만 아니라, 주요하지는 않더라도 미디어에 등장한 영웅, 연예인이나 스포츠 스타에게서도 영향을 받는다. 과거에서 온 사람이 현재의 교실은 쉽게 이해한다 하더라도, 요즘 열 살짜리 아이의 교실 밖 생활을 이해하는 것은 어려울 것이다. 사실 나 자신도 종종 그런 어려움을 느낀다.

교육 자체는 그렇지 않을지라도 학교는 일반적으로 원래 보수적인 기관이다. 나는 이 보수주의를 대체로 옹호한다. 오랫동안 발전해온 교수법에는 추천할 만한 점이 많은 반면, 최근 유행하는 교수법들은 쓸모없거나 해롭지는 않더라도 좋아 보이지 않는다. 교육적 실험이 있긴 했지만, 보통 주변부에서 행해졌다. 지난 100여 년간 마리아 몬테소리^{Maria Montessori}, 루돌프 슈타이너^{Rudolf Steiner}, 스즈키 신이치^{鈴木鎮一}, 존 듀이, 닐^{A. S. Neill} 같은 카리스마 있는 교육가들에 의해 중요한 실험들이 이루어졌다. 이러한 시도는 상당한 성공을 거두었다. 이는 100년 전의 과거에서 온 가상의 방문객에게는 깊은 인상을 줄 수도 있을 것이다. 하지만 오늘날 교육의 주된 흐름에 미친 영향은 상대적으로 미미할 뿐이다.

변화를 위한 새로운 흐름

◇▩◇

이렇게 말하는 것은 위험할 수도 있지만, 나는 현재 상황은 다르다고 믿는다. 세상은 너무나 빠르고 확실하게 변화해서, 학교가 과거의 모습 그대로 남아 있거나 단순히 몇 가지 표면적인 변화만 도입하고 말 수는 없을 것이다. 사실 학교가 아주 빠르게, 그리고 근본적으로 변화하지 않는다면, 좀 더 유연하게 대응하는 기관으로 대체될 수도 있다. 그 기관이 더 수월하거나 합법적이지 않더라도 말이다.

학교가 완전히 변화했던 선례가 있다. 300년 전 학교에서는 엘리트만을 가르쳤고, 주로 종교적 성격을 띠었다. 그러나 그다음 200년에 걸쳐서는 좀 더 큰 집단을 가르쳤고, 주로 세속적인 성향을 보였다. 이렇게 변화한 이유는 도시화와 산업화 과정에서 읽고 쓸 수 있는 믿을 만한 노동력이 필요했기 때문이다. 이에 따라 뚜렷한 교육계획과 권한을 가진 중앙집권적 교육 담당부서가 나타났다.

이제 사회적 요구가 다시 한번 극적으로 변화했다. 100년 전에는 고등교육을 받은 엘리트와 기초적인 읽고 쓰는 능력을 가진 보통 사람들만 있으면 충분했다. 그러나 조만간 일상적 과정을 수행하는 대부분의 기능들이 전산화될 것이다.[2] 이제 고용주의 인정을 받기 위해서는 높은 지식 수준과 유연성, 그리고 분쟁조정 능력과 문제발견 능력을 갖춰야 한다. 더욱이 현재의 위치가 시대에 뒤떨어진다면 역할과 직업을 바꿀 수도 있어야 한다. 사회 역시 다수의 시민들을 그대로 방치할 수는 없을 것이다. 이렇게 급속도로 변화하는 세상에서 경쟁하기 위해 사회는 미래 시민들에게 양질의 교육을 제공할 것이다. 그리고 그 교육은 다음의 몇 가지 흐름에 반응해야 한다.

과학기술의 획기적인 발전 우리 시대의 가장 중요한 기술혁명은 컴퓨터의 지배력이 확장된 것이다. 컴퓨터는 교통, 통신에서부터 개인 가계부나 오락에 이르기까지 이미 우리 생활의 많은 영역에서 큰 역할을 하고 있다. 이러한 변화를 의식하여 많은 학교들이 현재 네트워크 컴퓨터를 갖추고 있다. 이러한 기술적 장치들이 학교생활에 상당히 많이 스며들었지만, 오래전부터 내려온 종전의 수업내용을 그저 좀 더 편리하고 효과적인 형태로 전달하는 정도에 그치고 있다.

그러나 미래의 교육은 주로 컴퓨터에 맞춰 이루어질 것이다. 대부분의 교육과 평가가 컴퓨터로 이루어질 뿐만 아니라, 컴퓨터와의 상호작용으로 형성된 사고방식이 강조되는 한편, 컴퓨터에서 식별하지 못하는 것들은 놓치게 될 것이다. 예를 들면 정밀하고 명쾌하고 단계적인 사고는 강화될 것이고, 섬세한 미적·도덕적 판단 등은 소외될 것이다. 다소 역설적으로 들릴지 모르지만 컴퓨터를 통해 과거에는 부유층만이 누릴 수 있었던 어느 정도 개별화된 교육, 즉 개인별 지도나 교습이 가능해질 것이다. 모든 학생들이 자신의 욕구, 학습 스타일, 배우는 속도와 이미 숙달한 내용, 이전에 배운 자료와 학업성적에 맞춘 교육을 받을 수 있다. 컴퓨터 기술은 우리에게 처음으로 전 세계 모든 학생을 위한 '개별화 교육'과 '활동적이고 실제적인 교육'이라는 진보적 교육의 이상이 실제로 이루어지도록 했다.[3]

컴퓨터 기술은 이 세상 모든 정보를 말 그대로 손끝으로 얻게 해준다. 이는 축복이면서 저주이기도 하다. 더 이상 어떠한 자원이나 사람을 조사하는 데 많은 시간을 허비할 필요가 없다. 아니, 이러한 정보는 기본적으로 즉시 접근이 가능할 것이다. 실제로 앞으로 곧 몬태나주 정부가 있는 도시, 대한민국의 인구, 옴의 법칙 등을 알기 위해 자판을 두드리는 일조차 필요 없어질 것이다. 큰 소리로 말하기만 하면 컴퓨터가 그 답을 출력하거나 음성으로 대답해줄 것이다. 이렇게 해서 사람들은 즉각적인 '문화소양'을 갖게 될 것이다.

3장 변화하는 교육

"누구나 컴퓨터를 할 수 있다." 그런데 안타깝게도 인터넷에는 질을 통제할 수단이 없다. 진짜 정보와 허위 정보가 아무렇지도 않게 뒤섞여 있고, 인터넷의 왜곡과 터무니없는 정보 속에서 의미를 찾아내는, 신뢰할 만한 방법이 아직까지는 없다. 민족지학자인 셰리 터클Sherry Turkle은 한 아이가 "세금이 오르면 폭동이 생긴다"고 이야기한 것을 언급한 적이 있는데, 그것은 〈심시티Sim city〉[4]라는 유명한 게임이 심어준 생각이었다. 이렇듯 진실, 아름다움, 선함이 무엇인지 확인하고 그중에 무엇이 우리가 알아야 할 가치가 있는지를 인식하는 것은 두렵고 힘든 일이 되어버린다.

세상이 부정확한 정보로 가득하다고 말할 수도 있다. 물론 그것도 사실이지만, 과거에는 교육을 담당하는 사람들이 자신들이 선호하는 교재를 선택하고 다른 교재를 배제할 수 있을 뿐이었다. 모든 사람이 수백만 건의 자료에 즉각적으로 접근할 수 있는 오늘날의 상황은 전례가 없는 일이다.

인공지능과 가상현실이라는 두 가지의 컴퓨터 기술은 교육에 커다란 그림자를 드리울 수 있다. 학교계획 중 많은 부분은 사람을 통해서가 아니라 사람이 만든 프로그램으로 실행될 것이다. 또한 교재나 가끔 가는 현장학습을 통해 주로 이루어지던 많은 부분이 이제는 가상현실에서 실행될 것이다. 누군가는 이렇게 물을 것이다. 전적으로 사람이 아닌 존재가 준비한 자료의 진정한 가치는 무엇일까?

이제는 이전과는 달리 공인된 기관에서 자격증을 얻는 것이 덜 중요해질지도 모른다. 사람들은 (완전히는 아닐지라도 대체로) 스스로를 교육할 수 있고 자신이 배운 것을 가상환경에서 보여줄 수도 있다. 만약 누군가가 일찍부터 법전을 읽고 자신의 법률 지식을 컴퓨터 시뮬레이션을 통해 보여줄 수 있다면, 왜 로스쿨에 가기 위해 12만 달러를 지불하겠는가? 또는 유사한 방법으로 비행기 조종법을 배우거나 신경외과 수술을 할 수 있게 된다면, 자격증이 무슨 의미가 있을까?

과거의 교육은 대부분 생산력이 왕성한 성년기에 정규적인 일을 잘해낼 수 있게 하는 데 맞춰졌다. 오늘날 이러한 접근에는 두 가지의 허점이 있다. 첫째, 연산방식으로 처리할 수 있는 거의 모든 것들이 자동화될 것이다.[5] 둘째, 같은 직업을 평생 유지할 사람이 거의 없으며 많은 사람들이 자발적으로든 비자발적으로든 하나의 직업, 회사, 분야에서 다른 직업, 회사, 분야로 자주 옮겨가게 될 것이다.

직장에서 새롭고 빠르게 역할을 바꾸는 일이 폭발적으로 늘어나면서 교육이 전례 없이 복잡해졌다. 성인인 선생님과 학부모 대부분도 아이들이 정기적으로 직업을 바꾸어야 하는 세상을 어떻게 준비해야 할지 알려줄 만한 경험을 한 적이 없다. 이전에 그러한 예가 없었기 때문에 학생들은 '진로' 및 생활환경의 빠른 변화에 스스로 준비해야 한다.

컴퓨터 기반의 교육과 교육과정이 교육에 기술적으로 지배적인 영향을 끼치리라고 판단되지만, 다른 혁신적인 것들 또한 영향을 주고 있다. 영상기술은 다양한 종류의 문제를 해결하거나 창의적 활동을 할 때, 학생들의 두뇌 활동이나 혈류가 어떤지에 대한 연구를 가능하게 할 것이다. 연구에 제약이 없다면, 학생들의 '정신생활'에 대한 연구결과는 특수교육이나 주류 교육의 환경에서 차지하는 위상뿐만 아니라 교육적인 접근방법에도 영향을 끼칠 것이다.

학습과 다양한 재능의 유전적 근거에 관한 이해가 높아지면서 교실에까지 영향을 미칠 것이다. 학교생활에서 어떤 아이가 빠르게 발전할지, 어떤 아이가 뒤쳐질지 알아낼 수 있을 것이다. 어떤 전문가들은 이러한 발견이 특수한 사례에만 해당되는 것이라고 주장하고, 어떤 전문가들은 유전 정보에 기반을 둔 어떤 결정에도 강력하게 반대할 것이다. 학습, 기억력, 동기를 향상시킨다는 의약품을 손쉽게 구할 수도 있을 것이다. 교사와 학부모들은 과거 공상과학소설에서나 봤을 법한 각종 도덕적 딜레마에 직면하게 될지도 모른다.

최근 생물학과 의학에서 이루어진 비약적인 발전도 교육을 획기적으로 변화시킬지 모른다. 만약 사람들이 유전공학을 통해 자녀를 '계획'하거나 어떤 사람의 타고난 자질을 바꾸려고 한다면, 또는 인간복제가 가능하거나 실현된다면, 인간이 된다는 것의 의미는 무엇이며 인류 사회의 일원이 된다는 것의 의미는 또한 무엇인지에 대한 우리의 정의가 영원히 바뀌게 될 것이다. 심지어 진화법칙도 새롭게 개념화되어야 할지도 모른다.

과학과 기술이 단순히 진리의 개념만을 바꾸는 것은 아니다. 새로운 역할이 생겨나고 전통적 가치들은 도전받고 있다. 도덕에 대한 우리의 관점이 바뀌고, 미적 감수성 또한 영향을 받을 수 있다.

정치적 흐름 냉전의 종식과 함께 20세기의 국제관계를 구성해온 가정들이 약화되고 있다. 강력한 군대로 무장한 적과 끝없이 싸워야 한다는 것이 더 이상 교육이나 훈련의 동기가 되지 못한다. 대신 민주적 정부 형태가 늘어나 개인 간이나 국가 간의 소통이 보다 쉬워졌다. 그에 따라 언론의 자유, 손쉬운 이민과 같은 방식의 인간적 상호작용은 더욱 사람들의 주목을 받고, 검열이나 인권침해 등은 지지받기가 더 어려워졌다.

이제는 이러한 진전을 반기는 사람들조차도 그것이 단순하지 않다는 것을 알게 되었다. 민주주의에도 여러 등급과 종류가 있다. 민주주의의 가치보다 겉으로 보이는 외형이 더 쉽게 모방된다. 미국에서든 그 밖의 나라에서든, 민주주의 원칙이 지켜지는 곳에서보다는 그렇지 않은 곳에서 그 원칙을 더욱더 명예로운 것으로 치켜세우곤 한다. 사실 출처를 모르는 상태에서 미국인들은 독립선언문에서 발췌한 인용구와 마르크스·엥겔스의 저술에서 발췌한 인용구를 구별할 수 없을 것이다. 오히려 동유럽 국가 국민들이 이를 더 분명하게 구별할 수 있다는 사실에 놀랄 것이다.

공산주의의 붕괴와 사회주의의 쇠퇴는 그 대가를 치르게 되었다. 개인이 의존하던 안전망이 사라지고 약화되었으며, 정치권력의 공백으로 생긴 틈을 비집고 다양한 범죄집단이 들어왔다. 또 전제정치 아래 숨어 있거나 억눌려 있었던 민족적·인종적 근본주의가 예기치 못한 힘을 가지고 되살아나고 있다. 대규모 전쟁은 더 줄어들었을지 모르지만, 국지적 충돌, 악랄한 고문, 심지어는 종족을 말살하려는 시도들이 끝없이 자행되고 있다.

교육은 가치체계와 밀접한 관계가 있기 때문에 정치생태학에서 일어난 이러한 급속한 변화들은 교육에 긴장을 가져온다. 교재나 수업계획서, 심지어 세계관까지도 수정되어야 한다. 교사들은 다양한 이념과 인종 및 민족집단, 과거와 현재의 정치적·사회적 가치의 한복판에서 방향을 잘 잡아야 한다. 과거 50년간 동유럽 국가에서 교사가 되는 것이 어떤 것이었는지 생각해보라. 1950년, 심지어 1990년에 진실, 선함, 아름다움이라고 여겨졌던 것은 오늘날과 다를 수도 있다. 그러나 이전 세대에 교육받은 사람들, 즉 부모들이나 교사들은 오랫동안 내면화해온 신념을 가볍게 내던져 버릴 수 없다. 영국의 시인이자 교육가인 매슈 아널드^{Matthew Arnold}의 말처럼 "그들은 두 세계―죽어버린 한 세계와 막 태어난 힘없는 또 다른 세계―사이에서 방황"하고 있을지도 모른다.[6]

이와 같은 아노미적 분위기는 과거에 공산주의 체제였던 곳에만 국한되어 나타나는 것은 아니다. 20세기를 거리를 두고 바라보게 되면서 서유럽과 미국의 많은 사람들은 제2차 세계대전과 같은 주요한 갈등 속에서 국가가 했던 역할에 대해 다시 생각해야만 했다. 의심스러운 많은 행위들, 예를 들어 이른바 중립국과 나치의 결탁 등은 과거 수년 동안 부인되었다. 그러나 50년이 지난 지금, 그 국민들은 자신들(자신들의 부모나 조부모들)이 행한 것(행하지 못한 것)을 매듭짓기 위해 매우 큰 고통을 겪고 있다. 그리고 역설적으로 미국의 우익 민병대 대원들처럼 가장 애국적이라고 여겨졌던 사람들이 결국, 겉으로는 그토록 수호하려고 애썼던 민주적 가치와는 동떨어진 미적·도덕적 기준을 받아들이고 만 꼴이 되었다.

경제적 힘 민주적 제도와 가치에 별로 동조하지 않는 나라들조차 이제는 시장과 시장원리의 영향력을 인식하고 있다. 한때 제3세계였던 중국이나 러시아, 이라크나 이란, 아프리카와 라틴아메리카, 아세안^ASEAN(동남아시아연합)과 메르코수르^Mercosur(남미공동시장) 회원국들도 이제는 새로운 기술혁명, 강력한 기업들의 발전, 생산성 추구 같은 것들과 불가피하게 관련을 맺게 된 탓에, 좀 더 세계적인 시장에서 끊임없이 상품 및 서비스 경쟁을 하게 되었다.

학생들은 그 치열한 생존경쟁 속에서 살아남기 위해 교육을 받아야 한다. 이런 종류의 교육은 사회의 공식적인 정책에서든 혹은 '길거리'에서든 자본주의가 오랫동안 지배해왔던 사회에서 더욱 수월하다. 그러나 경쟁보다 협력이 강조되는 사회, 개인들이 자신의 열정을 억누르는 것을 장려하는 사회, 국가가 (때로 정치적 협력과 침묵에 대한 대가로) 안전망을 제공하는 사회에서는 먹고 먹히는 환경에 적응하기가 어렵다는 것이 드러나고, 그런 적응이 불쾌하기도 할 것이다.

정치적으로뿐만 아니라 경제적으로도 피할 수 없는 새로운 환경은 글로벌화다. 이전에는 대부분의 경제가 하나의 지역 안에서 아무 문제 없이 운영되었고, 그와 같은 고립된 경제체제는 오랜 기간 지속되었다. 이제는 다국적기업, 지역적 무역연합체와 무역경로, 국제적 투자와 금융이 새로운 현실이 되었다. 이제 국가는 자신의 경쟁우위를 찾아내서 추진해나가야 한다. 그리고 결코 충분히 통제할 수 없을 만큼 급변하는 경제 상황에서 공격과 수비를 오가야 하기 때문에 경계심을 유지해야 한다. 금융기관에서는 매일 1조 달러가 유통된다. 따라서 어느 나라의 주식시장이 급락하면 몇 시간 내로 전 세계에 수십억 달러의 손실이 발생할 수 있다. 조지 소로스George Soros의 말처럼 시장은 요동치고 있다.

글로벌화는 경제뿐만 아니라 생태학에도 영향을 끼쳤다. 정치적 경계가 없는 환경오염 문제와 관련해서는, 공기, 물, 우주 공간을 깨끗하게 하거나 보호하려는 국제적 공조와 노력이 필요하다. 하지만 시장경제는 이러한 노력에 역행하고 있다. 시장은 장기적 전략이나 필요보다 단기적 압력이나 이익에 반응하기 때문이다. 또한 개발도상국은 불공정한 경쟁의 장에서 살아남기 위한 비장의 무기 중 하나로 생태적 주도권을 인식하게 되었다. 그러나 이러한 문제들이 저절로 해결되지는 않을 것이므로 경제뿐만 아니라 환경에 대한 인식을 교육과정에 포함시킬 필요가 있다.[7]

반드시 시장경제 때문이라고 볼 수는 없지만, 시장경제와 함께 나타나곤 하는 다른 현상들이 있다. 수많은 제품들이 빠르게 생산되지만 그 제품들 간의 차이는 미미하다. 각 제품이 마치 서로 완전히 다른 제품인 듯 설명하고 홍보한다. 또한 의도적으로 이전 제품을 낡은 것으로 만들고, 소비와 상업주의와 소비문화에 주력한다. 애석하게도 이런 소비문화는 인간의 내재적 성향과 잘 들어맞는 것처럼 보이기 때문에 이를 위한 '단련과정disciplinary training'은 필요하지 않은 것 같다. 오히려 가장 달콤한 초콜릿, 제일 맵시 있는 운동화, 초고속 오토바이 같은 시장의 유혹에 저항하기 위해서는 '방어적 교육'이 필요할 것이다.

경제가 성장함에 따라 사회는 정보사회, 지식사회, 학습사회로 이동하고 있다. 점점 더 많은 사람들이 인적 서비스와 자기계발, 특히 지식을 창출하거나 변형하거나 소통시키는 분야에서 일하고 있다. 근로자들이 자신이 무엇을, 얼마나 잘 학습했는가, 관련된 지식 기반에 최근 어떻게 기여했는가에 따라 고용되거나 해고되는 것도 무리가 아니다. 어느 누구도 과거의 학교나 교육에서 얻은 영예에만 의존할 수 없을 것이다. 지식으로 충만한 사회에서는 오직 지속적으로 자신의 가치를 보여주는 사람만이 보상을 받을 것이다.

나는 이러한 경제적 힘을 지지하는 것도 아니고 그것이 영원하리라고 말하는 것도 아니다. 오히려 착잡한 감정을 가지고 있다. 사회나 세계를 운영하는 데에는 여러 방법이 있다. 심지어 그것을 파괴하는 데에도 여러 방법이 있다. 애덤 스미스 Adam Smith 나 밀턴 프리드먼 Milton Friedman 의 자본주의에서도 그렇고, 싱가포르의 리콴유 李光耀 나 중국의 덩샤오핑 鄧小平 도 선택의 여지를 없애지는 않았다. 그러나 적어도 가까운 미래에는 다른 방도가 없을 것이다. 시민들, 특히 미래의 시민들은 필요에 따라 시장경제에 참여할 준비를 해야 (이런 비유가 괜찮다면, 예방접종을 받아야) 하며, 동시에 썩 마음에 들지 않는 이런 상황에 저항해야 할지도 모른다.

학생들에게 시장지배적 세계에서의 삶을 대비하게 하는 것이 학교의 일이 되어서는 안 될 것이다. 다른 교육단체나 기관이 분명 기꺼이 그 역할을 대신하려고 할 것이다. 하지만 학교가 그 과정에서 배척되어서는 안 된다. 이를 위해 고려해볼 방법 한 가지는 학교가 어떤 기술을 가르칠지 결정하는 것이다. 즉 학급에 배정을 받고, 진학, 졸업, 취업으로 이어지는 과정은 교육이 경제와 만나는 또 다른 지점이다.

교육과정이 경제적 고려사항을 얼마나 중시하는가 또는 무시하는가가 중요 변수임이 입증되고 있다. 학교 공동체의 암묵적인 메시지에서도 경제적 고려가 중요해졌다. 학교환경이 경쟁적인가 협조적인가 아니면 둘이 섞여 있는가, 학교환경이 경쟁적이라면 제로섬이나 윈윈의 사고방식 중 어느 것이 우세한가 등을 생각해 보아야 하는 것이다. 학교는 경쟁의 장이 될 수도 있고, 어떤 삶을 추구할 것인지에 대한 대안 모델을 제공할 수도 있다. 시장을 선호하거나 역행하도록 가르칠 수도 있다. 사실 학교가 어떤 과정을 추구해야 하는지에 대한 결정 자체가 도덕적인 결정이다. 교육자들이나 교육정책 입안자들의 '선함'에 대한 감각을 반영하기 때문이다.

근대사회의 사회적·문화적·개인적 트렌드 앞으로의 경제 전망이 희망적이지 않을 것이라는 점은 분명하지만, 다가오는 시대의 사회적·문화적·개인적 트렌드가 무엇인지 파악하는 것은 더욱 어려워 보인다. 우리는 이전보다 더 안락하고, 더 안전하고, 자신의 희망을 추구할 수 있고, 자신이 좋아하는 사람들과 어울리며 더욱 다양한 여가와 문화적 기회들을 누릴 수 있는 유토피아를 마음속에 그려볼 수 있다. 애석하지만 디스토피아를 상상하는 것 또한 쉽다. 그 디스토피아에서는 눈에 보이지 않는 광고주나 홍보 담당관이 개인을 조종하고, 집단적 갈등이 더욱 심화되며, 겉으로는 무제한적인 선택권이 실제로는 자기 이익만을 생각하는 미디어 소유주들에 의해 통제되고, 사생활과 개인적 공간이 지속적으로 침해되며, 부자와 빈자 간의 기존 격차가 더욱 커진다.

어쩌면 우리는 정치학자 새뮤얼 헌팅턴Samuel Huntington이 전개한 시나리오를 납득하게 될 수도 있다. 헌팅턴은 권위적이면서 경제적으로는 막강한 아시아의 유교사회와 민주적이면서도 통일성이 그다지 크지 않은 서구 사이의 갈등을 예견했다.[8]

다음 예측 하나만은 확실하다. (때로는 의도하지 않았다 하더라도) 통신매체가 전 세계적으로 교육을 주도하게 될 것이라는 점이다. 라디오, TV, 영화, 잡지, 광고 등은 계속해서 번창할 것이고, 역할과 가치에 대한 강력한 메시지를 전 세계에 전하게 될 것이다(과거 몇 년 동안 나온 세계적 미디어의 메시지들, 예를 들어 O. J. 심슨, 다이애나 황태자비, 복제 양 돌리, 체스 프로그램 딥 블루Deep Blue의 명성에 관련된 것들을 생각해보라).*

특정 문화를 고립시키는 것이 불가능하지는 않겠지만 매우 어려운 일이 될 것이다. 전 세계의 사람들 모두 수백만, 아니 수십억의 다른 사람들의 신념, 태도, 삶의 방식에 전방위적으로 접근할 수 있다. 사람들은 자신과 전혀 다른 철학적 가정이나 배경을 가진 사람들이 생각하는 진리, 아름다움, 도덕적 인식 등을 접하게

---

* 명성이란 앤디 워홀의 '15분'의 세계(미래에 모든 사람들은 15분 만에 유명해질 것이다._옮긴이)에서는 덧없는 것에 불과하다. 은퇴한 풋볼 스타는 두 건의 살인사건으로 기소되었다. 황태자비는 요절했고 복제 양 돌리가 탄생했다. 세계 체스 챔피언을 컴퓨터 프로그램이 처음으로 이겼다.

되고 그에 도전을 받게 될 것이다. 이란 내 이슬람 근본주의자들, 이스라엘의 유대교 근본주의자들, 미국 기독교 근본주의자들도 비슷한 상황에 처할 것이다. 그들은 자신들의 믿음을 고집하겠지만, 그와 동시에 종교가 더 이상 강력한 힘을 미치지 못하는 수백만의 사람들뿐만 아니라 다른 종파에 속한 사람들이 가진 삶에 대한 '못마땅한' 지식에 에워싸여 살아가야 할 것이다.

어떤 사람들은 이국적 생활방식을 접하면서 (아마도 적당히) 위협을 느끼고, 자기 입장을 견고하게 하고 싶어지며, 외국에서 온 이 감염자들을 거부하거나 일축해버릴 수 있다. 그러나 더욱 젊고 용기 있고 도전적인 사람들은 자신의 선택권을 확장할 것이다. 선택할 수 있는 지식 그리고 그에 따라 행동할 수 있는 여러 방법이 일반화되면서, 피부색, 종족, 성, 동성애를 기준으로 인간성의 많은 부분을 무시해버리기가 더욱 어려워질 것이다.

간단히 말하면 이는 문화적 모더니즘의 문제이다. 일부 서구문명, 특히 유럽이나 북미에서는 모더니즘적 관행, 기준, 가치들이 점진적으로 발전해왔다. 보다 최근에는 세계 다른 지역의 사람들도 미디어를 통해 개인이 자신의 직업, 배우자, 주거지, 심지어 가치체계까지 직접 선택하는 생활방식을 접하게 되었다. 모더니즘의 맥락에서 개인의 표현, 스포츠, 오락, 패션 등은 더욱 중요해진 반면 정치, 종교, 이념적 관심은 다소 약해졌다.

처음에는 이러한 문화 개방이 사람들에게 충격을 주었다. 이란이나 중국 같은 일부 나라에서는 '근대사회', '서구사회', '세속사회' 등의 불안 요소와 관련하여 부정적인 반응이 뒤따랐다. 그러나 동시에 인류 역사를 통틀어 대부분의 세계에서 대다수의 인간 삶에 나타났던, 그것이 편안한 것이었든 구속하는 것이었든 그러한 '연결 끈'[9]을 크게 빼앗겼을 때 인간이 어떤 모습일지에 대한 관심이 생겨났다. 진리, 아름다움, 선함의 개념들은 크게 도전받게 되고, 아마도 영원히 변하게 될 것이다.

모더니즘이라는 서구의 개념이 살아남아 널리 보급될지의 여부는 여전히 논란거리다. 인도네시아나 말레이시아 같은 이슬람사회, 싱가포르나 중국 같은 유교 국가들은 진보적인 정치신념과 자유방임적인 사회 정책을 구현하지 않고도 서구의 기술적·경제적 전문지식 대부분을 흡수하는 데 성공했다. 정규교육에서 그러한 논란의 여지가 있는 서구의 특징을 끌어안든 아니면 그에 반대되는 내용을 주입하든 간에 세계적 친밀감이 증대됨에 따라 이 문제들은 계속 중대한 관심사가 될 것이다.

이제까지 개인적 요소들이 일반적으로 파트너, 거주지, 일, 생활방식을 선택하는 데 영향을 미쳤다. 이러한 '사회적 고려사항'들은 전 세계 사람들에게 여전히 중요하다. 그러나 마찬가지로 매우 중요할 수 있는 개인적 생활의 또 다른 특성은 아직 크게 주목받고 있지 않다. 나는 여기서 인간의 정서, 성격, 인지에 대해 보다 깊이 이해해야 한다고 말하고자 한다. 우리 시대에는 중국에서든 브라질에서든 덴마크에서든 심리학적 통찰력이 쌓여왔고, 마음의 작용에 대한 대중의 호기심이 줄어들 기미가 없다. 그러나 마음을 이해한다고 해서 교육에 대한 개인적인 책임감이 높아지지는 않는다.

지금까지의 교육은 주로 외부적인 힘에 부여된 책임이었다. 개인의 마음은 봉인된 블랙박스처럼 취급되었을 뿐이다. 그러나 이제 사람들은 일반적으로 마음의 작용, 특히 자신의 마음의 작용을 더 깊이 통찰하게 되었다. 사람들은 마음에 대해 앎으로써 종전에는 비현실적으로 보였던 인지주의적인 생활과 관련하여 행위자 의식sense of agency을 갖게 되었다. 초超인지, 자의식, 자기성찰지능, 2차적 사고, 계획(수정과 반성), 체계적 사고와 이들의 상호작용 등은 반드시 심리학의 전문용어나 '자기계발 분야'의 용어일 필요가 없어졌다. 사람들이 자기 삶을 채울 진실, 아름다움, 선함을 결정할 때 훨씬 더 능동적인 역할을 할 수 있게 된 것이 분명하다.

교육은 전통적으로 젊은이들에게 꼭 필요한 것으로 생각되었다. 과거에는 사람들이 그렇게 오래 살지도, 어른들의 삶이 그렇게 많이 변하지도 않았다. 그러나 이제는 어른들의 삶이 급속히 변화하고 인간 수명도 지속적으로 늘어나고 있어, 대부분의 국가에서는 평균수명이 최소한 70세에 이르고 몇몇 국가에서는 80세에 가까워지고 있다. 평생학습은 그저 듣기 좋은 말에 불과한 것이 아니라 필수적인 것이 되었다. 어떤 사람들은 이러한 발전을 환영할 것이다. 어떤 민족집단이나 종교집단에서는 지속적으로 마음가짐을 개선하는 것의 중요성을 오랫동안 강조해왔다. 그러나 학문을 덜 강조하는 환경에서 자란 사람들이나 학교를 별로 좋아하지 않았던 사람들에게는, 평생 계속해서 공부하고 익히고 연습하고 무엇보다도 정신의 기술과 힘을 개발해야 한다는 것이 별로 매력적이지 않을 것이다.

젊은이들은 배움을 즐기고 관심분야를 광범위하게 개발하며 남은 생을 위해 마음을 길러나가길 원하도록 양육되어야 한다. 플라톤의 이 말은 기억할 만하다. "교육의 목적은 개인들로 하여금 그가 해야 할 일을 하고 싶어 하도록 만드는 것이다." 그러한 교육은 교육적 성취가 국제적으로 우위에 있는 나라에서조차 부족해 보인다. 그러한 곳에서도 대부분의 사람들은 생각할 필요가 전혀 없는 오락거리에 이끌리고, 심지어 일부는 정규교육에서 멀어질 기미를 보인다. 이것은 평생교육이 아무리 나를 비롯한 정책입안자들에게는 필요해 보일지라도 쉽게 받아들여지지 않으리라는 것을 의미한다.

변화하는 지식 지형 지식은 언제나 확대되어왔고, 과거에는 지식의 확장이 점진적이고 통제 가능해 보였다. 반쯤 농담으로 말하자면 1888년에 작고한 매슈 아널드는 이 세상의 모든 것을 안 마지막 사람이었다. 그런데 지금은 모든 학문분야에서 지식 기반이 기하급수적으로 성장했다. 보수적으로 이야기한다 해도 이용 가능한 정보의 양은 몇 년마다 두 배가 된다. 최근 일부 주장에 따르면 이 세계의 정보량이 8일마다 두 배가 된다고 한다. 이 수치가 별 의미 없다 하더라도(역정보도 정보에 포함될 수 있는가? 무엇을 정보에 포함시킬 것인가?), 정보가 수량으로 표현됨으로써 어떤 진실이 연구할 만한 가치가 있으며 무엇이 살아가는 데 가치 있는가를 결정하는 것이 더욱 어려워졌다.

미래에는 지식체계를 검증할 수 있고 알아야 할 가치가 있는 것을 분별할 수 있는 개인(또는 지적 행위자)이 막대한 가치를 갖게 될 것이다. 또한 기하급수적으로 확장되고 있는 지식을 종합하여 그 중 핵심 정보를 일반 시민들이나 일반적인 정책입안자들에게 이용 가능한 형태로 만들어주는 사람(혹은 브라우저)이 더 존경받게 될 것이다.

교육체계의 보수성이 특히 여기서 문제가 된다. 지식의 최전선에 있는 작업은 10년마다 바뀐다. 실제로 분자생물학 분야에 있는 동료들에 따르면 전문 학술지나 온라인 서비스를 3개월 이상 읽지 않으면 안 된다고 한다. 심지어 인문학에서도 예술이나 문학에 대한 관점이 한 세대 이전과는 상당히 달라졌다. 그러나 세계 도처의 학교에서는 현재 학생들의 부모나 조부모가 배웠던 것과 같은 과목을, 거의 동일한 방법으로 가르친다. 그렇게 길러진 학생들은 (대학에 진학해서, 독서나 웹서핑을 통해, 혹은 수습 사원 과정에서) 각 분야의 첨단 작업이 실제로 어떻게 이루어지는지를 보고 매우 놀란다. 유쾌하게 놀라기도 하지만 과격하게 놀랄 수도 있다.

이제는 학제간 연구에 관한 물음이 필요한 시대이다. 실제 현장에서는 대부분의 문제들이 잘 짜인 학문분야와 쉽게 맞아떨어지지 않는다. 팀을 이루어 학제간 작업을 하는 것이 일반적이며, 가장 효율적으로 연구하는 이들은 둘 이상의 학문분야에 대한 통찰력과 연구기법을 현명하게 결합하는 사람들이다. 물론 급속하게 변화하는 학문분야에서는 이 역시 쉬운 일이 아니다. 종종 서로 다른 방법론과 사고방식을 결합해야 한다는 점에서 학제적 연구는 힘든 작업이 되기도 한다.

나는 고등학교와 대학교에서 학문적 사고를 지속적으로 가르치는 것이 바람직하다고 생각한다. 학문은 이 세상에 대해 체계적으로 사고하기 위한 최선의 노력이며, 학제간 작업을 능숙하게 하기 위한 전제가 된다. 그러나 동시에 이러한 관행은 교육방식과 현실 간에 반갑지 않은 괴리를 낳는다. 미래의 전문가들은 학문을 기반으로 길러지지만, 실제로 첨단학문은 학제간 연구의 성격을 띠고 있는 상황이 되는 것이다.

지식 지형의 변화는 생각의 혼란을 가져올 수 있다.[10] 과거에는 연구결과를 읽기 위해 오랜 시간을 기다려야 했지만, 이제는 인터넷의 도움으로 중요한 연구결과가 단 며칠 내에 전 세계에 알려진다. 인쇄·출판은 점점 형식적인 것이 되었고, 몇몇 혁신적인 분야에서는 이마저도 생략된다. 새로운 분야나 하위 분야들이 매년 새로 만들어지고, 한때 지배적 위치를 차지하던 분야의 중요성이 점점 떨어지기도 한다. 대용량 데이터베이스를 사용하게 되면서 개인들은 공식적인 교육을 받지 않고도 특정 주제에 통달해 학문세계에 기여할 수 있다. 또 전문학교나 대학교의 강의실에 직접 가지 않고도 원격학습으로 고급 교육과정을 이수할 수 있다. 이미 언급했듯이, 가상환경 덕분에 재능이 있거나 의지가 굳은 사람들은 오랜 기간 동안 비싼 비용을 들여 자격 과정을 거치지 않고도 그 분야에서 능력을 발휘하게 되었다.

이러한 학문적 긴장관계를 인정하면, 읽고 쓰기에 대한 개념이 바뀌게 된다. 고전적 3R(읽기, 쓰기, 셈하기) 교육에 다양한 컴퓨터와 프로그램 언어를 추가해야 한다. 문해 교육에서도 이전과는 다른 혼합된 형태가 나타나고 있다. 하이퍼미디어를 운용하고, 웹 페이지를 읽고 디자인하며, 컴퓨터 기반의 프로젝트에 착수하기 위해서는, 그래픽 문해와 언어 문해, 심지어 청각 문해를 혼합한 새로운 형태의 문해체계를 전체적으로 조직할 수 있어야 한다. 게다가 이러한 종류의 문해 능력이 계속 확산되리라고 믿을 만한 이유가 곳곳에 있으며, 실제로 실행할 수 있는 상호관계가 탐색되고 있기도 하다. (아마도 자신의 웹 페이지를 부지런히 발전시키는 젊은 사람들은 특히 더 관심을 두고 있을 것이다.)

지식 지형의 변화는 어떤 문화에서 진실이 무엇인지를 판단하는 데 큰 영향을 주었다. 그 영향력은 여기서 그치지 않는다. 하나의 발견이 어떤 결과를 가져올지는 예측하기 어렵다. 예를 들면 인터넷은 처음에는 정부가 지원하는 과학자들과 군 분대원들 사이의 효과적인 소통에 도움을 주기 위해 시작되었다. 그러나 지금은 새로운 예술 형식이나 포르노를 비롯한 각양각색의 음란물이 인터넷을 통해 전달되고 있다. 사람들은 인터넷으로 자신의 초상화를 직접 만들 수도 있고 이를 마음대로 바꿀 수도 있다. 이러한 새로운 형태의 통신과 예술은 아름다움과 선함에 대한 우리의 감각을 발달시킬 뿐만 아니라, 그러한 것들이 전파되는 것을 규제해야 하는지, 규제한다면 어느 정도까지 규제해야 하는지를 두고 근본적인 정치적·도덕적 문제를 만들어내고 있다.

모더니즘 이후(걷잡을 수 없는 포스트모던) 일반 대중에게는 잘 알려져 있지 않지만, 지난 세대 동안 서구에서(특히 프랑스에서) 지식에 대한 새로운 시각이 발전해왔다. 포스트모더니즘, 상대론, 구조주의, 후기구조주의, 해체주의 등 다양하게 불리는 접근방법들(이것들이 모두 같은 것을 의미하는 것은 아니다)은 이전 시대에 확실하다고 여기던 것들에 이의를 제기하고 있다.

상대적으로 온건한 형태의 '포스트모던적 관점'은 특정 견해에 특권을 부여하는 것을 경계한다. 대신 이전에는 억압되었던 다양한 '목소리'를 인정하도록 요구하고, 모든 지식의 '구성적 본질'을 강조한다. 좀 더 급진적 경향에서는 지식과 진리가 진보하는 것이 가능한지까지 의문을 제기한다. '순수 포스트모더니스트'들은 지식은 본질적으로 권력에 관한 것이어서 힘을 지닌 자들이 진리와 진리 아닌 것의 기준을 결정한다고 주장하며, 헤게모니(지배하고 있는 정치적 권위)가 바뀌면 그 기준도 바뀌게 된다고 한다. 그들에 따르면 텍스트는 진리를 담아낼 수 없다. 진리란 본질적으로 자기모순적이기 때문이다. 독서는 필연적으로 오독誤讀이다. 따라서 학자의 임무는 이러한 텍스트를 '해체'함으로써 기존에 만연한 폐단과 내부 모순을 밝혀내는 것이다.[11]

포스트모더니즘적 사고는 여러 형태로 대중의 의식 속으로 파고들어 왔다. 그것은 때로는 조롱의 형태로도 나타나, 어느 전통 지향적인 학자는 학문에서 저질러지는 현재의 죄악을 정리한 글에서 특별히 터무니없는 문장을 포착해 그것을 강조했다. 눈속임으로도 나타났는데, 물리학자 앨런 소칼Allan Sokal은 포스트모더니즘 학술지《소셜 텍스트Social Text》에 과학논문을 발표하는 데 성공했다.[12] 이후에 그는 그 논문이 사실 전체적으로 무의미한 문장의

3장 변화하는 교육

집합이며, 전형적인 해체주의자들의 텍스트를 패러디하기 위해 쓴 것이라고 밝혔다. 또한 유명한 해체주의자 폴 드만 Paul de Man 은 젊었을 때 (포스트휴머니즘적이게도) 나치 동조자였음이 스캔들로 인해 드러났다.

객관적으로 설명하려고 노력하기는 했지만, 내가 '순수' 포스트모더니즘 사상을 거의 또는 전적으로 용인하지 못함을 인정해야 할 것 같다. 나는 그것이 다른 사람의 저술에 있는 모순을 밝히기보다는 오히려 자기모순으로 가득 차 있다고 생각한다. 만약 유일한 기준이 권력에 관한 것이라면, 왜 사람들은 권력도 없는 해체주의자들의 저술에 주목해야만 하는가? (모든 글을 똑같은 시간을 들여 읽는 것은 불가능하다고 이의를 제기하면서) 특정한 글에 더 주목해야 한다면, 그 경우에는 몇 가지 기준은 있어야 한다. 이런 점에서 볼 때 포스트모더니즘의 입장에는 일관성이 없다. 모든 지식의 상대성을 강조하면서도 동시에 자신의 사상이 진지하게 받아들여져야 할 권리가 있다고 주장하는 것과 다름없다. 나는 상대주의적 관점을 지향하는 학생들로 이루어진 수업에서 그때그때 기분 내키는 대로 점수를 줄 작정이라고 학생들에게 말했다는 선생님이 떠오른다. 그 즉시 학생들의 상대주의는 '치유'되어 객관적 기준을 지향하는 쪽으로 방향이 바뀌었다.

그런데 이 책의 목적은 포스트모더니즘적인 학문과 비평이 공정한지 그렇지 않은지에 대한 나의 견해를 알리는 것이 아니다. 포스트모더니즘적 사고방식을 여기서 언급한 이유는 따로 있다. 포스트모더니즘적 입장이 그대로 받아들여지면, 진실, 아름다움,

선함에 초점을 둔 교육을 만들어내려는 나의 노력이 수포가 되어 버린다.[13] 사실 포스트모더니즘적 관점에서 보면 이 소명을 실현하는 것은 불가능하다. 그 관점에서는 내가 말한 덕목은 그 자체로 허구이며 내적 모순으로 가득 차 있어서, 사람들이 그것들을 타당하게 전달할 방법이 없기 때문이다. 진실에 관한 다른 사람들의 견해에 더욱 민감해지려고 노력해도 소용없을 것이다. 그것이 정치적으로 더 올바를지라도 말이다.

그러나 나는 휴전을 제안하려고 한다. 내가 유치원부터 중등학교까지의 교육과정을 구성하는 것을 포스트모더니스트들이 인정하는 한, 나는 전문대나 대학 수준에서, 특히 선택과목에서 그들이 충분히 활동할 여지를 기꺼이 내어줄 것이다. 성숙한 학생이나 학자들에게는 포스트모더니즘적 관점이 어떻게든 도움이 될지도 모르지만, 아직 예리한 지성을 갖추지 못한 대학 이전 시기의 어린 학생들에게는 혼란만 야기하리라고 생각한다. 일단 진리, 아름다움, 선함에 대한 견고한 생각을 갖춘 후, 이에 대해 비판하고 도전하는 것은 정당할 수 있다고 본다. 그러나 진실을 향해 가기 위한 노력이 뿌리를 내리기도 전에 이를 약화시키는 것은 성장하고 있는 마음에 바람직하지 않으며 심지어는 심각하게 방해되는 것 같다. 더 나아가 이러한 전통적 덕목에 대한 토론을 가로막으려는 움직임은 결국 실패하게 되리라고 덧붙이고 싶다. 오히려 최근에는 학교에서 아름다움에 대한 연구가 부활하고 있다.

유사한 예를 하나 더 들어보자. 많은 심리학과 학생들이 프로이트Freud나 피아제Piaget가 틀렸다는 것이 입증되었다고 말하곤 한다.

3장 변화하는 교육

그러면 나는 그 학생들에게 프로이트나 피아제의 연구물을 읽었는지 물어보곤 했는데, 이제는 더 이상 그럴 필요가 없다는 확신이 든다. 여전히 영향력 있는 이 주요 사상가들을 반박하는 논거는 그 문제를 직접 해결하려는 사람들에게서 듣고 싶기 때문이다.

그 논쟁을 간접적으로 전달하는 사람이나 단지 이미 주어진 질문 형식의 타당성에만 의문을 제기하는 사람들에게서는 듣고 싶지 않다. 이러한 전반적인 맥락에서 (칸트나 데카르트와 관련해서) 자크 데리다Jacques Derrida,**14** (프로이트나 마르크스와 관련해서) 장 프랑수아 리오타르Jean-François Lyotard, (고전적인 인식론자들과 관련해서) 리처드 로티Richard Rorty와 같은 포스트모더니즘 학자들이 만든 학문을 여러 측면에서 존경한다. 다만 그들의 제자들이 자기 스승의 비평 텍스트에 대한 신중한 연구를 본받지 않고 스스로의 태도와 결론을 너무 쉽게 투사하는 것이 유감스러울 뿐이다.

최종적 관점은 다음과 같다. 어떤 의미에서는 포스트모더니스트들이 옳을지도 모른다. 과학에서조차 궁극적인 진리는 불가능한 목표일 수 있다. 아름다움과 도덕성의 개념은 반드시 변하고, 앞으로도 느리기는 해도 계속해서 변화할 것이다. 전통적 진리에 기반을 둔 교육과정을 확정적이라고 주장해서는 안 된다. 그 대신 현재의 진실, 아름다움, 선함의 문화적 개념을 밝히도록 노력해야 한다. 여기에는 틀림없이 모든 지식이 확정되지 않은 상태임을 인식하는 것뿐만 아니라 그 반대의 주장이나 내용을 고찰하는 것도 포함될 것이다. 더 중요한 것은 감탄할 만하거나 문제가 있거나 풀어내야 할 여러 사례를 지속적으로 탐색하는 것을 정당화해야 한다는 점이다. 나는 이러한 지속적인 관심이 앞으로도 인류를 위해 올바른 것이 되리라고 생각한다. 이는 내가 전통주의자로서의 뿌리를 가진 채로, 숙성되지 않은 '순수' 포스터모더니즘과는 투쟁을 계속할 것이라는 점을 뜻하기도 한다. 시간이 갈수록 나는 내가 소중하게 생각하는 세 영역에서 인류가 어느 정도 진전을 보였다고 확신하는데, 이는 내가 계몽을 중요하게 여기고 있음을 표현하는 것이기도 하다.

다문화주의적 견해 포스트모더니즘은 때때로 다문화주의와 혼동되는데, 이는 아마도 둘 다 인간성의 문제를 다루며 발전되었고, 종종 같은 사람들이 주장하기도 했기 때문일 것이다. 사실 양쪽 진영은 모두 표준적인 서구적 관점에서 실행된 인간성 연구를 비판하면서 출발했고, 나중에는 의견이 서로 나뉘게 되었다. 포스트모더니스트들은 규범의 인식론에 초점을 두는 반면, 다문화주의자들은 규범의 구조를 공격한다. 그들 스스로 알고 있듯이, 그들은 '케케묵은 백인 남성 학자들Dead White Males'의 아이디어와 업적을 지나치게 의식하고 있다.

다문화주의에 대한 내 생각은 포스트모더니즘에 대한 나의 비판과 미묘한 차이가 있다. 나는 단일한 규범은 잘못된 것이며 더욱이 더 많은 작업과 개념들이 어떤 규범에 포함되어 있는 것보다 연구할 만한 가치가 있다는 주장에 동의한다. (역사가들은 규범이 항상 너무 느슨하게 구성되어왔다고 이야기한다.) 게다가 다원적 규범의 덕목은 서로 다른 역사적·문화적·이념적 자원에 의도적으로 의

존해 있다. 사실 인구 구성 자체가 다양한 국가에서는 그러한 절충주의가 필요하기도 하고 바람직하기도 하다. 결국 문제가 되는 교육 공동체에 맞게 규범이 합리적으로 변화할 수 있는가가 중요하다.[15]

내가 고려해야 할 문제는 기준과 정확성이다. 매슈 아널드가 벌써 이 장에서만 세 번째 등장한다는 것에 놀랄 수 있겠지만 그의 표현을 빌려 말하자면, 나는 교육자들에게 "이 세상에서 알려지고 사고된 것들 중 최고의 것을 배우고 전달하라"[16]고 요구한다. 또 학생들이 가능한 한 정확한 정보를 가지길 바란다. 이 두 범주가 충족되는 한, 다문화주의적인 교육과정과 접근방식이 유익하다고 믿는다. 그러나 다문화주의자들이 높은 기준을 포기하거나, 단지 출처가 흥미롭다는 이유만으로 좋지 않은 것을 선택한다면 그들과 함께하지 않겠다. 마찬가지로 우연히 특정 악센트나 문화적 배경, 정치적 태도를 가지게 된 개인이나 집단에 명백한 증거도 없이 연구에서 특별한 의미를 부여하여 역사를 다시 쓰는 사람들에게도 공감하지 못하겠다.

말하고자 하는 요점을 긍정적으로 표현한다면, 나는 모든 학생들이 감각을 높은 수준으로 개발하기를 바란다. 모두가 정확해지기 위해 노력하고 증거를 적절하게 활용하면 좋겠다. 또한 다양한 집단과 문화를 존중하면 좋겠다. 물론 무비판적으로 그러는 것을 바라지는 않는다.

이러한 기준이 다문화교육의 결과일 필요는 없지만, 이를 충족하는 다문화 중·고등교육이 가능하다.[17] 그러나 이러한 기준을 충족하는 포스트모더니즘적 교육과정을 갖는 것은 불가능하다. 사실 기준 그 자체가 포스트모더니스트들의 시각에서는 용납하기 어렵기 때문이다.

교육의 갈림길

나는 이 책에서 앞으로 다가올 미래 환경을 지배하리라 여겨지는 변수뿐 아니라 수 세기에 걸친 교육을 특징짓는 상수들을 훑어보았다. 이러한 요소들은 어느 교육자에게나 상당한 도전이다. 또한 교육자는 바람직한 역할, 올바른 가치, 바르게 읽고 쓰는 능력, 옳은 훈련을 가장 잘 전수할 방법을 결정해야 한다. 진실, 아름다움, 선함의 미묘한 차이를 느끼는 감각에 대해서도 마찬가지다. 동시에 전 세계 과학, 기술, 정치, 경제, 사회, 문화, 인성의 변화에 유념하면서 그에 대응해야 한다. 마지막으로 학계에서 나타나는 변화의 징후에도 촉각을 곤두세우고 포스트모더니즘이나 다문화주의 담론 내에서 자신의 입장을 확고히 할 필요가 있다. 특히 교육자들은 이러한 문제적인 세계관을 강하게 주장하는 사람들이 미치는 악영향을 피할 수 없기 때문이다. 모든 논의는 원래 항상 반론에 부딪히는 법이지만, 이러한 입장은 특히 조심할 필요가 있다.

나는 교육이 보수적인 것이라고 말해왔는데, 이 보수주의가 꼭 나쁜 것만은 아니다. 가치를 전달하고 개념체계와 교과를 숙달하는 데 보수적인 접근방식이 요구되는 것은 사실 당연하다. 그러나 지식이 폭발적으로 증가하고 지식 지형이 계속해서 변화하는 상황에서 교육과정에 대해 더욱 면밀하고 새로운 접근이 필요하다. 그리고 아이들이 미래에 수행해야 할 급속히 변화된 역할에 대비하도록 하려면 새롭고 창의적인 접근방법들을 개발해야 할 것이다.

대부분의 다른 연구자들이 말하는 것처럼, 나도 교육이 갈림길에 서 있다고 확신한다. 이 세계는 너무나 크게 변화해서 그 변화의 의미는 과거와 매우 다르고, 대부분의 세계에서 지금 상태가 그대로 유지될 수 없게 됐다. 사실 다소 역설적이지만 오늘날의 기준에서 성공적인 대부분의 국가들도 현재의 학교가 미래의 요구에 부합하지 않음을 염려하는 것 같다. 동아시아 사회는 창의성과 개성을 보다 요구하게 되었고, 유럽과 미국의 지도자들은 학교에서 대부분의 학생이 실패한 것을 애석해한다. 전 세계 연구자들은 몇 세기 동안 계속된 창조와 지식 전수에 관한 가정들이 더 이상 유지될 수 없다고 이야기한다. 미래의 학교와 교육이 어떤 형태일지 예측하기 어렵지만 우리와 우리 선조들이 당연시하던 것들과는 크게 다르리라고 예상할 수 있다. 과거와 미래는 우리에게 통찰력을 준다. 인간에 대한 지식이 확장될수록 또 다른 시각을 가질 수 있을 것이다.

다행히도 새로운 교육 비전을 추구할 수 있는 안전지대가 있다. 실제로 마음에 관한 연구(심리학), 두뇌에 관한 연구(신경학과 생물학), 문화에 대한 연구(인류학)를 통해 새로이 얻은 지식으로 마련된 몇 가지 피난처가 있다. 마침 최근에 변화된 것 중 일부는 우리가 이해하고 있는 이 몇 가지 영역 안에 있다. 이제 이러한 지식을 가지고 진실, 아름다움, 선함을 이해하기 위한 교육의 지형을 다시 만들 때다.

4장

뇌 연구의 가능성과 한계

뇌 구조와 기능에 대한 지식은 우리가 뇌에 대해
생각하는 방식을 변화시키겠지만, 그것 때문에
우리가 교육에 대해 사고하는 방식을 바꾸는 것은 아니다.

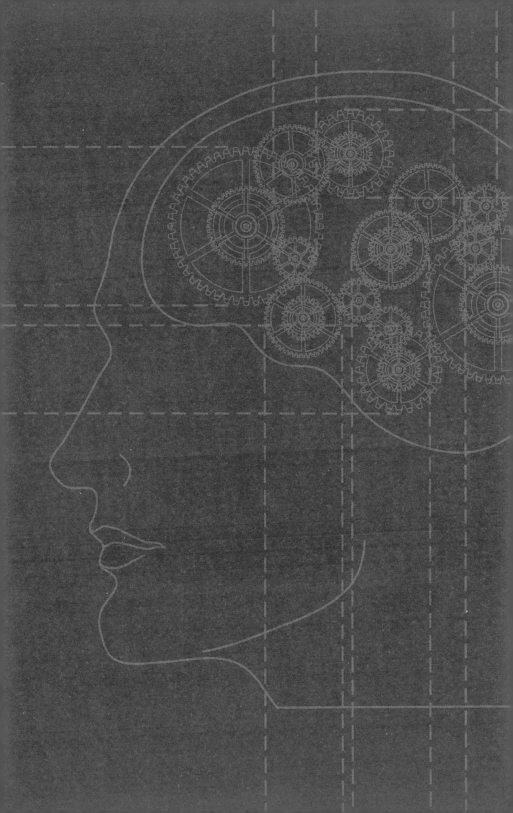

과학적 지식과 가치판단

◇ ❀ ◇

나는 여러 학회에서 불쾌한 논쟁을 피해왔다. 그러나 한 강연자 때문에 몹시 화가 났던 적이 있다. 그는 저명한 신경과학자였다. 당시 청중은 영향력 있는 정책입안자들이었는데, 거기에서 그는 무모한 주장을 펼쳤다. "앞으로의 10년은 뇌의 시대입니다. 우리는 뇌의 각 부분이 어떤 역할을 하며, 뇌의 여러 부분이 어떻게 함께 작용하는지 알게 될 것입니다. 그리고 일단 이를 알게 되면, 우리는 모든 사람을 교육할 수 있는 정확한 방법을 알게 될 것입니다."

극단적인 진술은 극단적인 반응을 낳는다. 그 발표가 끝나고 나는 관중석에서 일어나 반박했다. "결코 동의할 수 없습니다. 우리는 모든 신경세포가 무엇을 하는지 알게 될 수는 있겠지만, 아이들을 교육하는 방법에 대해서는 단 한 걸음도 나아가지 못할 것입니다."

발표가 끝난 후 나는 강연자와 논쟁을 벌였다. 먼저 그의 주장에 대한 실제 사례를 얘기해달라고 요청했다. 그는 즉시 언어교육에 대해 언급했다. "아이들은 어린 시절에 패턴을, 특히 언어 패턴을 쉽게 흡수합니다. 그러므로 아이들에게 조기에 외국어를 가르쳐야 합니다."

"나는 그 의견에 확신이 없습니다"라고 대답했다. "첫째로, 사람들은 예부터 어린아이들이 언어를 쉽게, 특히 억양을 쉽게 배운다는 것을 이미 알고 있었습니다. 그것을 알기 위해 뇌 연구를 할 필요는 없습니다. 둘째, 몇몇 연구에 따르면 부모나 조부모보다 군대가 훨씬 더 효과적으로 언어를 가르치는 방법을 알고 있습니다"라고 덧붙였다.

나는 계속해서 말했다. "그러나 내가 말하고자 하는 것의 핵심은 그게 아닙니다. 나는 무엇을 가르쳐야 하고, 언제 가르쳐야 하며, 더 나아가 어떻게 가르칠 것인가에 대한 결정은 가치판단을 수반한다는 것을 이야기하고자 합니다. 그런 결정은 뇌에 대한 지식으로 알 수 있는 것이 아닙니다. 아이들이 어릴 때 패턴을 잘 익힌다면, 수학, 음악, 체스, 생물학, 도덕, 시민의식, 그 밖의 수백 가지 다른 것들을 가르치는 데도 그와 똑같은 논리가 성립될 수 있습니다. 왜 외국어에만 우선권을 주어야 할까요? 뇌의 기능에 대해 알고 있다고 해서 1학년 아이들에게 월요일 아침에 무엇을 가르쳐야 할 것인가를 바로 알 수는 없습니다. 그리고 언어교육에 대한 결정은 그 아이가 스위스, 싱가포르, 아이슬란드, 아일랜드 등 어느 곳에 사는가에 따라 당연히 달라집니다."

우리의 토론은 그렇게 끝이 났다. 돌이켜보면 내가 그 발표자를 설득했다고는 생각하지 않는다. 나의 주장이 과장되었다는 것도 인정한다. 나는 뇌 연구와 그 인접한 학문인 '마음 연구'가 매력적인 분야라고 생각한다. 그 연구가 사회 전체에나 다음 세대의 교육에 관심을 갖고 있는 우리에게나 중요하다는 것에 문제를 제기하려는 것이 아니다. 내 말의 핵심이 되는 지점은 다음과 같다. 교육은 너무 중요하기 때문에 교사, 학교 이사회, 중앙 부처, 신경과학 학회 또는 어느 한 사람이나 하나의 단체에 맡겨둘 수 없다는 것이다. 교육에 대한 결정은 결국 목표와 가치에 대한 결정이다. 이러한 결정은 규모가 더 크고 더 많은 정보를 가진 단체에서 적절한 절차를 거쳐 이루어져야 한다. 어떤 특권층이나 심지어 인간 마음의 신비를 해결할 수 있는 어느 한 행운아가 만들어내는 것이 아니다.

우리는 극적으로 변한 세상, 또 여전히 더 빠르게 변화하고 있는 이 세상에서 젊은이들이 성공적으로 대처하도록 가르치고 싶어 한다. 만약 공동체가 그처럼 신중한 결정을 내리려면, 심리학(정신 연구)과 생물학(뇌와 유전자 연구), 인류학(다양한 문화 연구)을 통해 우리가 인간에 대해 알게 된 것들을 먼저 밝혀내야 한다. 사실 과학이 계속 발전하는 시대에 이러한 정보의 원천에 주의를 기울이지 않는 것은 직무 태만이라 할 수 있다. 다른 정보는 배제한 채 특정 정보에만 주의를 기울이는 것 또한 마찬가지다.

오래된 논쟁: 행동주의 vs 특질론

❖✺❖

심리학이라는 이름의 학문분야가 생기기 훨씬 전부터 교육은 소위 이야기, 시詩 또는 민간 심리를 바탕으로 진행되었다. 온갖 가설들이 전통적인 교육체제 속으로 도입되었다. 어떤 가설은 너무 자명해서 논쟁의 여지가 없었다. 연장자들은 젊은이들보다 더 많은 것을 알고 있으며, 젊은이들은 연장자들이 이야기하고 보여주면 잠자코 들으면서 관찰해야 한다는 것, 부지런히 잘 배운 사람에게는 보상을, 느리고 게으른 사람에게는 벌을 주어야 한다는 것, 교사들은 담당 교과와 자신의 직업, 그리고 지역사회의 규범에 대한 충분한 지식을 가지고 있어야 할 뿐만 아니라 도덕적이거나 윤리적인 귀감이 되어야 한다는 것 같은 가설들이 널리 퍼져왔다. 놀랍게도 이처럼 널리 퍼져 있는 가설에 대해, '구전되는 민간 수준의 반론'일지라도, 반론을 제기하는 사람이 있을 수 있다. 또 어떤 사람들은 무지한 사람들도 지식과 지혜를 지녔을 수 있다는 점과 나이가 들면서 지혜로워질 수 있다는 점을 지적한다. 그리고 아이들의 질문과 능동적 참여의 중요성, 당근과 채찍을 같이 쓰는 경제적 교육의 위험성, 재능 있는 사람을 닦달하고 재능이 부족한 사람을 달래어 격려하는 것의 장점 등을 꼬집기도 한다. 그리고 배우지 않은 사람들에게 특정 분야의 전문지식을 잘 전달하는 방법을 알고 있는 사람이 있다면 그의 사생활이나 그가 얼마나 박식한지를 생각해서는 안 된다고 주장하기도 한다. 그래도 대체로는 이전의 시각이 점점 더 우세를 보이고 있는데, 이는 그런 관점이 대부분의 사람들이 공유하고 있는 깊은 직관을 자극하고 있다는 것을 의미한다. 겉보기에 말이 되는 것 같은 그런 생각에 반대해 논쟁하려는 것은 어려운 일이다.

심리학 분야는 오랜 과거와 짧은 역사를 가졌다고들 한다. 공식적으로는 심리학이 시작된 것은 19세기 후반이다. 이 시기에 대학에 처음으로 심리학 학위가 인정되어 강좌가 개설되었고, 실험실이 문을 열었으며, 심리학 학술지와 기관들이 생겨났다. 또 미국의 윌리엄 제임스William James, 러시아의 이반 파블로프Ivan Pavlov, 프랑스의 알프레드 비네Alfred Binet가 각각 철학자, 생리학자, 교육학자로 알려지기보다는 심리학자로서 알려지게 되었다.

심리학이 교육문제를 조명하기 위해 만들어진 것은 아니지만, 심리학의 주요 부분은 항상 교육행동을 다루거나 그에 영향을 미쳤다. 특히 사범대학 소속의 에드워드 손다이크Edward L. Thorndike 같은 영향력 있는 일부 심리학자들이 교육에 주목했다. 1910년 새롭게 발간된 교육심리학 학회지에 발표한 논문 서두에서 그는 다음과 같이 선언했다.

심리학은 교육이라는 소재를 이해하는 데 중요한 역할을 한다. …… 심리학이라는 총체적 과학은 모든 사람의 지성, 성격, 행동에 대한 사실들과 인간 본성이 변하는 원인 그리고 교육적 노고가 가져올 결과를 모두 알려주고 …… 인간의 본질에 대해 과학이 더 많은 것들을 밝혀낸다면 …… 대다수의 행복을 위해 인간의 본성을 통제하고 변화시키는 데 기여하게 될 것이다. 심리학은 교육이 만들어내는 정확한 변화라는 용어들로 교육의 목적을 개념화하도록 하고, 인간에게 실제로 일어나고 있는 변화를 설명함으로써 우리에게 도움을 준다.

20세기 전반의 심리학에는 두 가지 지배적 흐름이 있었다. (정신분석 이론은 더 넓은 문화에 상당한 영향을 끼쳤지만, 심리학 내에서는 거의 영향을 미치지 못했다.) 흥미롭게도 이 두 흐름은 지적인 측면에서 동시에 성립하지 않는다. 그러나 둘 다 중요하고 가끔은 함께 상승효과를 낳기도 한다. 심리학에서 최근에 나타나는 '인지적인' 흐름은 이 두 가지 개념에 대한 반작용으로 볼 수 있다. 이 두 흐름은 손다이크 시대보다는 영향력이 적지만, 여전히 이 세상 많은 부분에서 위력을 떨치고 있으며 이 책을 읽는 독자들의 마음에도 강력한 힘을 발휘할 것이다.

무엇보다도 가장 중요한 흐름은 (학습이론이라 불리기도 하는) 행동주의다. 이 이론은 미국과 구소련에서 특히 영향력을 떨쳤으며, 행동주의자들은 그 이름에 걸맞은 삶을 살았다. 그들은 행동과 과도한 행동, 그리고 객관적으로 관찰할 수 있고 신뢰성 있게 측정되는 노력에 관심을 가졌다. 이면에 숨어 있거나 주관적인 반응이 아닌 오직 실제로 관찰한 행위에만 관심을 가졌던 것이다. 행동주의자들에게 있어 생각, 아이디어, 꿈, 의식, 상상 등을 갖춘 정신세계가 개인에게 있다고 말하는 것은 혼란스럽고 오해를 불러일으킬 뿐만 아니라 완전히 잘못된 것이다. 적어도 이들 심리학자의 관점에서 중요한 것은 사람들이 다양한 환경에서 '드러내는' 관찰 가능한 행동 패턴뿐이다. 만약 어떤 사람이 특정 행동을 더 많이 하기를 원한다면 그것에 대해 보상하거나 지원해야 한다. 만약 어떤 사람이 특정 행동을 하지 않기를 바랄 때는 그 행동을 처벌하겠지만, 좀 더 노련한 사람이라면 보상을 멈출 것이다. 그러고 나면 그 사람은 결국 그 행동을 하지 않을 것이다.

행동주의의 인식론적 기본전제는 다음과 같은 농담으로 쉽게 이해될 수 있다. 두 행동주의자가 섹스를 했다. 그러고 나서 한 사람이 다른 사람에게 말했다. "그래, 너에게는 분명 아주 좋았겠지. 하지만 나에게는 어땠을 것 같아?"

행동주의가 교육에서는 어떻게 나타났을까? 무엇보다도 교육자들은 교육에서 정신적 삶에 대해 깊이 생각하는 것을 소홀히 했다. 그들에게 양쪽 귀 사이에서 진행되는 일은 전혀 중요하지 않았다. 중요한 것은 행동의 목표를 설계하는 것이었다. 교육자들은 그 목표가 성취되는 방식으로 가르치거나 보상을 해서, 그와 반대되는 것들은 회피하거나 제거했다. 예를 들어 어떤 아이가 특정 방식으로 글을 쓰거나 스펠링을 적기를 바란다면, 교육자는 그 행동을 위해 모델을 제시할 것이다. 그러면 아이들은 그 모델을 모방하려고 애쓸 것이고, 모델에 근접한 행동을 하면 보상을 받지만, 그렇지 않을 때는 벌을 받거나 어떤 보상도 받지 못할 것이다. 행동주의자들의 입장에서는 사람들이 스펠링과 자신이 사용하는 방법 혹은 선호하는 전략에 대해 어떻게 생각하는지, 그리고 자신의 성과에 대해 어떻게 느끼는지 같은 문제는 고려할 필요가 없는 사항이었다.

학생들의 눈앞에 제시할 수 있는 모델을 쉽게 찾지 못하는 더 어려운 문제들은 어떨까? 여기에도 동일한 분석이 적용됐다. 사람들은 모델화할 수 있도록 이 복잡한 행동을 더 단순한 부분으로 나누고, 각각의 부분이 완전해질 때까지 그 행동을 '조성'해갔다. (한 편의 에세이나 일련의 방정식을 구성하는 서로 다른 부분들이 이런 구분의 사례라고 할 수 있다.) 그다음에는 바람직한 성과가 나타날 때까지 그 부분들을 '합치는' 데에 잠정적이고 불완전한 노력을 끈기 있게 해나갈 것이다.

이러한 사고방식의 전형이 학습용 기계에 잘 나타나 있다. 인위적으로 개입할 필요 없이(물론 기계에 프로그램을 설정하는 경우를 제외하고) 학생은 단말기에 앉아 행동을 하고, 그 기계는 정확한 일련의 행동이 나타날 때까지 끊임없이 긍정적이거나 부정적인 강화를 통해 학생의 행동을 조성해간다. 요즘 그 기계는 컴퓨터가 될 것 같은데, 어떤 사람들은 이러한 프로그램을 '반복 후 정복Drill-and-kill'이라고 이름 붙였다.

극단적 행동주의자들조차 어떤 아이들은 다른 아이들보다 더 쉽게 학습한다는 것을 알고 있었다. 그러나 그 행동주의자들은 훈련과 노력을 (비록 그들이 이런 정신적인 느낌의 개념에 대해 만족할 만한 정의를 내리지는 못했을지 모르지만) 강조했다. 그들은 행동주의의 창시자 왓슨J. B. Watson을 본보기로 삼았다. 왓슨은 만약 자신이 '직접 설계한 세상'이 주어진다면 '어떤 어린이라도 모든 종류의 어른으로 만들 수 있다'고 선언해 유명해졌다. 이런 아르키메데스적인 태도에서 볼 때, 지렛대만 있다면 모든 것이 가능하다. 행동주의 시각에서 지렛대란 시간, 인내 그리고 보상과 처벌이라는 적절한 무기를 말한다.

행동주의자들의 사상이 없어지지 않았다는 것을 알려면 표준화된 국가 수준의 시험과 결과 중심의 교육 같은 현재의 관행들을 생각해보면 된다. 행동주의의 반대자뿐만 아니라 지지자들 모두가 학생들의 성적과 관계 당국이 지정한 특정 결과에 전적으로 초점을 맞추고 있다. 바람직한 행동을 유도하거나 방해할 수도 있는 특정한 혹은 일반적인 사고 패턴은 말할 것도 없고, 이러한 행동을 이끌어낸 수단에는 거의 관심이 없다. 결국 어떤 표준화된 시험이 바람직한 반응의 기저가 되는 생각을 드러낼 수 있을 것인가?

행동주의에 대해서는 이쯤 언급하기로 하자. 각 아이들의 수행 결과에서 나타나는 차이를 이해하기 위해서는 1950년경 심리학의 두 번째 흐름을 살펴볼 필요가 있다. 이는 지능의 본질 및 분포와 관련된 이론으로, 나는 그것을 '특질론적 관점Trait view'이라고 부른다.

최초의 지능검사가 어떤 학생들이 학교에서 어려움을 겪고 어떤 학생들이 성공하는가를 예측하기 위해 약 1세기 전 파리에서 알프레드 비네에 의해 고안되었다는 사실은 이미 잘 알려져 있다. 비네는 이 검사가 비공식적으로 실시되어야 하고 어떤 아이의 지능이라도 세심한 훈련을 통해 향상될 수 있다고 생각했다. 그러나 그의 이런 생각이 지능검사가 다음 세기에 어떻게 발전되어야 하는가에 영향을 주지는 못했다.

지능을 평가하는 도구가 미국에 도입되자, 아주 다른 세계관이 등장했다. 우선 지능검사는 표준화되고 '기준이 생기면서', 검사를 받은 사람은 누구나 자신의 정신연령을 다른 사람과 비교할 수 있게 되었다. 당시의 젊은이들(군 입대자들, 엘리스섬에 도착한 이민 청년들, 그 밖의 '선발된' 젊은이들)이 지능검사를 받았다. 그리고 그들이 어느 정도의 교육을 받을 수 있는가, 학교나 삶에서 어느 방향으로 가야 하는가에 대한 결정이 측정된 지능지수, 즉 특정 언어나 도해 측정에서 보이는 지적인 특성의 합계를 토대로 이루어졌다.

일반 사람들은 지적 능력의 변화 가능성을 믿지만 대부분의 심리학자들은 그렇지 않다. 그 대신 다음과 같은 정설이 발전했다. 지능은 주로 유전적 혹은 선천적 특성이며, 하나의 전반적인 능력으로 종종 일반지능을 뜻하는 'g'라고 표기된다. 그리고 사람이 주어진 지능에 대해 할 수 있는 것은 그다지 많지 않다는 것이다. 심리학자들은 개인의 지능을 일찍 판단해서 기록된 IQ에 근거해 교육을 권고해야 한다고 생각했다. 이 관점은 주기적으로 대중의 의식으로 파고들었다. 1920년대에는 심리학자 루이스 터먼Lewis Terman과 에세이스트 월터 리프먼Walter Lippmann이 《뉴 리퍼블릭The New Republic》 지면을 통해 토론을 벌였고, 이후 1960년대 후반 아서 젠슨Arthur Jensen이 헤드 스타트Head Start 같은 조기 개입 프로그램을 비판해 대중의 열광을 받으면서 다시 각인됐고, 1990년대 중반이 되어 리처드 헌스타인Richard Herrnstein과 찰스 머리Charles Murray가 쓴 논쟁적인 책《종형곡선The Bell Curve》에서 토론으로 이어졌다.

누구나 이 두 흐름 사이의 긴장관계를 쉽게 알아차릴 수 있다. 행동주의자들은 어떤 것이든 거의 모든 것을 교육을 통해 가르칠 수 있으며 모든 젊은이가 교양 있게 행동하게 하는 것이 교육자들의 임무라고 주장한다. 반면 IQ검사를 하는 사람들은 사람의 능력과 한계는 대체로 태어날 때부터 정해져 있다고 생각한다. 이러한 관점은 서로 모순되는 것 같지만, 실제 교육현장에서는 전혀 무리 없이 공존한다. 지능검사를 통해 아이에 대한 기대치를 분명하게 할 수 있고, 이를 바탕으로 아이들의 교육을 맡길 수 있는 단체를 선택하거나 아이들의 진로를 결정할 수 있다. 이때 우리는 그 재능과 관련 없이 행동주의자들이 제안한 원리와 보상 계획에 따라 아이들을 가르칠 수 있다. 간단히 말하면 사람들은 유전자가 지능의 특질을 결정한다는 주장을 인정함과 동시에 행동주의자의 방법으로 사람들 각각의 지적 특질이 가장 적절하게 발현될 수 있는 것처럼 행동한다.

내가 제시한 그림이 윤곽에 불과하다는 것은 나도 인정한다. 아마도 열성분자들만이 내가 제시한 내용을 전혀 조정하지 않고 그대로 따를 것이다. 더욱이 행동주의자나 특질론을 주장하는 심리학자들의 견해에 명백하게 동의하는 교사나 학부모는 거의 없다. 이들은 더욱 실용적으로 생각하고 행동한다. 그러나 검사 점수에 따라 아이들을 줄 세우는 것에서부터 철자 맞추기 대회를 자주 열거나 별 스티커를 주는 것에 이르기까지 실험심리학에서 들여온 행동주의적 관행들은 널리 활용되고 있고, 때로 음흉해 보이기까지 한 권력을 반영하고 있다.

4장 뇌 연구의 가능성과 한계

인지혁명, 교육의 방향을 제시하다

◇ ▦ ◈

심리적이고 교육적인 사상을 언제까지고 비판할 수 있지만, 이 사상들은 아무렇지도 않게 다시 튀어나온다. 개념을 바꾸고 관습을 변화시키거나 혹은 (수정행동주의자들이 그랬던 것처럼) 행동과 신념까지도 바꿀 수 있는 것은 오직 근본적으로 완전히 다른 사상뿐이다.

1950년대 중반, 새로운 사상이 행동과학과 인간과학에서 실제로 퍼져 나가기 시작했다. 이 사상들은 다양한 출처와 함의를 가지고 있었지만, 결국 이러한 것들이 누적되어 앞에서 언급했던 심리학의 두 가지 통설에 도전하는 효과를 가져왔다. 일이 벌어지고 나서야 이름을 붙이는 격이지만, 이 소란을 흔히 '인지혁명'이라 부른다.

이 인지혁명의 주요 개념은 '정신적 표상'이다. 인지심리학자들은 모든 사람들은 각각 마음과 뇌 속에 아이디어와 이미지, 민속 심리적 언어를 가지고 있다고 생각한다. 이러한 표상은 사실이기도 하고 중요하기도 하므로, 심리학자들이 연구하고 교육자들이 변화시킬 가치가 있다. 이제는 플라톤이나 아리스토텔레스, 데카르트와 칸트 같은 철학자들은 말할 것도 없고, 일반인들도 사람들은 각각 이러한 정신적 표상 안에서 움직이고 있다는 것을 알고 있다. 그러나 행동주의자들의 헤게모니 때문에 학문적 심리학에서는 이러한 생각이 완전히 배제되었다. '표상의 등장'이 주로 인간의 사례보다 기계의 힘에 기인한다는 것은 역설적이다. 컴퓨터는 성숙기로 접어들었다. 말하자면 더 이상 단순히 빠르기만 한 계산기가 아니며, 체스를 둘 줄도 알고 논리적 증거들을 찾아낼 수도 있게 된 것이다. 이제 컴퓨터는 논리적 상징과 명제들의 순서를 조직화하는 표상을 가졌으며, 그 표상을 운영하고 변형할 수 있게 됐다. (아직 이에 대한 논쟁은 진행 중이지만) 만약 인간의 마음을 표상한 것이 기계의 속성이라는 주장이 타당하다면, 결국 그 기계를 창조하고 프로그램화하고 그 결과를 해석한 인간들이 그것들을 부정하는 것은 별로 우아해 보이지 않는다.

표상이라는 단어가 일단 심리학적 개념의 신전으로 다시 입성하자 온갖 의문이 제기되었다. 인간은 어떤 종류의 표상을 가지고 있는가? 어떤 표상을 태어날 때부터 가지고 있는가? 표상은 자연적으로 어떻게 변화하는가? 표상은 의도에 따라 어떻게 그리고 얼마나 변화될 수 있는가? 어떤 표상이 우선적으로 사용되는가? 사람들은 각각 서로 다른 정신적 표상을 선호하는가? 인지과학의 많은 부분, 즉 인지주의 혁명과 함께 드러난 간학문 분야 interdisciplinary field들이 이러한 질문에 답하기 위해 구성되었다.

단순히 표상으로 관심이 이동했을 뿐이었지만, 이는 기존 심리학의 두 흐름에 하나의 혁명을 일으켰다. 더 이상 사람들은 단순히 행동에만 초점을 맞추지 않았다. 실제로 사람들의 행동은 부수적인 현상, 즉 결정적인 정신적 표상에 대한 그림자로만 생각할지도 모른다. 중요한 것은 개인의 정신적 표상 상태였다. 그것이 고정적이건 유동적이건 상관없었다. 그 표상 상태는 행동의 의미를 해석할 뿐만 아니라 행동과 비행동을 유발하기도 했다. 학생들은 여전히 철자를 맞게 쓰기도 하고 틀리게 쓰기도 한다. 그러나 인지론자들은 잘못 쓴 철자의 개수에 집착하지 않았다. 그보다는 학생들이 따르고 있는 규칙과 그들이 사용한 전략을 탐색하고, 수업, 시험 점수, 학부모 반응, 수업성과들을 해석하는 방법을 탐구했다.

같은 이유로 지능을 더 이상 사람들이 가지고 태어나 변화되거나 혹은 변화되지 않는 '블랙박스'로 생각할 필요가 없어졌다. 그보다는 지능을 다양한 정신적 표상과 그 조합으로 생각할 수 있었다. 우리가 특정한 정신적 표상을 가지고 태어났으리란 것이 분명하다. 예를 들면 어떤 물질을 영속적이며 독립적인 실체로 이해하는 능력이나 인간이 내는 모든 말소리를 구별하는 능력을 가지고 태어났을 것이다. 그러나 프로그램의 사용법이 바뀔 수 있는 것과 마찬가지로, 이 표상들도 우리가 성장해감에 따라서, 또 우리의 경험에 따라서 그리고 다른 표상들과 교류한 정도에 따라서 변할 것이다. 예를 들어 인류 초기의 일반적인 음소 식별 도구는 점차적으로 줄어들고, 인간이 듣거나 듣지 못하는 음운들을 만드는 방식으로 더 정교해졌다. 이러한 관점에서 지능에 관한 과거의 개념들은 실제 정신적 표상들과 그것들이 어떻게 바뀔 수 있는지를 보다 구체적으로 설명할 수 있을 때까지만 적용되는 일종의 구색만 맞추는 사상이 되어버렸다.

전통적인 사상과 인지혁명적인 사상은 다양한 조합을 만들어낼 수 있다. 단일 지능처럼 특질의 우월성을 믿을 수도 있지만, 그 특질이 (엄격한 행동형성 과정을 통해서 혹은 새롭고 더 강력한 정신적 표상을 만들어냄으로써) 변할 수 있다고 생각할 수도 있다. 또 (구문적·음운적 표상으로서의 언어와 같은) 정신적 표상을 우선으로 생각할 수도 있지만, (생체시계에 따라 정확히 나타나는) 이와 같은 표상에 환경이 미치는 영향에 대해서는 회의적일 수도 있다. 심리학 교재에서는 행동주의와 인지주의를 명확히 구분하고 있지만, 실제로는 많은 사람들이 양쪽 정설에 모두 동의한다.

사회과학 분야에서 일어난 이 혁명이 현실 세계에 분명한 영향을 미치는 것은 아니다. 어디에서나 대부분의 교육자들은 심리학 연구자들의 이러한 생각의 변화를 희미하게나마 인식하고 있다. 《과학적 미국인Scientific American》 같은 출판물을 읽었기 때문인지는 모르지만, 그들이 알게 된 이런 새로운 생각을 교육에서 혁신적으로 실천하지는 않았을지라도 변화를 알고는 있다. 그러나 인지혁명은 새로운 아이디어로 안내한다. 나는 그것이 매우 큰 교육적 함의를 갖는다고 생각한다. 이제부터 이에 대해 가장 주목할 만한 여섯 가지 아이디어를 살펴보기로 하자.

1. **발달적 관점** 스위스 심리학자 장 피아제의 선도적 연구 덕택으로 우리는 더 이상 어린아이들을 어른의 축소판이나 무지한 어른으로 생각하지 않는다. 오히려 아이들에게는 세상을 표상하는 그들 자신만의 독특한 방법이 있다고 생각한다. 영아의 세상은 감각적 지각과 움직임의 세계다. 걸음마 단계에 있는 아기들의 세계는 단어나 그림 같은 다양한 종류의 상징을 특징으로 한다. 학령기 초반의 아이들은 양이나 시간과 같은 개념들을 다룰 수 있는

데, 이는 구체적이고 직접 만져볼 수 있는 경우로 제한된다. 청소년들은 유형의 물질로 제시하지 않아도 이러한 개념들을 단어나 논리적 상징의 조작을 통해 추상적으로 추론할 수 있게 된다.

그런데 발달과정은 나이와 그다지 큰 관련이 없다는 것이 중요하다. 7세 집단에서 어떤 아이들은 '구체적인 정신 조작'을 하지 못할 수 있지만, 많은 아이들이 이 수준 단계에 있을 것이다. 그리고 일부 조숙한 유형의 아이들은 청소년기 아이들처럼 더 추상적이고 형식적인 추론방법으로 사고하기 시작할 것이다.

피아제 이후의 많은 연구에서 이 단계에 대해 상세하게 서술했고, 각 단계에 해당하지 않는 사례와 피아제 이론의 결함에 대해 지적하기도 했다. 그러나 피아제 학파의 전반적인 설명방식은 그대로 유지되고 있고, 그 교육적 함의도 명확하다. 이를 토대로 교육자들은 발달 단계에 적합한 방식으로 내용과 아이디어를 제시할 것이다. 그리고 아이들이 (나이와 신체조건이 같은 아이들조차) 각각 발달 정도가 다르다는 것을 깨닫게 될 것이고, 그에 따라 다양한 종류의 사례와 교훈을 얻게 될 것이다. 그리고 학습자 모두에게 적절하다는 교육과정이나 정책에 회의를 느끼게 될 것이다.

발달적 관점에서는 아이들이 물리적, 생물학적, 역사적 진리를 얼마나 이해하고 있는지를 고려한다. 이것은 부분적으로는 아이의 인지변화과정에 대한 피아제 이론의 매력적인 장점을 반영하고 있다. 예를 들면 아이들이 물건의 물리적 배열이 바뀌더라도 그 양과 수에는 변함이 없음을 인식한다거나 시간과 속도의 문제에는 혼란스러워하는 경향이 있음을 인정하는 것이다. 이와 같은 발달 차이는 동시에 다른 교육적 덕목과도 관련되어 있다. 아이들은 특유의 도덕관을 가지고 있다. 가령 아이들은 행위자의 의도보다는 어떤 행동이 유발하는 피해 정도에 초점을 맞추곤 한다. 그리고 아이들의 심미안적 견해 역시 제한적이다. 초기 학령기 아이는 사실적인 그림의 가치만을 인정한다. 아동기 중기에는 글자 그대로의 정확한 표상을 더 선호하고 은유나 비유적인 언어 형태는 좋아하지 않는다.

2. 보편적인 정신적 표상 아이들의 인지에 대해 또 다른 영향력 있는 인물은 뜻밖에도 심리학자가 아니라 선구적인 언어학자다. 오랫동안 놈 촘스키Noam Chomsky는 언어가 고유의 심리적인 표상과 (추측건대) 신경상의 표상을 가진 매우 특이한 인지체계라고 주장한다. 이 관점에서 촘스키는 다른 사람들 가운데 피아제의 견해, 즉 정신적 표상은 언어, 수, 공간처럼 서로 다른 내용들에 영향을 미치는 매우 일반적인 도식이라는 생각에 도전했다.

촘스키의 연구가 중요한 이유는 아이들이 어떤 특별한 정신적 표상을 갖고 태어나며 그것이 특수한 사고의 내용과 관련해서만 발달한다고 주장했기 때문이다. 언어만을 위한 구조가 있고 이것은 생후 1년 동안 예정된 방식으로 드러나는데, 이것은 마치 신체 기관이 성장하는 것과 비슷하다. 또한 수의 인지, 공간관계, 음악, 다른 사람들에 대한 이해만을 위한 정신적 구조도 있는 것 같다. 일반적인 사람들은 모두 같은 계열의 정신적 표상을 가지고 있다. 큰 문제가 없다면 이 표상들은 예측 가능한 시기에 예측 가능한 방식으로 나타날 것이다. 따라서 학령기 초에 이르면 일반적인 아이들은 모두 말하고 이해하고 계산하는 능력을 갖게 되며 다른 사람들의 동기를 해석할 수 있게 된다.

이 선천론자들의 견해에 대해 사람들은 당연히 교육자들의 역할이 무엇인지 물을 것이다. 사실 촘스키와 그 학파에서는 이 질문에 거의 답을 하지 않는다. 아마도 그들이 말하려는 것이 그다지 도움이 되지 않기 때문일 것이다. 어쨌든 교육자들은 눈이나 내장기관의 발달에는 거의 영향을 주지 못한다. 그리고 촘스키는 정신의 서로 다른 능력을 내장기관에 비유했다.

그러나 함의를 이끌어낼 수는 있다. 첫째, 언어와 수를 표상하고 처리하는 기관처럼 여러 정신'기관'들의 발달기준이 될 이정표가 있다면, 그것이 무엇인지 설정하는 것이 중요하다. 그때서야 그 기관들의 표준적인 성장과정을 관찰할 수 있고, 우연히 결핍되었거나 이례적으로 발생하는 것들을 확인할 수 있을 것이다. 둘째, 읽기와 같은 많은 교육행위들은 다양한 표상의 상호작용을 필요로 한다. 도표나 언어적 표상과 같은 상호적인 처리과정을 우연에만 맡길 수는 없다. 셋째, 여러 상징 능력이 사용되는 방법도 다양할 것이다. 자연언어들이 음운론, 구문론, 의미론에서 차이가 있을 뿐만 아니라, 말을 할지 침묵한 채로 있을지 결정하는 '실제' 상황은 물론이고 다양한 계층의 사람들이 각각 말하는 방식도 문화에 따라 다르고, 심지어는 같은 문화 내에서도 다르다. 정신적 표상 자체는 이러한 사용 패턴들을 인지할 수 없다. 이를 확인하는 것은 다른 누구보다도 그 해당 문화환경 내에 있는 교육자들의 임무다.

아직까지는 보편주의적 관점이 언어를 비롯하여 인지적 측면을 강조한 다른 영역에 적용되어왔다. 그러나 최근에는 이런 일련의 능력을 확장하려는 흥미로운 노력들이 검증을 받게 되면서, 그것을 진화론의 시각으로 보려는 노력이 진행되고 있다. 진화심리학자들이 일으킨 논쟁은 다음과 같다. 언어능력과 수리·공간에 대한 능력이 환경에 적응하도록 진화해왔듯이 인간이 가진 다른 능력도 이처럼 보편적 특성을 가지고 있을 수도 있으며, 이 또한 수천 년에 걸친 진화를 통해 적응한 결과일지도 모른다는 것이다. 특히 도덕(거래에서 공정성을 추구하는 경향)과 미학(주변 환경에서 일상적으로 만나는 것과는 약간 불일치하는 시각적·청각적 패턴의 매력) 영역에도 보편성이 있을지 모른다. 교육자들은 아마도 이러한 아름다움과 도덕에 대한 보편적·정신적 표상들에 비추어 아이들을 가르쳐야 할 필요가 있다는 데 주목해야 할 것이다.

3. 여러 가지 지능의 패턴 나는 정신적 표상에 대한 연구를 개인 간 차이에 초점을 두고 통합하려고 노력했다. 촘스키와 그 동료들이 지능을 다양한 영역이라는 의미로 그려낸 것은 옳았다고 생각한다. 각 지적 영역은 고유한 표상의 형태와 발달사 혹은 성숙과정을 특징으로 한다. 그러나 단순히 그 영역을 확인하고 드러나는 그대로 관찰하는 것으로는 충분하지 않다.

나의 분석에 따르면 모든 인간은 최소한 여덟 가지의 완전히 구별되는 형태의 지능을 가지고 있다. 각 지능은 문제를 해결하거나 하나 이상의 문화적 상황에서 가치 있는 생산물을 만들어낼 수 있는 잠재력을 나타낸다. 이 지능들은 일련의 기준으로 확인할 수 있다. 이 기준에는 뇌 속 특정 부위의 표상 즉, 상징체계 내의 부호에 대한 민감성과 특정 지능에서 놀라울 정도의 능력을 발휘하는 천재나 서번트 같은 특정 인물들의 존재 등이 포함된다.

지능검사는 일반적으로 현재 학교에서 가장 중시되는 지적 능력인 언어와 논리수학과 공간지능의 일부를 측정한다. 그러나 인간은 음악지능, 신체운동지능, 자연지능, 자신에 대한 자기성찰지능과 다른 사람에 대한 인간친화지능 또한 가지고 있다. 그리고 아홉 번째 지능인 실존지능, 즉 삶과 죽음, 궁극적 실존에 대한 문제들을 숙고하는 경향을 드러낼 수도 있다. 이런 지능들은 각자 고유한 형태의 정신적 표상을 특징으로 한다. 사실 각각의 지능은 특정한 한 가지 형태의 정신적 표상을 의미한다고 보는 것이 정확할 것이다.

이러한 지능들은 인류를 규정하는 데 도움이 된다. 또한 보편적인 정신적 표상이 있다는 촘스키의 견해와 일정 정도는 의견을 같이한다. 그러나 모든 사람은 성격과 기질 면에서 서로 다르며, 지능의 배열 또한 각각 독특하다. 우리는 모두 이 지능을 가지고 있지만 일란성 쌍둥이조차 우월한 지능의 결합이 똑같지 않다. 더욱이 지능의 축적 형태, 지능 간의 관계 또한 시간이 지나면서 각자의 경험과 그 지능을 통해 형성했거나 그러지 못했던 감각에 따라 변하게 된다.

이러한 생각이 거의 정확하다면 이는 중요한 교육적 함의를 갖게 된다. 과거 학교는 모든 학생에게 똑같은 자료를 통해 동일한 방법으로 가르치고, 심지어 모든 학생을 같은 방법으로 평가한다는 점에서 획일적이었다. 이 절차는 공평하다는 환상을 주겠지만, 나는 이것이 언어와 논리 영역에서 축복받은 소수를 제외한 나머지 학생들에게는 공평하지 않다고 생각한다. 만일 모든 사람을 위한 교육을 추구한다면 개인이 자신의 잠재력을 발휘하도록 도와야만 한다. 이를 위해서는 교육과정을 아주 다르게 이해할 필요가 있다.

요약하자면 학교는 개별화되고 개인화되어야 한다. 우리는 각 학생들의 특징적인 정신적 표상을 가능한 한 자세하게 이해할 필요가 있다. 그러고 나서 교육을 통해 두 가지 결과를 얻도록 해야 한다. 첫째로 학생들이 교육내용에 접근하는 자기 나름의 방식으로 자료를 접할 수 있어야 하고, 둘째로는 학생들이 자신에게 편안하면서도 주변 사회에서 이해받을 수 있는 방식으로 자신이 배운 것을 보여줄 기회를 가져야 한다. 이와 같은 개별화된 교육은 내가 진실, 아름다움, 선함을 위주로 하는 교육을 무대 한가운데로 이동시켜줄 것이다.

4. 초기의 표상에 대한 찬성과 반대 앞서 신경과학자와 내가 벌인 언쟁을 통해서도 알 수 있듯이 아이가 건강, 인지, 성격 발달의 측면에서 완전한 성장을 이루는 데 있어 생애 초기는 아주 중요하다. 이 유년기에 아이들은 공식적인 교육 없이도 물질세계와 자연 세계, 인간 세계와 같은 다양한 세계가 어떻게 작용하는지에 대해 매우 강력한 의견을 발달시킨다.

이러한 의견 중 몇 가지는 유용하다. 아이들은 눈에 보이지 않아도 물체가 계속 존재하고 있다는 사실과 어떤 물체에서는 적용되는 활동이 다른 물체에서는 적용하지 않는다는 사실을 인식하게 된다. 즉 고무줄을 돌이나 엿과 비교할 수 있게 되는 것이다. 어떤 물체는 스스로 움직이지만 다른 물체는 인간이나 다른 외부 존재가 개입해야 움직일 수 있다는 것을 이해하기도 한다. 또 모든 인간이 마음을 가지고 있고 자신과 마찬가지로 다른 사람의 마음에도 의도, 두려움, 욕구 등이 가득 차 있다는 것을 알게 된다.

인간이라면 누구나 보편적으로 갖게 되는, 정확하고도 적응적인 어떤 표상이 있다는 것은 좋은 소식이다. 그러나 어린 시절에 발달된 일부 생각은 그 근거가 충분치 않다. 가령 아이들은 자신과 비슷한 사람들은 좋고 다른 사람들은 나쁘다고 믿게 된다. 움직이는 것은 살아 있고 움직이지 않는 것은 죽었다고 믿기도 한다. 또 물체가 눈에 보이지 않는 마술 같은 힘에 의해 추진된다는 것을 믿는다. 이 밖에도 이런 사례들은 많다. 아동문학과 아동극은 아이들을 등장시켜 이런 그들의 믿음을 다룬다. 아이들의 이러한 특징은 한편으로는 어른들에게 즐거움을 주기도 한다.

게다가 이와 같은 발달 초기의 표상들, 즉 아이들이 다른 사람과의 관계 속에서 갖게 된 오誤개념들은 단지 나이가 든다고 해서 사라지지 않는다. 반대로 그 오개념이 더욱 굳건해진다는 것은 당황스럽다. 학교에서 정규교육을 받는 학생들조차 진화론부터 오페라, 홀로코스트까지 다양한 주제에 대해 갖가지 오개념을 계속 더하고 있다. 초기의 잘못된 생각이 계속 지속되는 데는 여러 가지 요인이 있다. 초기에 형성된 표상이 예상 밖의 위력을 가졌음에도 교육자들은 그것을 인식하지 못한 채 무시해버리기도 하고, 대부분의 어른들은 아이들이 사실적인 정보나 문화적인 문해 능력을 쌓은 것을 그들이 가진 강력한 정신적 표상이 변화한 것으로 착각하기도 한다. 또 자료가 너무 많아 어쩔 수 없이 피상적인 태도로 자료를 볼 수밖에 없는 압박이 생기는 점도 그 요인에 해당한다. 어디에나 있는 이러한 이유로 인해 명문학교의 최우수 학생조차 종종 오개념 속에 머물러 있다. '교육받지 않은 마음 unschooled mind'의 지속성과 견고함에 대해서는 독창적인 인지 연구자들이 잘 정리해놓았다.

교육적 타당성 측면에서 이러한 연구들은 너무나 뻔하고 맥이 빠진다. 학생들이 (심지어 우수한 학생들이) 배우는 수많은 개념은 대부분 현실에 기초하고 있지 않다. 진화는 완벽해지기 위해 지속적으로 진행되는 것이 아니다. 오페라는 과거의 유물일 필요가 없다. 홀로코스트는 일어났던 일이고, 비슷한 일이 다시 일어날 수도 있다. 그러나 교육의 이런 약점은 잘못된 표상이 지속되는 것을 막지 못한다. 사실 어떻게 잘못된 생각을 도려내고 정확한 것으로 대체할지는 정규교육에서 중요한 질문임이 틀림없다.

5. 고도인지 기능의 타당성 우리는 모든 학생이 기본적인 지식과 기초적인 읽고 쓰는 능력을 갖기를 바란다. 그것을 얼마나 어떻게 강조하느냐와 상관없이 이런 기본의 중요성을 의심하는 교육자를 만난 적이 없다. 그러나 우리 중 대다수는 아이들이 이런 기초적

인 능력을 넘어서기를 바라기도 한다. 그렇게 되어야 아이들이 더 복잡하고 섬세한 생각들을 다룰 수 있을 뿐만 아니라, 세상이 점점 그들에게 기본적인 능력 이상을 갖추기를 요구하고 있기 때문이다.

최근 들어 심리학자들은 소위 고도인지 기능이라 불리는 문제해결, 문제발견, 계획, 반성적 사고, 창의력, 더 심도 있는 이해력에 대해 연구해왔다. 또한 새롭게 주목받고 있는, 자신의 마음에 대해 생각하는 능력에 관해서도 관심을 가져왔는데, 마음에는 자기의 기억(메타 연상 능력), 자신의 사고(메타 인지 능력), 자신에 대한 표상(메타 표상 능력)이 여기에 해당한다.

자신의 마음과 생각에 대해 객관적으로 사고하는 것은, 철학자들을 제외한 일반인들에게는 비교적 새로운 현상일 수 있다. 우리 대부분은 평생 자신의 이야기만 해왔다는 사실을 나중에야 알게 된 몰리에르Molière의 희극 속 주인공 무슈 주르댕Monsieur Jourdain과 비슷하다. 자신의 사고과정을 한 걸음 떨어져서 바라보지 않고도 생각을 깊게 잘하는 사람이 있을 수 있다. 헨리 제임스Henry James와 단테Dante 같은 위대한 작가들은 정신이 매우 훌륭해서 결코 생각에 방해가 되지 않았다고 한다.

그러나 평범한 우리는 스스로의 생각을 깊이 들여다볼 수 있는 것만으로도 가치가 있다. 이를 통해 우리의 마음이 잘 작동하는 방식과 그렇지 못한 방식을 평가하고, 우리의 사고를 정립하기 위해 공부를 할 때 도움이 될 전략과 보완방법에 대해서도 가치를 평가할 수 있게 될 것이다. (알다시피, 헨리 제임스, 단테, 심지어 셰익스

피어도 초인지를 적극적으로 활용한 이들이었다.)

더욱이 오늘날과 같은 시대에는 어쩔 수 없는 한계를 지닌 우리의 인지 능력을 기술이 제공하는 풍부한 표상으로 대체할 기회가 있다는 것은 매우 중요하다. 예전에는 기하학적 모양을 마음속에서 잘 다룰 수 없다면 기하학 수업에서 어려움을 겪는 것이 당연했다. 그러나 오늘날에는 스크린에 이미지를 구성해서 무수히 많은 방법을 통해 자기 마음대로 기하학적 모양을 조작할 수 있게 되었다. 이와 같이 기억에 도움을 주는 보조기구나 자신이 가지고 있는 표상에 대해 생각하는 능력을 향상시키는 매개체들은 우리가 광대한 지식을 숙달하고 따라잡는 데 큰 도움을 준다. 우리는 컴퓨터에 저장된 다양한 항목과 자료, 데이터베이스들을 배치하고 저장할 수 있는데, 이것들은 과거에는 펜을 들고 직접 쓰거나 기억하여 저장했던 것들이다.

기술의 도움을 받든 그렇지 않든 간에 인간의 사고과정에 대한 이해를 높이기 위한 방안이 많은 교육환경에서 채택될 것이다. 사람들이 '지네의 딜레마'에 처해 어느 발을 먼저 디뎌야 하는가를 고민하느라 아무것도 제대로 못하게 되지 않는 한 자의식은 학생과 교사 모두에게 유익할 것이다. 그리고 그것은 특히 진리, 아름다움, 선함이라는 세 덕목에 걸쳐 있는 것들을 포함하여 그들이 공부하고 있는 여러 내용과 학문분야의 연결고리를 탐색하도록 자극할 것이다.

6. 인지를 넘어: 성격, 동기, 감정의 역할 지능 혹은 지능들이 무

　　　　　　　　　　　　　4장 뇌 연구의 가능성과 한계

엇이든 상관없이, 상당한 지적 잠재력을 가지고 태어나는 것은 꽤 유용하다. 뛰어난 교사와 기술 또한 지능을 향상시키고, 정신적 표상을 풍부하게 해준다는 점에서 물론 도움이 된다. 마지막으로 자신이 가진 학습과 지식 구조를 인식하는 것 또한 유익하다. 신체에 대해 잘 알고 그 구조와 기능을 정기적으로 검진하면서 더 건강해지는 것처럼, 우리의 정신 표상과 정신 과정을 전략적으로 진단함으로써 우리의 사고를 향상시킬 수 있다.

그런데 교육자들이 인지에 초점을 맞추는 것은 납득할 만하지만, 이는 똑같이 중요한 다른 요소들을 폄하하는 안타까운 결과를 가져왔다. 아마도 그중 가장 중요한 것은 동기일 것이다. 누군가가 배우는 것에 동기부여가 된다면 그는 자신의 호기심을 충족시키거나 새로운 분야로 자신의 능력을 펼쳐나가는 기쁨을 온전히 느끼기 위해서 열심히 공부하고, 고집스럽게 인내하고, 장애물을 만나도 좌절하기보다 자극을 받으며, 심지어 공부하라는 압력이 없어도 계속 학습할 것이다.

그런데 어떤 사람들은 배우려는 동기를 가지는 반면 어떤 사람들은 왜 그렇지 않을까? 이에 관해 연구자들은 동기를 눈에 보이는 보상과 직접 연결짓는 행동주의자들의 관점에서 벗어나, 학습자들의 동기가 내재적일 때 가장 좋은 결과를 낳는다고 생각한다. 즉 학습자들은 자신들이 어떤 물질적 보상을 약속받았기 때문이 아니라 배움 자체가 본질적으로 즐거움이자 보상이기 때문에 배우려고 한다는 것이다. 실제로 미하이 칙센트미하이^{Mihaly} ^{Csikszentmihalyi}는 한 개인이 신체적·정신적인 활동에 심취되어 일시적으로 공간, 시간, 세속적인 관심이나 심지어 고통까지 잊어버리는 '몰입 상태flow state'가 갖는 동기부여의 힘에 대한 연구결과를 발표했다.

내(재)적 동기라는 덕목에 대한 다윈의 글을 한번 살펴보자. "아이의 미래에 도움이 되지 않는다고 그것을 그만두도록 하는 것보다는 아무리 보잘것없어 보이는 것이라도 정열적으로 추구하여 갖게 될 끈기가 크게 도움이 될 것이다."

무엇이 동기를 강화하는가? 소재나 상황을 탐색함으로써 더 깊은 이해력을 가져다주는 어린 시절의 즐거운 놀이 경험은 중요한 가치를 지닌다. 아이들이 새로운 영역을 탐색할 때 동행할 수 있는 어른들과의 긴밀한 일체감 또한 중요하다. 아이들은 자신이 사랑하는 어른의 인정을 간절히 바라며, 이런 어른들은 재미와 노력의 변증법적 관계로 이루어진, 배워야 하는 세상에 아이들이 적응하도록 한다. 어떤 문화에서는 실천, 학습, 공식적인 성과로 이어지는, 결국에는 그 자체가 보상이 되는 일련의 순환과정을 추구하는 특징이 있다. 아이들이 그런 지속적인 발전의 분위기에서 자라나는 것이 교육적 목적에 도움이 된다.

다중지능 이론은 또 다른 요소를 시사하고 있다. 사람들은 자신이 재능 있는 분야의 활동을 할 때, 배움에 대한 동기부여가 가장 활발하게 이루어진다는 점이다. 그런 활동을 하려고 노력하면서 사람들은 점차 발전하게 되고 큰 좌절을 피하게 될 것이다. 그러므로 교육자는 모든 학생들에게 단순히 일관적으로 동기부여를 하려 할 게 아니라, 소질이 있는 특정 그룹의 학생들에게 신속하게 보상을 해줄 활동을 찾아야 한다.

학습에서 정서의 역할 또한 새롭게 검토되고 있다. 감정은 조기 경보 시스템의 역할을 하는데, 학생들이 어려움을 느끼고 당혹스러워하거나 불쾌해하는 주제나 경험뿐만 아니라 즐거움을 느끼는 것들에 대해서도 신호를 준다. 즐거움과 자극과 도전정신을 안겨주는 교육환경을 만드는 것은 매우 중요한 과제다. 또한 학생들은 강한 감정, 특히 긍정적인 정서 반응에 대한 경험들을 더 잘 배우고, 잘 기억하고, 잘 이용하게 될 것이다.

정서 영역을 인지론자의 견해에 통합하려는 도전은 아직 진행 중이다. 처음에 연구를 구분하여 단순화하다 보니, 인지론자들은 정서적인 측면을 다루는 것을 꺼렸다. 그것은 불안정적이고, 감상적이며, 흐트러져 보여서, 실험주의자들의 연구실보다는 정신분석학자의 안락의자에 더 적합한 것 같았다. 그러나 동기부여와 감정을 무시한 채 인간의 본질을 그려내는 것은 인간의 학습과 교육을 촉진하는 데 분명한 한계를 보였다. 인간은 결국 컴퓨터가 아니다. 그래서 지난 몇 년 동안 인지론자들은 감정이 어떻게 정신적 표상을 구성하고, 이끌고, 그것에 영향을 주는지 다양한 개념 모형을 제안했다. 핵심은 단순한 진리 가운데에 있다. 만약 무언가에 전념하고 그것에 통달하여 이후에 사용하기를 원한다면, 반드시 감정에 관한 맥락에서 몰입해야 한다. 반대로 정서적 충격이 없는 경험들은 덜 매력적이고 곧 잊히게 되며, 단 하나의 정신적 표상도 남기지 않는다.

마음 연구에서 뇌 연구까지

◇ ▦ ◈

　지금까지 나는 뇌에 대해서는 언급을 자제해왔다. 왜냐하면 나의 사상적 선배들에 대한 존중 때문이다. 행동주의자들뿐만 아니라 특질심리학자들 trait psychologist 도 뇌에 대한 연구를 하지 않았다. 뇌는 마치 블랙박스 같았다. 심리학자들은 정신 이론과 생리학적 근거를 교묘히 회피하면서 "지능은 지능검사를 통해 측정하는 것"이라고 주장했다. 그리고 나와 같이 오래전에 행동주의자들과 특질심리학자들의 전통에서 벗어난 사람들조차 뇌에 대해 전적으로 인정하는 것을 기피하고 있다. 결국 모든 것이 뇌로 설명될 수 있다면, 심리학과 다른 인간과학이 존재할 이유가 없기 때문이다. 이것이 내가 우쭐대는 신경과학자에게 예민하게 반응하는 명확한 이유 중 하나다.

　물론 오늘날의 사상가들 대부분은 뇌와 마음을 분리하는 것은 그저 용어에 대한 집착일 뿐이라고 여긴다. 단언컨대 나는 유물론자라서 마음속에 있는 모든 것이 두뇌의 산물이라고 생각한다. 비록 뇌는 인간의 육체 한가운데에 자리를 잡고 있으며 늘 변화하는 환경 속에서 발달한다고 생각하지만 말이다. 영성, 초감각적으로 이루어지는 소통, 함부로 입에 담아서는 안 되는 천사나 악마의 존재를 인정하지 않는다. 나는 새로운 시대환경에서 표류하느라 너무 많은 시간을 보내는 학생들에게 이렇게 이야기한다. "만약 마음이 뇌 이상의 어떤 것이라고 생각한다면, 뇌를 단순히 조각조각 잘라내서 해부한 후에 무엇이 남아 있는지를 생각해봐라."

마음의 비밀과 학습의 실마리가 전부 두뇌에 들어 있다는 주장을 일축하면서도 나는 어떻게 이런 입장을 유지할 수 있는 것일까?

첫째, 뇌 연구 자체는 단지 뇌라는 신체 조직에 대한 연구일 뿐이다. 뇌를 심리학적으로 이해하기 위해서는 신경학적 접근뿐만 아니라 심리학적 접근이 필요하다. 좀 더 자세한 설명을 위해 특정한 자극에 반응하는 일련의 신경조직을 발견했다고 가정해보자. 그 자극에 대해 어떻게 설명할 수 있을까? 그 자극이 누군가의 얼굴이며, 타원 모양의 어떤 것인가, 움직이는 어떤 형태인가, 조니의 할머니인가, 그저 다른 회색 머리칼의 웃고 있는 여성인가? 단순히 신경학적 용어로 이 질문에 대답하기는 어렵다. 여기에는 인지심리학 이론이 필요하다. 그 유기체(또는 신경세포)가 반응하는 실체는 무엇인가? 이 실체를 어떻게 정확하게 (오해 없이) 설명할 수 있는가? 그리고 정신 혹은 뇌에서 이 실체는 어떻게 표상되는가? 제멋대로 하게 내버려둔다면 신경해부학자들은 물리학 원리를 전혀 모르는 자동차 기능공처럼 될지도 모른다. 그들은 자동차의 어느 부분이 작동하는지는 알 수 있겠지만, 자동차가 어떻게 작동하는지에 대해서는 알지 못해서 예기치 않게 고장이 나면 속수무책이 된다.

둘째, 뇌는 완전히 독립된 기관이 아니다. 뇌는 몸 속에 존재하고, 이는 결국 문화 속에 존재하는 것이다. 뇌는 어떤 다양한 문화 속에서도 발달할 수 있는 잠재력을 가지고 있지만, 일단 신경발달이 시작되고 개념이 형성된 직후에는 그 사람이 살게 된 문화가 뇌의 구조와 조직을 결정하는 중요한 인자가 된다. 아마도 뇌에는 인간의 얼굴이나 음소의 덩어리를 예측할 수 있도록 조직된 특정한 장소가 있는 것 같다. 그러나 어떤 얼굴과 말소리를 마주칠지 혹은 그로 인해 어떤 감각이 형성될지는 결코 뇌가 결정하는 것이 아니다. 느끼도록 하는 것은 본질적으로 문화 현상이다. 그러므로 뇌는, 특정 문화 안에서 발달할 뿐만 아니라 (스스로도 끊임없이 변화하는) 그 문화가 가진 삶의 색을 띨 수밖에 없는 마음의 내부에 있다고 생각해야 한다. 게다가 뇌가 혼합된 문화에 노출되는 경우에는 문화 사이의 상호보완적이거나 상충되는 메시지들이 어떻게든 표출되고 조화를 이루어야 한다.

마지막으로, 가장 중요한 점은 교육이 일련의 가치와 사실상 그 가치를 따르는 것을 그 특징으로 한다는 것이다. 인간은 그저 가르치고 배우는 것만 하지 않는다. 사람은 무엇을 가르칠 것인지, 어떻게 가르칠 것인지, 왜 그것을 배우고 가르쳐야 하는지를 선택하고 결정한다. 이것은 중대한 결과를 가져오는 가치판단의 문제다. 뇌 속의 신경망을 마지막 시냅스까지 자세히 들여다봐도 그것은 결코 가치를 설명하지 못한다. 정신이나 물질 혹은 형이상학 분야의 독창적인 연구자를 초청한다 하더라도, '존재is'와 '당위ought' 간의 거리를 메우기는 어려울 것이다.

하지만 이와 같은 주장에 반해 뇌에 대한 지식으로 무엇이 가능하고 무엇이 불가능한지 알 수 있을 뿐만 아니라 무엇인가를 성취하는 방법과 다른 것들이 이루어지지 못하는 이유를 알 수 있다고 주장할 수도 있다. 이에 대해 나는 '그렇게 빨리 그런 일이 일어나

4장 뇌 연구의 가능성과 한계

지는 않는다'라고 답하겠다. 확실히 뇌 구조와 기능에 대한 지식은 학습과 교육에 흥미로운 함의가 있다. 그러나 무엇이 가능한가를 확실하게 아는 유일한 방법은 그것을 시도해보는 것이다. 만약 어떤 사람이 신경과학에서의 예측에도 불구하고 성공했다면, 그 성공은 결정적 사실이 된다. 성공은 우리가 뇌에 대해 생각하는 방식을 변화시키겠지만, 그것 때문에 교육에 대한 우리의 사고방식이 바뀌는 것은 아니다.

예를 들어보자. 뇌의 두 부분(공간피질과 음악피질로 부르기로 하자)은 서로 떨어져 있고, 상대적으로 연결되지 않는다. 이에 대해 신경과학자들은 음악 영역에 관련된 기술을 숙달하는 것은 공간 정보를 처리하는 기술에 영향을 주지 않으리라고 단순하게 추론할 것이다. 그러나 우리의 순진무구한 교육자들은 이 증거를 무시한 채 교육대상이 되는 사람들에게 음악을 가르치고, 그들의 공간 인식 능력을 시험해야 한다고 주장한다. 그런데 놀랍게도 음악적 훈련을 받은 사람들이 공간 능력에 관한 척도에서 통제집단을 능가했다.

신경과학자들은 지금까지 이를 인정하지 않고 있다.

학습자들의 뇌를 '체내에서' 들여다본다면 다양한 일이 진행되는 것을 발견하게 될 것이다. 아마도 그 관찰대상에게는 이전에는 연결되지 않았던 새로운 신경망이 연결되거나 형성되었을 가능성이 있을 것이다. 어쩌면 음악과 공간 인식의 영역은 통상적으로는 서로 관련된 뇌 구조라고 생각되지 않았던 특성들을 공유하고 있을지도 모른다. 예를 들어 이들의 활동은 이전에는 알려지지 않았던 피하 구조에서 나올 수 있으며, 그 피하 구조는 감각의 양상과 관계없는 것으로 여겨졌을 수 있다. 또는 어쩌면 그 음악적 경험은 일반적인 동기부여 요소로 밝혀져, 결과적으로 비음악적인 과업에서(공간적인 소재에 대해서는 특별할 것이 없는) 높은 성과를 산출할 수 있다. 어떤 경우든 이 사실은 동일하다. 현재의 뇌 지식만으로는 그 연구결과를 예측할 수 없다는 사실 말이다.

교육을 위한 일곱 가지 연구

◇▦◇

내가 신경학의 러다이트라는 오해를 받지 않기 위해서라도 나는 뇌 연구가 본질적으로 중요하며, 사회과학자들과 교육자들에게 많은 내용을 시사한다는 것을 다시 강조하고 싶다. 나는 20년 동안 신경심리학을 연구해왔다. 앞으로도 내가 마주하게 될 뇌에 대한 대중과학을 모두 계속 섭렵할 것이고, 가능하다면 더 많은 기술 문헌에도 빠져들 것이다. 나는 생물학적 진실을 사랑한다!

사실 위에서 언급한 인지에 관한 주제들은 뇌 연구에 직접적인 함의를 갖고 있다. 우리는 신경구조 각각의 패턴들이 서로 다른 발달 단계의 기저를 이룬다는 것을 알고 있다. 보편적인 정신적 표상과 개별 지능의 기초가 되는 뇌의 메커니즘도 밝혀지고 있다. 신경망에 관한 흥미로운 연구들은 생애 초기의 스키마 및 표상의 발달과 이러한 표상이 근본적으로 변할 경우에 필요한 경험의 본질과 규모 등을 뒷받침하고 있다. 이제 정서적 감수성과 인지 역량의 결합 및 상호작용도 아주 정교하게 연구되고 있다. 다만 메타 기억이나 창의성처럼 고도의 인지 기능에 관한 경우에 대해서는 뇌 과학의 영향 밖에 있다.

뇌 과학은 단지 이미 알려진 것을 강조하는 것은 아니다. 마음에 관한 가장 흥미로운 통찰 중 몇 가지는, 서로 밀접하게 연관되어 있다고 생각했던 능력들 사이의 분열, 반대로 꽤 이질적이라고 생각했던 능력들 사이의 연관성에 대한 연구에서 도출되었다. 예를 들어 뇌 과학은 기억이라고 불리는 단일한 역량을 해체하는 데 중요한 역할을 했다. 그래서 우리는 이제 단기기억 대 장기기억, 의미기억(일반적인 기억) 대 삽화기억(특정 사건에 대한 기억), 동작 형태의 기억과 언어 형태의 기억과 같이 여러 종류의 기억이 존재한다는 사실을 알게 되었다. 마찬가지로 뇌 과학은 언어적인 상징이 말, 글, 기호 등 어떤 형태로 제공되든지 간에 같은 방법으로 처리되며, 이는 수적인 상징과는 서로 다르다는 사실을 밝혀냈다. 수와 관련된 다른 능력은 뇌의 다른 반구에서 나타난다는 사실과 색깔 명명이나 읽기 같은 특정 능력 간에는 현재 명백히 드러나지 않았지만 흥미로운 관계가 존재한다는 사실 등도 알아냈다.

최근 대중의 관심은 현재 진행되고 있는 뇌 활동 모습을 직접 보여주고 어느 구조와 관련이 있는가를 탐색하게 하는 새로운 영상기술에 집중되고 있다. 이 기술들은 마음의 작용에 관해 새로운 사실을 밝혀줄 것이다. 이미 이러한 연구를 통해 우리는 이름을 붙이거나 노래 소절을 기억하는 복잡한 절차에 관계 있는 뇌의 특정 부위를 알게 되었다. 그리고 그 밖의 연구에서도 어떤 영역의 초보자는 그 영역의 전문가와는 아주 다른 방식으로 정보를 처리한다는 것이 밝혀지고 있다.

뇌와 마음에 대한 연구결과 중에서 교육에 관심 있는 사람이 반드시 기억해야 할 것들을 살펴보자. 대부분의 연구결과가 사람보다는 주로 동물을 대상으로 한 연구에 기초를 두고 있기는 하지만, 인간과 관련이 있다고 생각하는 것들만을 다음과 같이 목록으로 만들었다.

1. **초기 경험의 막대한 중요성** 모든 경험이 중요하지만 인생 초기의 경험은 이후의 경험에 비해 특별히 중요하다. 따라서 (일반적인 의미의) 교육은 생후 첫 몇 달 안에 시작되어야 한다.

2. **예외 없는 정언명령 '사용하거나 사라지거나'** 뇌 조직을 가지고 있고, 뇌 연결망이 있다고 해서 충분한 것은 아니다. 만약 그 조직이 적절한 감각적 지각에 자극을 받지 않고 또 적극적으로 활성화되지 않으면, 결국 신경이 위축되어 다른 기능으로 바뀔 것이다.

3. **초기 신경체계의 유연성(더 전문적인 용어로는 가소성)** 아이들은 신경체계의 많은 부분을 잃는다 해도 생존이 가능하고 잘 성장할 수 있다. 그러나 나이를 먹으면서 우리 뇌는 유연성이 떨어지고, 소실된 능력이나 기능을 보충하기 점점 어려워진다.

4. **행위와 활동의 중요성** 뇌는 물리적인 공간과 물질을 탐색하

고 정말 알고 싶은 문제에 대해 질문할 때, 가장 잘 학습하고 유지된다. 단순하고 소극적인 경험들은 뇌를 점점 약화시키고, 뇌에 지속적인 영향을 거의 주지 못한다.

5. 인간이 가진 능력과 재능의 특수성 기계는 일을 잘한다거나 잘못한다고 일반화할 수 있지만, 인간의 뇌는 수많은 부분과 신경망으로 구성되며 각각 서로 다른 능력에 특화되어 있다. 자연은 전적으로 공정한 것이 아니어서 어떤 사람은 다른 사람보다 더 많은 잠재력과 재능의 축복을 받기도 했지만, 각각의 능력 자체는 놀랍게도 서로 독립적이다. 그래서 어떤 사람은 특정 부문에서는 탁월할 수 있지만, 다른 부문에서는 다른 사람들에 비해 상당히 뒤떨어질 수 있다.

6. 어린 시절의 음악이 뇌 발달에 미치는 조직화 역할 수많은 흥미로운 연구에 따르면, 어린 시절에 악기를 배우면 학교에서 중시하는 것을 비롯한 다른 인지 영역에서 긍정적인 결과를 얻을 수 있다고 한다. 음악적·공간적 처리과정에 관한 나의 초기 연구 사례들이 이런 연구를 주도해왔다. 이런 새로운 연구에는 여전히 폭넓은 후속 연구가 뒤따라야 한다. 그러나 그 연구에 따르면 나중의 경험을 조직할 때 특정한 활동이 중요한 역할을 담당할 수 있다.

7. 정서적 부호화가 하는 결정적 역할 학습과정에서 정서의 형성적인 역할이 점차 인식되고 있다. 정서적 결과를 가져오고 또 그

런 기록되는 경험은 이후에도 계속 유지되고 활용된다. 뇌가 손상되어 자신의 경험을 정서적으로 부호화하기 힘든 사람들은 자신의 경험을 유지하고 이용하는 데 어려움을 겪을 수 있다.

이와 같은 목록은 확장될 수 있다. 내가 만약 이 목록을 지금부터 10년이나 20년 전에 썼다면, 틀림없이 다른 방식으로 이해되었을 것이다. 지금은 새로운 영상기술이 특히 중요한데, 이 기술을 통해 주로 다른 동물 연구에서 얻은 결과들을 인간에게 적용할 수 있기 때문이다.

이 장에서 생물학적 경향성을 다뤘지만 유전학과 유전적 가능성에 대해서는 사실상 전혀 언급하지 않았는데, 그것은 아마도 마음에 대한 연구에서 가장 뜨거운 논쟁 주제일 것이다. 대부분의 과학자들과 마찬가지로 나는 인간이 성취한 성과에 유전이 큰 역할을 했다는 것을 인정한다. 일반지능(심리측정적인 지능)이든, 공간에 대한 능력이나 음악적 능력과 같은 특별한 지능이든, 변이의 절반은 유전적 요인에 기인한 것 같다. 즉 주어진 인구 안에서 발견되는 변이의 반 정도는 개인의 유전자 이력의 기능인 것으로 입증된 반면, 나머지 반은 개인의 서로 다른 경험에 기인하고 있다.

특히 영국과 미국의 집단에서 이 주제가 갖는 매력에도 불구하고, 나는 그것이 교육에서 그렇게 중요하다고 생각하지 않는다. 그 이유는 단순하다. 아이들과 교사들은 특정한 유전적인 영향을 받았지만, 적어도 현재까지 그 영향에 의해 이루어진 것은 아무것도 없기 때문이다. 교육은 최종적인 성취의 절반 정도에 초점을 맞추어야 한다. 그것은 비유전적이고 환경적인 요인에서 유래하는 부분이다. 그리고 미래의 연구에서 유전 가능성 계수가 유전의 영향력이 큰 쪽인 80퍼센트라고 발표되든 유전의 영향력이 적은 20퍼센트라고 발표되든(후자에서는 대부분의 변이가 환경 요소에서 기인한다는 것을 의미한다) 간에 동일한 논쟁이 지속되어야 할 것이기 때문이다.

적어도 지금까지 내가 미래 사람들이 자신들의 유전자 배열을 바꾸거나 태아의 확인 가능한 유전 특성을 토대로 낙태 같은 생사 결정을 할 가능성에 주목하지 않았다고 한다면, 나는 솔직하지 않은 것이다. 우리가 그처럼 신의 역할을 한다면 교육을 포함한 우리의 모든 문화제도가 파괴될 것이다. 그러한 사태가 생기지 않기를 기도한다.

아마 가능성은 더 크면서도 덜 극적이겠지만, 인간 체내의 뇌 연구가 개별 아동을 위한 특별수업과 집단교육에 대한 정책을 제안할 책임을 갖게 될 것이다. 예를 들어 원래는 문자언어 처리를 위해 사용되는 신경 영역이 어떤 사람의 뇌에서는 활성화되지 않는다고 상상해보자. 이것은 진단을 위해 확실히 중요한 정보이며 치료할 때도 동원 가능한 모든 수단이 사용될 것이다. 이러한 측정은 세심하게 사용한다면 상당히 유용할 수 있다. 그러나 치료과정이나 결과의 범위를 미숙하게 결정하거나 낙인을 찍게 되는 등 남용할 가능성도 있다. 빈틈이 없도록 조심하는 태도와 끊임없이 겸손한 자세가 이 멋진 신세계로의 여행에 동반되어야 한다.

뇌 연구의 한계

◇✿◇

오늘날은 정신과학자, 뇌과학자, 유전과학자에게 흥미로운 시간이다. 인지과학과 신경과학에 대한 많은 지식이 내가 살아 있는 동안 축적되고 있으며, 더 많은 지식이 지금의 학생들이 살아 있는 동안 축적될 것이다. 이러한 연구결과에 대한 무지가 정당화되기는 어렵다. 그러나 동시에 그 연구결과에 압도되거나 겁먹지 않는 것도 중요하다.

기억해야 할 것은 이러한 연구결과가 과학적 발견에서 교육적 실천에 이르는 직접적인 길을 보여주지는 않는다는 것이다. 모든 연구 데이터의 요점과 일반화된 내용들이 다양한 방법들을 추천할 수는 있지만, 어떤 제안들은 심지어 서로 상반될 수도 있다. 예를 들면《종형곡선》에 나온 주장에 따르면 지능은 변화하기 어렵다. 이 주장으로 리처드 헌스타인과 찰스 머리 같은 저자들은 유아의 지능 향상을 위해 마련된 헤드 스타트 같은 정부 지원 지능 개발 프로그램이 효과적이지 않다는 결론을 내리게 되었다. 그러나 리처드 헌스타인은 사망하기 직전에 사람은 똑같은 데이터를 보고 반대 결론에 이를 수 있다는 것을 인정했다. 다시 말해 지능을 변경하는 것이 쉽지 않기 때문에 엄청난 자원을 쏟아부어야 한다고 결론을 내릴 수도 있었던 것이다. (우리는 아마 잘못된 방법으로 노력해왔는지도 모르겠다. 즉 새로운 방법이나 새로운 기술이 지능을 월등하게 향상시키기 쉽도록 해주리라고 믿어온 것이다. 그러나 사실 단순히 학교에 가는 것만으로 세계 곳곳의 아이들은 자신의 IQ를 꾸준히 높여왔다.)

또한 이처럼 신경과학이나 인지과학의 권위 있는 주장을 곧이곧대로 믿지 않는 것도 중요하다. 우리는 오늘날 "유아의 뇌가 올바로 발달하기 위해서는 태어나서부터 세 살 때까지 끊임없는 자극을 받아야 한다"는 말을 아주 당연하게 들어왔다. 과도한 자극이 부작용을 만들어낼 수도 있지만, 유아의 두뇌를 자극하는 것이 방치하는 것보다는 확실히 낫다. 그러나 이러한 주장을 위해 인용된 대부분의 연구는 낮은 수준의 포유류를 대상으로 했고, 대개는 비자연적 환경인 심리학자의 연구실에서 이루어졌음을 기억해야 한다. 그리고 환경이 가진 광범위한 스펙트럼을 시험해보지 않는 한 무엇이 가능한지 말할 수는 없음을 깨닫는 것 또한 중요하다. 향후 기술적 보철장치들이 주어진 영역에서는 인간의 잠재력에 대한 과거의 모든 주장이 무의미해질 수도 있는 것이다.

현대 서구인들은 종종 인간과학을 개인의 피부 아래에서 시작되고 끝나는 기획으로 여겼다. 나는 그것이 사실이라고 생각지 않는다. 우리 몸이 살아가고 있는 문화에 관한 연구를 통해 우리가 인간에 대해 알게 되는 것은 적어도 심리학과 생물학으로 알게 된 것만큼이나 중요하다. 정말로 양쪽 진영에 똑같이 단단하게 닻을 내리지 않은 채로 교육적 결정을 내려서는 안 된다. 그러므로 이제는 민족지학자, 인류학자와 그 밖의 문화 연구자들로부터 얻어진 통찰을 고려해야 할 때인 것이다.

5장

문화가 중요하다

지식은 인간 사이의 관계에서 생긴다.
우리가 내재화한 것의 대부분은 다른 사람들에게서 온 것이다.

세계 최고의 유치원

◇ ✸ ✧

　이탈리아 북동부 파르마와 볼로냐 지방 사이의 완만한 구릉에
는 레조 에밀리아^{Reggio Emilia}라는 도시가 있다. 약 13만 명이 거주
하고 있는 에밀리아로마냐^{Emilia-Romagna}는 비옥한 땅과 풍부한 농
산물, 광대한 수력발전망, 약간의 기술 지향적인 경공업으로 유럽
에서 가장 윤택한 지역 중 하나다. 또한 중세 후기부터 경제적·문
화적 활동에서 시민들 간의 협력이 이처럼 잘된 곳은 역사상 찾아
보기 힘들다. 이 도시의 예술, 공예, 연극은 이탈리아 전역에서 사
랑받고 있다. 시민들은 사냥 동호회, 문학 협회, 농산물 협동조합
같은 다수의 단체에 속해 있다. 이 지역 시민들의 정치 참여도는
이탈리아에서 가장 높은 편에 속한다. 지난 50년의 대부분 동안
레조 에밀리아는 좌파 정부를 유지했다. 세계적으로 공산주의가
무너진 후에도 이곳 주민들은 지속적으로 민주적이고 사회적이며
공동체 지향적인 정치제도를 받아들이고 있다.[1]

　　　　　　　　　　　　　　　　　　　5장 문화가 중요하다

제2차 세계대전이 종전된 직후, 레조에 살고 있던 로리스 말라구치Loris Malaguzzi라는 젊은 기자는 폭격을 맞은 시내 근처의 작은 마을을 우연히 방문했다가 그 광경을 보고 마음이 아팠다. 그렇게 그는 교육학을 공부한 사람으로서 레조 지역에 남아 아이들을 위해 좋은 학교를 세우기로 결심했다. 그 후 수십 년간 그는 헌신적인 젊은 교육자들과 함께 (1세부터 3세까지) 영아와 (3세부터 6세까지) 취학 전 어린이를 위한 학교들을 세우고 발전시키기 위해 쉬지 않고 창의적으로 일했다. 1990년대 초《뉴스위크》는 레조의 유치원이 세계 최고라고 평가했다. 나는 보통 그러한 평가를 믿지 않지만 여기에는 동의한다. 매혹적인 이 지역사회에 있는 22곳의 시립유치원과 13곳의 영·유아 어린이집 및 유치원은 비길 데 없이 훌륭하다.

어느 날 아침 이 유치원 중 하나에 가보면 우선 널찍하고 아름다운 건물에 놀랄 것이다. 레조의 건물들은 공간이 충분하고 열려 있으며 햇살이 가득 들어온다. 화분에 심은 나무들과 손님용 의자와 소파가 적재적소에 비치되어 주위에 색감과 안락함을 더해준다. 아이들이 들어갈 수 있는 외딴 벽감(오목하게 들어간 부분)이 있고, 내부 정원도 있으며, 교사들끼리 만날 수 있는 공유 공간도 있다. 대부분의 교실은 자연스럽게 다른 교실과 이어져 있고 중앙 광장에 연결된다. 교실 밖 놀이터로 이어지는 통로도 편리하여 날씨가 좋은 날에는 아이들이 함께 무리 지어 노는 것을 볼 수 있다. 깔끔한 선반에는 다양한 색깔의 기하학적인 모형부터 곡물 낟알, 조개껍데기, 재활용 가능한 나무젓가락까지, 문자 그대로 수백 가지 물건이 보관되어 있어 어린이들이 한 해 동안 가끔 (또는 반복적으로) 사용하게 될 것이다. 모든 것이 제자리에 정돈되어 있고 잡동사니나 엉망으로 어질러놓은 것이 없지만, 이 공간은 여전히 유연하면서도 아늑한 분위기를 풍긴다.

물론 지금까지 서술한 것으로 볼 때, 레조의 학교들은 전 세계 수백 곳의 부유하고 매력적이며 잘 정비된 유치원들과 차별화되지 않는다. 그러나 아이들이 규칙적으로 수행하는 활동의 종류와 질에서는 두드러진다. 교사들은 아이들이나 다른 교사들과 소통하는 데 아주 깊이 관심을 기울이고 그들을 존중하며, 지자체 내 어디서든 교육이 무료로 제공된다. (약 절반의 어린이들이 이러한 시설에 다닌다.)

유치원의 각 학급에서 아이들은 집단을 이루어 수개월간 하나의 흥미로운 주제를 탐구한다. 이러한 주제들은 대부분 감수성을 풍부하게 자극하고 수수께끼를 유발해 아이들의 주의를 끈다. 햇빛, 무지개, 빗방울, 그림자, 도시, 개미둥지, 레조의 중앙광장에 위치한 두 개의 사자 동상, 양귀비 언덕, 아이들이 새를 위해 만든 놀이공원 그리고 팩스의 작동원리 같은 다수의 주제들이 수년간 탐구되어왔다. 아이들은 이와 같은 목적, 주제, 환경에 다각도로 접근한다. 또 탐구 중 생겨나는 의문과 현상에 대해 곰곰이 생각하고, 배우면서 흥미롭게 느꼈던 것들을 스케치, 그림, 만화, 도표, 사진, 장난감 모형, 복제품 등 끝없이 많은 예기치 않은 다양한 장르의 예술 작품으로 창조해낸다.

하나의 이야기가 적절한 결말을 맺듯이, 하나의 주제를 탐구하는 과정도 궁극적으로 끝이 난다. 그 후 만들어진 작품들은 전시되어 학부모와 다른 아이들, 지역사회의 다른 구성원들이 보고 배울 수 있게 하며, 그들이 그동안 실행하고 쌓아왔던 보살핌을 이해할 수 있도록 한다. 특정한 주제들에서 영감을 받은 공예품 중 다수는 책, 순회 전시회 그리고 아이들 자신의 학교 또는 다른 학교의 벽 전시에 사용된다. 대부분의 연구자들은 그 작품들이 그저 아이들이 그린, 한 번 보고 버릴 귀여운 그림이 아니라는 데 동의한다. 그중 많은 작품들은 상당한 가치가 있고 영감을 주는 창작물이다.

아이들이 만든 아름다운 공예품들이 성인 교육자들과 문외한인 방문자들의 관심을 끌지만, 이것이 레조 사업의 본질을 보여주는 것은 아니다. 나는 오히려 교사와 학생이 매일 소통하고, 때로는 학부모와 그 공동체의 다른 어른들이 서로 교류해나가며, 교실에서 실제로 아이들을 가르치는 교사들과 전문화된 페다고지스타pedagogista 및 아텔리에리스타aterlierista*가 서로 동등하게 정기적으로 의견을 교환하는 것이 중요한 노력이라고 생각한다. 또 무엇보다도 교직원이 매 과정마다 학생들의 작업에 대해 기록해 자료로 남기는 놀라운 작업도 그 노력의 중심에 있다고 생각한다.

레조 에밀리아의 교육자들은 어린아이들이 아이디어와 행동을

---

* 페다고지스타는 '교실에서 가르치는 교사', 아텔리에리스타는 '작업실이나 스튜디오에서 가르치는 교사'를 뜻하는 이탈리아어다. 이 문장에서는 페다고지스타가 '교실 교사'를, 아텔리에리스타가 '전문화된 교사'를 지칭한다._옮긴이

진지하게 생각하도록 교육방법을 꾸준히 개발하고 향상시켰다. 그들은 다음 주의 탐구 주제를 만들어낼 경험에 아이들을 어떻게 다가가게 할지를 많이 고민한다. 그러나 이런 교육과정을 미리 계획하는 것은 불가능하지 않다. 오히려 특정한 아이들의 특정한 경험에 대한 특정한 반응은 교육과정의 기반이자 원동력이 된다. 다음 주, 가끔은 다음 날에 할 활동이 이번 주의 결과, 문제, 퍼즐로부터 나온다. 이와 같은 활동주기는 그것이 생산적으로 유지되는 한 지속된다. 아이들과 교사들은 지속적으로 그 활동의 의미를 생각하고, 어떤 쟁점이 제기되는지, 그 쟁점의 깊이와 범위가 어떻게 생산적으로 검토될 수 있을지를 되돌아본다.

이 과정이 어떻게 작동하는지 생각해보자. 학교 2일차에 중앙광장의 채광창을 통해 무지개가 뜬 것이 보인다고 가정해보자. 아이나 교사가 무지개를 알아채고 다른 사람들의 주의를 끈다. 아이들은 무지개에 대해 이야기하기 시작한다. 그리고 아마 교사의 제안에 따라 몇몇 아이가 그것을 스케치하기 시작한다. 갑자기 무지개는 사라진다. 아이들은 그것이 어디에서 왔는지, 어디 다른 곳으로 가버렸는지에 대해 이야기한다. 한 아이가 근처에 있는 프리즘을 집어 그것에 빛이 투과되는 것을 본다. 그 아이는 학급 친구들을 부르고 아이들은 다른 투명한 용기들로 실험하기 시작한다. 다음 날 또 비가 오지만 구름이 끼어 무지개가 뜨지 않는다. 이후 아이들은 폭풍이 지나간 뒤 관찰대를 세워 무지개가 나타날 때를 살피고 다양한 매체로 기록한다. 만약 무지개가 뜨지 않거나 그것을 포착하는 데 실패하면 학생들은 그 원인을 서로 의논하고 다음 무지개가

뜰 때를 대비해 어떻게 더 잘 준비할 수 있을지를 고민한다.

무지개에 관한 프로젝트가 시작된 것이다. 이후 몇 주간 아이들은 무지개에 관한 이야기를 읽고, 쓰고, 빗방울을 탐구하고, 잔디 호스나 스프레이에 동반되는 무지개와 비슷한 현상을 고민하고, 멋진 쌍무지개를 기록하고, 손전등과 촛불을 가지고 놀고, 빛이 다양한 액체와 용기를 지날 때에 무슨 일이 일어나는지 확인한다. 시작할 때는 누구도 프로젝트가 어떻게 끝날지 모른다. 그리고 이전 프로젝트들은 교사들 그리고 결국 학생들이 구성한 '다음 행동'에 분명히 영향을 미치겠지만, 이러한 열린 결말의 특성은 레조에서 수십 년간 만들어져온 교육환경의 핵심이다.

특정한 행동, 반응, 초안, 아이들의 작업, 토론을 기록하는 것은 직원들의 일이다. 이것은 지속적이고 도전적이고 보람 있는 작업이다. 교사들은 아이의 개인적·집단적 발달에 흥미 있는 사람이라면 누구든 나중에 기록을 해석할 수 있도록 방금 무엇이 일어났는지를 명료하게 기록하는 정교한 시스템을 개발했다. 기록자들은 펜과 종이 말고도 흔히 음성 녹음테이프, 영상 녹화테이프, 사진을 이용한다. 어떨 때는 너무 많은 것을 기록해 아무도 모든 것을 검토하지 못할 것 같다. 그러나 아이를 이해하는 데, 교사들을 깨우치는 데, 수수께끼 같은 현상을 밝혀내는 데 어떤 단어, 그림 또는 순간이 결정적일지 명확하지 않기 때문에 철저하게 기록해야 한다. 방문 사진사가 중요한 장면을 놓치지 않기 위해 끊임없이 셔터를 눌러야 하듯이, 교사는 기록자로서 암시적인 말이나 작업을 놓치지 않도록 모든 것을 포괄적으로 정리해야 한다.

(재미있는 장면을 본 적이 있다. 레조 에밀리아 유치원의 어른들이 너무나 많은 시간을 기록하는 데 쓰는 나머지, 가끔 이 행동들을 따라 하는 아이들도 있다. 나는 아이가 클립보드를 들고 마치 다른 아이들이 무엇을 하는지 기록하는 듯이 갈겨쓰거나 체크 표시를 하는 것을 여러 번 보았다. 무엇이 수습교육의 효능을 이보다 더 잘 보여줄 수 있겠는가! 그리고 물론 교사들은 주의해서, 아이들이 기록하는 이 미숙한 노고를 교육에 건설적으로 이용한다. 예를 들어 언제 아이가 특정한 것에 주목했는가를 설명하는 데 사용한다.)

당연히 이곳에서 대부분의 프로젝트들은 식물, 동물, 돌 같은 물체 그리고 폭우 같은 사건처럼 아이들의 직관과 감정을 쉽게 자극할 수 있는 자연 세계의 모습에 중점을 둔다. 또한 인간이 만든 것이나 비교적 최근의 공예품들에 관련된 프로젝트도 수행한다.

팩스가 작동하는 원리를 설명하려는 아이들의 노력을 생각해 보자. 이 프로젝트는 두 가지 의미에서 주목할 만했다. 우선 이탈리아 어린이들이 워싱턴에 있는 자매 유치원에 팩스를 보내고 또 받으면서, 이 두 집단의 꼬마 학자들은 이 신비로운 기계를 면밀히 관찰했다. 아이들의 초기 설명은 마법 같고 공상적이었다. 그러나 마지막에는 전자공학적이고 디지털화된 설명을 했는데, 그것은 적어도 내가 낸 의견과 비견될 정도로 정확했다! 함께 집단으로 작업하는 아이들은 종종 어른이 보기에도 놀라운 이해의 단계에 도달한다. 이를 전문용어로 표현하면 '이해를 공동으로 구성한다'고 할 수 있다.

왜 이렇게 프로젝트들을 만들고 기록해야 하는 것일까? 그 이유

5장 문화가 중요하다

를 찾아보자. 레조를 언급했던《뉴스위크》담당자들뿐만 아니라 다른 사람들에게도 알려주기 위해, 부모에게 아이가 무엇을 배우고 있는지 보여주기 위해, 연구자의 기술을 연마하기 위해, 교사들 사이의 풍부한 토론을 장려하기 위해, 무지개 등 집단이 다룰 다른 주제에서 얻을 수 있는 교훈을 심어주기 위해서가 아닐까. 아마 이런 것이 전부 다 이유가 될 것이다. 그러나 방문한 손님이자 오랜 친구이며 때때로 레조 팀의 협력자로서 나는 다른 대답을 제안하고 싶다.

다른 주목할 만한 기관들에서와 마찬가지로, 레조에서도 매개체가 곧 메시지다. 레조 팀은 수십 년 동안 공동체 전체, 즉 교사들, 부모들, 물리적 배경, 지역 그리고 무엇보다도 자라나는 아이들에게 가장 적합한 종류의 학교를 만들기 위해 노력해왔다. 처음에는 환경에서 교훈을 얻었다. 환경은 '아름다움'을 느끼게 한다. 그 후에는 사람들에게서 얻었다. 아이들이 끊임없이 교류하면서 기쁨, 책임감, 배움이 고르게 결합된 따뜻한 대가족의 일부가 되는 것을 보며 교훈을 얻은 것이다.

실제적인 이유가 있을 뿐만 아니라 매일의 경험을 고찰하고 내 것으로 만들며 그런 경험을 통해 배우는 것에 고유한 가치가 있으므로, 아이들은 이런 매력적인 환경에서 지속적으로 풍성한 경험을 쌓게 된다. 레조의 기록자들이 말하는 바에 따르면, 그들의 목적은 아이들이 자연스럽게 사용하고 만들어내 서로 나누는 수백 가지 언어, 즉 구두언어, 몸짓 또는 예술적 언어를 포착하고 공개하는 것이라고 할 것이다.

나만의 용어로 표현하자면 다중의 표상, 다중의 지능을 키우고 정교화한다. 그리고 그렇게 할 때 그것은 공동체가 간직한 진실, 아름다움, 도덕의 기준에 영향력 있는 출발점들을 제공하게 되는 것이다. 레조의 접근법은 아이가 물리적·생물적·사회적 세계를 다양한 방법으로 편안하게 탐구하도록 만든다. 관심을 불러일으켜 강한 인상을 주는 소재를 제공하는 것이다. 또 공동체의 다른 사람들과 영감을 나누게 하며, 생애 주기 내내 더 확장해야 할 존중받을 만한 인간관계의 모범이 된다.

레조 팀은 운영방법에 대한 확신이 있다. 그 방법은 그들 스스로에게 보상이 된다. 따라서 그 팀은 방문자, 특히 연구 지향적인 미국인들이 제기할 만한 문제에 신경을 쏟지 않는다. (내가 새로운 단어를 하나 만들어내자면) 이 '레조니스타'들은 아이들이 더 공식적이거나 표준화된 방법으로 배우는 것을 기록하는 것과 불변의 교육과정을 만드는 것이나 장기적으로 사용될 평가방법을 만드는 데 관심을 기울이지 않는다. 또한 이탈리아나 세계의 나머지 지역에 레조의 메시지를 알려 '스케일 확장'을 하는 것에도 복잡한 감정을 갖고 있다. 물론 그에 주목하고 존경을 표하는 것은 좋지만, 어떤 교육적 실천이 잘 이식될지, 그쪽으로 전향하는 것이 과연 열심히 일하면서 때로는 사면초가에 몰리기도 하는 레조 팀의 에너지를 최적으로 사용하는 것으로 나타날지는 분명하지 않다. 또한 레조 교육을 초등학교 또는 중등학교로 상향 확장하려는 노력도 없었다. 1998년 후반까지 레조 원주민이 관장하던 좌파 성향의 이탈리아 중앙정부가 최근 몇 년간 레조에 전례 없는 관심을 보이긴 했다. 그러나 이 관심이 지속될지를 확신하기에는 아직 너무 이르다.

아마도 정책 지향적인 교육가들이 가장 놀라는 사실은 레조 팀이 레조에서 졸업하는 여섯 살짜리 아이를 지속적으로 점검하여 훗날 그 아이의 인생에 무슨 일이 일어나는지에 관심을 두지 않는다는 것이다. 만약 이에 대해 압박을 준다면 레조 교사나 행정관리자들은 이렇게 대답할 것이다. "레조의 공동체가 돌아가는 모습을 봐라. 이 모습은 아이들이 이와 같은 교육을 받으면 무슨 일이 일어나는지를 설득력 있게 보여준다."

물론 다른 곳에서 온 친구들이나 호기심 많은 사람들은 이러한 질문에 답하고 싶어 한다. 그들은 특히 레조의 핵심 아이디어와 실천방법을 자기가 사는 곳으로 가져가고 싶어 한다. 미국과 스칸디나비아의 여러 지역 등 세계 곳곳에서 레조를 정착시키려는 노력이 행해지고 있다. 예상할 수 있듯이 (수많은 기록 도구를 들고) 수많은 방문자들이 레조를 꾸준하게 찾는다. 그리고 '레조 칠드런'이라 불리는 학부모 단체 덕분에 레조 접근법이 전시되는 수많은 워크숍 및 여름 연수기관이 레조와 세계 곳곳에 있다.

그러나 이식하기가 쉽지는 않을 것이다. 레조 지방은 세계에서 유별나게 구석에 위치해 있고, 풍부한 자료와 인적 자원, 천 년 가까이 이어진 애국심이 가득한 곳이다. 레조의 학교는 1944년에 사망한 카리스마 있는 천재 말라구치에게서 영감을 받았고, 수십 년 된 자신만의 역사를 가지고 있으며, 그 역사를 내내 함께하면서 실제로 만들어나간 헌신적인 직원들이 있다. 가장 모방하기 힘든 것은 삶과 일을 동일시하며 학교에서 초과근무를 하기도 하고 수많은 주말과 여름을 학교업무에 바치기도 하는 레조의 직원들이다. 모든 직원이 일과 결혼한 것은 아니지만, 이 교육자들이 개인적으로 치르는 큰 희생은 멈추지 않고 있다.

레조 접근법의 어떤 측면들은 이식될 수도 있을 것이다. 그러나 내가 묘사한 이 교육의 특징은 초기에 그것이 발달한 지역의 특징이나 수십 년 동안 관여한 사람들과 밀접하게 연관되어 있다. 지역의 민주주의적 실천방식, 시민의식, 좌파 정권, 풍부한 자원, 종교적 개입과 교권 개입에 반대하는 역사적 배경, 말라구치와 레조 교육자들이 흠모하는 피아제, 몬테소리, 비고츠키^{Vygotsky}, 듀이, 브루너^{Bruner} 같은 사람들의 아이디어와 실천방식, 말라구치가 구성한 필수 팀의 특별한 팀워크, 레조 팀 구성원들의 특정한 경험, 오랜 방문자들의 관찰과 세계 다른 지역의 공식적인 방문까지, 얼마나 많은 부분이 그리고 정확히 무엇이 이런 것들의 영향을 얼마나 받았는지 계산해내는 것은 불가능한 일이다. 의심할 여지 없이 오늘날의 레조는 앞서 언급한 요인들과 다른 많은 요인들이 융합되어 만들어졌으며, 똑같이 복제해낼 수 없다. 일주일에 한 번 레조를 방문해 1년 또는 2년간 주요 특징을 실험한 후 고향에서 재현해낼 수 있으리라는 미국적인 생각은 레조 직원들에게는 착각으로 보인다. 나는 그들의 이런 회의감이 옳다고 생각한다.

그러나 레조가 적어도 부분적으로는 다른 곳에서도 재현될 수 있다고 생각한다. 미주리의 세인트루이스, 오하이오의 콜럼버스, 매사추세츠의 애머스트, 로스앤젤레스, 컬럼비아 지역 등 다수의 미국 공동체에서 경제적·사회적 조건을 오롯이 갖추려는 노력이 많이 있었다.[2] 미국에서 가장 부유한 집안이 다니는 자율학교에서 아이들은 리무진을 타고 등교하고 부모들은 상류층 생활을 영위하고 자선 무도회에 참석하는 바쁜 와중에도 자발적인 '학교 참여 시간'에 어떻게든 시간을 내서 온다. 미국에서 가장 가난한 지역 중 한 군데에 있는 교외의 시립학교에서는 아이들에게 학교에 어울리는 옷을 입히기 위해 자신의 기쁨을 희생하는 먼 친척이나 이웃이 아이를 학교에 보낸다. 말할 필요도 없이 각각의 '미국판 레조'는 그 배경과 대상층에 맞게 각색되어야 한다.

이제 레조와 레조에 영감을 받은 학교에 대해 내가 설명하지 않았던 것 하나를 짚어보려 한다. 나는 유전자나 뇌에 대해 어떠한 언급도 하지 않았고, 아이들이나 교사들의 마음에 연관 짓는 말도 하지 않았다. 일부러 그런 것은 아니다. 교육기관을 탄생시키고 규범과 가치를 일상의 관습에서 표상하는 문화라는 관점에서 교육기관을 주로 이야기하는 것은 매우 자연스럽고 적절한 일이다.

문화에 초점을 맞추는 것은 심리학이나 생물학을 부정하는 것이 아니다. 이 관점들 각각의 장점이 모두 필요하다. 학교는 대개 사회와 문화의 결과물이다. 경쟁할 만한 가치가 있는 학교도 마찬가지다. 그것은 그 문화의 목표, 가치, 의미를 만들고 해석하는 방법들의 영향을 받는다. 이런 환경이 자신만의 독특한 역사와 가치를 가지고 아이 교육에 앞으로 무엇이 일어날 것이고 무엇이 일어나지 않을지를 결정한다. 이는 별로 극적이지는 않지만 상당히 단호할 것이다.

문화 속에서의 배움

◇ ▩ ◇

최근 싱가포르를 방문했을 때 8개월 된 남자아이와 사진을 찍기 위해 포즈를 취한 적이 있었다. 나는 아이가 낯선 이와 있을 때 울지 않게 하려고 두 가지 방법을 동원했다. 첫째, 남자아이의 눈을 응시하는 대신 그 아이가 자신의 속도로 나를 살펴보게 했다. 둘째, 아이가 가지고 놀 수 있도록 나의 안경을 주었다.

미국 아이들에게 언제나 효과적이었던 이 방법은 이 어린 친구에게 통하지 않았다. 아무리 애써도 아기가 나의 안경을 갖고 놀기는커녕 만지게도 할 수 없었다. 내가 그 부모에게 물어보고 나서야 그 아이가 다른 사람의 안경을 만지지 않도록 배웠다는 것을 알게 되었다. 그리고 다른 싱가포르인 부모들도 집에서 손이 닿는 곳에 있는 물건이라도 지정된 장난감 말고는 아이가 가지고 놀지 못하게 한다고 말해주었다. 거기에는 두 가지 이유가 있었다. 물건 값이 너무 비싸다. 그리고 아이가 다칠 수도 있다. (세 번째 이유도 생각해보았다. 아이들이 자신의 충동을 억제하는 방법을 배워야 한다는 것이 아닐까.)

나의 미국적 사고로는 이런 금지가 충격적이었다. 내 경험에 따르면 한 살이나 두 살 정도의 아이들은 집 사방에 있는 물건을 가지고 놀 수 있고, 어른들은 아이들을 다치게 할 수 있는 물건을 치워놓는다. 일반적으로 미국인들은 탐험을 미덕으로 생각한다. 그들은 아이들이 가까이 있는 어른의 행동을 모방하려고 할 때 기뻐한다. 나는 몇 가지 조건 아래서는 레조의 교육자들도 비슷하다고 말하겠다. 확실히 그들은 네 살짜리 아이가 클립보드를 잡고 또래가 만든 장치에 대해 메모하는 척할 때 감동한다. 그리고 그들은 이 순진한 흉내를 '가르칠 수 있는 순간'으로 전환하려 할 수도 있다.

싱가포르에서의 경험으로 10년 전 중국에서 겪었던 사건이 떠올랐다. 아내와 나는 갓 태어났을 때 대만에서 입양한 8개월 된 아들과 함께 난징을 방문하던 중이었다. 우리는 매일 벤저민이 진링 호텔 체크인 창구에 있는 열쇠 구멍에 열쇠를 꽂게 해주었다. 성공하든 성공하지 못하든 아이는 그것을 시도하는 데 재미를 느꼈다. 그러나 나는 지나가는 나이 많은 중국인들이 내 아들이 열쇠 구멍에 열쇠를 꽂는 것을 도와주며 우리를 못마땅하게 바라본다는 점을 깨닫게 되었다. 마치 이렇게 꾸짖는 것 같았다. "당신은 아이를 어떻게 길러야 하는지 모르는 교양 없는 부모로군? 아이가 제멋대로 움직여서 실패하게 놔두는 대신 어떻게 해야 제대로 할 수 있는지 보여줘야 해."[3]

나는 중국과 싱가포르에서 일어난 이런 사건을 깊이 생각해보았다. 이는 자녀양육에 대해 근본적으로 다른 견해를 보여주는 것 같았기 때문이다. 미국을 비롯한 서양에서는 일반적으로 아이들이 스스로 문제를 풀도록, 스스로 물건을 고안해내도록 장려한다. 아이가 어른의 안경을 가지고 즐겁게 놀거나 특정한 구멍에 들어가야 할 열쇠를 만지작거리는 것을 긍정적인 성장이라고 생각한다. 서양 사람들은 탐험을 하고, 새로운 방법을 시도하고, 과학과 기술을 추구하는 데서든 대양과 우주 공간을 탐험하는 데서든 실험과 수정을 함으로써 현대사회에서 상당한 헤게모니를 얻게 되었다. 서구인들은 아이들이 언젠가 도전해야 할 것으로 세상이 가득 차 있다고 생각한다. 우리는 낯선 것에 일찍부터 대면시키는 것이 아이에게 유리하다고 믿는다.

유교 전통의 영향을 받은 사람들도 아이들에게 세상에 나아갈 준비를 해주고 싶어 한다는 것은 의심의 여지가 없다. 전통적으로 이 세계는 오랜 기간 확립되어온 실천방식을 완전히 익히는 것과 오랫동안 지속된 성인의 역할을 충족하는 것을 특징으로 하고 있다. 그래서 어른들이 보여주는 정확한 본보기들이 더욱 의미 있어지는 경향이 있다. 게다가 과거로부터 배우고 익혀야 할 것이 너무나 많기 때문에(그리고 아마도 불확실한 미래에 두려운 것이 많기 때문에), 천천히 시간을 들이거나 중요한 관행을 발견하는 것을 운에만 맡겨놓을 수 없다. 믿을 만한 모범이 있다면 왜 아이에게 그것을 바로 전달해 아이가 다음, 그리고 그다음 단계로 재빨리 나아가게 하지 않는가? 만약 아이가 스스로 행동하게 놔둔다면 귀중한 관습을 빨리 익히지 못하고, 더 나쁜 경우에는 비생산적인 길로 빠질 수도 있을 것이다.[4]

학부모와 교사들은 이러한 장면에 다양한 반응을 보일 것이다. 어떤 사람들은 서양의 '직접 시도하라'는 방침에 전적으로 수긍한다. 또 어떤 사람들은 '숙달된 모범으로부터 배우라'는 방침을 몹시 좋아한다. 나를 포함한 또 다른 사람들은 특히 각각의 방법이 뜻이 맞는 공동체에서 실천되었을 때 두 가지 접근법 모두가 가치 있다고 생각한다. 유교적 모범이 학생들의 수준을 높인다는 충분한 증거가 있다. 서양에서는 그 결과가 더욱 가변적이지만, 최고의 진보적인 학교들은 숙련된 동시에 혁신적인 학생들을 배출한다.

물론 나는 동양과 서양의 창조성에 관해 연구한 결과, 교육은 '모방적' 또는 '구성적' 접근법 중 어떤 것으로 시작해도 좋다는 결론을 내렸다. 중요한 것은 각각의 아이가 대조적인 입장을 선택할 폭넓은 기회를 가져야 한다는 것이다. 그렇지 않으면 위험이 있다는 것이 명백하다. '유교식'으로 훈련된 학생은 매우 높은 수준으로 숙련되어 있을 수 있지만, 새로운 방법을 적용하는 데는 어려움을 겪을 수 있다. 서양의 진보적인 학생은 스스로가 꽤 창조적이라고 생각할지도 모르지만, 그 과제가 친숙한 것이든 새로운 것이든 유능하게 일을 해낼 수 있는 기술이 부족한 경우가 태반일 것이다.

다른 혼합도 가능하다. 서양에서 우리는 창의력을 크게 개인의 독창성과 홀로 문제를 해결하는 것의 결과로 이해했다. 개인 중심의 노벨상은 이런 '론 레인저Lone Ranger'*의 입장을 압축하여 보여준다. 유교사회는 새로운 기술창조에 협동적으로 접근했고, 이 방침을 통해 경제적으로 놀라운 성공을 거두었다. 서양사회도 최근 들어서는 동아시아 사회의 효과적인 모델에 영향을 받았다. 많은 일터들은 이제 생산을 대체로 자주적인 소규모 팀들에 맡긴다. 학문적 작업 또한 점점 열댓 또는 수백의 참여자들 간의 협동으로 이루어진다.

---

* 미국 서부영화의 주인공._옮긴이

서구 세계는 몇 세기 동안 비공식적으로, 최근 들어서는 더욱 공식적으로 탐구에 대한 관심을 새로운 방향으로 확장했다. 다른 문화들을 체계적으로 검토하려는 것이다. 사람들은 항상 다른 모습으로 존재하는 집단에 호기심을 가져왔다. 그리고 때때로 이런 집단을 동료나 경쟁자와 구별했다. 심지어 그들이 상대방을 동맹이나 결혼 파트너로 여길 때조차 동료인지 경쟁자인지 구별했다. 언뜻 보기에 서양에서만 그런 이질적인 사람들의 믿음, 관행, 태도에 대한 기록을 관련 지식 분야로 발전시켜왔던 것 같다.

전통적으로 인류학자들은 별종이었다. 그들은 이런저런 이유로 자신의 문화에서 떨어져 낯선 문화 속에서 몇 년 동안 살고, 언어와 사회적 관습을 체득하고, 친밀감과 반감을 발달시킨 뒤 다시 자신의 문화권으로 돌아와 강의를 하고 '자신이 겪은' 사람들에 대해 글을 썼다. 이러한 관행은 지속되고 있긴 하지만, 여러 가지 요인으로 인해 수정되고 있기도 하다. 이것이 착취인 건 아닌지 의심을 받기도 하고, 세련된 연구방법(언어의 구조나 혈족관계의 구조에 초점을 둔 연구)이 발전되어왔기도 하기 때문이다. 또 더욱 신뢰할 만한 기록방법이 등장(영상이나 비디오테이프)했으며, 19세기에 처음으로 맞닥뜨렸던 문화만큼 서구인들에게 이국적으로 보이는 것들이 점차 사라지고 있는 것도 그 요인이다.

인류학의 많은 부분은 이제 더 가까운 가정, 덜 낯선 사회, 지적 자극을 주는 자기 사회 안에 있는 지역에서 수행되고 있다. (이제 옆 마을이나 자기 마을에 살고 있는 무속인이나 성전환자에 대해 연구할 수 있다.) 그리고 인류학자는 그 문화에 무관심한 채로 있기보다 연구

대상들과 개인적인 관계를 맺고 도우려고 하는 경우가 많아졌다.

인류학이 덜 '이국적인' 실천방법이 됨과 더불어 그 방식과 가설이 사회과학의 주류로 흡수되었다. 예를 들어 심리학 영역에서 연구자들은 점점 문화적 질문과 방법에 집착하게 되었다.

'물리학을 선망하는' 시대에 심리학은 최대한 물리학의 방법론을 모방하기 위해 순수한 실험실의 상태를 마련하고, 친숙한 것이나 맥락의 흔적을 없앰으로써 객관적으로 연구하고자 했다. 행동주의 시대로 거슬러 올라가는 듯한 이 접근법은 심리학과 인지과학의 특정 부문에서 여전히 실행되고 있다. 그러나 많은 연구자들, 특히 인간의 발달에 집중하는 사람들은 이처럼 탈맥락화된 연구는 지금 상태 이상을 뛰어넘을 수 없다고 결론지었다. 사실 사람들은 수태될 때부터 자기가 속한 특정 문화의 가정, 편견, 통찰에 둘러싸인다. 이런 경향은 필연적으로 생각 패턴, 감정 패턴, 발달 패턴에 영향을 미친다. 두말할 나위 없이 교육기관들 역시 그것이 위치한 문화의 목표와 가설에 막대한 영향을 받는다. 실제로 학교로서는 자신이 속한 문화의 가치를 구현하거나 그에 맞서 투쟁하는 수밖에 없다.

인류학자들의 연구방식에 영향을 받은 많은 심리학자들은 이제 실험실을 떠나 이전에는 무시했던 일상생활의 특징을 연구한다.[5] 예를 들어보자면 학자들은 말해지거나 말해지지 않은 상태로 전달되는 언어적·비언어적 방법을 고려하여 부모들이 어린이들과 소통하는 방법 또는 그 반대의 경우를 주의 깊게 관찰한다. 또한 아이들이 다른 아이들과 어떻게 놀거나 싸우는지 혹은 다른 아이들에게 어떻게 동기를 부여하고 가르치는지 관찰한다. 학교에 대한 연구의 경우 심리학자들은 교실을 특정한 가치가 전달되며 다양한 상호작용이 제한되거나 금지되는 하나의 공동체로 여긴다. 그들은 특히 가족 내에서나 가족 범위를 넘어 존재하는 멘토관계에 특별한 관심을 기울인다. 언론이 다양한 연령의 아이들의 사회화에 어떤 영향을 미치는지 고찰하기도 한다. 또 아이들이 어떻게 지식을 쌓고 공유하는지 알아보기 위해 배움에서의 협동, 팀 프로젝트, 인터넷을 통한 의사소통처럼 특정 교실에서 일어나는 실제 행위들을 조사한다. 이러한 모든 연구 분야에서는 특정한 문화적 실천방법과 가정이 더욱 뚜렷하게 드러난다.

레조 에밀리아에 있는 학교의 경우에 비추어 심리학자들의 몇 가지 연구방법을 소개하겠다.

오늘날 배움은 상황적인 것으로 여겨진다.[6] 그 자체로 구분되는 특징과 목표를 가지고 구체적 맥락에서 등장하여, 매우 느리고 불확실하게 새롭고 낯선 환경으로 확장되기 때문이다. 레조의 디아나Dianna 유아학교에 다니는 아이들은 자연현상에 주의를 기울이고, 그것을 글이나 작품으로 기록하며, 다른 아이들과 그것에 대해 토론한다. 그러나 아이들은 이를 교사나 급우들과 함께할 수도 있다. 프로젝트 환경은 학교의 네 벽 안이라는 '상황에 위치'한다. 디아나 학교의 학생들이 그와 같은 관심을 집이나 가족 여행에서, 혹은 다른 학교에 다니는 아이들과 놀 때도 지속하는가는 두고 봐야 할 일이다.

오늘날 지식은 분산되어 있는 것으로 인식된다. 말하자면 그것은 개인의 머릿속에만 존재하는 것이 아니다. 오히려 당사자의 관점과 다른 사람의 관점 그리고 활용할 수 있는 인적·기술적 자원으로부터 얻은 지식이 합쳐진 결과로 지식이 생겨난다. 이런 주장은 레조의 경험에 잘 들어맞는다. 레조의 미취학 아동의 성과물 중에는 놀랄 만한 것들이 꽤 많다. 그것은 높은 수준에 도달한 아이들의 이해와 예술적 기교를 나타낸다. 이러한 이해와 기술이 특정 아이들의 마음과 뇌 속에만 존재한다고 가정해버리는 것은 위험하다. 실제로 내가 추측하기로 지식은 그렇게 국한되어 있지 않다. 레조에서 아이들은 동료들과 협동함으로써, 지식이 풍부한 어른들에게서 꾸준히 관심과 도움(교육학 용어로는 '비계飛階')을 받음으로써 집단적인 결과물을 창조해낸다. 그 결과물은 그것을 만들기 위해 사용한 매개의 한계와 가능성에 의존적이기도 하다. 임의로 고른 한 명의 아이에게서 동료, 어른, 만질 수 있는 창조물, 도움이 되는 어른들과의 대화를 제외한다면 그 아이의 의식에 얼마만큼의 이해가 남아 있을지에는 답하기 어렵다.

전문용어를 싫어하지 않는 문화 지향적인 사회과학자들은 '합법적 주변 참여'에 대해 "아이들이 처음에는 숙련된 어른들이 일하는 것을 관찰하고, 그 후 점진적이고 눈에 띄지 않게 그리고 편안하게 그 일로 이끌리도록 하는 방법"으로 정의했다. 배움은 관찰에서 시작되어 주변적인 참여로 발전하고 종종 명료한 구두 지시가 따르는 성숙한 도제교육으로 정점에 오른다. 문화 지향적인 심리학자들은 배움이 가장 자연스럽게 일어나는 기회로 분위기, 환경, 습관, 즉 풍부하면서 사람과 소도구로 가득한 맥락의 중요성을 강조한다. 이런 학자들은 전문 지식으로 둘러싸인 환경에서 시간을 보냄으로써 체득할 수 있는 '개인적인 지식'의 중요성을 이야기해 왔다. 이러한 지식은 말로 풀어 설명하기가 힘들다. 그러나 이것은 나비 수집, 테니스, 수학이 되었든 아니면 음악이 되었든, 어느 영역에서도 생산적으로 일을 해내기 위해 필수적인 부분이다.

　이러한 개념들은 레조의 경험에 대한 주장의 중심이 된다. 레조의 가장 중요한 측면은 '분위기'다. 그것은 학교의 매력적이고 편안한 물질적 속성, 계속 이어지는 다양한 학생 작품 전시와 그에 대한 논평, 어른들이 서로에게나 아이들에게 말하는 부드러운 태도, 아침의 리듬, 개개인을 위해 다르게 마련되고 사랑을 담아 나누어주는 점심과 간식, 조용하지만 유연한 오후 휴식시간, 활기차지만 거칠지 않은 운동장 활동, 한 가지 프로젝트로 보내는 몇 주 또는 몇 달의 시간들, 심지어 한 계절과 한 해 동안 진행되는 프로젝트의 모습으로 구체화된다. 어른들은 분위기, 즉 기풍을 만든다. 아이들은 레조의 정신에 이끌려 들어가 자신의 지식과 실천을 더 어린 아이들에게 전달한다. 그 어린아이들은 레조의 아이들이 한때 그랬던 것처럼 아직 주변적인 참여에 머물러 있는 아이들이다.

　이러한 문화 지향적인 관점 중 어느 것도 아이들의 인지적·사회적·정서적 발달에 대한 우리의 이해를 완전히 바꿔놓지는 못한다. 발달의 많은 부분은 여전히 머리에서 이루어진다. 그리고 학생들이 상황적이거나 분산적이거나 주변적이거나 개인적인 지식을 사용할 수 있으려면, 어떻게든 자기 것으로 만들어야 한다. 심리학자들은 가정 안팎에서 지식의 사회적·맥락적·분산적 측면을 더 잘 인식하게 되었다. 지식은 인간 사이의 관계에서 생긴다. 우리가 내재화한 것의 대부분은 다른 사람들의 모델과 모티프에서 온 것이다. 우리는 집, 학교, 더 넓은 공동체 같은 사회적 환경 속에서 그 지식을 더욱 정교하게 다듬을 수 있게 된다.

문화 연구에서 얻을 수 있는 통찰력

◇▓◈

다양한 문화에서 나온 수백 가지 자녀양육 및 교육에 관한 연구들을 한데 모으면 양극단의 입장이 약화된다. 심리학자들과 생물학자들이 선호하는 '보편주의적 입장'으로 깊숙이 들어가면 사람들의 '중요한 측면'은 다 비슷하고, 명백해 보였던 차이는 피상적이고 사소한 것이 된다. 보편주의 지향적인 MIT의 언어학자들은 한때 '맥락은 별로다Context Sucks'란 문구가 적힌 연필을 나누어준 적이 있었다. 그것이 전달하고자 하는 메시지는 피상적으로 나타나는 문화적 혹은 맥락적인 차이라는 덫에 걸리지 말라는 것이다.

이 입장은 우리가 사물을 어떻게 3차원으로 인식하는지와 같은 이미 구조화된 능력을 설명할 때나 성적인 생식작용, 충분한 식량 확보처럼 생존을 위해 필요한 행동에 관해 설명할 때는 그럴듯하다. 그러나 사람들이 공동체의 특정한 목표를 성취하기 위해 어떻게 언어를 이용하는지, 이를테면 직접적으로 질문을 던지는지, 수수께끼 같은 말을 하는지 아니면 '카리스마 있게 듣는지' 등으로 초점이 옮겨갈 때는 이 입장이 적절치 못함이 판명되었다. 또는 아이에게 장난감을 소개하는 방법, 이를테면 그냥 주는지, 시범을 보여주는지, 영상을 보여주는지, 여러 번 같이 놀아주는지 아니면 갖고 싶어 하는 아이에게 짓궂게 주지 않는지 등으로 초점을 옮겨가면 역시 부적절해진다. 후자의 경우에 각 문화가 가진 가설은 서로 다른 관습으로 이어진다. 심지어는 표면적으로 유사해 보이는 집단에서조차 그렇다.

인류학자들과 몇몇 다문화주의자가 선호하는 '독특성 uniqueness'의 관점 또한 미심쩍다. 이 관점은 각 문화가 그 자체로 독특해서 오직 그 문화 스스로의 용어로만 검증될 수 있다고 주장한다. 과학 패러다임들이 서로 경쟁한다는 토머스 쿤 Thomas Kuhn의 주장과 마찬가지로, 각 문화는 너무나 독특해서 다른 것으로 번역되거나 다른 것과 비교될 수 없는 세계관을 발전시킨다.[7] 우리가 바랄 수 있는 최선은 이러한 문화들을 부분적으로라도 이해하여 다른 사람들에게 전달하는 것뿐이다. 그들이 낯선 분위기에 익숙하지 않은 사람일지라도 말이다. 보통은 예술 작품이나 도발적 일화를 통해 전달된다. 일본어 아마에 甘え(응석)나 독일어 게뮈틀리히카이트 Gemütlichkeit(인정미) 또는 중국어 하오쉐에신 好學心(학문을 좋아하는 마음) 같은 개념들은 다른 상징체계 내에서 포착하기 힘든 경우도 있다. (만약 내가 여기에 주석을 덧붙인다면 '독특성'의 입장을 해치는 것이 될 것이다.) 그리고 서로 다른 문화들을 통일된 기준으로 평가하려는 어떠한 시도도 엄격히 금기로 여긴다.

이런 극단적인 형태 때문에 독특성의 입장도 역시 이치에 닿지 않는다. 전 세계 사람들은 서로 같은 압력과 요구에 대처해야 하

 5장 문화가 중요하다

기 때문에, 그들이 서로 관련을 맺을 수 없거나 이해할 수 없다고 가정하는 것은 비생산적이다. 그리고 부분적으로라도 해석을 하는 것이 해석을 거부하는 것보다는 낫다. 게다가 많은 사람들이 두세 가지 문화를 아우르거나 점점 다수의 문화 사이를 쉽게 오간다. 대안적인 전통이 진정으로 불가해한 것이라면 이런 유연한 항해가 불가능할 것이다. 올리버 색스 Oliver Sacks 는 미크로네시아의 폰페이 Pohnpei 섬 사람들의 학교교육에 대한 이야기에서, 단일 교육체계가 그와 대비되는 문화적 전통 속으로 편안하게 안착할 방법을 찾아냈다.[8]

그러나 가장 최근의 천문학과 지질학이 혼합되자, 세속적인 세계사와 신화적이거나 신성한 역사가 교육에서 같은 정도의 영향력을 갖게 된다. 학생들이 빛의 속도, 판 구조론, 해저 화산에 대해 배울 때 동시에 자기 문화의 전통 신화, 예를 들어 미크로네시아의 폰페이섬이 어떻게 리다키카 Lidakika 라는 신비한 생물인 문어의 명령에 의해 지어졌는지 같은 고대 이야기에도 몰입하게 된다.

문화적 차이에 접근하는 방법으로 독특성의 관점이나 보편주의 관점보다 더 생산적인 방법이 있다. 모든 문화는 어떤 보편적인 요구에 대해 고심한다. 어떤 자원은 이용할 수 있고 어떤 자원은 보호할 수 있다. 또 그것은 역사 및 확립되거나 배척된 일련의 관습으로 구체화되며 특정한 생태계 내에 위치해 있다. 그리고 여러 가지 요인들 중에서, 존재하기 위해 실현 가능한 방법을 어느 정도

꿰어 맞춰야 한다. 여러 복잡한 이유 때문에 각 문화는 서로 다른 생활양식을 만들어냈다. 오랜 기간 비교적 안정된 상태를 유지한 지역에서는 문화적 해결책이 상당히 견고해졌다. 그렇지 않은 다른 곳의 규범과 관행은 훨씬 유연하거나 무질서하다.

다른 문화에서 이해되기 쉬운 체계나 해석도 있다. 더 신비스럽게 받아들여지는 것도 있다. 그러나 노력하고 좋은 의지를 가지고 적절한 사례를 얻는다면 다른 문화의 관점을 이해하거나 자신의 관점을 더 명확하게 이해시키는 데 성과를 낼 수 있다. 우리가 편협하지 않은 진실, 아름다움, 선함에 대한 감각을 발달시키길 바란다면 그러한 노력은 반드시 필요하다.

문화적 관점 적용하기

◇ ▩ ◈

이제 도식화를 해보겠다. 그리고 조금 뻔뻔하게 설명해보겠다. 모든 문화는 젊은이들이 특정 분야의 지식을 숙달하고, 특정 가치를 체득하고, 특정한 기술에 숙련되어 있는지 확인해야 한다. 젊은이들이 지적으로, 도덕적으로, 사회적으로, 정서적으로 그리고 사회의 시민으로 발달한다는 것은 중요하다. 젊은이들은 부모, 동료, 교사, 대가, 친척, 언론, 학교 그리고 다양한 형태의 기술을 비롯해 특정한 교육을 하는 단체를 이용할 수 있다. 어떤 보상과 처벌과 제도들이 모범이나 동기부여 또는 위협으로 나타날 수도 있다.

문화는 이러한 문제를 끌어안은 채 선택을 한다. 물론 의식적이지는 않지만 필연적이다. 이러한 선택은 때로는 보이지 않게 문화 안팎에서 변화하는 요인으로 인해 만들어진다. 그리고 서로 결합하여 자기만의 특별한 정취, 특성 또는 '배열'을 만든다.

우선 '교육하는 실체'를 생각해보자. 대부분의 전통적 문화에서는 부모, 선배, 종교기관이 교육행위자 역할을 한다. 세속적인 사회에서는 학교가 교육기능의 많은 부분을 수행한다. 미국처럼 매우 세속적인 사회에서는 또래집단과 언론매체가 이전에는 교회와 초보적인 학교들이 해왔던 교육적 역할의 많은 부분을 수행한다. 미래에는 강력한 기술로 구현된 자료나 모델이 주요 교육행위자 중 하나로 역할을 할 것이다.

또 발달의 다양한 차원을 생각해보자. 종교 지향적이면서 상대적으로 동질적인 사회에서는 도덕적·정서적 발달을 학교의 책임이라고 생각했다. 세속적인 사회에서는 대개 학교에서 이런 책임을 없애고, 많은 부분을 가정과 교회가 떠맡아주기를 기대했다. 이것은 가정에 부모가 있고 교회가 공동체에서 가치를 인정받고 있다면 괜찮은 이야기다. 그러나 그렇지 못하다면 더 많은 문제를 지닌 시나리오가 탄생한다. 도덕과 정서의 발달을 책임지는 행위자가 없고, 도덕교육은 길거리, 패거리 또는 그해에 언론매체로부터 강제로 주입된 역할 모델을 통해 대충 만들어진다.

마지막으로 학교교육의 실제 내용에 대해 생각해보자. 많은 사회에서 중앙관료들이 교육과정을 결정하고 있고, 숙달해야 할 지식의 본질에 대해 공적인 논의는 거의 이루어지지 않는다. 필요할 때나 종종 학부모들과 개인 교사가 학생들이 핵심 교육과정에 숙달할 수 있도록 돕는다. 중앙집권화가 덜 된 사회에서는 각각 다른 교육과정이 제공되었다. 그리고 그것을 어떻게 소개하는가는 교사에게 달려 있었다. 어떤 학교는 매우 높은 기준을 고집하고 또 어떤 학교들은 낮은 기준을 추구하거나 아무 기준도 세우지 않기 때문에 성취도는 훨씬 넓은 분포를 이루게 된다. 학업성취도는 학생의 노력, 가정의 수준, 교육유형, 교사의 유능함, 사회적 요구가 모두 함께 영향을 주는 것이어서 아직도 그 결론을 내리기 어렵다. 그래서 한 학교 내에서도 이 학업성취도의 정도는 매우 다양하게 나타난다.

또 다른 효과적인 학교를 찾아서

◇■◇

역사학자 데이비드 타이악David Tyack이 비꼬면서 언급했듯이, '유일한 최고의 시스템'은 없다.[9] 좋은 가르침은 모든 교육단계에서 여러 방식으로 실천될 수 있다. 레조 모델을 재탄생시키려는 사람들은 레조와는 다른 특색이 있는 부모, 교직원, 공동체를 가진 문화에서 새로운 환경의 영향을 받을 수밖에 없다는 것을 깨달아야 한다.

나는 여행과 독서를 통해 서로 다른 연령대, 서로 다른 세계 여러 지역의 아이들에게 얼마나 다양한 교육적 비전이 작용하는지를 보고 강한 인상을 받았다. 내가 일하고 있는 교육학 분야에서 유아학교는 프랑스, 유치원은 이탈리아, 초등학교는 일본, 중고등학교는 독일, 대학은 미국에서 다녀야 한다는 우스갯소리가 있다. 이 주장을 꼼꼼히 따져보지 않고 그냥 둔 채, 오늘날 학교 및 다른 교육상황에서 볼 수 있는 몇 가지 주목해야 할 접근법과 유용한 실천방법을 언급하고자 한다. 이 간략한 설명을 보면, 각각 서로 다른 문화가 학교에 어떻게 자신만의 독특한 강조점을 두는지뿐만 아니라 효과적으로 교육하는 수많은 방법에도 주목해볼 수 있다.

스즈키식 학습법과 스펙트럼 교실

◇◼◆

일본처럼 스즈키 신이치의 재능교육법의 영향을 받은 사회에서는 네다섯 살 아이들이 바이올린 독주나 현악기 협주를 할 수 있다. 일본인 교육자 스즈키가 고안한 명석한 교육법 덕분에 아이들은 그런 정도까지 능숙해질 수 있다. 태어나서 처음 몇 년 동안 아이들은 녹음된 바이올린 연주를 듣는다. 또한 어머니가 바이올린을 연주하는 것을 매일 관찰하고 스스로도 짧은 기간 동안 어린이용 크기의 바이올린을 다룰 수 있게 허락받는다.* 아이들은 아마 그들이 좋아하는 잘 정리된 프로그램의 연주를 배우면서 음악에

---

* 일본에서 이와 관계되는 부모는 거의 언제나 어머니다. 만약 어머니가 바이올린을 연주할 줄 모른다면, 그 어머니에게 바이올린을 배우도록 하여 자녀보다 적어도 한 단계 앞서나가도록 권장한다!

빠져들게 된다. 이 과정은 바이올린 현의 배열과 아이들이 쉽게 연주할 수 있는 손가락 움직임, 아이들이 좋아하는 멜로디를 이용할 수 있도록 기획되어 있다. 또한 아이들은 자신보다 좀 더 연주를 잘하는 아이나 실력이 부족한 아이들을 망라한 또래와의 연주에 자주 참여한다. 이렇게 신중하게 통제되는 애정 어린 관리 속에서 학생들은 학교에 갈 나이가 될 무렵에 유능한 연주자가 된다. 그러나 작곡을 할 수 있는 창조적 잠재력에는 주의를 거의 기울이지 않는다.

스즈키의 접근법은 일본 문화의 많은 특징을 구현하고 있다. 거기에는 예술에 대한 깊이 있는 존중과 관습 및 기예에 대한 인정이 전제되어 있다. 이는 누군가가 어떤 전통을 끝까지 익히려고 한다면 반드시 필요한 것들이다. (스즈키의 레퍼토리가 서양음악을 특징으로 하는 것은 이 교육의 핵심이 아니다. 스즈키는 자신이 꽃꽂이나 전통적인 동양악기 연주를 가르치는 것도 그만큼 잘할 수 있다고 단언했다.) 훈련에서 다른 사람의 역할도 마찬가지로 중요하다. 어머니는 최초의 교육자다. 일본의 어머니들이 전통적으로 직업을 갖지 않는 이유는 어린 자녀가 잘 자라도록 하는 데 집중하기 위해서다. 아이의 또래들도 핵심적인 역할을 한다. 아이들이 서로에게 영감을 주고 격려해줄 것이라고 생각하기 때문에 스즈키 교육의 초기 많은 부분은, 이후 직장에서 경험할 인간관계와 마찬가지로 조화로운 또래집단을 형성하는 데 집중한다.[10]

미국에서는 일부 아이들이 다중지능 이론에 영향을 받은 접근법을 사용하는 스펙트럼 교실에 등록되어 있을 수 있다. 스펙트럼 교실은 과학 관련 전시, 살아 있는 동물, 예술적이고 음악적인 자료, 게임과 퍼즐이 있는 아이들의 박물관을 유아원이나 유치원 교실로 옮겨온 것처럼 여러 지능을 자극하도록 고안된 자료로 가득차 있다. 1년 동안 아이들은 모든 재료를 접해보고, 그럼으로써 자기 재능의 다양성을 발휘하도록 장려된다. 아이가 어떤 재료로 작업하는 데 주저한다면 교사들은 '다리'를 놓는다. 즉 아이가 전에 즐겼던 재료를 강조하여 어려워하는 재료로 넘어가기 쉽도록 하는 것이다. 연말에 가정에서는 스펙트럼 프로파일을 받게 된다. 이 문서는 아이의 강점과 약점을 묘사하며, 가정이나 더 넓은 공동체에서 다양한 경로로 아이의 개인적 발달 수준을 높일 수 있는 활동을 제안하고 있다.[11]

비록 이러한 현상이 미국인들에게 그렇게 명확히 인식되지는 않지만, 이 스펙트럼 접근법은 스즈키의 방법이나 레조의 접근법만큼이나 미국의 문화적 유산을 잘 드러낸다. 우선 이 프로그램은 재료와 기술의 중요성에 대한 신념에 기반하고 있다. 아이들은 여러 가지 물체를 가지고 놀 수 있어야 하며, 그 선택의 폭이 넓을수록 좋다. 그리고 개인의 차이를 중요하게 생각한다. 모든 아이가 중요하며, 각각의 독특한 강점을 최대한 계발해주려고 노력해야 한다. 또한 새로운 것에 도전하는 데 가치를 둔다. 그래서 아이들이 편안한 곳에서부터, 위협적이지만 결국은 대면하고 정복해야 할 영역으로 옮겨가도록 하는 데 특별한 노력을 쏟는다. 결과적으로 스펙트럼에서 집단 활동이 장려될 때도 아이를 개별적 학습자, 즉 특정 자료로 작업하는 개별적인 마음으로 여기는 개념이 설득력을 얻는다.

스즈키의 방법과 스펙트럼 교육방법 모두 그 가치를 인정하여 교육에 적용할 수 있다. 만약 그 두 가지가 처음 등장하게 되는 문화적 전통의 동력이 서로 매우 다르다는 것을 이해한다면 말이다. 동아시아 환경에서는 예술과 기예를 더욱 존중하는 반면, 처음부터 다양한 소재를 접하도록 하는 것에는 현대의 서구적 관점이 반영된다. 스즈키의 방법이 효과적이려면 서양의 어른들도 동아시아의 어머니들이 수행하는 치열한 조력자 역할을 떠맡아야 할 것이다. 같은 이유로 이전까지는 대부분 집단 내의 조화로운 관계를 지향했던 문화에 스펙트럼의 정신이 들어오려면, 일본의 성인들은 개인적인 목표와 욕구에 훨씬 더 관심을 가져야 할 것이다. 즉 각 아이들이 또래와 서로 다르고 각기 자신을 위한 '다리 놓기'가 필요하다는 조금 다른 방향에서의 인식이 요구된다.

유교적 전통과 미국의 키스쿨

일본의 유치원에서는 아이들이 학교에서 편안함을 느끼며 다른 아이들과 예의 바르고 생산적으로 교류하는 것이 최우선이 된다. 학교는 대인관계에서의 바른 태도와 습관을 독려하기 위해 많은 노력을 기울인다. 정형화된 군국주의 교실의 기계적 암기와는 반대로, 아이들은 도전적인 문제를 마주하고, 독창적인 것들을 비롯한 해결책을 내기 위해 상당 시간 조별로 함께 작업하도록 장려된다. 이러한 조에서 아이들은 서로에게 아이디어를 얻을 뿐만 아니라 팀으로 일하는 것이 개인 혼자 작업하는 것보다 더 효과적인 경우가 많다는 것을 배우게 된다. 교사는 스스로를 양육하는 사람이라고 생각한다. 능력별로 반을 편성하지는 않는다. 아이들이 열심히 하고 부모가 가정에서 충분히 도움을 주면 아이들은 발달하리라고 생각한다.[12] (만약 아이들이 노력하지 않는다면 부모는 정규학교 운영에 영향을 미치려 시도하기보다 사교육에 의존하는 경향이 있다.)

배우는 것도 중요하지만 이 교육단계에서는 선하고 책임감 있고 잘 훈련된 아이를 기르는 것이 주된 목적이다. 그래서 아이들은 주변 환경을 깨끗하고 멋지게 만들고, 책임을 다하는 지도자 또는 영민한 추종자 역할을 하며, 자신의 실수에 책임을 지고, 어려움에 맞닥뜨린 다른 사람들을 돕는 데 많은 시간을 보낸다. 적절한 시간 동안 활기 넘치는 놀이가 허용되고 심지어 장려된다. 학교는 언젠가 아이가 참여하게 될 이상화된 사회의 축소판이 된다.

중국의 초등학교에서는 아이들이 매우 아름답고 정교한 수묵화를 그려낸다. 교육방법을 관찰하기 전까지 이 일은 스즈키식 바이올린 연주만큼이나 신비해 보인다. 한자를 가르칠 때와 마찬가지로 교사들은 각각의 붓놀림을 정확한 방법으로 반복해서 보여준다. 아이들의 가정에도 미리 정해진 순서에 따른 정확한 붓놀림을 알려주는 교재가 있다. 아이들은 '살아 있는' 모델과 '교재' 모델을 접한 후 각각의 붓놀림을 끊임없이 반복하여 연습한다. 교사들은 이런 연습과정을 관찰하고 '손을 잡아' 학생들을 도와준다. 이렇게 신중하게 조직된 시간이 끝나가면 한 반에 있는 40 또는 50

여 명의 학생들은 금붕어, 대나무 또는 판다를 솜씨 있게 그려내게 된다.[13]

이런 독창성 없는 방법은 단지 복사본만 만들어내는 것처럼 보인다. 그러나 많은 학생들은 그들이 그리도록 훈련받지 않은 물체나 그 전에 그릴 수 없었던 사물을 상당한 수준으로 그려내게 된다. 모델에 세심한 주의를 기울이고 붓놀림을 연습하는 것이 놀라울 정도로 잘 전이되어 특정한 기술을 발달시켜주는 것이 분명하다.

이 두 사례를 통해 유교적 전통 내에서도 강조점이 극명히 다르다는 것을 알 수 있다. 중국과 일본 모두 공예, 연습의 중요성, 아름다운 물건의 제작 솜씨, 오점 없는 수행을 높이 평가한다. 하지만 일본에서는 아이들이 서로 함께 일하는 것과 서로에게 의지하는 법을 배우게 되므로 교육과정의 많은 부분이 아이들에게 맡겨진다. 반면 중국의 경우에는 교사가 교육과정의 중심이 되며 주로 남성 교사가 그 역할을 한다. 이러한 상황을 보면, 일본 학교의 집단활동에서 창의성이 발현될 가능성이 더 크다. 중국의 경우에는 창조적 작업이 개인적으로 나타날 확률이 더 크다. 금세기에 중국인 천재들은 과학 분야나 개인 중심의 예술 활동 분야에서 출현하는 경우가 많은 반면, 일본인 천재들은 최신 과학기술 분야의 전문가 팀으로 구성되어 작업한다는 것에 주목해야 한다.

미국 인디애나의 인디애나폴리스에 있는 키스쿨 Key School (현재는 키러닝 센터 Key Learning Center)과 키스쿨 모델에 영향을 받은 학교에서 학생들은 다중지능을 고려해 계획된 교육과정을 경험한다.[14] 그들은 매일 음악, 외국어, 신체운동 수업 등 특정 지능을 자극하는 수업에 참여한다. 게다가 매일 그들은 '포드Pods'라 불리는 선택수업에 참여하고 '몰입의 방flow room'에 들어가 선호하는 지능 또는 지능들의 조합에 초점을 둔 활동을 하게 된다. 학교교육과정에는 주기적으로 멕시코, 인디애나폴리스의 '재탄생', 패턴, 새 같은 주제들이 포함된다. 학생들은 주제에서 영감을 받아 홀로 또는 소집단으로 공부해서 프로젝트를 스스로 구성한다. 완성된 프로젝트는 학급에서 발표하고, 학급 친구들의 의견과 비평을 들으며, 이 전체 활동은 비디오로 녹화된다. 프로젝트는 그 학생의 흥미, 프로젝트의 주제, 그것을 구체화한 지능이 멋지게 배열된 결정체가 된다.

즉 키스쿨은 미국적 뿌리를 가지고 있다. 학생들이 '몰입' 활동에 참여하고 친밀감을 느끼는 '포드'를 고르는 데는 선택과목과 선택에 대한 확실한 강조가 작용한다. 개인적 지식과 개인의 주도권에 대한 이러한 신념은 유교환경과 조화되지 못할 수도 있다. 교육의 많은 부분은 프로젝트에 집중된다. 레조와 같은 프로젝트는 학생들의 흥미를 반영한다. 그러나 미국의 프로젝트들은 집단으로 진행되는 경우가 적다. 오히려 근본적으로 아이 개인이나 드물지만 짝을 이룬 아이들의 표현이고, 이런 프로젝트들은 아이의 동기에 따라 잘되거나 또는 잘되지 않을 수도 있다. 교사들은 교육이 이루어지는 대부분의 과정 동안 배경에 머무른다. 그리고 미국 사회 내의 책임에 대한 압박 때문에 학생들이 프로젝트에서 무엇을 배웠는지, 이 배움을 예산권을 가진 회의적인 교육 당국에 문서로 어떻게 효율적으로 전달할지에 많은 노력을 쏟는다.

그렇지만 미국 안에서의 차이도 중국과 일본 사례의 차이만큼이나 크다. 종종 키스쿨과 같은 노력을 보이는 학교와 이웃한 다른 학교에서는 학생들이 허시의 주장이나 민간 기금의 에디슨 프로젝트에 고무된 핵심 교육과정을 공부한다.[15] 각 나이와 학년에 아이가 알아야 하거나 체득해야 할 개념과 어휘, 지식의 범위에 대해 미리 규정된 목록이 있다. 아이들은 이런 정보에 대해 정기적으로 시험을 보며, 그것을 체득하면 보상을 받고, 익혀야 할 내용에 빈틈이 있는가를 확인받고, 더 열심히 공부하도록 장려된다. 각 학년의 교육과정은 그 전의 교육과정에서부터 이어지며, 따라서 불필요한 반복이나 누락을 피하고 있다. 특히 가정에서 읽고 쓰는 것을 배우지 못한 빈곤한 아이들은 이런 미리 규정된 교육과정을 통해 공평하게 경쟁할 수 있는 수준이 되어, 미래의 시민으로서 공통된 지식 기반을 갖추게 된다.

　물론 이 핵심 교육과정은 키스쿨만큼이나 지속적인 미국의 가치를 독특하게 반영하고 있다. 특히 다양성을 가진 사회에서 단일한 조직체, 즉 '여럿으로 이루어진 하나'를 만들어내겠다는 목적은 1840년대 호러스 만 Horace Mann의 보통학교까지 거슬러 올라갈 정도로 깊고 오래된 가치를 지닌다. 게다가 핵심 교육과정은 미국적 가치를 또 다른 방법으로 반영하고 있다. 미국 교육기관들은 종종 학생들이 터득한 것, 새로이 도입한 개념, 성취된 특정 행동목표 등의 개수로 자신들의 효율성을 판단한다. 미국인들은 얼마나 많은 것들을 배웠는지를 세고 기록하기를 좋아한다. 신문과 학교위원회는 바람직하면서도 측정할 수 있는 행동에 중점을 둔다. 나의 편견일지는 모르겠지만, 불행하게도 이런 기관들은 피상적인 증거를 배움의 증거로 받아들인다. 우리는 텔레비전 퀴즈 프로그램에 열광하곤 하는데, 이러한 열광과 공교육이 어때야 하는지에 대한 우리의 핵심적인 견해 사이에는 유사한 부분이 있다.

세계 각국의 교육

◇ ※ ◈

독일에서는 많은 학생들이 특정한 직업에 대해 중등 수준의 교육을 받는다. 예를 들어 매주 며칠 동안 의학, 금융 또는 기계학 분야에서 일하고, 그 내용에 대해 배우며, 일하기 위해 필요한 기술을 일부 습득한다. 그 덕분에 직업 세계를 더욱 포괄적으로 이해하게 된다. 이런 교육은 대개 도제교육 모델을 따른다.[16] 학생들은 대가와 장인의 지도 아래 '현장'에서 일하게 되는 것이다. 대가와 장인은 학생들에게 문제를 던진 뒤 해결책으로 이끌어가거나, 기술의 모범을 보이고 이러한 기술을 발전시켜줄 수 있다. 직업훈련에서 높은 성과를 거두는 학생들은 졸업 후 자신이 일했던 회사에 입사하게 된다. 대학교에 입학하는 학생들도 직업 세계를 경험하게 된다.

북유럽과 스칸디나비아의 많은 지역에 교육방식을 퍼뜨린 독일 학교들은 그 지역의 두 가지 오래된 가치를 구현한다. 첫째는 직업 세계의 중요성 및 학문의 실천과 일터의 규범 간 공생관계에 대한 신념이다. 둘째는 청소년들이 성인 멘토들과 지속적인 관계를 가지면 기량을 높일 수 있으리라는 믿음이다. 실제로 한 독일 학교에서는 아이들이 교육과정 내내 같은 교사에게 배정된다. 그 덕에 그 아이들은 보통 가족 구성원들에게서만 나오는 친밀감과 지원을 받을 수 있다.

40년 전 싱가포르인들은 너무 가난했다. 그래서 많은 아이들이 배고픔을 참으며 잠자리에 들어야 했다. 싱가포르는 사실상 천연 자원은 전무한 채 300만 시민의 정신력과 에너지만을 가지고 있었다. 오늘날 싱가포르는 생산성과 수입 면에서 전 세계 상위권에 들고, 그 학생들은 국제적 비교에서 정기적으로 1등을 차지한다.

싱가포르 학생들은 수학, 과학, 기술에서 이미 신중하게 구성된 교육과정을 배우게 된다. 단지 영국의 식민지였던 역사 때문만이 아니라 영어가 세계 무역에서 쓰이는 국제어가 되었기 때문에, 수업은 영어로 진행된다. 독일에서와 같이 능력별로 반이 편성되고 인문계 학생들은 더 도전적인 교육과정과 더 많은 언어를 소화하게 된다. 학생들은 매일 저녁 4~5시간 정도를 숙제하는 데 보내며 부지런히 공부한다. 이 권위적인 사회는 나태에 관용적이지 않기 때문에 과외선생이나 특별교사들처럼 부모들도 자녀와 함께 공부한다. 졸업자들은 사회에서 성공하기 위해 일하고, 일반적으로 개인적 목표는 더 큰 '선善' 아래에 놓일 것으로 기대된다.

싱가포르인들은 유교적 관습과 가치를 경쟁적인 국제환경에 접목하는 데 적어도 일본인들이 성공했던 만큼 달성했다. 최근의 경제침체가 시스템의 한계를 드러낼 수 있긴 하지만, 다른 '작은 호랑이들'(홍콩, 대만, 한국) 또한 한때 경쟁관계였던 전통을 중심으로 하여 교육을 효과적으로 혼합했다. 공부의 효과에 대해 신념을 갖고, 학업에 열중해 나날이 발전하는 데 높은 가치를 두었다. 이러한 가치들은 독일의 사회학자 막스 베버^{Max Weber}가 묘사한 개신교 문화의 경우처럼 개인적 성공을 향하는 것이 아니라, 사회 전체의 성공과 연결되어 있다.[17]

이스트 할렘에 이웃하는 뉴욕의 센트럴파크이스트^{Central Park East} 고등학교와 에센셜 학교연합 소속 고등학교^{Coalition of Essential Schools}들은 고정된 교육과정보다 학생들이 깊이 생각하고 그들의 지식을 잘 활용하도록 하는 것에 중점을 둔다. 그 학교들은 자신들이 중요하게 생각하는 아홉 가지를 지키겠다는 서약을 한다. 학생은 실행자이고 교사는 코치이며, 교사 한 명당 80명 이상의 학생을 담당하지 않고, 신중히 고른 자료를 깊이 있게 다루어 많은 주제를 훌륭하게 만들어내겠다는 것 등이 그에 해당한다. 그들의 슬로건은 "적을수록 많다^{Less is More}"이다. 학교의 행정관리자들은 이런 고귀한 원칙을 실현하기 위한 제도적·교육적 구조를 개발하는 데 헌신한다.[18]

일반적으로 센트럴파크이스트 고등학교와 같은 학교들은 수업 시간이 길고 한 반의 규모가 상대적으로 작다. 과목 주제들의 경계와 선택사항은 최소화되어 역사-문학-예술과 과학-수학은 종종 학제간 교사 팀이 가르친다. 학생들은 기본적이고 중요한 질문을 던지도록 장려된다. 이것이 왜 중요한가? 그 근거는 무엇인가? 그것이 어떤 차이를 낳는가? 등의 질문이다. 학생들은 어떤 과목을 이수하거나 점수를 일정 수준 이상 받았을 때가 아니라, 직접 수행하고 작업한 것들을 전시하거나 발표한 후에야 졸업하게 된다. 평가는 교사들뿐만 아니라 학생들에게 전문성을 갖추도록 해준 공동체 시민들의 몫이 된다.

맨주먹으로 시작한 센트럴파크이스트 고등학교 같은 '대안학교'들은 수십 년 동안 지역에서 자기만의 교육절차를 수행하고 있다. 그 설립자와 행정관리자들은 다른 모델도 알고 있었지만, 자기만의 구조와 실제 수행방법을 개발하고자 했다. 그리고 그들은 성공한 부분과 부족한 부분을 평가하고 반성하기를 게을리하지 않았다. 특히 학생들 간 갈등의 해소와 정기적으로 대립하면서도 예의를 갖추어 해결하는 교직원 간의 논쟁 해결에도 특별한 가치를 두었다. 이런 점에서 미국의 민주주의적 가치가 작용하는 것을 뚜렷하게 볼 수 있다. 즉 상의하달식 모델을 불신하고, 기존의 기관을 개선하기보다 새로운 기관을 세우려는 경향을 보이며, 새로운 환경에서 성공할 수 있다는 마음가짐을 발달시키는 데 중점을 두는 것이다. 또 더 넓은 공동체의 사람들이나 기관의 참여를 독려하고, 학교가 더 넓은 사회의 이상화된 축소판이어야 하며, 거기에는 갈등과 해결수단이 구비되어야 한다는 개념을 가진 것 등도 앞서 말한 민주주의적 가치에 포함된다.

물론 미국의 일부 학교들은 자신이 새로운 형태로 계속 거듭나야 한다고 느끼지 않는다. 뉴잉글랜드에 있는 필립스 앤도버Phillips Andover, 필립스 엑스터Phillips Exeter와 록스버리 라틴스쿨Roxbury Latin School 같은, 정부보조를 받지 않는 자립형 엘리트 사립학교들은 오랫동안 유지해온 전통적 교육과정과 엄격한 기준, 풍부한 방과 후

스포츠 예술 활동 그리고 학교신문 같은 교과 외 활동을 선호해왔다. 교사들은 교육수준이 높고 오래 근무했다. 학생들은 미래 사회의 지도자로 여겨지며 스스로도 그렇게 생각한다. 이런 학교들은 싱가포르식의 엄격함과 센트럴파크이스트식의 분석적 작업 및 민주주의적 관습에 대한 강조가 혼합된 곳이라고 볼 수 있다. 많은 미국인들은 이러한 또는 이와 비슷한 기관에서 교육받고 싶어 한다. 그러나 불행하게도 이러한 학교들은 비싸고 학생을 매우 까다롭게 받기 때문에 극소수 학생들만 다닐 수 있다.

같은 유형의 프로그램인 국제학력평가시험[IB]은 영국에서 시작되었고 전 세계 수백 개 공립고등학교와 사립고등학교에서 시행되고 있다.[19] IB 프로그램은 미리 예정된 교육과정과 외부 채점자에 의해 점수가 매겨지는 시험을 특징으로 한다. 예측 가능한 '핵심과목'뿐만 아니라 다양한 예술 형태와 인식론에 대해 전성기를 구가하는 학제간 강의도 포함한다. IB 프로그램은 특히 세계 곳곳을 옮겨 다니며 거주해야 하지만 교육과정의 연속성과 기준을 원하는 가정에 특히 매력적으로 비친다. 갈수록 세계화되는 경제환경 속에서 이에 대한 관심은 더욱 커질 것이다. IB 프로그램이 이제 초등학교와 중학교로 확대되는 것은 놀라운 일이 아니다. 흥미롭게도 레조 모델이 이 프로그램의 초기 설계에 부분적으로 영향을 주었다.

선발이 매우 까다롭다는 예루살렘의 이스라엘예술과학원에서는 재능 있는 학생들이 예술과 과학을 포괄한 엄격한 교육과정을 거친다. 모든 학생은 봉사 활동에 필수적으로 참여해야 한다. 도덕적 쟁점들이 끊임없이 제시되기도 한다. 학생들은 과학과 그 밖의 분야에서 발생하는 도덕적 딜레마에 대하여 전문직 종사자들과 토론한다. 대부분의 학생들이 중고등학교에 입학하지만 이스라엘-아랍 공동체의 촉망받는 학생들은 어린 나이에 선발된다. 장차 학자가 될 이 아이들은 특권층 다수와 경쟁하기 위하여 특별 보충수업(발견 프로그램 Discovery Program)을 받는다. (몇 년 전 한 아랍인 소녀는 전국에서 가장 높은 수학 점수를 받았다.) 종종 어린 나이에 졸업하는 학생들에게 학교로 돌아가 다음 세대의 재능 있는 학생을 가르치도록 장려한다.

도전적인 다학제간 교육과정을 가지고 있고 학문교육뿐만 아니라 윤리교육을 장악한 예술과학원은 이제껏 내가 논의한 모든 학교들보다 더 야심 차다. 게다가 더 광범위한 사회 갈등의 피난처 역할을 하는 것이 아니라 유대인과 아랍 인구를 섞고 사회가 직면한 가장 성가신 쟁점들에 공동으로 맞서기 위해 설립되었다. 전설적인 '36호실'에서는 아랍인 학생과 자유주의 유대인 학생, 정통주의자 학생들이 새벽 1시까지 논쟁하다가 몇 시간 후 친구가 된다. 이 예술과학원은 선견지명이 있는 설립자 라피 암람 Raphi Amram 이 포용한 이스라엘적 가치를 받아들인다. 이곳은 미국이나 기타 다른 국가에 있는 성취도 높은 학교들과 연계를 맺었다. 이스라엘의 격언처럼, 가능한 것은 오늘 행하고 불가능한 것은 내일로 미룬다. 예술과학원은 늘 교전 중인 중동에서 어떻게 긍정적인 에너지가 동원될 수 있는지에 대한 엘리트주의적인 그리고 참여적인 하나의 모델을 제공한다.

학교의 비전

레조 에밀리아에서 시작해 세계 도처에, 또 같은 공동체의 이웃 지역에 얼마나 좋은 학교들이 그 학교가 처한 문화적 시련 속에서 생겨날 수 있었는지 살펴보았다. 학교의 비전은 역사, 현장, 교육과정상 필요와 욕구, 가용자원, 문화적·개인적 목표에 따라 서로 매우 큰 차이를 보일 것이다. 그리고 교사와 부모들이 구현하는 매일의 신념 및 태도가 학교의 구성과 자라나는 아이들에 강력한 영향을 미친다.

효과적인 교육은 여러 가지 다양한 형태일 수 있지만, 특징이 있어야 한다. 학교 또는 학교들의 네트워크를 운영하는 사람들은 자신이 성취하고자 하는 것에 뚜렷한 비전이 있어야 한다. 사명을 선언하는 것도 도움이 될 수 있지만, 그것은 본질적으로 현재 생각하는 것의 표현에 불과할 뿐 변화의 매개자는 아니다. 학교의 책임자들은 교실이 어떻게 운영되는지, 졸업생들은 어때야 하는지, 수업과 졸업생들이 기대에 부응하는지의 여부를 어떻게 판단할지, 이런 목표들이 이뤄지지 않았을 때 과정의 어떤 부분이 수정되어야 할지에 대해 분명한 의견을 가지고 있어야 한다.

보다 적나라하게 말하면 이러한 특징들은 지루할 정도로 자명해 보일 수 있다. 그 누가 왜 이런 동의와 합의를 원하지 않겠는가? 사실 더 권위적인 맥락에서나 동질성이 높은 곳에서는 어떻게 학교를 운영해야 하는지에 대해 합의를 도출하기가 어렵지 않을 수도 있다.

그러나 학교에서 일관성 있는 비전을 발전시키는 일을 매우 복잡하게 만드는 세 가지 요인이 있다.

첫째, 공동체에는 때로 완전히 다른 종류의 학교와 다른 종류의 사람들을 좋아하는 집단들이 소속되어 있다. 이런 차이들을 침소봉대하거나 피상적으로 모두를 만족시키는 해결책을 찾는 것이 이를 악물고 진정한 합의에 이르는 비전을 구축하는 것보다 더 쉬워 보이는 것이 사실이다.

둘째, 비전 자체가 충분히 분명하더라도 그것을 성취하는 방법은 분명하지 않을 수 있다. 비전을 규정하기 힘들거나 그것이 뒤로 밀려나면 해야 할 것을 결정하기가 더욱 어려워진다. 교육자들은 실험과학자가 아니다. 그들은 대조군을 가진 중요한 실험을 할 수 없으며, 설사 할 수 있더라도 그렇게 하고 싶어 하지 않을 것이다.

셋째, 상황과 문화가 변화한다. 100년 또는 심지어 20년 전에는 잘 작동하던 비전이 오늘날의 세계관에 맞지 않을 수도 있다. 이것은 전문가로 사회에 입문하기 바로 전 몇 해 동안 배우는 내용을 보면 특히 자명해진다. 100여 년 전에는 라틴어와 그리스어를 숙달하는 것이, 20여 년 전에는 미적분에 숙달하는 것이 개인이 사회로 나아갈 준비가 되어 있다는 표지였다. 그러나 오늘날에는 문제해결 능력, 초인지, 변화하는 일터에 친숙해지는 것, 특정 지능에 통달하는 것 등이 훨씬 가치 있는 자질이 된다.

학교의 사명이 역할, 가치, 상징 능력, 체계적인 지식, 진실함과 아름다움과 선함을 이해하는 것이라고 분명하게 말할 수 있다면 이 책의 주제에 알맞을 것이다. 그러나 우리는 무엇이 우리에게 직관적으로 인식되는지 혹은 자명한지를 진술하지 못하는 경우가 많다. 게다가 가장 중요한 교육과정의 대부분은 숨겨져 있다. 그것은 거의 언급되지 않은 채 주변의 나이 많은 사람들의 태도나 행동으로 전달된다. 말하자면 그것은 문화 속에 있는 것으로서, 마치 마술처럼 변형되거나 다른 곳으로 전달되는 것이 아니다. 교육의 성공이 문화적 지원체계의 내구력에 달려 있다는 사실을 모든 구성원들이 인식하고 있다면, 학교가 훨씬 더 번영할 가능성이 매우 크다.

우리가 효과적인 학교라는 이미지를 만들어내려 할 때 사회과학의 종파초월적 관점에서 영감을 받을 수 있다. 간명하게 말하자면 우리는 피부 속의 것(마음과 뇌)과 피부 밖의 것(가치를 포함하고 있는 문화) 중에 무엇이 더 중요한지 구분할 필요가 없다. 신경과학이나 인지과학이 문화인류학과 반대되는 목적을 갖거나 제로섬 관계에 있다고 생각해서도 안 된다. 오히려 두 관점은 똑같이 중요하고, 필수불가결하며, 서로 통합될 수 있다. 레조와 싱가포르혹은 독일에서 성취되거나 성취되지 못한 것들은 부분적으로는 각 지역의 민감한 세부사항에, 또한 부분적으로는 젊은이들의 정신적 표상, 성향, 지능을 신중하게 개발하려는 데 기인한다. 모든 사람을 위한 가장 좋은 교육에 관해 전략적으로 생각하려면 최근의 심리학, 신경학, 생물학, 인류학에 대한 최신의 통찰을 사고의 기반으로 삼아야 한다. 그리고 우리가 책임진 아이들을 교육하기 위해, 과학에서 발견한 이러한 것들을 유서 깊은 민간 지식과 통합하는 방법을 찾아야 한다.

6장

이해를 위한 교육

단련된 마음은 단순히 사실을 체득하는 것으로 얻을 수 없다.
사례의 세부사항에 깊이 몰입하고 그럼으로써
학문적 마음의 근육을 단련해야 한다.

실용대학의 등장

◇ ▦ ◇

지난 20년간 미국에는 새로운 형태의 교육기관이 등장해왔다. 이 기관은 사회진출에 도움이 되는 특정 기술을 배우려는 젊은이를 대상으로 한다. 자칭 대학이라고 하지만, 여러 면에서 전통적인 의미의 대학의 정의나 그 목적과는 완전히 상충된다.

피닉스 대학University of Phoenix이 그 전형적인 예라고 할 수 있다.[1] 1990년대 후반, 영리를 목적으로 하는 이 프랜차이즈 사업은 12개 주의 47개 지역에 퍼져 4만 명이 넘는 학생들이 다니는, 미국에서 가장 큰 사립대학이 되었다. 이 대학 학생들은 간호학, 교육학, 정보기술 그리고 경영을 포함하는 다양한 분야에서 학위를 딸수 있다. 대부분의 다른 미국 대학들과 달리, 피닉스 대학에는 캠퍼스도, 도서관도, 정규직 교직원도 없다. 이곳의 교원들은 학자가 아니라 가르칠 내용을 다루는 실제 현장에서 일하고 있는 사람들이다.

6장 이해를 위한 교육

대학생활에서 중요하다고 생각되는 지적인 탐구는 이 대학에 거의 없다고 할 수 있다. 바로 상용화될 수 있는 아이디어만이 가치를 갖게 된다. 이 대학에서는 학생들이 원하는 기술을 최대한 효율적으로 습득하게 해준다. 수업은 늦은 오후나 이른 저녁에 진행된다. 학생들(23세 이상)은 수업을 듣는 건물 바로 옆에 주차한 뒤 수업을 듣고 다시 차를 몰고 집으로 돌아간다. 공부는 대부분 집에서 컴퓨터로 할 수 있다. 교육내용을 편리하게 전달하는 것이 바로 이 대학의 특징이다. 이 회사의 회장 윌리엄 기브스William Gibbs 는 이렇게 단언했다. "우리 학생들은 교육 자체를 원하는 것이 아닙니다. 교육으로 그들이 얻을 수 있는 것들, 다시 말해 더 나은 직업, 승진, 회의에서 필요한 발표 능력 등을 기대하고 있습니다. 그들은 교육이 자신을 위해 무언가를 해주기를 바라는 것입니다."[2] 그곳의 학생들은 마치 가장 성공적인 패스트푸드 체인점의 고객처럼 그 대학이 배달해주는 것에 만족하는 것처럼 보인다.

앞 장에서 나는 초·중·고 수준의 몇 가지 교육 모델과 그것이 각각의 문화적 환경에서 어떻게 생겨나게 되었는지에 대해 설명했다. 피닉스 대학에 대해서도 이와 비슷한 분석을 할 수 있다. 이러한 시설은 새로운 기술과 전문성을 획득하고자 하지만, 일 때문에 바쁜 그리고 이제 막 성인이 된 미국인들의 요구와 맞물려 있다. 내가 지적하고 싶은 점은 학생들이 자기가 배운 것을 사용하는 능력, 내가 주로 사용하는 표현으로는, 학생이 자기가 이해한 것을 드러내는 능력을 이 대학이 얼마나 높이 평가하는가 하는 점이다. 피닉스 대학을 비롯하여 이윤을 추구하는 미국 전역의 교육

시설들과 거대 교육기업들의 시도를 폄훼하는 것도, 칭찬하는 것도 나의 목적이 아니다. 그보다 나는 내가 중요하게 생각하는 가치와는 상반된 교육목표를 가능한 한 가장 명확하게 규정하고자 한다. 피닉스 대학의 교육은 완전히 실용주의적이다. 적어도 지금까지는 진실, 아름다움, 선함 또는 그와 관련한 거짓, 추함, 부도덕에는 지적인 흥미가 조금도 없어 보인다. 이러한 덕목들이 서로 어떻게 연관되는지, 그것이 어떻게 더 나은 지역사회를 구축하도록 도울 수 있을지에 대해서는 관심도 없는 것 같다. 이러한 특징을 확인시켜주려는 듯 최근 이 대학은 학생들이 교양과목을 들어야 한다는 조건을 폐지했다.

대조적인 예는 너무나 많다. 그러나 이제 내가 개인적으로 지지하는 교육형태로 이야기의 주제를 옮겨가겠다.

잘못된 시작

◇ ▩ ◇

교육에 대하여 현명하게 생각하는 방법은 '거꾸로 계획'하는 것이다.[3] 예를 들어 고등학교 졸업처럼 특정한 교육기간을 마친 후에 어떤 종류의 사람이 되기를 원하는지 명확히 결정하는 것이다. 그리고 나서 그 비전을 이루는 데 가장 적합한 교육적 접근법을 구축하기 위해 노력해야 한다.

왜 그토록 많은 교육체계가 실패했는지를 이해하는 것은 간단하다. 교육과정을 설계하는 이들은 중요해 보이는 지식과 기술을 조사하고, 그것을 모두 교육과정 안에 포함하려고 한다. 그러나 시간은 너무 짧고 양은 너무 많다. 따라서 끝없이 확장되는 지식을 모두 포함시키려는 접근법은 치명적인 약점을 갖게 된다.

결함이 있는 또 다른 접근법은 공동체 내의 의견 차이를 임시방편으로 통합하여 모든 이익단체를 조금씩 다 만족시키려고 하는 것이다. 이 방법은 다양한 문화나 갈등관계에 있는 집단들이 모두가 인정받기를 강력히 원할 때 특히 매력적으로 보인다. 아무도 어떤 특정 집단을 매몰차게 대하고 싶어 하지 않는다. 그래서 (기껏 미봉책에 지나지 않을지라도) 그런 해결방법은 모든 이익단체에 동등하게 또는 비교적 인정받는다는 확신을 준다.

지식 분야의 종파초월주의는 교과과정에 치명적인 영향을 미친다. 학문을 가르쳐야 하지만, 사회학과 정보학은 말할 것도 없이 생물학, 물리학, 화학, 천문학, 지질학에 이르기까지 너무나 많은 학과목들이 있다. 예술을 가르쳐야 하는데, 예술 관련 이익단체들이 너무나 많기 때문에 시각예술과 극예술, 악기 연주, 성악, 전통발레에서 현대무용까지도 포함시켜야 한다. 또한 이러한 몇 가지 예술 형태들이 서로 다른 문화를 구현하는 것에 민감해야 한다.

미국에 만연한 또 다른 나름의 해결책은 공적 교육과정에 대해 입에 발린 말을 하고 표준화된 시험에 순응하지만, 그 후 교실 문을 닫은 채 자신들만의 방식으로 교육하는 것이다. 이 '독자적인 교육'이 의미가 있는 것은 어쨌든 훌륭한 선생님들이 많기 때문이다. 그러나 학급 간에 협동심이 부족하고 '교실 밖'에서 일어나는 문제에 책임감이 없다는 것은 안타까운 지점이다. 이러한 이유로 미국 학생들은 추수감사절이면 빠짐 없이 청교도에 대해 지나칠 정도로 과다하게 공부한다. 혹은 내가 최근에 목격한 사례도 있다. 매사추세츠 초등교육 과정에서 세계사와 미국사에서는 언급조차 없는 왐파노아그Wampanoag 인디언에 대해 동일한 내용을 계속 가르치고 있었던 것이다. 이러한 협동과 책임의 부재는 한 학교에서 다른 학교로 전학 간 학생들에게 그 두 시설의 강좌들 중겹치는 것이 없는 경우를 만들어내기도 한다.

'이해'를 위한 교육

◇▩◇

나는 학생들에게 주요 학문의 사고방식에 대한 이해를 심어주는 교육을 해야 한다고 생각한다.[4] 내가 선정한 학문은 과학, 수학, 예술, 역사다.* 학생들이 이러한 학문분야의 실질적인 주제에 대해 깊이 공부하는 것이 중요하다. 그러나 어떤 학문인지 혹은 주제인지는 중요하지 않다. 나는 학생들이 반드시 앞서 내가 말한 학과목들을 속속들이 공부해야 한다고 생각하지는 않는다. 수학에서 유클리드의 증명을 완벽히 체득하거나 모든 대수 공식과 삼각비 공식을 반드시 습득할 필요는 없다. 예술의 모든 형태를 공

---

* 수학은 고등학교까지 모든 교육과정의 일부가 되어야만 한다. 이 부분은 교육과정에 관한 일반적인 논의에 대한 것으로서, 앞에서 언급한 진화, 모차르트 음악과 홀로코스트에 대해서는 직접적으로 다루지 않는다.

부하거나 역사 사건을 다 알 필요도 없다.

그러나 학생들은 과학자, 기하학자, 예술가, 역사가 들이 어떻게 생각하고 행동하는지 알 수 있도록 자신의 능력껏 사례들을 충분하고 깊이 있게 탐구해야 한다. 각 학생들은 하나의 예술이나 과학 또는 역사적 시대를 탐구하는 것만으로도 이 목표를 성취할 수 있다. 이렇게 한 분야에 집중하도록 하는 목적은 학생들을 그 분야의 소전문가로 만들려는 것이 아니라 이와 같은 사고방식으로 세상을 잘 이해하게 하려는 것임을 강조하고 싶다. 나중에 이 학문을 좀 더 폭넓게 다루거나 그중 한 분야를 직업으로 선택하고 싶다면, 그렇게 하기 위한 시간과 도구를 찾을 수 있을 것이다.

하나의 학문에서 주목받기를 바라는 다양한 분야들은 말할 것도 없다. 수많은 학문을 이를 악물고 제쳐두는 것은 쉽지 않다. 이 때문에 전 세계의 교육자들은 지나치게 많은 분야를 교육과정에 포함시킨다. 독특하다고밖에 할 수 없는 주제를 깊이 있게 아는 것보다 모든 주제에 대해 적어도 5분 동안 설명할 수 있게 하는 문화이해 능력이 더욱 매력적인 것처럼 보인다. 그러나 학문적인 사고방식이 없다면, 문화에 대한 이해력은 인식론적인 기반을 잃은 채, 언제 어디서 어떻게든 사용되기를 기다리는, 뒤죽박죽된 개념과 사실로 전락하고 만다. ("학생 여러분, 홀로코스트는 이만하면 됐습니다. 이제 홀로그램으로 넘어가죠"라고 말하는 것과 같다.) 게다가 학문적인 구조 안에 결합되어 있지 않는 한, 사실 그 자체는 금방 잊히기 마련이다. 의심스럽다면 학생들에게 이미 공부했던 과목 중에서 사실적 내용에 대해 시험을 보게 한 뒤 얼마나 높은 성적을 받는지 보면 될 것이다. 혹은 엄청난 양의 개별적 사실과 개념들을 교육과정에 쑤셔넣기를 고집하는 정책입안자들에게 시험을 보게 하고 이들의 성적을 공개하는 극단적인 방법도 있다.

내가 대안으로 제시하는 교육의 비전은 확고하게 이해에 중점을 두는 교육이다. 개인은 개념, 기술, 이론 또는 지식의 영역을 낯선 상황에서도 충분히 적용할 수 있을 정도로 이해해야 한다. 기억력이 좋은 사람이 주제를 잘 이해할 수도 있다. 그러나 단지 정보를 기억만 할 뿐, 그것을 익숙하지 않은 상황에 적절하게 적용하지 못하게 된다. 이런 경우들을 체계적으로 정리하기 위해서는 학생들의 이해도를 엄밀하게 검사할 필요가 있다. 학생들에게 그들이 한 번도 접해보지 못한 소주제와 주제 또는 증명을 제시하고 그 현상을 어떻게 이해하는지 살펴보는 것이다. 적절하게 이해한 학생들은 적합한 개념을 이용하며, 주어진 쟁점과 관련 없는 내용을 사용하지 않을 것이다. 막 이해하기 시작한 사람들은 얼핏 보기에 그 주제에 적절한 개념을 사용하거나 그 현상을 설명하기 위해 어떤 정보나 자원을 이용해야 할지 제시할 수 있을 것이다. 반면에 거의 이해하지 못한 사람들은 당황할 것이고 주어진 주제와 피상적인 관계에 있거나 관계가 거의 없는 정보를 연상할 것이다.

레조 에밀리아 프로그램의 기반이 되는 이론적 근거를 이해하고 있는 사람이 있다고 가정하자. 그가 만약 '레조에 영감을 받은' 8~10세 대상의 새로운 학교를 방문한다면, 그는 학생들의 과제가 서로 일관되고 한결같은지, 그것이 학생들이 조사한 현상에 대한 이해를 높이는지, 그러한 활동을 기록한 것이 정확하고 도움이 되

6장 이해를 위한 교육

느지 평가할 수 있을 것이다. 학교가 기록과정에서 프로젝트의 마지막 후반부에 학생들을 참여시킨다면, 그런 혁신은 레조 접근법을 연령대가 더 높은 아이들에게 적용하는 올바른 방법이 될 것이다.

반대로 이 프로그램을 부분적으로 이해했거나 잘못 이해한 사람은 자신이 원하는 특성들의 목록을 뽑아 단순히 그중 몇 개가 새로운 현장에 적용되는지 세어볼 것이다. 이 경우 아마도 학생들을 본격적인 기록자로 참여시키는 것은 부적절할 것이며, 그로 인해 학교가 더 낮은 '등급'을 받게 될지도 모른다. 그리고 이 프로그램을 전혀 이해하지 못한 사람은 아예 두 손 들고 단념하거나, 새로운 학교가 레조 학교에서 했던 것과 똑같은 방식으로 무지개 과제를 실행했는지의 여부를 확인할 것이다.

물론 피닉스 대학이 특정한 실용적인 학문을 체득시키는 데는 성공할 수도 있다는 것에 유념할 필요가 있다. 그러나 거기에는 더 넓은 범위의 삶의 주제라든지, 실제로 세계가 왜 지금과 같은 모습을 하고 있는지, 인생을 어떻게 살아야 하는지와 같은 주제에 대한 관심이나 이해가 부족하다.

'이해'의 어려움

◇ ▩ ◈

'이해'라는 것이 쉽다면 얼마나 좋을까! 나는 방대한 양의 연구 기록을 조사하여 전반적으로, 심지어 가장 명문학교의 가장 우수한 학생들마저 교육과정의 수많은 내용을 이해하지 못한다는 사실을 《교육받지 않은 마음^{The Unschooled Mind}》에 기록해놓았다.[5] '결정적 증거'는 MIT와 존스홉킨스 같은 명문대에 재학하는 물리학과 학생들에게서 발견되었다. 이 학생들은 연습문제를 풀 때나 기말시험에서 확실한 성과를 나타낸다. 그러나 강의실 밖에서 비교적 쉬운 현상, 즉 공중에 던진 동전에 작용하는 힘이나 굽은 튜브를 통과한 탁구공의 동선과 같은 것들을 설명해달라고 할 때는 어떨까? 상당수의 학생들이(때로는 반 이상의 학생들이) 이 질문에 적절하게 대답하지 못하며, 더욱 심한 경우에는 한 번도 역학을 공부해보지 못한 동료 학생들이나 어린아이들이 내놓을 법한 답을 내놓는다. 학교를 다년간 다니며 교육을 받았음에도 이 대학생들의 '마음'은 근본적으로 학교교육을 제대로 받았다고 할 수 없다.

이러한 문제가 물리학과에만 국한된 것이라고 생각할 수 있다.[6] 그러나 안타깝게도 그렇지 않다. 비슷한 문제가 학문분야 전체에 걸쳐서 나타난다. 진화론을 공부한 학생들은 여전히 이 과정이 보이지 않는 손에 의해 일어났다고 생각한다. 사실 진화는 무작위적인 유전적 돌연변이 중 다음 세대에 전달될 만큼 오래 살아남은 소수에 의해 일어났는데도 말이다. 천문학을 공부한 학생들은 지구가 겨울보다 여름에 더 따뜻한 이유는 여름에 태양과 더 가까워지기 때문이라고 주장한다. 물론 만약 이것이 진실이라면 호주나 아르헨티나 같은 남반구 지역들도 7월에 더 따뜻해질 것이다.

교육과정의 다른 부분을 살펴봐도 비슷한 한계들이 드러난다. 학생들은 수학에서 '엄격하게 적용된 알고리즘'으로 풀 수 있는 문제를 만나게 된다. 그러면 공식을 외워 적절한 수를 대입한다.

6장 이해를 위한 교육

그러나 특정 공식에 대입하라고 유도해주지 않는다면 문제를 해결하지 못한다. 그리고 공식을 잊어버렸을 때는 그 공식을 맨 처음부터 이끌어낼 가능성은 거의 없다. 제대로 이해한 적이 없기 때문이다. 공식은 그저 기억에 연결된 구문론적 끈일 뿐이다.

마지막으로, 역사, 문학, 예술과 같은 전통적인 인문학 교육과정에서 학생들은 주어진 대본 또는 전형성에 의존한다. 모든 인간은 자신의 경험을 정제精製하여 전형적인 규칙성을 찾아낸다. 대부분의 청소년들은 생일잔치에 초대받았을 때, 패스트푸드점이나 쇼핑몰을 방문할 때 필요한 모범답안을 가지고 있다. 이 답안을 통해 우리는 나이와 상관없이 새로운 사건을 이미 친숙한 패턴을 참조하여 해석하고 기억한다. 새로운 사건의 중요한 세부사항이 내재화된 대본에 따라 진행된다면, 이런 방침은 적절하다. 그러나 모든 사건이 친숙한 형태로만 나타나리라고 기대할 수는 없다.

예를 들어보자. 대부분의 다섯 살배기는 일종의 〈스타워즈〉 같은 대본을 가지고 있다. 인생은 선과 악의 싸움으로 이루어지고, 대부분의 경우 선이 승리한다. 수많은 영화와 텔레비전 프로그램 그리고 실제 인생의 몇몇 사건은 이러한 대본으로 적절하게 설명될 수 있다. 그러나 대부분의 역사적 사실과 문학 작품들은 훨씬 복잡하다. 제1차 세계대전이나 남북전쟁의 원인이라든지 너새니얼 호손Nathaniel Hawthorne이나 제인 오스틴Jane Austen이 쓴 소설의 요점을 이해하기 위해서는 여러 변수와 미묘한 차이들을 저울질하고 종합해야 한다. 학생들은 수업시간에 이러한 역사적·문학적 사건들을 더 복잡하게 설명하는 방식을 배운다. 그러나 새롭고 낯선 자료, 예를 들어 다른 문화권에서 온 이야기나 세계의 낯선 지역에서 일어나는 전쟁에 맞닥뜨리게 될 때는 가장 똑똑한 학생들마저 초보적인 사고방식에 빠진다. 분명히 부적절한데도 학생들은 자주 이러한 상황에서 〈스타워즈〉의 '선과 악'이라는 대본을 상기해내는 것이다.

'이해'를 방해하는 것들

이해를 방해하는 주요 장애물은 아이들이 어릴 적에 형성하는 이론들로부터 발생한다. 아이들은 멈춰 있는 물체, 움직이는 물체, 자신의 마음 또는 다른 사람들의 마음에 대한 이론이나 개념을 형성하는 데 공식적인 가르침을 필요로 하지 않는다. 대부분 이러한 이론들은 경험에 몰입하면서 상당히 자연스럽게, 겉으로 보기에는 저절로 형성된다.

내가 예전에 언급한 대로 여기에는 심각한 문제가 있다. 아이들이 형성한 이론들 중 일부는 매우 심각한 오해를 일으킨다. 이처럼 오개념이 포함된 자기만의 이론들은 생애 시작 무렵 아이의 마음과 뇌에 새겨진 강력한 각인과도 같다. 학교에서 배운 사실들이 이러한 각인을 무색하게 하는 것처럼 보이기도 한다. 사실 아이의 숫자, 사실, 개념에 대한 숙달 정도만 측정한다면, 사람들은 아이가 배운 정보의 양에 감동할 것이다. 그러나 이 모든 과정에서 초기에 잘못 각인된 내용은 대부분 별다른 영향을 받지 않은 채 남

6장 이해를 위한 교육

아 있다. 그리고 슬픈 일이 일어난다. 정규교육이 끝난 뒤 사실들은 점점 잊혀지지만, 그때 형성된 오개념들, 잘못 각인된 내용은 변하지 않고 유지된다.

생물학과 관련된 예를 들자면 진화가 필연적으로 호모 사피엔스 사피엔스(현생 인류)라는 탁월한 성과로 이어질 수밖에 없는 목적론적 과정이라는 잘못된 믿음은 한 세대에서 후천적으로 획득된 형질이 다음 세대로 전해진다는 라마르크Lamarck적 신념처럼 오랜 시간 없어지지 않게 되는 것이다. 역사학에서도 수많은 반증이 있었지만 많은 학생들은 계속 마니교식 이원론적인 힘이 인생의 핵심을 이룬다고 믿으며 세상이 선과 악으로 나누어져 있다고 생각한다. 그들은 또한 현재주의(모든 시대가 우리가 살고 있는 현대와 다름없다는 관념)와 영원주의(한 세대 전의 사건을 지난 세기 또는 지난 천년기의 사건과 구별할 수 없다는 관념)라는 상반되는 오류로 고통받고 있다. 이러한 이유 때문에 학생들은 홀로코스트가 그들의 아버지 또는 할아버지 시대에 일어났다는 사실, 자신과 별반 다를 것 없는, 부분적으로는 흠이 있고 뜻밖에도 동정심이 얼마간 있는 사람들이 홀로코스트를 자행했다는 사실, 이와 같은 대량학살 시도가 오늘날까지도 보스니아나 르완다에서 이어지고 있다는 사실을 깨닫지 못한다. 홀로코스트의 중요한 면을 올바르게 인식하지 못하는 것이다.

교사들은 자신도 모르는 사이에 아이들에게 초기에 형성된 부적절한 표상과 오개념이 지속되는 데 가담하게 된다. 학생들이 새로운 방식으로 정보를 사용하도록 장려하지 않고 단순히 교재와 수업내용을 암기했는지를 평가하는 필기시험 환경, 학생들로 하여금 스스로 선택지를 만들고 그중에서 선택하게 하지 않고 단순한 보기를 제시해주는 단답형 시험, 그리고 학생들을 학업에 과도하게 밀어붙이지 말자는 동의가 만연하는 불편한 분위기 같은 것이 문제다. 특히 그중에서 오랫동안 이어진 무엇보다도 나쁜 관습은 '진도'다. 무슨 일이 있어도 어떠한 책을 끝내겠다고 결심하는 한, 학생들은 그 과목을 진정으로 이해하려고 하지 않을 것이다.

이러한 상황은 제한된 수의 주제를 깊이 있게 탐구하는 교육과정을 지지하는 강력한 근거가 된다. 의미 있는 주제를 풍부하고 면밀하고 다양하게 조사해야만 이전의 오개념이 부적합하다는 것을 명확히 알 수 있으며, 체계적 사고를 할 수 있는 사람들의 도움 속에 이러한 주제들을 더욱 심화하여 탐구할 때 당연히 더 정교한 이해가 가능하기 때문이다. 우선 생애 초기에 새겨진 오개념을 잘 분별해낼 수 있어야 한다. 그러고 나서 분별 있는 교육을 통해 새롭고 더 적합한 개념들을 각인시켜야 한다.

이해를 방해하는 장애물을 살펴보면 교육이 왜 (내가 이미 주장했듯이) 인지적 요소와 문화적 요소를 모두 고려해야 하는지를 알 수 있다. 초기에 형성된 오개념이 얼마나 강력한지 이해하기 위해서는 심리학자와 생물학자의 시각에서 살펴봐야 한다. 다시 말하면 그러한 오개념이 어떻게 생애 초기에 생겨나며 왜 적극적인 개입 없이는 변화시키기가 그토록 어려운지 이해해야 한다. 동시에 시험과 교재 그리고 교사와 학생 사이의 인습적이며 피상적인 교류 같은 특정한 문화적 개입이 그러한 오개념을 얼마나 공고히 하는지 알아야 한다.

풍부한 이해로 나아가기 위해서는 인지적 관점과 문화적 관점을 모두 받아들여야 한다. 이를 위해서는 내재된 표상 중 수정되어야 할 것이 무엇인지 구별해내고 더 깊은 이해로 나아가지 못하게 하는 장애물을 간과하기보다 그에 맞서는 문화적 실천방법을 구성해야 한다. 또한 '인지적 교정수술'이 효과적이었는지 판단할 수 있는 척도를 고안해내야 한다.

학문적인 사고방식이 중요하다

◇▓◇

순진한 학생들 혹은 정보는 잔뜩 받아들였지만 여전히 무지한 성인들과는 다르게, 전문가들은 자신의 전문분야에 대해 실제로 남다르게 생각한다. 이들은 전문지식을 효과적으로 각인했다. 전문지식은 일반적으로 하나의 영역, 분야, 기술에 들인 다년간의 지속적인 노력을 통해서나 전통적인 도제제도 덕에 형성된다. 일부 훈련은 경험이 부족한 사람들에게 흥미롭게 보일 수는 있지만, 사실 어떤 분야나 기능을 잘 실행하는 데 불리한 습관이나 개념을 제거하기 위한 것이다. 훈련의 나머지 부분은 그 분야의 최신 사고나 실천이 반영된 습관 및 개념을 형성하기 위한 것이다.

예를 들어 상관관계가 인과관계를 의미하지 않는다는 것은 매우 중요한 과학적 사고다. 상식적으로 인과관계처럼 보이더라도 두 가지 사건이 같이 일어난다고 해서 한 사건이 다른 사건의 원인이 되는 것은 아니다. 일례로 장기간 흡연을 해온 사람들이 폐암에 걸릴 확률이 더 높다는 것을 알게 되면 사람들은 흡연이 폐암의 원인이라고 가정하려는(맞을 확률이 있지만) 유혹에 빠진다.

그러나 영양섭취가 부족한 사람들에게 폐암에 걸릴 확률이 높게 나타난다면 영양결핍이 암을 유발하는 것일 수도 있다. 그러나 이 연결고리는 직관적으로 덜 그럴듯하기 때문에 다른 변수가 개입됐을 가능성을 고려하게 된다. 흡연자들이 비흡연자들보다 교육수준이 낮고, 교육수준이 낮은 사람들은 가난할 확률이 더 높으며, 가난한 사람들은 균형 잡힌 식사를 하거나 좋은 의료혜택을 받을 확률이 더 낮을 수도 있다. 그렇다면 영양결핍은 암의 주된 원인이라기보다 가난과 상관관계에 있다고 보는 것이 더욱 합당하다.

다른 연쇄작용이 일어났을 가능성도 있다. 암과 흡연 모두 그 근본적인 원인이 스트레스일 수 있다. 스트레스를 많이 받는 사람들이 담배를 피울 확률도 높고, 암에 걸릴 확률도 높은 것 같다. 실제로 스트레스는 흡연 가능성을 높이고 금연할 가능성을 낮춘다. 요약하면 이 두 가지 요인이 모두 암에 걸릴 확률을 높일 수 있다. 이제 암 발병의 주된 요인일 수도 있는 변수, 즉 적어도 없애는 것이 암의 발병률을 상당히 줄일 수도 있는 변수를 확인했을 것이다.

또 모든 알파벳 중 앞의 반에 해당하는 글자(A~M)로 시작하는 이름을 가진 사람들이 뒤의 반에 해당하는 글자(N~Z)로 시작하는 이름을 가진 사람보다 암에 걸릴 확률이 더 높을지도 모른다. 여기에는 가벼운 인과관계가 있을 수도 있지만, 우연의 일치로만 보는 것이 더 설득력이 있다.

내가 말하고자 하는 것은 폐암이나 다른 암들의 원인을 밝히는 것이 아니라, 과학적인 계획의 핵심에는 체계적이고 비판적인 사고방식이 있음을 설명하려는 것이다. 물론 표면적으로 "흡연은 암을 유발한다"와 "어떤 사람의 이름에서 성의 철자는 암을 유발한다"의 논리는 같다. 그러나 우리는 상식적으로 두 번째 가설보다 첫 번째 가설을 지지하게 된다. 그러나 과학자처럼 사고하는 법을 배운 사람은 둘 중 어떠한 명제도 그것만으로는 입증될 수 없다는 것을 안다. 이 가설적인 인과관계의 고리들이 하나라도 타당한지 혹은 전혀 타당하지 않은지를 과학적으로 밝히려면 적절한 통제집단 안에서 연구가 진행되어야 한다.

나는 십여 개에 달하는 과학분야에서 선정한 백여 가지 서로 다른 사례를 훑는 것보다 한 분야, 예를 들면 암의 발병원인이나 가난 혹은 스트레스를 깊게 탐구함으로써 과학자처럼 생각하는 법을 배우게 되리라고 생각한다.

반대로 역사학적 사고를 좀먹는 함정을 살펴보자. 예를 들어 성서에 나오는 솔로몬 왕에 대해 새로운 정보가 담겨 있다고 일컬어지는 문서가 발견되었다고 가정해보자. 역사학적 사고를 배우지 않은 사람은 그 문서가 사실이고 그것이 우리와 아주 유사한 인간을 묘사하고 있다고 생각할 수 있다. 교육받지 않은 또 다른 사람은 반대로 그 시대의 문서는 거의 남아 있지 않기 때문에 그것은 가짜이며, 솔로몬 왕은 세계적으로 유명하면서도 먼 옛날 사람이라서 우리 인간과는 완전히 다른 종을 의미한다고 생각할 수 있다.

물론 이 두 가정은 모두 이치에 맞지 않으며, 역사학적 지식이 있는 사람은 이에 대해 완전히 다른 방식으로 생각할 것이다. 먼저 그 문서가 발견된 조건을 알아내려고 할 것이고, 그것이 얼마나 오래된 것인지 확인하기 위해 탄소동위원소법을 통해 그것이 쓰인 연대를 추정하거나, 인문학적 성향이 더 강한 사람이라면 언어적 분석으로 그 연대를 추정할 것이다. 그 문서가 진짜라는 증거를 찾으면 솔로몬 왕의 모습이 히브리인 지도자의 역사적·현대적 개념과 들어맞는지 아니면 모순되는지를 확인할 것이다. 이를 위해 그 시대의 다른 문서들과 후대의 해설을 다시 검토하는 작업을 할 것이다. 마침내 그는 솔로몬 왕이 한때 실존했던 인물이지만 많은 측면에서 우리의 문명과는 사뭇 다른 문명을 대표한다는 점을 알게 될 것이다. 그리고 현재주의("모든 사람은 우리와 같아")나 이국주의exoticism("내 할아버지 이전 세대의 사람들은 모두 다른 행성에서 온 외계인만큼이나 멀어")에 괘념치 않고 솔로몬 왕의 새로운 특징을 규명하게 될 것이다.

다시 말하지만 그러한 마음속 습관들은 쉽게 형성되거나 35주 동안 숨 가쁘게 플라톤부터 NATO까지, 클레오파트라부터 클린턴까지 공부한다고 형성되는 것이 아니다. 여기서 중요한 것은 생각하는 방법이다. 역사학자들이 어떻게 작업하는지에 대한 개념이 잡혀 있는 학생만이 베트남전쟁의 원인이나 마틴 루서 킹의 인성에 대한 다양한 주장에 의미를 부여할 수 있을 것이다. 과학자들이 어떻게 일을 진행하는지 이해하는 학생들만이 에이즈의 원인, 출산율을 높이거나 탈모와 골다공증을 예방하기 위해 특정 호르몬을 투약하는 것의 타당성을 효과적으로 검토할 수 있다.

이제 '사실에 기초한' 접근법이 앞으로 더욱더 의미가 없어지는 이유가 명백해질 것이다. 단련된 마음은 단순히 사실을 체득하는 것으로 얻을 수 없다. 사례의 세부사항에 깊이 몰입하고 그럼으로써 학문적 마음의 근육을 단련해야 한다. 더욱이 앞으로는 필요한 사실이나 정의, 목록과 세부사항들은 그야말로 손만 까딱하면 얻을 수 있게 될 것이다. 초소형 컴퓨터에 간단한 명령어를 입력하거나 심지어 단순히 "에스토니아의 수도는 어디입니까?"라든지 "에콰도르는 어디에 위치하고 있습니까?"라고 소리치기만 하면 누구나 정보를 얻을 수 있게 될 것이다. 단순한 암기는 시대에 뒤떨어진 방법이 될 것이다. 학생들에게 최신 버전의 엔카르타Encarta(마이크로소프트사의 전자 백과사전)를 사용하는 법을 알려주는 것만으로도 족할 것이다. 교육이라는 기술은 점차적으로 학생들이 주요 학문분야의 흐름과 이에 대한 통찰력을 습득하게 도와주는 것과 깊이 관련을 갖게 될 것이다.

'이해'를 위한 네 가지 방법

◇ ✵ ◈

안타깝게도 이해로 나아가는 왕도는 없다. 하지만 긍정적으로 보자면, 이해를 향상시킬 최선의 방법에 대한 단서는 많다. 하버드 프로젝트 제로*에서 나와 동료들이 유망하다고 생각했던 네 가지 방법을 소개하겠다.

1. **의미 있는 제도에서 배우기** 도제제도 같은 고대의 몇몇 제도에서 '가르치는 것'에 관한 단서를 찾을 수 있다. 도제제도에서 초보자는 스승과 매우 많은 시간을 보낸다. 스승은 초보자가 새로운 문제에 부딪힐 때 그들의 현재 기술과 이해의 수준에서 (분쟁을 조절하고) 문제를 해결하도록 이끈다. 그 덕분에 이 미래의 장인은 자신에게 유익한 이해의 사례들을 많이 접하게 되고, 막 배우기 시작한 이해를 표현할 기회를 얻으며 적절한 피드백을 받을 수 있다.

새로운 제도에서도 단서를 찾을 수 있다. 내가 가장 좋아하는 사례는 아이들이 자기에게 알맞은 속도로 전시물을 탐색하도록 격려하는 과학박물관과 그 밖의 다른 체험 박물관들이다. 물론 이러한 기회가 이해를 저절로 이끌어내지는 않는다. 효과적인 박물관 전시회는 아이들이 직접 자신의 이론을 실험해보며 어떤 것이 작동하고 어떤 것이 작동하지 않는지 확인하도록 북돋아 준다. 예를 들어 학생들은 다양한 종류의 대롱을 이용해 공을 쏘아보고 그 공들이 어떻게 그리고 어디로 떨어질지 예상할 수 있다. 공의 움직임을 지켜보기 쉽도록 공에서 반짝이는 불빛이 나오게 할 수도 있다. 전시회에 모의실험이나 가상현실을 추가하여 공의 경로를 관찰하고, 예상대로 되는지 확인하며, 때로는 새로운 데이터에 비추어 자신의 이론(그리고 그 기초가 되는 자신의 인지적 '각인' 내용)을 수정할 수도 있다.

---

* 하버드 대학에서 진행된 연구 프로젝트로, 이 프로젝트의 결과물을 정리한 것이 다중지능 이론이다.

직접 실험해보는 이러한 경험 덕택에 그 당시 아이들이 가진 사고에서 부족한 측면이 명확해진다. 그리고 열의 있는 대화와 올바른 지도를 통해 독창적이고 사색적인 아이가 더 적절한 가설을 세울 수 있게 된다. 이렇게 새롭게 각인된 내용은 다시 새로운 관찰을 통해 검토되고 수정될 수 있다.

2. 잘못된 개념과 직접 대면하기 한 발짝 더 나아가면 학생들이 현재 가지고 있는 개념이 어떤 면에서 부적절한지를 정면으로 대면하게 할 수 있다. 스웨터 자체에서 열이 나오기 때문에 스웨터를 입으면 따뜻하다고 믿는 아이가 있다고 가정해보자. 아이가 이러한 생각을 한다면 부모나 교사는 아이에게 매일 저녁 스웨터를 밖에 두어보라고 할 수 있다. 만약 스웨터 자체가 열을 낸다면 다음 날 아침에도 따뜻해야 할 것이다. 아니면 적어도 곁에 있는 돌이나 다른 옷보다 따뜻해야 한다. 그러나 온도계로 스웨터의 온도를 쟀을 때 온도가 주위 물건과 같다고 증명되면 스웨터 자체가 열을 낸다는 아이의 이론은 도전을 받는 것이다.

수학을 공부하는 많은 학생들이 이용하는 엄격한 알고리즘과 관련해서는, 학생들이 공식을 개발한 수학자처럼 생각해야 하는 상황을 만들어 스스로 적절한 공식을 도출할 수 있는지 확인하면 된다. 예를 들어 탈것을 이용하여 일정 거리를 왕복하는 데 얼마나 걸리는지를 생각해보자. 학생들에게 온갖 종류의 탈것과 초시계, 다양한 경로와 장애물이 있는 공간을 준비해준다. 그 후 다양한 탈것들이 일정 거리를 얼마나 빠르게 이동할지 예상하게 하고,

특정 탈것의 속도를 더 빠르게 하려면 어떻게 해야 할지를 물어볼 수 있다.

많은 학생들은 이러한 활동에 참여함으로써 차량의 크기, 모양, 색깔, 장애물, 공간의 규모처럼 속도와 무관한 변수뿐만 아니라 탈것의 평균속도(속력) 등 관련된 변수를 발견할 것이다. 일부는 '이동거리＝속력×시간'이라는 교실의 학습자료와 비슷한 공식에 접근할 수 있을 것이다. 그리고 스스로 이런 공식에 도달하지 못한 아이들도 적어도 처음 접했을 때보다는 이해도가 높아질 것이다. 그들은 이제 주어진 문제와 관련이 있거나 무관한 변수들을 다루는 데 상당한 경험을 쌓은 것이다.

마지막으로, 학생들이 가진 대본과 고정관념을 적절하게 해결하는 방법은 정기적으로 다양한 관점을 가정해보는 것이다. 대본과 고정관념은 특정한 순간을 반영한다. 그러나 학생들이 어떠한 상황이나 사건을 여러 다양한 관점에서 바라보는 경험을 상당 정도 축적한다면, 단순하고 1차원적인 해석을 쉽게 받아들이지 않게 될 것이다. 그러므로 학생들이 미국독립전쟁을 공부할 때 그 투쟁을 다양한 시각으로 배운다면, 즉 저항하는 식민지에 대처해야 했던 영국의 관점, 식민지 자체에는 관심이 없지만 라이벌인 영국을 방해하려 했던 프랑스의 입장, 모국에 충성하고자 했던 식민지 왕당파들의 우월적인 위치를 이해한다면 미국독립전쟁을 더욱 풍부하게 이해할 수 있게 될 것이다.[7]

교육심리학자 로런 레스닉Lauren Resnick이 지적한 대로 틀렸다는 것을 확인시켜준다고 해서 항상 잘못된 개념이 해체되고 이해도가 높아지는 것은 아니다. 오개념이 아주 강력하게 형성돼 있다면 때로는 반대되는 증거에 민감하지 않을 수 있다. 마치 과학적 증거나 그들의 예언이 틀렸음을 들어 종교근본주의자들을 반박할 수 없듯이 말이다. 그러나 대부분의 사람들은 그런 굳건한 믿음에 대한 도전을 받으면 적어도 그것에 주목을 하게 된다. 그리고 그러한 믿음을 지키려는 노력이나 더 나은 신념을 발견하려는 노력은 더 향상된 이해로 나아가는 훌륭한 통로가 되어줄 것이다.[8]

3. 이해를 촉진하는 마음의 틀　나는 하버드 대학 동료인 데이비드 퍼킨스[David Perkins], 비토 페론[Vito Perrone], 리베카 사이먼스[Rebecca Simons], 스톤 위스크[Stone Wiske]와 함께 이해를 가장 중점에 두는 접근법을 개발했다. 이 접근법의 중심이 되는 생각은 이해란 개인이 알고 있는 것과 할 수 있는 것이 무엇인지를 공개적으로 보여주고 실행하는 것임을 인식해야 한다는 것이다. 학생들은 처음부터 이해의 사례를 접하고, 자신이 이해한 것을 연습하고 수행할 기회를 충분히 가져야 한다. 물론 학생들이 자신의 지식을 새로운 방법으로 적용해볼 복합적인 기회가 있어야만 학교수업에서뿐만 아니라 학교 밖의 삶에서도 향상된 이해에 도달하게 될 것이다.

우리는 흔히 '이해'를 정신적 표상에서 일어나는, 양쪽 귀 사이의 내적 사건이라고 생각하기 때문에, '이해를 실행'한다고 이야기하는 것은 일종의 모순이라고 생각할 수도 있다. 가르침과 배움이 성공적이면 부적절한 표상은 도전을 받고 더 적절한 표상이 구성되는데, 이 대부분의 과정이 양쪽 귀 사이에서 일어난다는 것은 의심할 여지가 없다. 그러나 이때 이해의 실행에 중점을 두는 것은 유익한 일이 될 것이다.

예술과 운동경기에서 도움이 될 만한 비유를 찾을 수 있다. 어린 예능계 학생, 음악가 또는 운동선수의 숙련도를 토요일 아침 시험장에서 표준화된 필기시험이나 전산화된 시험으로 평가한다면 사람들은 당연히 비웃을 것이다. 대신 이런 영역에서 전형적으로 일어나는 일들을 보면 분명해진다. 훈련을 시작할 때부터 아이들은 자신들보다 더 능숙한, 대체로 나이가 많은 사람들이 그들에게 요구되는 행동과 이해를 수행해내는 것을 관찰한다. 새로운 곡을 연주하고, 춤의 스텝을 연습하고, 힘세고 약삭빠른 상대와 시합이나 연습경기를 한다. 아이들은 어떠한 동작을 익혀야 하는지 관찰하고, 그 동작을 시도하고, 개선된 점을 검토하고, 동료들과 비교해보고, 시기적절한 교습으로 도움을 받을 수 있다.

'이해'를 목적으로 하는 수업이나 학교에서 이와 비슷한 분위기가 조성된다. 초보자들은 더 나이 많은 학생들과 교사들이 궁극적으로 자신이 해야 할 일들, 즉 에세이를 쓰고, 구두 발표를 하고, 서로 토론하고, 과학현상을 설명하고, 실험을 하고, 예술 작품을 창작 혹은 비평하는 것을 보게 된다. 그들은 어떤 종류의 수행이 높이 평가받는지, 그 이유는 무엇인지, 어떤 기준이 적용되는지, 왜 그런지, 어떤 수행을 해야 더 좋은 성과가 나오고 다른 것은 왜 그런 성과를 내지 못하는지 등 이해력의 진전에 수반되는 인지적·사회적 결과를 보게 된다. 학생들은 자신이 관찰한 몇 가지 모델에 따라 규정된 몇 가지 수행을 하게 되지만, 거기서 한발 더 나

6장 이해를 위한 교육

아가야 한다. 교육에서는 '분위기가 가장 중요'하다. 이해를 실천하는 것이 제도적으로 정해진 일종의 법정화폐가 되는 환경에서 학생들이 길러진다.

이해에 대한 우리의 연구는 단순히 비전을 제시하기 위한 것은 아니다. 그것은 독특한 교육학적 접근법으로서, 모든 교육과정에 두루 적용할 수 있으며 다른 연령대의 다른 학습법을 가진 학생들에게도 사용할 수 있다. 이해에 대한 이 접근법은 담쟁이덩굴로 덮인 사무실에 앉아 있는 교수집단이 생각해낸 것이 아니다. 이는 뉴잉글랜드에서 수십 명의 교사가 참여한 다년간의 공동 프로젝트로부터 나왔다. 그 기간 동안 미국 전역과 라틴아메리카에 있는 많은 학교가 이와 같은 것들을 시도하려고 노력했다.

우리의 이러한 접근법에서 가장 먼저 나오는 것은 '이해의 목표'에 대한 서술이다. 이것은 개인이 한 단원의 수업에서 달성하고자 하는 이해에 대한 간략한 설명이다. '이해의 목표'가 너무 많아서는 안 된다. 몇 가지만으로도 충분하다. 이 책에서 상세하게 다루고 있는 사례를 활용하여 예를 들어보자.

- 생물 수업에서 이해의 목표는 다음과 같다. "학생은 진화의 힘이 어떻게 개인, 집단, 종 전체에 영향을 미치는가를 이해한다."
- 음악 수업에서 이해의 목표는 다음과 같다. "학생들은 모차르트와 그의 오페라 극본 작가 다 폰테Da Ponte가 어떻게 함께 그 시대의 사회적 갈등을 포착한 강렬하고 아름다운 작품을 창작했는지 이해한다."

• 근대사 수업에서 이해의 목표는 다음과 같다. "학생들은 홀로코스트와 금세기에 자행된 인종학살 간의 유사점·차이점을 이해한다."

다른 학문의 경우라면, 사는 것의 의미가 무엇인지, 미국 역사에서 남북전쟁이 어떤 역할을 했는지, 키츠의 시에서 철학적 주제를 어떻게 발견할지, 왜 음수가 우리에게 필요하며 그것은 양수와 어떻게 다른지 등이 될 것이다.

두 번째로, '생성력 있는 주제' 또는 '본질적인 질문'을 확인한다. 이것은 주요한 기준 두 가지를 충족시키는 초기 수업 또는 자극이다. 우선적으로 이것은 그 주제의 중심이어야 하며 이해의 목표를 명시하고 있어야 한다. 학교생활은 짧고, 지엽적인 수업내용이나 사례를 다루기에는 시간이 부족하다. 그다음으로는 생성력 있는 주제에 학생들을 참여시켜야 한다. 그 주제나 질문이 적절하지 않거나 흥미를 일으키기 어려운 것으로 판명되면, 또 다른 시작점을 찾아야 한다. 물론 교사가 뛰어날수록 그리고 학생들을 신뢰할수록, 거의 모든 주제나 질문이 반 학생들 대부분의 호기심을 유발하고 유지할 가능성이 크다.

우리가 정한 세 가지 탐구 영역에서는 생성력 있는 다양한 주제들을 만들 수 있다. 생물 수업에서 학생들은 열대우림에 왜 그렇게 다양한 종이 사는지 물을 수 있다. 예술 수업에서는 세 사람이 각각 다른 소절을 외국어로 노래하는 장면을 학생들에게 보여주면서, 어떤 일이 일어나고 있는지 설명해보라고 할 수 있다. 역사 수업에서는 왜 가장 문명화되었다고 여겨지는 국가의 지도자가

한 민족 전체를 말살하려고 했는지 깊이 고찰하게 할 수 있다.

세 번째로, 가장 근본적인 것은 '이해의 실행'을 확인하고 널리 알리는 것이다. 분명히 해야 할 점은 학생들 스스로 무엇을 해야 하는지 알아야 한다는 것이다. 즉 학생들이 자신에게 요구되는 이해의 실행방법에 익숙해져야 하고, 자신이 실행한 것에 대한 판단 기준을 인식해야 한다는 것이다. 학생들에게 수수께끼 같은(정답을 숨겨놓은) 시험을 보게 하는 것이 아니라 처음부터 다양한 역량을 반영하는 실행을 하도록 해야 한다. 또 반드시 연습할 기회를 충분히 갖고 유익한 피드백을 받을 수 있어야 한다. 그리고 최종 성과물은 걱정하거나 부끄러워할 일이 아니라 자긍심을 주는 것이어야 한다.

앞서 언급한 사례들에 비추어보면 '이해의 실행'은 지역 생태계에 급격한 변화가 일어나면 종에 어떠한 영향을 미칠지 예상하는 것, 현대 미국사회의 세대 차를 포착하는 내용이 담긴 노래를 작곡하는 것, 현재 일어나고 있는 두 종족 간의 격렬한 투쟁과 홀로코스트의 유사점과 차이점을 분석하는 것 등이 포함될 것이다.

'이해 접근법'의 네 번째이자 마지막 요소는 지속적인 평가다. 대부분의 학교에서 이루어지는 평가는 결국 단원 마지막에 치러지는 단일한 시험이며, 그때까지는 비밀로 유지된다. 학생들은 자신이 수행할 세부항목을 모르거나 신경도 쓰지 않는 경우가 많다. 그저 자신의 최종 성적을 알고 싶어 할 뿐이다. 이와 대조적으로 이해를 강조하는 분위기에서는 학생들이 교사와 다른 사람들에게서 자신의 수행의 질에 대해 지속적으로 피드백을 받고 어떻게 향상시킬지를 구체적으로 조언받는다. 평가기준이 공개되어 있고 학생들은 그에 대해 의논하거나 이의를 제기할 수 있다. 그들은 자신의 수행에 대해 생각하고 연습하고 도움받을 시간을 가질 수 있다.

시간이 지나면서 학생들의 이해가 최상의 상태에 이르면 평가는 더 이상 다른 사람들에 의해 이루어지지 않는다. 오히려 학생들이 노련한 교사나 전문가처럼 차츰 내적 평가기준을 가지게 되며, 자신이 목표로 하는 이상적인 상태와 비교하여 혹은 자신보다 능숙하거나 미숙한 동료들의 수행과 비교하여 자신들의 수행을 평가할 수 있게 된다. 덧붙여 말하자면 이것이 최종적인 수행이 즐거운 이벤트가 되어야 하는 이유다. 만약 학생들이 연습을 많이 한 예술가나 운동선수들처럼 잘 이해하게 된다면, 이러한 공개적인 전시는 '몰입'의 상태를 끌어낼 것이다.

우리의 접근법이 언뜻 보아서는 행동주의적으로 보일 수 있다. 초점이 주로 학생들의 행동의 질에 있기 때문이다. 전통적인 행동주의적 용어에 따르자면, 친숙하지 않은 자료를 주고 이해했는지를 검사하는 것은 한 기술이 얼마나 잘 '전이transfer'되었는지를 측정하는 것처럼 보일 것이다.

그러나 '이해 접근법'은 모든 평가가 궁극적으로 행동을 검사한다는 점에서만 행동주의적이다. 우리가 인지적 표상을 직접적으로 테스트할 수 없기 때문이다. 가까이에서 보면 이 접근법은 그것이 지닌 인지주의적 가정과 인지주의적 관련성을 속속들이 보여준다. 우선 나와 내 동료들은 초기의 정신적 표상이 강력한 것이고 오도^{誤導}된 것임을 발견한 데 자극받아 '이해'를 정확히 다루기 위해 노력했다. 전면적으로 압박하는 것만이 그러한 개념들을 초기화하고 더 나은 개념을 건설할 방법인 듯 보였다.

다음으로 우리가 선호하는 지도방법은 부적절한 개념을 지적하고, 적합한 이해에 방해되는 개념들을 학생들과 대면시켜 직접 정정해나갈 수 있도록 격려하는 것이다. 학생들이 스스로 추측한 것에 대해 대화를 나누는 것에는 명확한 효과가 있다. 자기가 배우는 것에 대해 어떻게 생각하는지가 이해라는 교육의 틀에 잘 들어맞는 주제라는 점에서 말이다.

마지막으로, 학생들은 특정 영역의 주요 관념에 대한 초기의 그릇된 개념을 고치지 않는 이상 새롭고 낯선 문제에 매번 성공적으로 대응하기 힘들다. 이해의 관점에서 수행을 평가하는 진정한 척도는 더 적절하고 융통성 있는 표상을 발전시켰느냐 하는 점이다. 이러한 검증은 행동주의적 용어로는 개념화될 수 없다.

다른 새로운 접근법처럼 '이해를 위한 교육'도 지금 당장 완벽하게 실행될 수 없다. 사실 이해에 대한 이런 견해는 믿을 수 없을 정도로 간단하지만, 완전히 숙달되기 위해서는 시간이 필요하다. 처음에는 구성 요소들을 각각 따로 다루어야 한다. 이 틀을 시행하려고 할 때 학생들과 교사들 모두 왜 이것을 하는지, 무엇을 하는지 확실히 알지 못한다. 이와 달리 전문가는 네 가지 구성 요소가 부드럽게 맞물리게 하여, 목표와 수행 및 평가를 아주 매끄럽게 결합된 전체의 한 부분으로 아우른다. 가장 좋은 것은 다양한 수준의 교사들이 이 틀이 유용하다고 생각하는 것, 그들이 계속해서 이 틀을 사용할 동기를 갖게 하는 것이다. 나를 포함하여 이 틀을 고안한 이들도 그렇게 되어야 한다.

4. 이해로 가는 다양한 출발점 이해에 대한 네 번째이자 마지막 접근법은 각 개인이 서로 다른 유형의 마음을 소유한다는 사실을 이용하는 것이다. 서로 다른 유형의 마음은 서로 다른 정신적 표상의 혼합을 특징으로 한다. 따라서 사람들은 서로 다른 방법으로 교과과정 자료에 다가가고 그것을 숙달할 것이다. 상투적으로 말해 네 번째 접근법은 이해의 실행을 높이기 위해 다중지능 이론을 접목하는 것이다. 나는 여기에 모든 학생의 이해를 향상시키는 가장 좋은 비법이 있다고 생각한다. 따라서 이해에 대한 다양한 접근법은 다음에 나올 장들의 중요한 초점이 될 것이다.

'이해'를 돕는 또 다른 요소들

✧ ▣ ✧

가장 먼저 목표를 세워야 한다. 그리고 항상 마음에 간직해야 한다. 그러나 다른 중요한 '등장인물들'도 있다. '이해'라는 무대에서 이상적인 배역을 맡고 있는 다른 주인공들을 소개하겠다.

잘 훈련된 열정적인 교사들 '이해'를 위해 가르칠 때, 교사들은 스스로 가르칠 내용에 친숙해 그것을 잘 이해하고 있어야 한다. 스스로를 전문가라고 생각해야 하고 학생들의 눈에도 그렇게 보

6장 이해를 위한 교육

여야 한다. 또 이해가 중요하다고 믿고 자신의 삶에서 그것을 구현하도록 준비해야 한다. 학생들에게 가장 깊은 인상을 주는 것은 어른들이 주어진 자료를 자신이 알고 있는 대로 적절히 이용하는 것을 직접 보여주는 것이다. 이것이 젊은 음악가들이 스승의 연주를 지켜보는 것을 즐기고, 테니스 연습생들이 강사와 테니스 치기를 원하는 이유다. 또한 이것이 학생들이 '말한 대로 실행하지' 않는 교사에게 환멸을 느끼는 이유다.

리 슐먼Lee Shulman이 주장했듯이 어떤 과목에 대한 지식은 필요하지만 그것만으로는 충분하지 않다.[9] 두 사람이 특정 과목을 똑같은 수준으로 잘 안다고 해도, 그중 단 한 사람만 경험이 없는 학생들에게 어떻게 그 과목에 접근하는지 보여주고 중요한 오개념을 없애며 더 견실하고 더 유연하게 이해시킬 방법을 알 수도 있다. 교사들을 가르치는 교수는 자신의 학생이 이러한 교육학적 지식을 획득해 나중에 수업을 준비할 때 정기적으로 이용할 수 있도록 도와주어야 한다. 교사들은 끊임없이 가장 적절한 프로젝트와 수업내용, 질문, 평가형태를 찾아야만 한다. 그것은 학생들의 점점 높아지는 이해도를 조사하고 테스트하는 데 도움을 주며, 이해를 위한 교육과정에 딱 들어맞는 것이어야 한다.

게다가 교사들은 자신을 단련하는 데 성공했다고 안주해서는 안 된다. 모든 학문은 발전한다. 특히 자연과학 같은 분야의 발전 속도는 놀라울 정도다. 학문의 경계는 변화하고, 둘 이상의 분야에 걸친 간학문적interdisciplinary 연구 기회가 예상한 대로 혹은 예측하지 못한 방식으로 생겨나기도 한다. 교사들은 그것을 계속 따라잡아야 한다. 더 열정적으로 따라잡으려 하는 것이 가장 좋다. 학생들은 교사들이 지속적으로 배우고 새로운 학문적 발견에 흥분할 때 그들에게 더 주목하게 된다.

물론 많은 교사들은 자기가 담당하는 주제에 대해 깊이 있는 이해가 부족하고, 몇몇은 그 자신의 이해를 향상시키려는 동기가 부족하다. 이해를 위한 교육은 스스로 이해를 위해 헌신하고 자신의 의무에 전념하는 교사집단 없이는 이루어지기 어렵다. 그나마 좋은 소식이 있다면, 동기부여된 교사에게는 자신의 과목을 더 깊이 탐구하고 자신의 이해를 연마하는 많은 방법이 있다는 것이다. 그러나 그 동기 자체는 오로지 교사 스스로가 이끌어내야 한다.

배우려는 준비와 동기부여된 학생들 학생들이 배우려는 의지를 가지고 건강하고 안전하게 학교에 도착한다면, 교사의 일이 반은 끝난 것이다. 전 세계의 많은 학생들 그리고 미국의 많은 부유한 학생들이 제대로 준비되지 않은 채 학교에 온다는 것은 두말할 필요도 없다. 심지어 건강하고 튼튼한 학생들조차 학교가 제공하는 수업내용에 흥미를 보이지 않는다는 점을 인정하는 것은 쉽지 않은 일이다.

학교에 흥미를 느끼지 못하는 학생들을 보면 학부모나 학생 또는 작년에 가르쳤던 교사를 탓하고 싶어질 것이다. 실제로 어느 교사 혹은 교사 팀에게든 학생들의 건강과 안전 그리고 의욕을 계속 유지하게 하는 것은 매우 어려운 일이다. 그러나 이는 사후에야 알 수 있는 결론이다. 교사들은 첫날부터 역경을 딛고서라도 학생들의 의욕을 높이는 방법을 찾아야 한다. 이때 자신이 하는 일이 중요하고 옳다는 신념이 중요한 동기가 될 수 있다.

교장인 데보라 마이어Devorah Meier는 자신의 오빠와 함께 1940 년대 야구팀 뉴욕 양키스의 경기장에 위대한 외야수 조 디마지오Joe DiMaggio를 보러 가곤 했던 일을 기억한다.[10] 마이어는 디마지오의 멋과 기품을 동경한 반면, 그녀의 오빠는 그처럼 야구를 잘할 수 있기를 바랐다. 마이어는 향수에 젖어 그녀 세대의 얼마나 많은 사람들이 디마지오에게 매료되었고 그처럼 되고 싶어 했는지 회상했다. 이어서 오늘날의 학생들에 관해서는 "우리가 그들의 조 디마지오가 되어야 한다"고 덧붙였다.

지식이 급격하게 변화하면서 학생들은 자신의 학습에 책임감을 가져야 하고, 또 가지기를 열망해야 한다. 학생들은 목표를 세우고 자신이 성취한 것을 지속적으로 파악하며 자신의 생각과 배움(어디가 향상되었고 어디가 계속 부족한지)을 되돌아봄으로써, 자신의 교육 파트너가 된다. 그러나 더 중요한 점은 정규교육 과정이 끝나자마자 때로는 혼자, 때로는 집단으로 배움을 계속 해나가는 것이 제2의 천성이 되어야 한다는 것이다. 그들의 남은 인생을 위해서 그렇게 되기를 정말로 희망한다.

도우미로서의 기술　기술은 그 자체로는 유익하지도 유해하지도 않다. 단지 도구일 뿐이다. 세계에서 가장 발전되고 빠른 컴퓨터도 그 소프트웨어가 마음을 갖고 있지 않고 이해에 참여하지 못하면 우리의 임무에 도움이 되지 않을 것이다. 반대로 오로지 자신의 마음과 책 몇 권, 분필과 연필로 무장한 박식하고 의욕적인 교사들은 성공적으로 학생들을 이해의 길로 이끈다. 실제로 소크라테스에게는 칠판 같은 것도 없었다. 그는 단지 날카로운 질문을 독특한 순서로 던지거나 성가신 질문에 요점을 지적하여 반박함으로써 학생들의 이해를 자극했다.

그렇다 해도 현대사회의 정밀기술이 우리에게 주는 기회를 무시하는 것은 지각없는 짓이다. 비디오는 학생들이 수학문제를 해결하게 하거나 과거 미술 작품의 생생함에 빠져들게 한다. 데이터베이스는 세계와 공동체와 삶에 대한 온갖 종류의 정보를 수집하고 처리할 수 있도록 해준다. 전자연동기술은 전 세계 사람들과 관심사를 공유하도록 해준다. 네트워크로 연결된 개인용 컴퓨터와 스캐너는 글씨를 쓰고, 그림을 그리고, 도표를 만들고, 작곡하고, 자신의 작업들을 원하는 만큼 수정하고 동료들과 공유하게끔 해준다. 나아가 그것들을 도처에 있는 전문가들에게 제공하거나 학생 자신이 실제로 이용하여 차후 자신의 견해와 비평에 사용하도록 해주는 것이다.

기술 자체가 유익한 용도를 의미하는 것이 아님을 기억할 필요가 있다. 오히려 숙련된 교육자들은 목표를 검토하고 각각의 사례에서 어떤 기술을 어떠한 방법으로 사용해야 목표를 달성할 수 있을지 판단한다. 이러한 탐색과정은 경험적인 방법으로 진행된다. 아마 머지않아 인공지능 시스템은 학생들이 어디서 성공했고 어디서 실패했는지 그리고 어떻게 재조정되어야 했는지를 학생 스스로가 판단할 수 있도록 해줄 것이다.

응원해주는 지역사회 모든 필요한 요소가 학교에 있다고 해도 효과적인 교육이 보장되는 것은 아니다. 다양한 관계자들이 무슨 일이 일어나는지, 무엇을 지지하는지, 무엇을 반대하는지에 대해 강한 목소리를 낼 수 있기 때문이다.

이들의 신분은 교육적 배경에 따라 매우 다양하다. 학부모, 학교 위원회, 지역사회의 핵심 인물들, 지역주민, 주州나 지방 혹은 국가 소속 교육부와 일반 대중이 모두 교육과정과 평가방법, 의미 있는 이해를 갖추거나 그러지 못한 졸업생들을 만드는 함수의 변수들이다.

두말할 필요도 없이 이러한 관계자들이 교실에서 어떤 일이 일어나고 있는지 모르거나 서로에게 소리 높여 반대를 한다면, 혹은 핵심 지식을 획득하거나 깊은 이해를 성취한다는 것과 같은 목표에 대해 의견이 심각하게 일치하지 않는다면, 교육은 성공적으로 진행될 수 없다. 게다가 심지어 좋은 의도가 담긴 정책들도 교육 프로그램을 좌절시킬 수 있다. 졸업시험이나 대학 입학시험이 교육과정의 지적 능력이나 학생들의 이해의 깊이를 측정하는 대신 통상적인 사실 중심의 테스트를 한다면 이해를 위한 교육 프로그램에 닥칠 운명은 어떻게 되겠는가?

배움이 교실이라는 네 벽 안에서만 일어날 필요는 없다. 기술은 우리를 세계 각지로 데려다주고 다시 데려온다. 가정에서 응원해주는 것은 매우 중요하다. 지역사회의 시민과 기관이 아이들의 교육에 상당한 공헌을 할 수도 있다. 이러한 공헌으로는 우선 현장학습을 들 수 있는데, 이것이 전부일 필요도 없고 전부여서도 안

된다. 학생들은 지역사회의 기관에서 멘토와 수습생 자리, 체험학습의 기회를 얻어야 한다. 이러한 기관에서 일하는 전문가들은 학교를 실제로나 가상공간을 통해서 방문한다. 일터는 급격하게 변하고 있다. 많은 사람들은 이제 전자 네트워크와 가상공간 속 사무실을 통해 집에서 일한다. 대학 이전의 교육에서는 새롭게 등장하는 세계 다방면의 모습과 윤곽을 보여줘야 한다. 사실상 나는 교육에 관한 새로운 설계안을 제시했다. 그것은 교육의 핵심 목적 또는 사명에 관한 것이다. 단련된 이해를 위한 교육이기도 하다. 이 임무를 완수해나가면서 필요할 때 그 과정을 조절하는 데 네 가지 주요 방법이 있다. 그리고 이 야심 찬 목표를 성취하는 길을 닦기 위한 복잡한 요인들도 제시했다.

물론 의미 있는 다른 임무와 목표도 많다. 5장에서 좋은 학교들을 많이 소개했던 것을 떠올려보자. 교육에 대한 내 견해와 반대된다는 입장을 취하기는 하지만, 피닉스 대학이 수행하는 임무 역시 정당화될 수 있다. 게다가 여기서 요약한 것과 같이 하나의 목표 또는 임무라도 다양한 방법으로 수행할 수 있다. 그리고 아마 그렇게 해야 할 것이다.

그러나 우리의 연구를 위한 주사위는 이미 던져졌다. 나는 여기에 나의 아이들, 그들의 아이들 그리고 물론 전 세계 아이들에게 제공하고 싶은 교육의 종류를 일반적인 용어로 설명했다. 이제 과학, 미술, 역사의 세 가지 학문분야에서 '이해'를 어떻게 성취할 수 있는지 자세히 기술하겠다.

6장 이해를 위한 교육

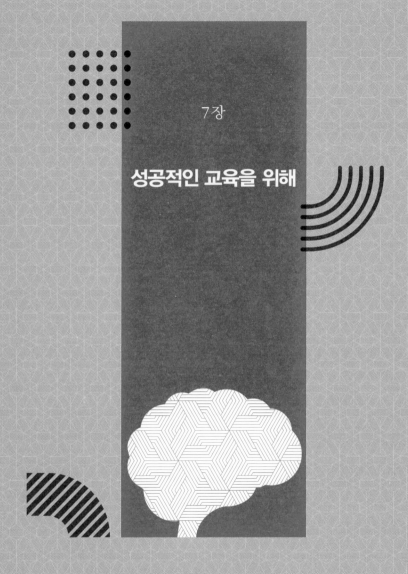

7장

성공적인 교육을 위해

우리의 목적은 학생들이 학문체계의 '지성적 심장'
또는 '실험적 영혼'에 접근하도록 하는 것이어야 한다.
학생들이 다양한 렌즈를 사용하여
세계가 어떤지 알 수 있게 한다면 교육은 성공한 것이다.

세 가지 수수께끼

◇ ✦ ◇

1830년대에 찰스 다윈이 비글호를 타고 전 세계를 항해했을 당시 다윈을 포함한 대부분의 생물학자들은 종이 변하지 않는다고 생각했다. 종은 신이 창조했고, 고대 동물인 마스토돈처럼 멸종하지 않는 이상 본래의 형태를 유지한 상태로 남아 있게 된다고 생각했다.

다윈은 에콰도르 해변의 갈라파고스 제도를 방문한 후 자신의 생각에 의문을 품기 시작했다. 그는 그리 멀리 떨어져 있지 않은 섬 몇 군데에서 다양한 식물군과 동물군이 서식하고 있는 것을 보고 깊은 인상을 받았다. 특히 그는 핀치 새의 사례에 호기심을 가졌는데, 가까운 거리 내에서 열세 가지의 서로 다른 모양을 한 핀치 새가 발견되었다. 다윈은 핀치 새가 어떻게 서로 다른 색깔, 다양한 모양과 크기의 부리를 갖게 되었는지에 대해 깊이 고찰했다. 그리고 그는 이 섬들과 그가 방문했던 다른 많은 이국적 장소에

사는 새, 육상동물, 식물의 분포에 대해서도 곰곰이 생각했다.[1]

그 후 수십 년간 다윈은 이 질문을 푸는 데 전념했다. 세계에는 왜 이렇게 많은 종種이 존재하는가? 고작 몇 개밖에 되지 않는 섬들 사이에서 그토록 다양한 종이 나타나는 이유는 무엇일까? 왜 생태적으로 다른 환경에서는 이와 같은 다양한 종을 볼 수 없는가? 무엇이 특정한 종을 멸종시키거나 번성하게 만드는가? 새로운 종들은 어떻게 생겨나는가? 왜 자손은 부모와 약간 다른가? 서로 비슷하게 생긴 종은 필연적으로 같은 부모집단에서 기인하는가? 주어진 공간에 너무 많은 개체가 있어서 모두 생존할 수 없다면 어떻게 되는가?

이러한 질문을 제기하면서 다윈은 종의 진화에 대해 매우 민감한 주제를 건드리고 있었다. 이 주제는 그의 할아버지 이래즈머스 다윈Erasmus Darwin을 비롯한 이전 사상가들도 품었던 질문이었다. 그리고 찰스 다윈은 아주 논쟁적인 문제인 종의 기원과 생물군에서 인간이 차지하는 위치에 대해 당대의 지식인들이 갖고 있던 생각을 영원히 바꾸어버릴 답에 이르게 되었다.[2]

1785년 후반과 1786년 초반에 볼프강 아마데우스 모차르트와 그의 대본 작가 로렌초 다 폰테Lorenzo Da Ponte는 피에르 드 보마르셰Pierre de Beaumarchais의 연극 〈피가로의 결혼Le Mariage de Figaro〉에 기초한 오페라를 작곡했다. 스페인 귀족에 관한 이 프랑스 연극은 18세기 후반에 매우 큰 성공을 거두었고, 많은 논란을 불러일으키기도 했다. 이전까지 대부분의 극작가들은 사회 위계 구조 꼭대기에 편안하게 앉아 있는 귀족을 묘사했다. 반면 보마르셰는 진취적인 하인계급과 결함이 있을 뿐만 아니라 결국에는 자만심으로 일을 망쳐버리는 귀족계급의 복잡하면서도 현실적인 인간관계를 표현했다.[3]

〈피가로의 결혼〉의 세부 내용들은 당대로서는 모험적인 것이었지만, 전체 줄거리는 꼬여 있는 줄거리를 특징으로 하는 오페라 장르 중 하나인 오페라 부파 opera buffa 의 전형이다. 약삭빠르고 신분상승 욕구가 있는 이발사 피가로는 매력적인 수잔나와 결혼하기로 되어 있다. 그러나 피가로의 주인인 횡포한 백작 알마비바가 백작부인의 시녀인 수잔나에게 딴마음을 품고 있었다. 전통에 따라 백작은 수잔나가 피가로와 결혼하기 전까지는 그녀에 대해 영주로서의 초야권을 가지고 있다. 알마비바는 피가로와 수잔나의 결혼계획을 방해하면서까지 그녀에게 구애를 한다. 피가로는 백작을 좌절시키기 위해 수잔나를 만나는 것으로 속여 백작을 불러내 백작부인을 만나게 하는 한편, 백작의 질투심을 불러일으키기 위해 백작부인은 다른 남자를 만나는 것으로 착각하게 만들려는 계획을 꾸민다. 하지만 이 계획은 백작의 방해로 완벽하게 실행되지는 않는다.

나중에 수잔나는 백작의 바람대로 사랑의 밀회에 순응하는 척하며 백작부인과 옷을 바꾸어 입고 백작과의 약속 장소에 백작부인을 내보낸다. 피가로는 두 사람이 옷을 바꾸어 입었다는 것을 모른 채 수잔나가 자신을 배신했다고 오해한다. 한편 아내가 바람을 피운다고 생각하고 있던 백작은 수잔나의 옷을 입고 나온 아내를 수잔나로 여겨 그녀에게 구애를 한다.

결국 작품 속 모든 사건은 바람직한 결말을 맺는다. 피가로는 수잔나와 결혼하고, (피가로가 정체를 모르고 있는) 피가로의 부모는 행복하게 재결합한다. 이 소동에 함께 뒤엉킨 두 젊은 남녀 케루비노와 바르바리나 또한 결혼한다. 그리고 백작과 백작부인은 지역의 권위 있는 보호자로서의 운명을 받아들인다. 이 이야기에서는 진정한 사랑이 축하를 받고 사회질서의 희귀한(또한 예지적인) 반전을 통해 하인계급이 귀족에게 승리하게 된다.

이 오페라는 4막 27장으로 이루어진다. 극 전체를 요약해주는 장은 없다. 진화라는 주제를 대표하는 사례로 다윈이 핀치 새를 사용한 것처럼, 〈피가로의 결혼〉의 1막 7장이 오페라의 분위기를 전달하기 위해 사용될 것이다. 나는 알마비바 백작, 하녀 수잔나, 음악선생 바질리오가 등장하는 이 강렬한 장에 '충돌하는 의도의 삼중주'라는 이름을 붙였다. 이 세 주인공이 매우 복잡하게 상호작용을 하고 서로의 말을 재치 있게 되받아치는 것은 재미가 있을 뿐만 아니라 줄거리를 빠르게 전개시키기도 한다. 이 삼중주에 대해서는 다음 장에서 자세히 설명할 것이다. 배경음악 부분은 책 뒤쪽 부록에 실려 있다.

모차르트와 다 폰테가 창작한 이 오페라는 1786년 빈에서 초연되었을 당시에 큰 주목을 받지 못했지만, 이내 세계 각지에서 걸작으로 인정받게 되었다. 아름다운 배경음악, 몇 개의 서브플롯에서 빠르게 전개되는 극적 움직임 그리고 로맨스와 익살과 음모와 애수를 적절하게 조합했다는 점에서 〈피가로의 결혼〉은 탁월하다.

문외한인 사람들이 보기에 오페라는 사람들 한 무리가 서로에게 소리를 지르거나 혼자 또는 둘이서 소리를 지르는 것처럼 들릴 수도 있다. 나 또한 어렸을 때 클래식 악기 연주를 좋아했음에도 불구하고 토요일 오후마다 공영 라디오 방송에서 흘러나오던 오페라를 대부분 매우 싫어했던 기억이 있다. 그러나 한 번 공연을 보고, 복잡하게 꼬인 줄거리를 이해하고, 가수들이 어떻게 대사와 멜로디를 통해 연기하는지 음미할 기회를 가지면 누구나 오페라에 반하게 될 것이다. 〈피가로의 결혼〉 1막의 삼중주와 같은 부분은 과거 및 앞으로 펼쳐질 사건과 다양한 종류의 감정, 여러 인물들의 집합, 사람들의 가장 은밀한 생각, 그들 간의 미묘한(때로는 미묘하지 않은) 관계를 보여준다. 또한 인상적인 공연에서는 연출자와 연기자 등 최고의 예술가들이 스스로 선택한 매체를 통해 감정을 표현하고 동작에 기교를 가미하여 우아하고 힘 있는 연기를 하는 것을 볼 수 있다. 그리고 귀담아듣지 않는 관객들에게는 끝내 증명할 수 없겠지만, 수백만 명의 관객들은 모차르트 작품의 멜로디와 하모니, 오케스트라의 아름다움에 감동하게 된다.

1942년 1월 20일 나치 제3제국의 고위 관리들은 베를린의 고급 주택지인 반제의 한 빌라, 정확히 말하자면 그로센 반제^{Grossen Wannsee} 56~58번지에 모였다. 이 회의에 앞서 몇 해 동안 독일군은 서유럽 대부분을 정복했고, 소련까지 진출하고 있었다. 그러는 동안 독일 지도자들은 '유대인 문제'를 해결하기 위한 노력의 일환으로 다양한 방법을 시도했다.[4]

7장 성공적인 교육을 위해

나치 지도자 아돌프 히틀러는 1920년대 초반 권력을 잡기 시작한 후부터 공공연하게 유대인들에게 반감을 드러냈고, 그들을 제거하려는 욕망을 보였다. 집권 초기인 1933년부터 1939년까지 히틀러와 그의 추종자들은 유대인들에게 독일을 떠나도록 압박했고, 여러 가지 방법으로 그들을 학대했다. 제2차 세계대전이 시작된 후 1939년 가을 유대인들에게 더 혹독한 조치가 취해졌다. 많은 유대인들이 강제수용소로 보내졌고, 총살되거나 굶어 죽을 때까지 방치되기도 했다.

그러나 히틀러와 그 신봉자들은 계속해서 유럽 내 유대인 문제에 대해 스스로 '최종 해결책'이라 이름 붙인 방법을 찾으려고 애썼다. 아프리카 동쪽 해변의 마다가스카르섬으로 대규모의 유대인들을 추방하거나 폴란드 동남부의 도시 루블린에 거대한 강제거주지구를 건설하는 것과 같은 수많은 과격한 조치가 고려되었다.

그러나 러시아가 침공하여 수백만 명의 유대인을 추가적으로 수용했던 땅을 점령하자 이러한 조치 중 어느 것도 충분해 보이지 않았다. 나치 지도자들은 아직도 역사가들이 완전하게 이해하지 못한 과정을 거쳐 유럽의 유대인을 조직적으로 모두 말살하기 위한 치명적인 해결책을 내놨다. 이는 무계획적이라고 보기는 어려운 일이었다. 반제에서의 모임은 수백만 명의 사람을 말살하는 파멸적인 일을 할 공무원들과 이러한 결정을 공유하기 위해 소집된 것이었다. 그런데 이 모임의 기록에는 실제로 집단학살에 대한 언급은 없었다.

수수께끼에서 개념으로

◇▣◈

내가 앞에서 언급한 사례는 각각 다음과 같은 직설적인 수수께끼로 제시될 수 있다. 갈라파고스섬의 핀치 새들은 왜 그렇게 생겼나? 그리고 그것이 태초부터의 종의 기원과 다양성에 대해서 우리에게 알려주는 것은 무엇인가?

모차르트와 다 폰테는 어떻게 4분짜리 삼중주를 통해 주인공들의 동기와 극적인 행위를 그토록 풍부하게 전달할 수 있었는가? 연출가와 연기자 등 예술가들은 어떠한 자원을 사용할 수 있었는가? 왜 2세기 전의 음악이 오늘날 중요하게 여겨지는가?

나치는 유럽의 유대인 말살을 위한 '최종 해결책'을 실행하기 시작하겠다는 결정을 언제 그리고 어떻게 내렸는가? 그들은 그런 민감한 정보를 정책을 수행할 사람들에게 어떻게 전달했는가? 그리고 왜 그토록 많은 독일 국민들은 이 대량학살에 기꺼이 그리고 심지어는 열렬히 동참했는가?

이처럼 혼란스러운 각 '도입부'는 학생들이나 독자들이 그 자체로 호기심을 가지도록, 즉 여러 가능한 해결방법을 궁금해하도록 고안되어 있다. 예를 들어 학생들은 갈라파고스 제도에 서식하는 것과 같은 다양한 종류의 핀치들이 갈라파고스 제도의 섬들만큼 떨어진 거리의 육지에서도 발견될지 의문을 제기할 수도 있다. 가사로 쓰인 언어를 이해하지 못하거나 서양식 음계에 친숙하지 않아도 〈피가로의 결혼〉에 나오는 등장인물들의 동기와 성격적 특징을 이해할 수 있었을지를 궁금해할 수도 있다. 또한 히틀러와 그의 가장 가까운 동료들이 반제에서의 일을 어떻게 조율했는지 궁금해할 수도 있다. 학생들이 흥미를 느끼는 분야는 다양하겠지만, 딜레마 혹은 그와 유사한 본질적인 질문이나 발생적인 아이디어를 제시하는 것이 주목을 끄는 데 특히 효과적인 것으로 나타났다.

나는 '세 쌍둥이' 같은 세 가지 중요한 사례를 소개하기 위해 이러한 미끼를 던졌다. 갈라파고스의 핀치들(이제 다윈의 핀치라고 불린다)은 종의 진화에 대해 질문할 구체적인 길을 열어주고, 궁극적으로는 다양성과 자연선택설에 대한 다윈의 아이디어를 접할 구체적 방법을 제시한다. 진화론이 공표된 후 150년간 불가피하게 수정된 이러한 아이디어들을 통해 세상에 대한 중요한 과학적 진실을 만나게 될 것이다.

〈피가로의 결혼〉에 대해 공부하면서 '충돌하는 의도의 삼중주'를 중점으로 보는 것은 모차르트의 음악과 오페라라는 장르를 접할 수 있게 해준다. 대부분의 학생들은 모차르트에 대해 그리고 클래식 음악의 개념(때로 아주 부정적인)에 대해 들어봤을 것이다. 하나의 악곡이 어떻게 작용하는지 분석함으로써 클래식 음악의 미스터리를 조금이나마 파헤치고, 우리 세계의 아름다운 예술인 모차르트의 작품에 대한 이해를 높일 수 있기를 바란다.

조직적인 살해가 인간 역사의 주요한 부분을 차지해왔지만, 홀로코스트는 그 목적이 뚜렷하고 치밀하게 결정됐다는 측면에서 두드러진다. 나치는 여성과 어린이를 포함해서 한 민족 전체를 말살하려 했고, 그 목표를 이루는 데 거의 근접했다. 그들은 유대인이 군사적으로 위협이 되었기 때문이 아니라 그들은 인간이라고 보기 힘들고 그 존재가 '순수한' 아리안 인종에 위협이 되는 '종'이라고 보았기 때문에 대량학살에 착수했다.

아직 '최종 해결책'의 존재를 부정하는 사람들이 있고, 그 무시무시한 규모에 의문을 가지는 사람들도 많으므로 학생들이 어떤 사건이 왜 일어났는지를 배우는 것이 무엇보다 중요하다. 이것은 역사적 사실에 대한 질문이다. 홀로코스트라는 사건과 그 결정은 당연히 제대로 이해해야 한다. 홀로코스트에서 배운 통찰력은 한 인간집단이 다른 집단에게 그런 무서운 행위를 반복하는 것을 예방하는 데 도움이 될 것이다. 더 일반적으로는 독일인들의 행동과 그에 대한 세계의 반응이 가장 근원적인 도덕적 질문을 제기한다.

이 세 가지 현상을 이해하기 위해 서로 다른 학문에서 온 접근법을 사용해야 한다. 먼저 일반적으로 고려해야 할 것을 간단히 이야기한 다음, 우리가 관심을 두는 세 가지 학문, 즉 과학, 예술, 역사의 독특한 특징을 서술하겠다.

학문, 그 너머

◇ ✱ ◇

우리가 아는 한 인간은 언제나 진실, 아름다움, 선함의 문제에 관심을 가져왔다.* 이런 문제들은 선사 시대의 신화에서도 다루어

---

* 홀로코스트와 관련하여 '선'이라는 단어를 사용하는 데 어색함이 있다. 더 정확히 말하면 '선과 악'이라는 용어를 항상 사용해야 할 것이다.

7장 성공적인 교육을 위해

졌다. 네안데르탈인들이 취했던 절차상의 애도 행위와 일찍이 호모 사피엔스가 정교하게 만들었던 공예품들을 통해서도 이를 알 수 있다. 이는 또한 아이들의 놀이와 말 속에서도 나타난다.

과거 몇 년 사이에 각 문화는 이러한 문제에 대한 체계적인 사고방식을 서서히 발전시켜왔다. 민간 지식과 지혜로 무엇이 진실한지에 대해 식견을 가지려 시도했던 것이다. 그리고 물론 각 종교는 진실에 대해 그들 자신만의 관념을 구축해왔다. 명시적인 규범, 체계적인 처벌, 함축적인 기준에는 무엇이 도덕적으로 받아들여지고 무엇이 받아들여지지 않는지가 드러나 있다. 예술가들과 기술자들(이 점에 관해서라면 수학자들)은 실체적으로 혹은 상징적으로 아름다운 작품을 창조했고, 지역사회의 식견 있는 다른 구성원들은 특정 창조물과 관련된 미적 장점을 판단하는 기준을 만들었다.

이 질문을 학문과 단순히 일대일로 대응시킬 수는 없다. 물론 대부분의 문제들은 다양한 학문의 관점에서 접근할 수 있고, 특정 학문은 다양한 질문과 관심으로 이어질 수 있다. 그러나 기초적인 질문들의 총체는 전체적으로 학문군[註] 간의 경계를 설정하고 방향을 제시한다.

서양의 그리스 시대와 동양의 유교학파로 거슬러 올라가면, 조직화된 학문은 진실, 아름다움, 선의 문제를 둘러싸고 생겨났다. 이러한 학문은 가설을 세우고 특정 관습을 요구한다. 예를 들어 그리스의 소크라테스는 철학을 하는 것의 모범을 보여주었다. 그리고 플라톤과 아리스토텔레스는 사람들이 진실을 추구하기 위해 철학자가 될 수 있는 기반을 다졌다. 소포클레스와 아리스토파네스는 흥미진진한 비극과 희극을 썼다. 아리스토텔레스는 미래의 극작가를 위한 규칙을 세우고 그것을 통해 예술적 아름다움의 기준을 세웠다. 같은 이유로 유교사회 내에서는 빈틈없는 궁수, 솜씨 좋은 서예가, 연주가, 선비가 되는 방법에 대해 신중한 규칙을 세워갔다. 이 모든 것이 합쳐져 무엇이 좋은 사람이고 좋은 인생인지에 대한 정의가 내려졌다.

학문들은 그 정체성과 경계가 바뀌더라도 오랜 기간 지속되어 왔다. 이는 어떤 순간에도 가장 중요한 질문과 관심사에 체계적이고 확실한 방법으로 접근해온 인간의 가장 명예로운 노력을 대표한다.

오늘날 진실이란 문제와 맞닥뜨렸을 때, 서양에서뿐만 아니라 동양에서도 대부분의 전문가들은 과학으로 향한다. 그리스, 로마, 바빌로니아 시대부터 사용되어 17, 18세기에 들어 유럽에 획기적인 정밀함을 가져다준 방법들은 물질세계(물리학과 화학), 생물 세계(생물학, 식물학, 동물학), 광활한 공간과 시간의 세계(천문학, 우주론), 인간의 세계(사회과학, 행동과학)에서 무엇이 진실한지를 판단할 가장 믿을 만한 수단을 정립했다. 연구방법이 정밀해졌고, 특정 가설과 주장이 때로 더욱 정교한 것으로 대체되었다.

아름다움의 문제에서도 분업이 일어났다. 우리는 예술적 창조자들과 전문가들이 무엇이 아름답고 무엇이 아름답지 않은지에 대한 감각을 발전시키는 데 도움을 주리라 기대한다. 그들의 작품은 끊임없이 아름다움의 예를 만들어내는 원천이 된다. 그리고 과학과는 달리 아름다움의 개념은 주기적으로 대체되는 것이 아니다. 우리는 그리스 시대의 과학 이치에 맞지 않다고 생각한다. 그러나 아름다움에 대한 현대적 관점은 그리스 시대의 이상보다 더 확장되었음에도 사람들은 여전히 그리스 시대의 조각과 항아리에 감탄한다.

또한 분석방법을 통해 그런 작품이 어떻게 창조되었고 왜 사람들에게 많은 영향을 미치는지를 이해할 수 있다. 미학자들은 예술가들을 논평하면서, 고대의 문학 및 조형예술과 근대에 만들어진 작품(그리스 시대의 항아리, 중국의 두루마리, 현대의 재즈와 행위예술) 사이의 공통적인 속성과 서로 다른 특성을 발견하게 해준다. 우리 시대처럼 엘리트의 미적 기준이 전통적 개념의 아름다움에서 벗어나고 있는 때에는, 미학자들이 우리가 여러 분야의 예술에서 어떤 일이 진행되고 있는지 이해하도록 도와준다.

수학 과목은 이러한 맥락에서 그 내용 자체가 교육적이다. 한눈에 봐도 수학은 진실을 추구한다. 정말로 사람들이 알 수 있는 가장 영원한 진실을 확인하고자 하는 것이다. 그 진실의 단순함과 우아함, 그것이 표현되는 실제적 형태는 수학자들에게 큰 의미를 갖는다. 이런 측면에서 봤을 때 수학은 아름다움에 대해 나름의 감각을 갖고 추해 보이는 것을 피한다는 점에서 음악과 비슷하다.

마지막으로 도덕 영역을 보면, 모든 문화는 각자의 행동기준을 가지고 있다. 몇몇은 독특하고, 몇몇은 서로 닮아 있다. 오늘날 우리에게는 왜곡되어 보이는 나치조차 자신만의 독특한 도덕체계를 가지고 있었다. (역사가 대니얼 골드헤이건Daniel J. Goldhagen은 수만 명의 유대인을 죽이고 추방하는 임무를 지휘한 호프만Hoffmann이라는 독일 장교에 대해 놀라운 이야기를 전한다.[5] 호프만은 자신의 관할 내에 있는 비유대인으로부터 물건을 훔치거나 약탈하지 않겠다는 문서에 서명하는 것을 거부했다. 그는 그러한 요구에 불쾌해했다. 그는 자신의 부하들이 그런 비겁한 행동을 하지 않으리라 생각했다.) 철학에서 문학까지 다양한 학문은 각각 독특한 방식으로 도덕의 문제를 다룬다. 역사가들은 어떤 시대와 장소에서 도덕의 원천이 무엇이었는지, 왜 특정한 선택이 이루어졌는지, 그 선택으로 어떤 결과가 나왔는지를 알려줌으로써 우리가 도덕성을 이해하는 데 중요한 역할을 한다.

학문의 발달과 문명의 발생은 긴밀하게 연관되어 있다. 하지만 이 연결고리는 결코 필연적이지 않다. 결국에는 나치도 많은 학문 분야에서 상당한 성취를 이루어냈지만, 그러한 전문지식은 그들이 새로운 야만성으로 나아가는 것을 막지는 못했다. 그러나 학문은 주제와 질문을 다루는 숙련된 방법을 제공한다는 점에서 여전히 우리가 문명화하는 데 도움이 되고 있다. 학문이 없다면 사람들은 일반적인 상식 수준으로 돌아가 결국 저속한 상태가 되고 말 것이다.

포스트모더니즘 시대인 오늘날 학문을 찬양할 때는 위험을 감수해야 한다. 어떤 사람들은 학문 전체의 타당성에 의문을 제기하고, 또 어떤 사람들은 이러한 반응의 보루인 학교 규율의 부당한 권력에 반발한다. 이미 언급한 대로 나는 이러한 비판에 동의하지 않는다. 그러나 나는 학문이 어떤 부분에서 부족하고 어떤 부분에서 가치 있는지에 대한 뜨겁고도 전면적인 논쟁에 휩쓸리고 싶지는 않다. 지금은 인류의 영원한 수수께끼와 선, 그리고 악에 대한 체계적인 사고의 첫걸음을 떼는 데 일부 학문 이외의 다른 합리적인 대안을 알 수 없다고만 말해두겠다.

학문은 두 가지 의미에서 인간의 도전에 대한 대답이라는 점을 고려하면, '인류의 수수께끼'라는 구절은 의미 있는 말장난이다. 첫째로 학문이 제기하는 질문은 언제나 인류에게 중요하다. 둘째로 학문은 인간이 된다는 것이 무엇인가에 대한 논쟁에 중점을 두고 있다. 내가 제시한 세 가지 탐구 영역에서 각각 인간의 세 가지 차원(진화하는 은하계 속에서 호모 사피엔스의 위치, 귀족과 귀족 아닌 이들의 약점, 절대권력과 결부된 편견이 뿜어내는 악취)을 쉽게 발견할 수 있다. 그러나 물리학이나 수학처럼 인간의 경험과 직접적인 연관이 거의 없어 보이는 학문들도 인간을 이해하는 데 도움이 된다. 인간도 결국은 물리적 세상에 속하는 존재다. 그리고 수학적 진실의 발견은 우주의 가장 심오한 질서를 통찰하기 위해 어찌 됐든 인간 마음의 힘이 중요하다는 것을 드러낸다.

학문의 영향력 또는 필요성과 관계없이 이와 같은 질문들은 학문의 한계 내에서 끝나는 것이 아니다. 진실, 아름다움, 선함에 대해 개인적이고 명확한 견해를 발전시키려는 노력은 특정 학문을 넘어 융합의 단계로 우리를 이끈다. 서로 다른 인식론적 입장의 진실을 추구한다고 해도, 다윈의 가설을 조사하는 과학자들, 모차르트의 음악을 다루는 분석가들, 홀로코스트를 연구하는 역사학자들은 결국 모두 진실에 대한 질문에 답하려고 노력하고 있다. 이에 대해 더 길게 이야기하지 않아도 우리는 이 학문적으로 단련된 사람들이 또 다른 근본적인 관심사를 다루기 위해 노력한다는 것을 알 수 있다. 다윈론적 진화론자들도 (자연선택설과 같은) 진화의 원리에서 아름다움이나 도덕의 원천을 찾으려고 한다. 〈피가로의 결혼〉(그리고 그 속에 묘사된 사회상)을 분석하는 사람들은 도덕, 정치적 진실, 미적 진실의 기준에 대해 질문을 제기한다. 홀로코스트를 공부하는 학생들은 나치정권 아래에 존재했던 진실과 아름다움의 기준에 대해 고민한다.

과학자와 수학자에게 패턴이란

과학자들은 세계에 존재하는 규칙성을 설명하려고 한다. 이를 위해 복잡한 측정도구를 이용해 직접 관찰한 것과 과거의 경험주의적 사상가들이 의문을 제기해 체계적인 대답을 하려고 했던 노력의 결과를 모두 참고한다. 이러한 관측자료와 이론적 뼈대 사이의 변증법은 과학자들에게 매우 중요하다. 만약 어떤 과학자가 관측만 한다면 그는 예리한 관찰자 혹은 자연주의자일 수는 있어도 과학을 행하는 일에 완전히 들어서지는 못한 것이다. 관찰은 여러 가지의 불특정한 결과를 낳을 수 있는, 끝없이 많은 세부사항에만 초점을 맞추기 때문이다. 실제로 우리 모두는 늘 관찰을 하지만, 우리 중 실제로 과학자라고 할 수 있는 사람은 거의 없다.

과학적 사고의 또 다른 요소는 관찰한 것을 체계적 틀 속에 포함시키는 것이다. 가장 발전된 형태의 틀은 과학이론이다. 많은 사람들이 다윈만큼이나 식물과 동물의 다양성에 감명을 받았지만,

다윈처럼 그것들을 분류하거나 재분류할 생각을 한 사람은 거의 없었다. 다윈은 다른 여행자들이 핀치를 관찰하고 기록한 자료에 많이 의존했다. 그러나 이렇게 관찰한 내용을 설명의 틀에 넣어 과학적 이론으로 짜 맞춘 사람은 다윈이었다.

이론적 문제에만 관심이 있는 사람들 또한 과학자가 아니다. 그들은 이론가나 철학자가 될 수는 있지만, 그들의 주장은 현실 속에서 구체적인 근거가 부족하다. 물론 대부분의 과학은 분명 (논쟁적인 질문을 던지고 안락의자에 가만히 앉아 여러 가지 가능한 해답의 윤곽을 그려보는) 철학에서 시작된다고 할 수 있다. 철학은 관련된 관찰 결과가 현재 통용되는, 혹은 더 발전된 이론적 틀과 들어맞을 때 과학이 된다. 잘 알고 있듯이, 과학은 현재의 가설을 반박하는 관찰에 특별히 관심을 가진다. 진보는 영구적인 진실을 확립함으로써 이루어지는 것이 아니다. 그보다는 잠정적으로 진실이라고 알려진 내용에 의문을 제기하고 확실한 근거가 있는 다른 내용으로 이를 대체함으로써 진보는 이루어진다. 이 역시 더 확실한 근거를 가진 또 다른 주장으로 대체될 수 있다.

수학은 더 정교한 과학에서 중요한 역할을 한다. 최초의 과학은 체계적인 관찰에서 시작되었고 대중의 언어로 나타낼 수 있는 이론을 특징으로 한다. 그러나 이러한 접근법은 기껏해야 묘사 정도의 단계에 그치는 유사과학을 낳는다. 과학이 정확해지려면 그리고 모든 전문가가 어떤 사안에 대한 사실에 동의하게 하려면, 주장과 예측이 가능한 한 명확하게 진술되어야 한다. 이것이 우주의 책은 수학으로 쓰였고, 그 책의 알파벳은 삼각형과 원과 기하 형태라는 갈릴레오 갈릴레이^{Galileo Galilei}의 유명한 선언에서 드러나는 통찰이다.[6]

그러나 수학이 과학자들의 작업에서 보조적인 역할만 하는 것은 아니다. 수학은 이상화된 양과 형태 사이의 추상적 관계를 발견하여(좀 더 적극적인 용어로 말하자면 '만들어') 그것을 정확하게 제시하려는 인류의 노력을 나타내는 상당히 독립적인 학문이다. 수학자들은 수와 형태의 영역에서 패턴을 찾으려고 한다. 그리고 이 패턴을 증명하고 유지하며 이 패턴에 관심이 있는 모든 사람에게 그 근거를 설명하려고 한다. 수학자들은 또한 진실의 가치에 매혹되는 만큼 이러한 패턴의 아름다움에 매혹된다.

그러나 역설적이게도 과학적 진실의 생명은 일시적인 반면 수학적 진실은 한번 증명되면 계속 진실로 남아 있게 된다. 이것이 수학자 하디^{G. H. Hardy}가 인간이 겪을 수 있는 가장 놀라운 경험은 수학적 진실을 발견하는 것이라고 말한 이유다.[7] 수학적 진실은 영원하기 때문이다. 새로 발견된 수학적 진실이나 체계가 예전의 진실을 바꿀 수 있다고 비판할 수 있다. 비非유클리드 세계에서 평행선들은 서로 만나게 마련이다. 그러나 주어진 시스템 안에서 수학적 진실은 영속적이다. 직각삼각형의 빗변의 제곱은 언제나 다른 두 변의 제곱의 합과 같다.

대부분의 학생들이 과학자가 되지는 않을 것이고, 많은 학생들이 일터와 일상에서 필요로 하는 것은 초보적인 산수일 것이다. 그러나 학생들에게서 과학적·수학적 사고방식을 키울 기회를 박탈하는 것은 그들이 살아가는 세계에 무지하도록 만드는 것이다.

이러한 학문분야를 적절하게 접해야만 학생들은 (점성술적인 설명에 반대되는 의미로서의) 물리적·자연적 세계를 지배하는 힘을 이해하게 될 것이다. (마법적 세계와 반대로) 현재의 세계를 주도해나가는 동시에 논리적으로 더욱 타당한 방향으로 이끌어나갈 수 있는 사고방식을 알게 되고, (믿을 수 없는 말과 애매모호한 이미지와 단순한 권위의 반대편에 위치하면서) 모든 것이 분명해지도록 진실을 확고히 하는 것이 수학적 언어의 역할이라는 것을 이해하게 되는 것이다.

실제로 나는 이 책에 수학적인 사례(0의 힘, 무한대의 의미, 페르마의 마지막 정리를 증명하려는 노력 등)를 들 수도 있었다. 이것은 이해를 위한 적절한 목표라 할 수 있다. 이런 풍부한 사례들을 깊이 생각함으로써 모든 학생이 수학의 규칙성과 아름다움을 느끼고 숫자와 패턴이 매우 정교하게 조직된다는 사실에 감동을 느끼게 하고 싶다. 이 책의 주장과 일맥상통하지만, 학생들이 방대한 사례를 모두 공부할 필요는 없다. 적어도 고등학교에서 배운 몇 가지 사례들을 잘 이해하는 것만으로도 수학적 사고의 힘을 키울 수 있을 것이다. 교과과정에 대해 또 다른 선택을 할 때도 학생들이 실생활에서 유용하게 사용할 수 있는 수학적 수행의 유형으로 방향을 잡아야 한다. 그렇지만 수학시간에 배운 내용의 대부분이 수십 년 후 같은 내용을 공부하는 자녀들을 돕는 데만 사용된다는 것을 인정해야 하는 점이 안타깝다.

예술가에게 아름다움이란

◇ ▓ ◇

예술가는 한 장르 안에서 작품을 창조한다. 보통 그 장르는 예술가보다 먼저 존재한다. 자신의 선배 예술가들처럼 현대의 작가들은 소설과 시를 창작하고, 시각예술가들은 그림이나 조각을 창조한다. 그러나 때때로 예술가들은 새로운 장르를 만들거나 오래된 것을 재구성한다. 베토벤은 감히 뛰어넘을 수 없는 모차르트의 성취에 이어 클래식 음악의 규칙을 바꾸었다. 한 세기 뒤에는 브람스와 바그너의 영향으로 아널드 쇤베르크Arnold Schönberg는 무조 혹은 12음조라는 새로운 시스템을 창조했다.

과학자처럼 예술가도 두 세계 사이를 왕복하지만, 이 세계의 실제성은 상당히 다르다. 한쪽에는 예술가들의 생각, 감정, 믿음, 비전, 상상력이 있다. 그것은 그 예술가들이 의식적이거나 무의식적으로 경험한 내용이다. 다른 쪽에는 예술가들이 쓸 수 있는 재료나 매체, 예술가들이 작품을 구성하는 데 사용하는 기술이 있다.

두 가지 토대 중 어느 하나만으로는 충분하지 않다. 만약 예술가가 영감과 아이디어는 가득하지만 그 매체에 숙련되어 있지 않다면 남들이 이해하기 쉽게 자신이 의도하는 바를 표현할 수 없을 것이다. 혹은 자기 혼자만 이해하거나 다른 사람들이 이해하기 어려운 방법으로 매체를 사용할 것이다. 반면 매체를 잘 다룰 수 있지만 아이디어나 영감이 부족하다면, 그 예술가의 작품은 기껏해야 아류에 지나지 않을 것이며 다른 사람들의 흥미를 지속시키지 못할 것이다.

모차르트는 예술가의 작업 영역을 잘 보여준다. 〈피가로의 결혼〉을 만들 때 모차르트의 목적은 프랑스의 극작가 보마르셰의 연극에 나타나는 정신과 의미를 온전히 담은 뮤지컬을 (다 폰테와 함께) 창작하는 것이었다. 모차르트는 일부는 개인적인 것에서, 다른 일부는 희가극의 일반적인 언어에서 가져온 수많은 아이디어와 감정과 관찰한 것들을 〈피가로의 결혼〉에 포착해 넣으려고 했다.

여기에서는 숙련된 테크닉이 등장한다. 작품을 만들어내기 위해 모차르트는 17세기와 18세기 유럽에서 발달한 클래식 악곡의 일반적인 구조를 이용했다. 악보를 창작하면서는 한 조에서 다른 조로 조바꿈을 하고, 음악을 독주 또는 협주로 하고, 리듬과 강약을 바꿔 놀람, 불규칙 또는 대비를 표현했다. 독창 가수와 합창대, 가사의 선택과 배치, 장치가 설치된 무대, 의상, 조명, 음향 등 모든 것이 각각 작곡에 사용될 새로운 요소들이었다. 따라서 일관성 있으면서 효과적인 작품을 탄생시키려면, 각각의 관련된 매체를 전문적으로 익히는 것이 필수였다.

모차르트가 가지고 있는 전문지식은 명쾌했지만, 핵심은 그것이 아니다. 가장 중요한 것은 모차르트가 필요한 순간마다 관련 테크닉을 끌어내는 데 없어서는 안 될 기술을 가지고 있었다는 점이다. 이에 비하여 비평가들이나 미학자들은 예술가가 사용하는 도구와 그들이 특정 효과를 만들어내기 위해 어떻게 도구를 사용하는지에 대한 분명한 지식이 필요하다. 따라서 만약 우리가 '충돌하는 의도의 삼중주'를 이해하기 위해서는, 음악 전문 미학자들이 제시한 명쾌한 언어, 용어, 개념, 토대(더 넓게 이야기하자면 '상징 체계')에 의지해야 한다.

여기에서는 뮤지컬을 대상으로 하지만, 같은 종류의 분석이 다른 예술 형태에서도 성립한다. 예를 들어 피카소의 그림, 버지니아 울프의 소설, 마사 그레이엄의 안무를 생각해보자. 이들에게서 우리는 세상에 대해 뚜렷한 주관을 가진 예술가를 볼 수 있다. 또한 피카소가 그림에 대해, 울프가 언어에 대해, 그레이엄이 무용에 대해 그랬던 것처럼 예술가들이 자신의 상상을 현실에서 구현하도록 해준 일련의 기술을 발견할 수 있다. 그리고 이 현대 예술가들은 각각 후대 예술가들의 수행방법을 바꿀 만큼 창의적인 시각을 가지고 있기도 했다.

예술가들과 그 문하생들에게는 작업의 특성을 기술하기 위해 명료한 '언어'나 '메타언어'가 필요하지 않다는 사실에 유념할 필요가 있다. 작업을 훌륭하게 수행했다는 것만으로도 충분하다. 그러나 우리(이 '우리'에는 교사들도 포함될 것이다)가 그들이 이용한 재료에 대해 소통하고자 한다면, 관련된 예술 분야의 비평가나 철학자가 사용하는 언어를 이용해야만 할 것이다.

모든 사람이 자라는 동안 예술 작품을 창조할 기회를 갖는다면 멋질 것이다. 초상화나 정물화를 그리는 것, 노래 또는 소네트를 작곡하는 것, 안무를 짜고 공연하는 것을 대체할 수 있는 것은 없다. 어린 시절의 교육에는 예술적 매체로 생각을 하고 공연할 수 있는 기회가 포함되어야 한다.

미래의 시민들이 성장하는 과정에서 예술가들의 가장 훌륭한

7장 성공적인 교육을 위해

작품을 접하는 것 역시 중요하다. 이러한 명작들은 서로 다른 시대와 장소에 대한 생각과 느낌을 전달하고, 다양한 감정을 표상하며, 그것을 감상하는 사람들의 경험을 풍성하게 해주는 아름다움과 조화의 감각을 구현한다. 실제로 우리는 주로 (우리가 수 세기에 걸쳐 만들어낸 문화로서의) 예술 작품을 통해 아름다움과 취향에 대한 감각을 얻을 수 있다. 예술 분야의 학생들이 만든 어휘와 개념들은 학생과 교사들이 자신들이 이해(때로 자신들의 독특한 선호)를 명확하게 할 수 있게 한다. 이것으로 미루어 볼 때, 예술의 언어는 과학에서의 수학과 대략 비슷한 역할을 하는 것 같다.

나는 예술 작품들이 본질적으로 개별적이라는 것, 즉 각각의 작품은 서로 완전히 다르다는 것을 강조하고 싶다. 재료를 알지 못하면 그 세계에 빠져들기는커녕 이해할 수조차 없다. 자세히 말하자면 모차르트와 다 폰테의 창작물에 관련된 등장인물, 사건, 멜로디, 화성법, 오케스트라에 주의를 기울이지 않으면 모차르트의 삼중주를 이해할 수 없다. 과학은 구체적인 것에서 시작된다. 그러나 과학의 경우 언제나 일반적인 패턴, 즉 모든 핀치류, 모든 동물, 모든 생물에 적용되는 일련의 규칙을 우선시한다. 예술 작품과 같은 개별적 작업과 과학적 원리 사이의 이런 차이는 한편으로는 과학과 수학, 다른 한편으로는 예술과 인류학 사이에 깊은 골을 만든다.

역사학자에게 설명이란

◇▓◇

역사학자는 하나의 사건, 즉 하나의 무대와 참여자들이 포함된 사건들을 가지고 작업을 시작한다. 그 사건에 역사학자가 관찰자 또는 기록자로 함께 있었던 경우는 극히 드물다. 때때로 역사학자는 묻고 참고할 만한 산증인을 만날 수 있다. 그러나 대부분의 경우 역사학자들은 문서를 다루어야 한다. 여기에는 주된 자료들(편지, 일지, 회의록) 또는 부차적 자료들(참여자, 기자 또는 이전 역사가들에 의해 쓰인 해석적 기록)이 모두 망라된다. 최근에는 서면 문서에 더하여 영화나 비디오 같은 자료도 추가되었다. 이와 비슷한 방식으로 전자기록과 심지어 DNA 지문감식이 문서를 더욱 풍부하게 해준다는 것은 의심할 여지가 없다.

역사학자는 이러한 자료를 사용하여 어떤 일이 일어났는지를 설명해내며, 대부분의 경우 단순한 설명을 넘어 사건이 왜 그렇게 진행되었는지까지 설명한다. 실제로 많은 사람들은 역사학자들이 과학자들처럼 단순히 자료를 기록하는 것을 넘어 사건을 해석해야 역사라는 분야에 들어선다고 말할 것이다.

홀로코스트를 일으킨 결정을 살펴보면 이러한 특징을 확실하게 알 수 있다. 순진하거나 증거를 무시하는 악의에 찬 사람만이 홀로코스트가 실제로 일어났는지에 의문을 제기한다. 수용소 생존자들의 기록, 나치가 직접 보관하고 있던 기록, 특정 나치 지도자들의 전후 증언, 수용소의 소름 끼치는 사진들, 그 사진에 나오는 가스실과 쌓여 있는 희생자들의 금니와 안경, 진흙으로 뒤덮인 신발들까지. 이런 것들을 접한 이성적인 사람이라면 누구나 수백만 명의 유대인과 또 다른 어떤 집단의 구성원들이 이곳에서 대량으로 학살되었다는 것을 납득할 수 있다.

그러나 언제 어떻게 '최종 해결책'에 대한 합의가 이루어졌는지는 역사적 문제로 남아 있다. 역사학자는 다른 학자들이 직면하는 문제와 비슷한 방식으로 서로 대조적인 두 가지 사항을 살펴봐야 한다.

하나는 문서로 남겨진 증거다. 즉 어떤 명령이 누구에 의해서 내려졌고, 반제 및 다른 장소에서 어떤 얘기가 나왔으며, 참석한 자들이 감춰진 메시지를 어떻게 이해했는가에 대한 증거다.

다른 하나는 다양한 방법으로 인간행동을 해석하는 것이다. '의도주의자intentionalist'들은 《나의 투쟁Mein Kampf》(1925~1927)에서 히틀러가 했던 약속까지 거슬러 올라가, 홀로코스트가 유럽에서 유대인을 없애겠다는 히틀러의 결심이 실현된 직접적인 결과라고 본다. 의도주의자들이 보기에 나치는 그저 자신들이 위협을 가할 적절한 시점이 오기를 기다리고 있었을 뿐이다.

'기능주의자functionalist'들은 의도주의자들의 해석만큼 이성적이지 않으면서 더 혼란스러운 과정이 있었다고 생각한다. 이들이 보기에 나치 지도자들은 유대인을 유럽사회에서 제거할 방법을 고민하고 있었다. 마다가스카르섬이나 루블린 수용소로 국외추방이 이루어졌다면, '최종 해결책'이라는 말은 이 계획 중 하나에 사용되었을 수도 있다. 그러나 이 대안들은 실용적이지 않았다. 동시에 나치는 지도부가 부작용 없이 유대인들을 대량으로 살상할 능력이 있다는 것을 깨달았다. 더욱 효율적으로 이를 진행하는 방법과 독일인들이 방아쇠를 당기며 시체를 치우는 일을 하지 않도록 하는 방법을 찾다 보니 점차 집단처형장이라는 아이디어가 떠오르게 되었다. 한번 아이디어가 생겼으면 그것을 실행해봐야 할 것 아닌가. 만약 그것을 실행해봤을 때 통제하기 힘들었다면 다른 '최종 해결책'들이 고려되었을 것이다.

역사학자들이 사용하는 방법은 어떤 점에서는 다른 사회과학자들, 즉 심리학자, 경제학자 또는 사회학자의 방법과 비슷하다. 각각의 학문분야에서 연구를 할 때, 분석가는 먼저 인간행동의 흥미로운 사례로 시작해 그 현상에서 좀 더 일반적인 설명으로 넘어간다. 예를 들어 특정 계급에 속한 사람들의 명시적인 의도에 관심을 갖다가 집단행동의 일반적인 원리로 넘어가는 것이다. 그러나 역사학자들 역시 인문주의자들이며, 그들은 또한 예술 비평가와도 비슷한 특징을 가진다. 역사적 사건들은 모두 독특하기 때문에 각각 그 특성에 맞게 해석되어야 한다. 게다가 역사적 사건들은 전례가 없고 반복할 수도 없기 때문에 주어진 과학 실험실에서 자신의 해석이 맞는지를 확인할 수 없다. 역사학자들이 발견한 패턴은 잘해야 하나의 제안일 뿐이다. 그러나 역사 기록의 특성은 변하지 않는다.

모든 사람이 자신의 기원과 운명을 궁금해한다. 그리고 그런 의미에서 '우리 이야기'에 대한 연구는 특별한 이유를 필요로 하지는 않는다. 그러나 역사 분야를 이해하는 것은 개인적인 호기심을 넘어서야 한다. 역사학자들에게 다양한, 때로는 서로 경합하기까

7장 성공적인 교육을 위해

지 하는 자료들이 주어진다는 점, 문서들과 다른 종류의 증거들을 이해하는 대립되는 방법들이 있다는 점을 학생들이 이해해야 한다. 그래야만 학생들은 역사가 주어지는 것이 아님을 진정으로 이해하게 된다. 모든 역사 기록은 구성되어야 하고, 그것을 구성하는 사람들의 도움으로 우리는 우리 자신, 우리의 동료, 우리의 적 그리고 우리의 선택들(도덕적 선택까지 포함해서)을 정의할 수 있게 된다. 우리가 어떤 사건에서 무엇이 일어났는지 스스로 추론해내고, 어떤 역사적인 유추가 적절한지 혹은 적절하지 않은지를 결정하며, 중요한 쟁점에 대해 일시적 변덕에 기대는 것이 아니라 합리적인 기준으로 자신의 의견을 표명하거나 표를 던지려면 역사학자들의 이런 단련된 사고가 필요하다.

역사의 임무는 진실과 선함의 문제를 밝히는 것이다. 특정 장소와 시대에 어떤 일이 일어났는지 가능한 한 정확하게 밝히는 것은 진실을 얻으려는 노력을 대변한다. 역사학자들은 항상 레오폴트 폰 랑케 Leopold von Ranke 의 격언을 인용하여 역사학자는 과거를 "실제로 그것이 일어난 대로" 묘사하는 것을 게을리해서는 안 된다고 말한다. 그러나 동시에 역사적 기록은 도덕적 선택을 고려하고 도덕적 판단을 내릴 기회를 끝없이 제공한다. 즉 콜럼버스는 영웅이었나, 악당이었나? 미국이 히로시마에 폭격을 해야만 했을까? 1914년에 '8월의 포격'(제1차 세계대전의 신호탄)을 자극한 쪽은 누구며 그들의 행동이 정당화될 수 있을까? 등의 문제는 도덕적 판단이 필요하다. 제2차 세계대전에서 나치가 저지른 행위를 판단하는 것은 역사학적 행위가 아니라 도덕적 분석이다. 그러나 탄탄

한 역사적 자료가 없다면 이러한 판단은 합당한 주목을 받을 수 없을 것이다.

어떤 학문을 선택할 것인가?

◇·▓·◇

각 학문분야의 전문가가 아니더라도 과학자, 수학자, 예술가, 역사학자의 서로 다른 목적과 관점을 이해할 수 있다. 우리는 과학자들이 체계적으로 모은 자료들을 대조한다. 수학자들이 흥미를 갖는 추상적 패턴, 예술가에게 영감을 불러일으키는 창의적 생각과 느낌, 비평가의 성찰적 언어, 어떤 문서가 중요한지, 특정한 역사적 순간의 특정한 인물들에게서 발견되는 인간적인 동기와 '비인간적' 영향들을 어떻게 평가할지 알아내려고 분투하는 역사학자의 노력 등에 대해서도 마찬가지다.

청소년들은 만만찮은 과제와 맞닥뜨리게 된다. 학생들은 스스로, 혹은 담임교사나 글, 그리고 비디오를 통해 진정성 있는 질문을 받는다. 그러나 학생들은 학문분야에 대해 알지 못하고, 비록 그 엄밀함에 굴복은 하겠지만 그 유용성을 인식할 입장도 아니다. 게다가 대부분의 어른들은 학문적이거나 실용적인 과목을 중시하는 사회에서 간단하면서도 쓸 만한 직관력을 발달시켜온 데 비해 학생들에게는 그런 직관력이 없다.

교사나 학부모, 그리고 학생들은 학문을 '과목'과 혼동하기 쉽다. 그들은 학문을 단지 '과목', 즉 특정한 자격 조건을 갖추기 위해 이수해야 하는, 개별적인 교재와 교사로 이루어진 교육과정이라고만 생각한다. 학문을 단순히 기억해야 할 사실, 개념 또는 이론의 나열로만 생각한다면, 학생들은 자신이 가진 힘을 알지 못하게 될 것이다. 사실이란 것 자체는 학문에서 중립적이다. 특정한 방법으로 엮이고 특정한 이론이나 틀 또는 순서를 바탕으로 배치되어야 학문으로서의 색채가 입혀지게 되는 것이다.

학문을 이루는 주된 요소는 교과서의 용어 소개나 색인에서 나오는 구체적인 사실이나 개념도 아니고, 국가 기준의 요약도 아니며, 너무 자주 처러지는 주간시험은 더욱 아니다. 학문은 그 분야에 종사하는 사람들이 스스로 만들어낸 사고방식을 포함하는데, 이를 통해 그들은 구체적이면서도 대체로 직관적이지 않은 방법으로 세계를 이해하게 된다. 실제로 한번 체득하고 내재화하면 이러한 사고체계는 전문가들이 자기 식으로 세계의 현상을 해석하는 방법, 즉 어린 시절의 각인과 비슷한 것이 된다.

논의를 위해 다윈의 핀치류에 대하여 대립적인 가설을 세운 세 명의 관련 학자를 생각해보자. 생물학자는 이웃하는 몇 개의 섬에 있는 핀치가 왜 서로 다른 외양을 갖게 되었는지 물을 것이다. 그는 핀치를 좋아할 수도 있고 싫어할 수도 있지만, 그의 초점은 더 일반적인 문제에 놓인다. 즉 왜 밀접하게 관련된 종(혹은 사실 어떤 종이라도)이 살아남는가? 핀치의 생존이 그들이 지리학적으로 서로 격리되어 있다는 사실과 어떤 관계가 있는가? 그 생물학자의 목적은 종의 진화와 관련된 일반적 원리라는 진실을 찾는 것이다. 일반적으로 진화생물학이 실험실에서 이루어지는 과학이라고 생각되지는 않지만, 그의 주장은 실험적으로 확인될 수 있다. 예를 들자면 윌슨[E. O. Wilson]과 로버트 맥아더[Robert MacArthur]와 그 동료들이 한 것처럼, 허리케인 같은 자연재해나 훈증 소독을 통해 종이 멸종된 후 작은 섬에 어떤 일이 일어나는지 실제로 관찰할 수 있다.[8] 그리하여 이런 섬에 어떻게 다시 생명이 번식하고, 다음 재해가 일어났을 때 새로운 종이 살아남을지 혹은 도태될지를 관찰할 수 있다.

예술가는 핀치와 함께한 자신의 경험을 포착하고 싶어 한다. 그는 핀치를 최대한 많이 관찰하고 새, 섬, 진화, 다윈의 이야기에 대한 다른 종류의 자료를 검토할 것이다. 그러나 그의 목적은 설명이나 예측과는 아무런 관련이 없다. 그는 핀치에 대한 자신의 즉각적이고 장기적인 반응을 비롯한 경험의 어떤 측면을 포착하기 위해 음악, 춤 또는 그림 등 특정한 매개를 활용하고자 한다. 관객들은 그 결과로 탄생한 작품을 자신의 기준, 특히 자신이 가진 아름다움의 기준으로 평가할 것이다. 비평가들은 예술가가 어떻게 그 자신이 원하는 효과를 얻었고 그의 연출의 어떤 측면이 관객을 가장 많이 감동시켰는지 혹은 실망시켰는지를 지적할 것이다.

역사학자는 다윈이 핀치들과 맞닥뜨렸을 때, 실제로 어떤 일이 일어났는지에 초점을 맞출 것이다. 이 조우는 단지 눈으로 본 것 이상의 의미를 가졌다. 일단 다윈은 새들을 처음 봤을 때 '아하!' 하고 뭔가를 깨닫는 경험을 하지 않았다.[9] 반대로 너무 많은 종이 있는 것을 보고 놀랐으며, 그저 핀치류에 대해 메모를 했을 뿐이다. 몇 달이 지난 후에야 이웃하는 섬에 있는 새의 부리가 좀 다르게 생겼다고 생각하기 시작했다. 그리고 결국 그의 동료 존 굴드 John Gould가 다윈이 모은 열세 가지 종이 사실은 서로 다른 네 가지 핀치 종이라는 것을 알려주었다.

다윈이 핀치류에 대한 '사실'을 수립한 것은 역사학자들에게 중대한 일이다. 다양한 전설이나 다윈의 설명과 경쟁하고 있던 다른 그럴듯한 설명을 감안하면 특히 더 그렇다. 그러나 다음과 같은 또 다른 질문은 역사학자들에게 더 힘든 도전을 안겨준다. 다윈이 진화에 대한 이론을 발전시키는 데 핀치류가 즉각적으로 또는 궁극적으로 얼마나 큰 역할을 했을까? 어찌 됐든 그것이 필요하긴 했을까? 이 질문은 과학사학자들이 다양한 창의성 모델을 고려하도록 했다. 그래서 영감을 주는 창의성 모델, 의도적인 창의성 모델, 우연적인 창의성 모델, 과잉결정된 창의성 모델 등이 생겨났다. 그리고 역사가는 어떤 모델이 다윈과 핀치의 경우에 가장 잘 맞아떨어지는지 논쟁을 시작해야 한다. 다른 과학적 발견에서도 동일한 해석이 적용되는지는 엄격한 실증을 통해 판단해야 한다. 과학적 창조를 예측하는 모델은 그가 새로운 사회과학적 규율을 세우지 않는 이상 어떤 경우에도 역사학자의 영역 밖에 있다.

다윈의 핀치류는 특히 홀로코스트를 둘러싼 문제들과 비교했을 때 도덕 문제와 동떨어져 보일지도 모른다. 그러나 다윈은 그런 거리감을 전혀 느끼지 않았을 것이다. 그는 자신의 발견이 사회의 종교적 에토스, 그리고 자기 가족의 생각과 완전히 반대된다는 것을 알았기 때문에 대중에게 공개하기를 망설였다. 그리고 개인적으로 상당히 괴로워했다. 오늘날에도 소수의 과학적 쟁점은 진화론만큼이나 도덕적 논란을 일으킨다. 역사학자들이 도덕적 판단을 내리는 데 필요한 특별한 도구를 가지고 있지는 않지만, 그의 이야기는 전문 윤리학자나 아마추어 윤리학자들이 분석하는 데 필수적인 재료가 된다.

종합하자면 학문은 모두 느낌, 관찰, '사실', 이론, 경쟁하는 설명 모델을 다룬다. 그러나 모든 학문은 각각 특징적인 관측과 추론을 행하고 있다. 게다가 초기 자료를 이해하는 고유의 수단 혹은 '움직임'을 발달시켜왔다. 학문을 가르치는 교사들은 큰 임무를 맡은 것이다. 자신이 아는 세계가 실제로 여러 세계의 집합이라고 어떻게 학생들에게 알기 쉽게 전달할 수 있을 것인가? 구두 수선공과 외과 전문의가 '보통 사람'을 아주 다른 관점에서 인식하듯이, 과학자와 예술가와 역사학자 또한 일상 경험과 자신의 작업의 토대를 이루는 현상에 자신만의 렌즈와 도구를 갖다 댄다.

교육은 각 학생들에게 모든 종류의 렌즈를 준비시킬 수 없다. 실제로 우리가 모든 청소년을 역사학자나 생물학자 또는 클래식 음악 작곡가로 만들려고 한다면, 이 시도는 실패할 것이 자명하다. 우리의 목적은 졸업훈련을 단축하는 것이 아니라 오히려 학생들이 학문체계의 '지성적 심장' 또는 '실험적 영혼'에 접근하도록 하는 것이어야 한다. 학생들이 다양한 렌즈를 사용하여 세계가 어떤지 알 수 있게 한다면 교육은 성공한 것이다.

학생들은 자신들이 가진 대부분의 오개념과 직관적으로 형성된 아이디어에서 한발 더 나아가서, 보다 정교한 개념과 이론을 가져야 한다. 또 학생들은 박식한 관찰자에게는 무의미한 그 초기의 각인 대신 몇 가지 주요 학문체계에서 새로운 도구를 얻어야 한다. 그리고 그들은 이러한 도구를 가지고 더 나은 각인을 남겨야 한다. 그래서 최종적으로는 과학적·예술적·역사적 방법으로 사고할 수 있어야 한다. 우리가 이와 같은 사고방식을 키워야 하는 것은 단순히 흥미 때문이 아니라 그것이 우리 세계를 이해하기 위해 인류가 고안해낸 가장 강력한 세 가지 방법이기 때문이다.

세계에 대한 가장 난해한 질문과 진실, 아름다움, 선함에 대한 질문을 고려하는 시작점이 되는 학문체계 또한 그에 못지않게 중요하다. 진화는 우리가 어디에서 왔고 어떻게 지금 모습을 갖게 되었는지를 설명한다. 모차르트는 인간이 창조자이자 실행자로서 갈망하는 것이 무엇인지 보여준다. 홀로코스트는 우리 종의 구성원들이 간혹 저지르는 악행을 떠올리게 한다. 한쪽에는 학문을, 다른 한쪽에는 진실, 아름다움, 선함에 관련된 문제를 두고 그것 간의 일대일 대응을 그려낼 수는 없다. 마음의 여정과 경험의 지도 모두가 그렇게 뚜렷하지 않다. 그러나 가장 중요한 세 가지 가치를 교섭시키고자 할 때, 학문체계는 없어서는 안 될 가장 뛰어난 시녀 역할을 한다.

이러한 주장을 하면서 나는 다소 위험을 무릅쓰고 있다. 나는 학문체계를 실제로 더 통합적이고 도식적으로 나타냈다. 역사학자와 과학자는 자신이 무엇을 하고 있는지 묘사하는 최선의 방법에 동의하지 않을 것이다. 과학을 연구하는 역사학자도 있고, 지질학자처럼 자신의 작업을 역사적으로 바라보는 과학자도 있다. 그리고 예술가와 미학자는 기껏해야 어색하게 근접하는 듯 보일 뿐이다. 이런 각각의 학문체계는 독자적으로 진화하고 있고 내가 지금 제시한 설명은 50년 전에 주어졌거나 50년 후에 주어질 설명과는 다르다. 우리가 학생들을 학문체계로부터 차단하는 것은 너무 끔찍한 생각이고, 그렇게 차단할 것이 아닌 이상 우리는 하나의 그림을 가지고 시작해야 한다. 이것이 내가 이 장에서 보여주고자 한 것이다.

여태까지 나는 매우 선택적이었다. 실제로 핀치들의 집단, 오페라 가수들의 삼중주, 수십 년 전의 한 운명적인 만남을 집요하게 되풀이하면서 너무나 집중된 교육과정을 제시한 것 같다. 진화 또는 홀로코스트처럼 더 일반적인 개념으로 넘어가고, 또 역사나 과학처럼 대단히 중요한 학문체계로 넘어가는 동안에도 마찬가지였다. 독자들은 다음과 같은 질문을 던질 수도 있다. '왜 지질학이나 천문학이 아니라 진화생물학인가? 왜 춤이나 대중가요가 아니라 오래된 오페라 형태이자 200년도 더 된 작품인가? 왜 다른 사회과학이나 인문학적 체계가 아닌가? 그리고 왜 당신이 속해 있는 집단에 영향을 미친 그 끔찍한 사건에만 특별히 초점을 맞추는가?'

물론 맞는 말이다. 너무나 많은 주제와 개념과 학문분야가 있어서 그것을 언급하기만 하는 것만으로도 이 책에 버금가는 분량을 채울 수 있다. (문화를 이해하는 능력이나 특정한 정치적·학문적 집단에서 발전시킨 배움의 기준목록이나 문화적 이해 능력에 관한 허시의 책을 읽을 때 이를 더 생각하게 된다.) 우리 모두가 므두셀라*만큼 오래 살고

---

* 구약성경 창세기에 나오는 인물로, 노아의 할아버지이며 969세까지 살았다고 전해진다._옮긴이

우리 모두가 모든 주제에 대해 깊이 이해할 수 있는 방대한 기억력을 가졌더라면 좋았으련만!

그러나 우리는 그럴 수 없을 것이고 그렇지도 않다. 그리고 나는 매우 어려운 선택을 했다. 내가 선택한 세 가지만이 옳다고 주장하는 것은 아니지만, 그것이 중요한 후보라고 주장한다. 그리고 이해를 목적으로 하는 모든 교육은 궁극적으로 비슷한 어려운 선택을 하게 되리라고 생각한다. 여하튼 주사위는 던져졌고, 나는 이제 사람들 간의 극명한 차이가 이 적나라한 지식 내용을 전달하는 데 어떻게 동맹의 역할을 할 수 있을지에 보다 더 초점을 맞추어 이야기하겠다.

8장

세 가지 사례에
대한 탐구

교육의 목적은 궁극적인 답을 제공하는 것이 아니라
신비롭고 경이로운 느낌을 내동댕이치지 않으면서
이해력을 강화하는 것이다.

세 개의 빙산

◇ ▦ ◈

다양한 현상을 조사할 때 반드시 두 가지 현실에 직면하게 된다. 첫째는 이런 현상은 끝이 없다는 사실이다. 이는 다행스러운 일이다. 진화, 모차르트의 음악, 홀로코스트를 평생 공부하고도 수많은 부분이 아직 관찰되지 않은 채 남아 있을 수 있다. 두 번째 현실은 이런 개념에 접근하는 데 독보적인 방법은 없다는 것이다. 나는 다른 대안을 고를 수도 있었지만 핀치류가 알을 까는 것, 오페라의 삼중주, 반제 회의, 이 세 가지를 골랐다.

이를 흔히 사용하는 표현으로 세 개의 거대한 빙산의 일각이라고 생각할 수 있다. 이들은 각각 넓고 깊은 주제로 입문하는 좋은 길을 보여준다. 빙산 전체는 서로 전혀 다른 면으로 이루어져 있다. 즉 시작점(핀치류와 삼중주), 학문적 주제(진화론이나 홀로코스트라고 불리는 역사적 사건들), 근본적 문제(종이 어디서부터 생겨났는가, 어떻게 음악을 통해 파토스를 전할 수 있는가) 그리고 진실, 아름다움, 도덕의 근본 등이 모두 포함되어 있다. 그만큼 사람들은 평생을 이 주제에 바칠 수도 있다.

나의 프로젝트는 더 평범하다. 우선 세 가지 주제를 각각 다시 깊이 있게 검토하고 적합한 맥락에 위치시킬 것이다. 그 주제들이 일으키는 논쟁을 언급하고 학생들의 직관적인 오개념이 해결되면서 얻을 수 있는 몇 가지 이해를 시사하기도 할 것이다. 나는 의욕은 있지만 충분한 지식을 익히지 못한 젊은 청년과 함께 공부하듯이 이 과정을 진행하려고 한다. 우리 모두가 많은 면에서 아직 지식이 부족한 청년들이라고 생각하기 때문이다. 그러고 나서 학생들의 다중지능과 세계를 표현하는 다양한 방법을 활용하여 각양각색의 학생들에게 이러한 주제를 어떻게 가르칠 수 있는지를 보여주도록 하겠다.

다윈의 진화론

◇ ▓ ✿

사람들은 자연계에 대해 생각하기 시작했을 때부터 엄청나게 많은 종류의 식물, 동물, 인간(다른 인종의 사람들을 포함하여)에 충격을 받았다. 어떻게 이토록 많은 집단이 존재하고 번성했는가? 이종교배를 할 수 있었나? 왜 애완동물은 야생동물과 다른가? 오래된 종이 사라지면 새로운 종이 나타나는가? 그렇다면 그 과정은 어떻게 이루어지는가?

천지는 창조됐으며 그에 6일이 걸렸다는, 성서의 이 유명한 답에 종교적 근본주의자들은 여전히 동의하고 있다. 하지만 최근 몇 세기 동안에는 과학적 사고를 지닌 사람들 사이에서 다양한 진화이론이 인기를 얻었다. 그중 강력한 경쟁이론은 한 생명체가 경험으로 얻은 특성이 다음 세대로 유전된다는 라마르크의 견해다. 예를 들어 어떤 부모가 수영을 열심히 해서 등과 팔과 다리의 근육을 강하게 발달시켰다면, 그 부모가 활동적으로 생활하지 않았을 때보다 그 자녀들 그리고 그 자녀의 자녀 역시 근육질일 가능성이 크다는 것이다.

유력한 집안의 자제이자 오랫동안 진화에 관심을 가지고 있던 찰스 다윈은 성서의 견해와 라마르크의 견해 모두에 의심을 품었다. 다윈은 귀족계급의 자제로 자랐지만 개인적으로 의미 있는 도전을 하지 않은 것은 아니었다. 다윈은 어렸을 때 어머니를 여의었고, 학교생활에 냉담했으며, 자신의 신분에 맞는 관습적인 직업(의사, 성직자)을 얻을 열망도 없었고, 앞으로 자기 인생을 어떻게 살아야 할지 알지 못했다.

타고난 박물학자였던 젊은 다윈은 항상 생명체에 관심이 있었고, 식물과 동물에 관해 방대한 지식을 쌓아나갔다. 그는 야외 활동(승마, 사냥, 곤충채집)을 즐겼다. 22세 때 세계를 일주하는 배의 박물학자로 일할 기회가 주어지자 그는 아버지의 반대를 이겨내고 그 기회를 덥석 잡았다.

2년으로 계획되었지만 5년의 항해로 바뀐 이 여행 중에 다윈은 남아메리카를 두 번 방문했다. 그는 여행 내내 자신이 방문한 지역의 살아 있는 견본, 오래전에 멸종된 생물의 화석, 지질학과 생태학에 대한 정보를 모으는 데 몰두했다. 특히 남아메리카 북서쪽 해안으로부터 600마일 떨어진 갈라파고스 제도에서의 경험에 충격을 받았다. 그는 그리 오래되지 않은 화산 활동으로 형성된 작은 열대 군도에 사는 다양한 생명체에 대해 기록해나갔고, 거대 도마뱀(이구아나), 거북이, 큰 남생이, 물개들에 매료되었다.

갈라파고스 제도를 여행하면서 다윈은 물갈퀴발 가마우지, 비둘기, 핀치를 포함한 다양한 종류의 새에 주목했다. 새들은 아주 잘 길들여져 있어서 사람이 잡아 올릴 수 있을 정도였다. 그는 갈라파고스 군도에만 있는 스물여섯 종류의 특별한 육지 조류들을 수집했다. 특히 핀치류의 다양성은 주목할 만해서 다양한 견본을 수집했다. 어떤 새들은 땅 위에 서식하며 식물 씨앗을 먹고 살았고, 또 어떤 것들은 나무에 서식하며 곤충이나 잎을 쪼아 먹었다. 핀치류는 자신의 식성에 따라 특별한, 즉 길고 뾰족하거나 짧고 무거운 부리를 가지고 있었다. 초기에 다윈은 이러한 특징에 따라 새들을 편리하게 분류할 수 있었다. (핀치류인 줄도 모르고 몇몇 새를 수집하기도 했다.)[1] 또한 다른 섬의 흉내지빠귀mockingbird들 간의 차이점에 대해 "각각의 종은 자신의 섬 내에서는 일정하다. 이는 앞서 남생이에 관해 언급한 사실과 동일하다"고 기록했다.[2] 체류 기간 막바지에 그는 한 섬에 서식하는 몇몇 종은 다른 섬에는 없다는 사실을 떠올렸다. 그리고 몇 달 후 영국으로 돌아오는 길에 서로 가까이 있는 섬에서 포착한 다양한 동물군을 더 체계적으로 검토했다. 조류학 관련 메모에서 그는 진화에 대해 다음과 같은 첫 번째 잠정적 질문을 제기했다. "이 섬을 서로 비교하여 살펴보니 동물의 수가 별로 많지는 않은데, 그중 하나가 이 새들이다. 이 새들이 구조적으로 조금씩 다르면서도 자연계에서 같은 위치를 차지하는 것을 보면, 이들은 그저 변종이라고 추측해야 한다. …… 이 말에 아주 희미한 근거라도 있다면 이런 정보는 종의 안정성이라는 개념을 약화할 것이므로 (갈라파고스) 제도의 동물계를 조사할 가치가 있을 것이다."[3]

모국인 영국에서 다윈은 벌써 유명세를 타고 있었다. 많은 사람들이 그의 여행에 대해 알고 있었고 그의 관찰에 흥미를 가졌다. 그의 이야기는 비공식적으로 유포되다가 결국《연구저널Journal of Researches》과《비글호 항해의 동물학The Zoology of the Voyage of H. M. S. Beagle》으로 출판되었기 때문이었다. 조류학자 존 굴드는 다윈과 비글호 동료들이 그전에 관찰된 적 없는 핀치 종을 관찰했다고 평가했다. 게다가 이 열세 가지는 각각 다른 종을 나타냈다(그림 1). 굴드는 새들을 꼬리 구조, 몸통 형태, 깃털을 기준으로 하여 네 가지 하위집단으로 나눴다. 다윈이 말했듯이, "가장 궁금한 점은 다른 종류의 게오스피자Geospiza속屬에 해당하는 종의 부리 크기가 콩새만 한 것부터 푸른머리핀치chaffinch만 한 것까지 완벽히 단계적으로 변화한다는 것이다."[5]

이 현상은 어떻게 일어난 것일까? 다윈은 당시의 정설, 즉 종은 바뀌지 않고 단번에 창조되며 이후에는 본질적으로 변하지 않는다는 생각에 의심을 제기하기 시작했다. 증거는 정반대 방향을 가리켰다. 종은 고정되어 있다기보다 끝없이 변화하고 각각 자리한 생태적 위치에 맞게 조절되어 있는 것처럼 보였다. 어쩌면 모든

그림 1 다양한 종의 핀치들[4]

핀치 새는 공통의 조상을 가지며, 이것이 특정한 섬의 생태 조건에 따라 다른 종으로 다양하게 뻗어 나가는 것일 수도 있었다.

섬은 일종의 실험실 역할을 했다. 각각의 섬은 충분히 떨어져 있어서 종, 특히 육지에 사는 새들이 그곳에 안정적으로 남아 있을 수 있었고 쉽게 떠나지 못했다. 따라서 한 섬에 있는 각기 다른 종과 이웃 섬에 있는 다양한 닮은꼴 종(밀접하게 관련된 종)의 발생 정도를 관찰할 수 있었으며, 멀리 떨어진 지역에 있는 관련 종에서도 이를 관찰할 수 있었을 것이다.

생물학적 사고를 지닌 다윈은 이런 단서와 특징을 가지고 머릿속에서 다양한 실험을 하며 씨름했다. 그는 천 년에 걸쳐 일어난 지리학적 변화와 관련해 그와 비슷한 문제로 고민한 자신의 멘토 찰스 라이엘Charles Lyell의 연구에서 큰 영향을 받았다. 다윈은 알파벳으로 정리된 새로운 노트를 한 세트 장만했다. 거기에 자신이 관찰한 것들을 더 넓은 이론적인 뼈대 속에서 기록하려고 했다. 이 노트들 중 그의 프로젝트에서 가장 중요한 것은 'B 노트'로, 종의 진화나 '변형'과 관련하여 계속 변화하는 자신의 아이디어들을 기록한 것이었다.

흔히 알려진 것처럼, 토머스 맬서스Thomas Malthus의 고전적인 경제분석서《인구론An Essay on the Principle of Population》을 다시 읽으면서 다윈의 생각은 더 분명해졌다. 맬서스는 한정된 토지와 음식, 기타 자원보다 인구가 지나치게 많이 증가할 때마다 적자생존, 생존을 위한 투쟁이 일어났다고 말했다. 다윈은 이 상황을 종 내외에서의 변화에서 유추했다. 가장 강한 것, 즉 환경에 가장 적합한 것들은 생존하고 번성하고 크게 번식할 것이다. 환경에 적합하지 않은 것들은 경쟁이 더 적은 새로운 거주지를 찾거나, 자신들에게 더 적합한 거주지를 찾거나, 냉혹한 생존경쟁에서 더 적합한 것들에게 패배한다. 다윈은 그의 노트에 이렇게 적었다.

쐐기 십만 개와 같은 힘이 모든 종류의 적응된 구조를 자연질서의 틈 속으로 밀어 넣으려고 하거나, 오히려 약한 것들을 밖으로 밀어내어

틈을 만들려고 한다고들 한다. (원문대로 한다면) 이 모든 쐐기를 박는 마지막 과정은 적합한 구조를 구별하여 이를 변화에 적응시키는 것이어야 한다.[6]

1830년 말에 다윈은 자신의 노트에 진화론에 관한 주요한 구성 요소들을 모으고 정리해서 친한 친구들에게 시험적으로 선보였다. 그러나 대중에게 공개하는 것은 망설였다. 그의 이론은 그 시대의 전통인 천지창조론에 대한 그 자신의 믿음 그리고 아내 에마의 굳건한 종교적 신앙에 반하는 것이었다. 그래서 대중적으로 공개하기보다는 자신의 현재 생각에 대한 몇 가지 힌트를 주위 사람들에게 보여주고자 했다. 1845년판 논문에서 그는 이렇게 썼다.

섬들의 크기가 작다는 것을 고려해보면, 우리는 그 섬에 사는 토착종의 숫자와 한정적인 종의 범위에 더욱 놀라게 된다. …… 작고 밀접하게 관련된 어느 조류집단 속에서 이러한 구조의 단계적 변화와 다양성을 볼 수 있고, 이 군도에 살던 소수의 원시 조류로부터 하나의 종이 다른 하나의 종이 되거나 적응하도록 변화했다고 상상할 수 있다. …… 시간적으로나 공간적으로나, 우리는 이 지구에서 새로운 존재의 첫 출현, 그 신비 중의 신비인 사실에 가까워지고 있는 것 같다.[7]

다윈은 20년 가까이 지인들과 대화를 주고받고 서신으로 교류하며 자신이 내린 결론이 과학자들과 일반인의 관심을 끌 방법을 제대로 충분히 결정하지 못한 채 자신이 관여한 중대한 프로젝트에 대해서만 언급했다. 이 기간에 그는 다른 지역의 동료들과 함께 신랄한 토론을 하거나 새로운 자료를 수집하면서 제기될 수 있는 모든 반대론에 머릿속으로만 대처했다. 그의 강박관념과 미루는 버릇은 동료 박물학자인 앨프리드 러셀 월리스 Alfred Russel Wallace 가 자연도태에 관한 비슷한 결론을 얻었다는 소식에 갑작스럽게 멈췄다. 과학적 저작권을 조금이라도 얻으려면 다윈은 즉시 논쟁 중인 자신의 이론을 대중에게 공개하는 수밖에 없었다. 1858년 그는 린네 학회 Linnaean Society에서 처음으로 이를 월리스와 공동으로 발표했고, 곧이어 그의 저서인《종의 기원》에 실었으며, 그다음 해에 이 책을 출간했다.

그 이론의 기초는 쉽게 설명할 수 있다. 개별 유기체는 번식할 수 있을 때까지 생존하려는 최우선의 그러나 무의식적인 목표가 있다. 그렇게 하지 않으면 그들은 후손이 없을 것이고, 그들의 계보는 사라질 것이다. 자원과 공간이 한정되어 있으므로 모든 유기체가 생존할 수는 없다. 사실 적자를 식별하기 위해 끊임없이 지속되는, 가이드조차 없는 생존을 위한 몸부림이 존재한다.

하나의 종이나 집단 내의 개체들이 모두 똑같지는 않다. 그러나 발생적 유전에 관한 이론이 부족했기 때문에 다윈은 어떤 종의 개체들은 예측할 수 없는 방식으로 경미하게 달라진다는 사실을 이해하지 못했다. 이러한 변이 중 몇몇은 특정 포식자나 은신처 같은 방어적 특징을 통해 환경에 더 적합한 것으로 밝혀졌다. 제한된 공간과 자원을 가진 이 운 좋은 생물체들은 번식할 때까지 생

8장 세 가지 사례에 대한 탐구

존할 확률이 더 높고, 같은 종인 다른 개체의 자손보다 더 이로운 특성을 가지고 있는 그 자손 또한 평균적으로 생존할 확률이 더 높다.

이러한 과정들이 수많은 세대를 거쳐 반복되면서 특정한 지역의 개체와 종의 배치가 변화되곤 한다. 어떤 무리는 생존에 어려움을 겪는 반면, 어떤 무리는 번성한다. 서로 교미를 통해 번식할 수 없을 정도로(또는 생식력 있는 자손을 낳지 못할 정도로) 두 무리의 특징이 충분히 갈라지면, 그들은 더 이상 같은 종이 아니다. 그리고 어떤 종이 더 이상 그 환경에 어울리지 않는다면 그들은 이주하거나 멸종할 위험에 처하게 된다.

이런 대략적인 설명은 이후 150년 동안 수정되어온 다윈의 이론 가운데 빙산의 일각일 뿐이다. 예를 들면 우리는 이제 어떤 특질들이 유전되는지 알고 있다. 그레고어 멘델^{Gregor Mendel}이 처음 제안한 유전이론이 전체적인 뼈대를 보여주며, DNA의 구조와 복제는 그 메커니즘을 알려준다. 많은 이들은 이제 유전자를 지닌 생명체가 아니라 유전자 간의 투쟁을 이야기한다. 우리는 진화생물학과 유전학적 연구의 '신다윈주의'로부터 지혜를 얻었다.

또한 우리는 다윈이 연구한 다양한 주제와 중심 사상에 대해 더 상세한 지식을 많이 알고 있다. 금세기 초에 데이비드 랙^{David Lack}은 갈라파고스 제도를 방문하여 그 유명한 다윈의 핀치류에 대해 더 정확한 정보를 확보했다.[8] 이제는 핀치류가 하나의 공통된 조상으로부터 진화되었다는 것, 지질학적 에너지와 지리학적 요소들로 인해 특정한 모양으로 섬에 분포했다는 것, 부리 크기는 종

특유의 먹이와 관련되어 있다는 것(곤충을 먹기 위해 혹은 틈 사이로 먹이를 쪼아내기 위해 아니면 선인장을 먹기 위해), 부리 크기는 다른 많은 종류의 핀치류가 함께 서식할 때 하나의 종 내에서 더 균일하며, 같은 섬 안에 종이 더 적을 때 더 다양하다는 것, 빈번한 가뭄이 새로운 종의 출현을 자극할 수 있다는 것을 알게 되었다. 다윈으로부터 시작된 진화에 대한 연구는 빠르게 발전하고 있다. 피터 그랜트^{Peter Grant}와 로즈메리 그랜트^{Rosemary Grant} 그리고 그 제자들의 최근 연구 덕분에 우리는 핀치들이 다양한 종류의 씨앗을 먹는 데 적합한 부리의 크기, (부리의 크기를 포함하여) 짝짓기의 패턴에서 노래의 역할이나 부리가 겉에서 보이는 모양, 바뀌는 기온에 따른 핀치류의 다양한 변화, 가끔 엄청난 속도로 나타나는 새로운 핀치 종이 출현 또는 멸종하게 되는 환경에 대한 수치화된 정보를 얻게 되었다.

다윈의 진화론은 인간이 하등동물로부터 초기의 영장류로 최근까지 진화했다는 것뿐만 아니라 더 높은 지위의 권위자가 진화를 감독하지 않는다는 것을 주장한다는 점에서 당시에 많은 사람들이 받아들이기 힘든 혁신적인 이론이었다. 다윈의 주장은 무작위의 변화만 있고 그중 어떤 것이 더 적응에 유리할 뿐이라는 것이다.

이는 또한 영감을 불러일으키는 이론이었다. 다윈은 자신의 논문을 이렇게 끝맺었다.

다양한 종류의 많은 식물들로 뒤덮여 있고, 새들은 관목에서 노래하며 다양한 곤충들이 날아다니고, 벌레들이 촉촉한 땅을 기어다니는 형클어진 기슭을 생각하는 것은 흥미로운 일이다. 또 이렇게 정교하게 구조화된 형태가 서로 매우 다르고 또 매우 복잡한 방식으로 서로 의지하는 모습이 우리 주변의 법칙으로 만들어진다는 것을 숙고하는 것도 매력적인 일이다. …… 이렇게 해서 생존전쟁에서부터, 즉 굶주림과 죽음으로부터 우리 모두 생각해낼 수 있는 가장 고귀한 것, 고등동물이 출현했다. 생명에 대한 이 관점에는 원대함이 있다. …… 너무나 단순한 시작점에서 가장 아름답고 가장 환상적인 형태로 끊임없이 진화하고 있는 것이다.[9]

다윈이 주장한 바의 요점은 놀랍게도 건재하고 있다. 최근에는 진화의 속도와 시기에 대한 열띤 토론이 이루어지고 있다. 상대적으로 안정적인 시기 사이사이에 훨씬 더 빠른 속도로 진화하는 시대가 있을 수 있다(단속평형punctuated equilibrium 이론). 진화과정에 대해 우리가 실제로 이해한 것과 미묘한 차이가 나는 발견들이 자주 나타나기도 한다. 공룡들이 갑자기 사라진 이유, 조류와 공룡의 관계, 고대 지질 시대부터 이어진 몇몇 종의 놀라운 생존, 수십억 년 전에 실재한 생명의 기원이 그런 것들이다. 다양성이 어디서 끝나고 종이 어디서 시작됐는지를 다윈이 제대로 상정하지 못했던 것처럼, 집단생물학자들은 종의 정의와 유전자, 개체 생명체, 전체로서의 종 개체 수의 상대적 중요성을 가지고 아직도 씨름하고 있다.

이 모든 발견이 다윈의 진화론과 직접적으로 연관 있는 것은 아니고, 그 연구를 위해 진화론에 대한 자세한 지식이 필요한 것도 아니다. 하지만 다윈이 처음 만들어낸 생각의 줄기는, 인공적인 생명체의 새로운 형태에 대한 가능성을 생각할 때뿐만 아니라 식물과 동물에 대해 체계적이고 적절하게 생각하고자 할 때 필수적인 도구가 된다. 이러한 이유로 나는 교육과정이 다윈의 진화론을 중심으로 잘 구성될 수 있다고 믿는다. 이 주제는 생물학적 쟁점의 장대한 흐름을 따라가게 한다. 만약 이 이론을 제대로 이해하지 못한다면 많은 이슈를 완전히 잘못 해석할 확률이 높다.

진화에 대해 더 깊이 이해하려면 사람들은 예전에 자신이 생각하고 있던 종의 존재와 번식에 대한 개념들을 고려해야 한다. 우리 시대에 이러한 개념들에는 이전의 직관, 종교적 설명, 다양한 과학적 주장에 관한 부분적 지식(특히 사람이 털이 거의 없는 직립 원숭이라는 개념)이 포함될 수 있을 것이다. 진화과정을 더 깊이 이해하기도 전에 개개인은 자연계에 대한 근거 없는 관점들을 가지고 있을 수 있다. 진화의 근본(그리고 진화론적인 사고방식)을 숙달할 때 우리는 자연계의 진실에 접근할 수 있다.

모차르트의 음악

◇ ▩ ◈

모차르트는 재능을 타고난 역대 최고의 음악가 중 한 사람이다. 18세기 중반에 그는 젊은 천재로서 피아노와 다른 악기 연주에서 놀라운 솜씨를 뽐내며 유럽을 순회했다. 그는 네 살 혹은 다섯 살 때부터 작곡을 시작했고, 청소년기부터 성숙한 작품을 남겼으며,

요절한 서른다섯 살 때는 역사상 가장 많은 곡을 작곡한 음악가 중 한 사람이 되었다. 오스트리아의 음악 연구가 쾨헬Köchel이 수십 개에 이르는 오페라, 오라토리오(성담곡聖譚曲), 교향곡, 협주곡을 포함한 626개의 작품을 연대순으로 기록했다.

모차르트는 음악적 또는 정치적 혁명가가 되려고 하지는 않았다. 그는 그저 음악을 창작하기 위해 살았다. 그의 작품 중에서 귀족과 하인의 애정관계를 풍자한 〈피가로의 결혼〉보다 더 사랑받는 작품은 없다. 희극이지만 이 오페라가 바탕을 둔 보마르셰의 연극은 사회계층과 그들이 각각 지닌 특권을 묘사하고 자신의 운명을 추구하는 인간(심지어 평민일지라도)의 권리에 대한 근본적 질문을 다룬다. 대중에게 큰 인기를 얻은 연극이지만, 정치적·사회적 주제에 대한 그 체제전복적인 성격 때문에 많은 곳에서 상연이 금지되었다. 실제로 나폴레옹은 프랑스혁명이 〈피가로의 결혼〉에서 시작되었다고 말했다.

이 원고에 매료되어 모차르트는 로렌초 다 폰테와 공동으로 같은 이름의 4막짜리 오페라를 만들었다. 검열의 위험을 피하기 위해 그들은 정치적으로 아주 민감한 대사와 묘사들을 삭제했다. 1786년에 빈에서 초연된 오페라 버전의 〈피가로의 결혼〉이 엇갈린 평가를 얻으며 아주 짧은 기간 동안만 상연되었다는 것이 놀랍다. 하지만 이 작품은 한 세대만에 주요한 레퍼토리가 되었고, 최근 두 세기 동안 전 세계에서 셀 수 없이 많이 상연되었다.

예술 작품은 다양한 수준의 교양에서 다양한 형태의 이해를 필요로 한다. 단어 선택, 이야기 순서, 특정 인물들과 그들 각각의 행동과 동기를 비롯한 플롯을 이해하는 것이 필요하다. (이것은 어떤 텍스트를 익히기 위해 필요한 것과 유사하다.) 정치적이고 사회적인 창작물로서 만들어진 작품을 이해하기 위해서는 그것이 처음으로 대중에게 공개되었을 때 또는 그 후에 일어난 반응을 다루어야 한다. (이것은 논쟁의 여지가 있는 주제를 다룬 모든 예술 작품의 이해에서도 나타난다.) 그리고 각 장르마다 다른 음악이 어떻게 구성되고 어떤 영향을 가져오며 어떻게 그리고 왜 특정 효과가 만들어지는지와 같은, 음악에 대한 이해가 있어야 한다. 다음으로 내가 제시한 이해의 사례들은 대부분 청취자 혹은 시청자들이 〈피가로의 결혼〉 악보를 보고 공연을 감상하는 것과 관련이 된다. 그리고 특별히 이해를 위한 하나의 주제로서 나는 1막 끝부분에 나오는 4분짜리 삼중주를 골랐다.

내가 앞에서도 언급했듯이, 이 삼중주는 예쁘고 젊은 하녀를 유혹하고 싶어 하는 권력 있는 귀족인 백작 알마비바(바리톤), 알마비바에게는 관심이 없고 피가로와의 임박한 결혼을 무척 기대하는 하녀 수잔나(소프라노), 수잔나와 백작부인 모두의 음악선생인 바질리오(테너)로 구성된다. 어쩌면 이 오페라에서 가장 매력이 없는 인물이라 할 수 있는 바질리오는 백작이 수잔나를 가질 수 있게 해주고 적당한 보상을 받고 싶어 한다. 그러나 그는 무엇보다 남들의 곤란을 즐기는, 말주변 좋은 표리부동한 사람이다.

무대에는 있지만 삼중주에서 노래를 하지 않는 인물로 케루비노(소프라노)가 있다. 그 이름이 암시하듯이 케루비노는 사랑스러운 열세 살짜리 시동이다. 케루비노는 백작부인과 수잔나를 포함한 모든 여성과 사랑에 빠졌다. 케루비노는 백작이 다가올 때 수잔나의 방에 있었고, 수잔나는 그를 의자 아래에 숨겨 원피스로(어떤 버전에서는 담요로) 그를 가렸다.

내가 '충돌하는 의도의 삼중주'라고 별명을 붙인 이 부분에서는, 각 인물이 자신의 특정한 목표를 따라가며 다른 두 사람과 적정한 관계를 유지하려 애쓴다. 그러므로 알마비바는 음탕한 시동 케루비노에게 화를 내지만, 사실은 수잔나에게 구애하며 그녀의 결혼을 방해하려는 것이었다. 수잔나는 쓰러지는 척하지만 사실은 케루비노를 감춰주려 하고 피가로와 결혼하여 행복하게 살 수 있도록 알마비바와 바질리오를 자신의 방에서 내쫓으려 한다. 바질리오는 약속을 어긴 것을 사과하지만, 사실 그는 이 상황을 관찰하고 선동하면서 이 곤란한 상황을 즐기고 있다. 오페라의 극이 진행되면서 갈등하는 의도들을 강력하고 유쾌하게 전달하는 것이 이 삼중주의 업적이다.

편의상 이 삼중주를 아홉 개 부분으로 나누어 그 장면에 알맞은 이름을 붙이겠다. 부록에는 이 악보의 일부가 수록되어 있다. 이탈리아어로 된 원래의 가사와 내가 번역한 가사가 모두 수록되어 있으므로 악보가 익숙하지 않은 독자들도 참조하는 데 도움이 될 것이다. 언제 가수가(홀로, 둘이서 아니면 셋이서) 들어오는지 그리고 어떤 악기들이 다양한 소절에 사용되는지 알 수 있다. 그리고 음악의 다양한 양상(예를 들면 더 높은 혹은 더 낮은 음역으로 움직이는가, 음 패턴이 반복되는가 등)을 따라갈 수 있다. 녹음된 것을 들으며 악보를 볼 수 있다면 더욱더 좋다.

그림 2 〈피가로의 결혼〉의 한 장면

1. 계획 세우기(1~34마디)

각각의 등장인물이 자신의 목적을 (스스로에게 그리고 관객에게) 드러낸다. 분명히 화가 나 어느 때보다 무례한 백작은 케루비노를 내쫓고 싶어 한다. 그는 케루비노가 방 안에 숨어 있으면서 모든 것을 듣고 있다는 것을 모른다. 그리고 은밀하게 수잔나를 계속 유혹하려 한다.

바질리오가 등장해 수잔나와 백작을 방해한 것을 사과한다. 사실 그는 음모를 매우 좋아해서 그들 사이에 끼어든 것을 유쾌해 한다.

수잔나는 자신의 결혼식을 준비하고 케루비노를 숨겨주기 위해 이 방해자들을 쫓아버리고 싶어 한다. 그래서 그녀는 꾀를 내어 공포에 질린 척하고 쓰러진다.

케루비노를 쫓아내려는 백작과 자신이 방해한 것을 사과하는 바질리오, 두 남자 모두 다른 데 정신이 팔려 방에서 나갈 생각을 하지 않자 수잔나는 몇 번이나 벌벌 떠는 모습을 보여주며 현기증을 표현한다.

2. 수잔나의 불안(35~63마디)

결국 높은 내림 라 음을 내며 수잔나는 남자들의 주목을 받는다. 그들은 '가련한 소녀'를 어쩌면 너무 은밀한 방법으로 회복시키려 한다. 그들은 그녀의 심장이 두근거리는 것을 알아차린다. 계속되는 8분음표의 오케스트라 배경음은 마치 규칙적인 심장박동 소리를 내는 듯하다.

3. 회복(64~69마디)

음악이 갑자기 명랑한 라장조로 바뀌며, 수잔나는 기절 상태에서 갑작스럽게 회복된 것처럼 가장한다. 그녀는 자신이 케루비노가 숨어 있는 의자 쪽에 있을지도 모른다는 생각에 놀라 일어난다. 남자들의 신체적 접촉에 난처해하며 목소리를 높이고 혼자 있게 해달라고 간청한다.

4. 수잔나 안심시키기(70~84마디)

또 다른 주요 변화가 일어난다. 이번에는 다시 안정적인 내림 마 음으로 돌아간다. 바질리오와 백작은 자신들은 도움을 주려고 했을 뿐이라고 변명하며 수잔나를 안심시키려 한다. 음성과 반주가 안심시키는 짧은 노래를 전해주며, 달래는 듯한 안정된 음조로 편안하게 막간을 채운다.

5. 다시 하인에게로(85~100마디)

화제를 바꿀 기회를 잡자 바질리오는 사과의 톤으로 오보에에 맞춰 자신이 퍼뜨리고 있던 케루비노와 백작부인 간의 관계에 대한 소문으로 화제를 되돌린다. 설교조의 높은 목소리 톤으로 수잔나는 헛소문을 퍼뜨리지 말라고 주의를 준다.

6. 시동을 추방하라(101~115마디)

손목을 빠르게 까닥이며 백작은 시동(케루비노)을 추방할 것을 명한다. 세 등장인물 모두 간단한 듀엣에서뿐만 아니라 문답식 소절에서도 시동을 '파베리노', 즉 불쌍한 사내아이로 지칭한다. 그러나 이들은 모두 확실하게 다른 의미로 이 약칭을 반복한다. 수잔나는 진정한 유감의 의미로, 백작은 야유의 의미로, 바질리오는 (그 성격답게) 한 입으로 두말을 하고 있다.

7. 케루비노가 무슨 짓을 했는가?(116~136마디)

톤을 높이면서 수잔나와 바질리오는 케루비노에 대한 자세한 정보를 묻는다. "그가 무슨 짓을 했는가?" 그리고 "어째서 그런가?" 이에 백작은 케루비노가 젊은 하녀 바르바리나와 함께 있는 것을 어떻게 발견했는지를 서창recitativo(대사를 말하듯이 노래하는 형식)으로 표현한다. 자신감 넘치는 알마비바는 자신이 어떻게 테이

블에서 천을 치우고 숨어 있던 케루비노를 발견했는지 회상한다.

오페라 전체에서 시각적으로 가장 기억나는 장면으로, 백작의 몸은 점점 낮아지고 그의 목소리 또한 한 옥타브 아래로 점점 내려간다.

8. 발각(137~139마디)

현악기와 관악기가 연주되며 긴장감이 증대되는 가운데 백작은 수잔나의 방 안 의자에 숨어 있던 케루비노를 발견한다. 오케스트라는 관객이 이 놀라운 발견을 인식하고 호탕하게 웃을 수 있을 만큼 길게 가 음을 연주한다.

9. 세 번의 역전(140~161마디)

이 삼중주에 관한 1분짜리 결론(이 중 처음 부분은 부록에 실었다)에서 수잔나, 백작, 바질리오는 자신의 가장 깊은 속마음을 다른 배우에게는 드러내지 않지만, 자신과 관객들에게는 공개하며 동시에 노래를 부른다. 삼중주 시작 부분의 주제가 직접 인용과 전도된 형태로 반복되며, 소나타 같은 형태로 마무리한다.

백작 : 수잔나는 보기보다 순수하지 않다(이제야 알겠다).

반어적으로 백작은 수잔나를 '가장 순수한' 젊은 여성이라 지칭한다.

수잔나 : 상황이 이보다 더 나쁠 수는 없어. 아, 슬프도다(무슨 일이 일어나는 거지?).

바질리오 : 갈수록 좋아지는데(그건 아름다운 여자들 모두가 하는 짓이야)!

삼중주를 처음 들을 때 클래식 음악에 익숙한 청취자들도 혼동할 수 있다. 오페라와 전혀 친숙하지 않은, 어쩌면 오페라에 거부감을 가진 젊은이나 나이 든 사람들은 당연히 당황할 것이다. (갈라파고스 제도에서 새들의 다양성을 처음 목격했을 때 다윈이 느꼈던 혼란을 떠올려보라.) 그러나 줄거리 자체가 이해되기 때문에 내가 그랬듯이 서로 뒤엉켜 있더라도 삼중주의 주요 흐름을 쉽게 이해할 수 있다. 과거에는 녹화할 방법이 없어 이 장면을 몇 번씩 보기가 힘들었을 것이다. (악보를 열심히 살피고 듣고 연주할 수 있는 사람들만 집중할 수 있었다.) 물론 지금은 공연 동영상을 구해 원하는 만큼 삼중주를 듣고 그 장면을 볼 수 있다.

삼중주를 이해하는 좋은 방법은 여러 번 듣는 것이다. 가끔은 음악을 그냥 들어야 한다. 만약 자신이 이해하지 못하는 언어로 노래된다면 번역된 가사를 읽는 것 또한 도움이 될 것이다. 이렇게 열중한다면 주요 멜로디, 악기편성법, 가락과 리듬의 변화, 가수들의 대사, 서로를 대화하는 장면, 독백하는 장면, 절정 부분과 휴식 부분에 익숙해질 것이다. 만약 비디오플레이어 또는 시디롬이 있다면 동작도 관찰할 수 있다.

평소에는 더욱 집중해서 들어야 한다. 악보를 읽을 때나 혹은 가능하다면 내가 했던 것처럼 주요 부분을 지적해줄 수 있는 사람과 함께 있을 때는 더 그렇다. 얼마 후에는 대략 누가 어떤 효과를 위해 무엇을 부르는지 알 수 있을 만큼 삼중주에 익숙해져야 한다. 우리의 인지적 어휘력을 사용하여, 이 4분짜리 곡의 주요 언어적·음악적·연극적 사건들에 알맞은 포괄적인 '정신적 표상'을 발전시켜야 한다.

이때 청취자들은 새로운 도전에 대면할 준비가 되었다고 할 수 있다. 창작자들이 사용하는 도구와 기법을 이용해 이 곡에 대한 경이로운 경험을 체계적으로 정렬할 수 있게 되는 것이다. (바로 이것이 관객들에게 풍부한 경험을 선사하기 위해 여러 매체로 사용하는 예술가들의 작업에서 청취자가 얻을 수 있는 보답이다.) 악보에 대해 간단히 말하자면 모차르트와 다 폰테는 다양한 요소를 많이 이용한다. 즉 멜로디와 하모니, 다양한 가락, 규칙적인 혹은 변화하는 박자, 소절 나누기, 다양한 악기와 그 악기들의 그룹화, 단독으로 혹은 함께 노래할 수 있는 역량을 갖춘 상태에서 적절하게 배치되고 조정된 세 사람의 목소리가 그것이다. 거기에 무대공연적인 요소가 더해진다. 의상을 입고 서로와 관객을 향해 행동과 몸짓을 하는 주인공들, 무대, 조명, 오케스트라의 연주 등이 가미되는 것이다. 오페라 작품이나 멀티미디어적인 예술 표현을 만들고 수행하는 데 중요한 요소들을 자유자재로 두드러지게 배치한다.

이 삼중주를 분석하는 데 몇 시간을 투자해야 할 수도 있다. 공연하는 데 세 시간이나 걸리는 오페라의 나머지 부분에 대해서는 두말할 나위도 없다. 그러나 나는 폭넓은 조사보다 깊이 있는 분석이 감춰진 것들을 더 잘 드러낸다고 믿는다. 그래서 삼중주 같은 특정한 곡이나 한 곡 속의 특정한 구절을 면밀히 검토하는 것을 좋아한다. 예를 들면 수잔나가 쓰러지는 척하기로 결심했을 때의 음악적 변화, 백작과 바질리오의 관심을 돌리려는 그녀의 난처한 상황, 목적을 이루기 위해 그녀가 사용했던 언어적·음악적·연극적 기술에 집중할 수 있다. 두 번째 초점은 인물들이 '불쌍한 사내아이'에 대해 노래하는 대조적인 방식(음표, 시점, 억양)에 두게 될 것이다. 백작이 숨어 있던 케루비노를 수잔나의 의자에서 발견할 때 등장하는 음악적·연극적 변화는 특히 흥미롭고 의미심장한 세 번째 초점이 된다. 사건마다 예술가는 음악적이고 극적인 방법을 적절하게 사용함으로써 분위기, 행동, 반응, 상호작용을 재빠르고 정확하게 전달한다.

또한 놀라울 정도로 빠르게(그리고 굉장히 흥미진진하게) 주인공들의 상대적인 균형이 변화한다. 수잔나는 처음에 당황스러워하며 쓰러지는 척하지만 회복하면서 분위기상 주도권을 쥐었다가 그녀의 방에 숨어 있던 케루비노가 발각되었을 때 자신의 무기가 사라져버린 걸 알게 된다. 바질리오는 사과하며 등장하다가 케루비노의 운명을 궁금해하면서 자신을 둘러싼 혼란을 즐긴다. 처음에는 바질리오가 케루비노를 문란하다고 험담하는 것에 노여워하던 백작도 수잔나가 쓰러지자 인간적으로 변한다. 그는 케루비노와 바르바리나의 부정한 행위를 떠올리며 다시 화를 내다가 수잔나의 애인으로 보이는 자의 정체가 밝혀지자 우쭐하며 우월감을 드러낸다. 각 인물들이 어떻게 사회계층의 표본으로서가 아닌 한 인

8장 세 가지 사례에 대한 탐구

간으로 묘사되었는가에 주목해보자. 이러한 민주적인 표현방식은 〈피가로의 결혼〉이 가진 혁신적인 모습이다.

많은 예술적 성과는 전문적인 특수용어 없이도 전달할 수 있다. 예술가가 관객들이 미학자로 구성되어 있기를 바라지 않는 것은 당연하다. 그러나 교육적 의미에서 학생들이 음악적 기법과 그 명칭을 알거나 배울 수 있다면 귀중한 기회가 될 것이다. 설사 어떤 학생이 그 악보를 읽지는 못하더라도 그 음악이 등장하기까지 발생한 사건들을 시간 순서에 따라서뿐만 아니라 미학적 차원에서도 이해할 수 있다면, 가락의 변화, 악기편성법의 변화, 리듬이나 박자의 변화를 감지할 능력이 있다는 것이 중요하다. 실제로 관객이 음악과 연극에 대해 더 많이 알고 있다면 각각의 공연에서 더 많은 가치를 얻을 수 있을 것이다.

삼중주는 〈피가로의 결혼〉에서 빙산의 일각일 뿐이다. 이는 길고 복잡한 작품 중 단지 몇 분에 불과하다. 억지로 떼어내어 분석할 때만 독립적으로 들린다. 그러나 이 부분을 작품 전체의 공연에서 이해한다면 전적으로 다른 색채를 지닌다. 모차르트와 다 폰테가 가진 천재성은 홀로그램 같다고 할 수 있다. 삼중주가 작품 전체를 대신할 수는 없다. 만약 삼중주가 전체 작품의 일부분으로 이해된다면 우리는 부분과 전체를 왔다 갔다 하며 이해할 수 있다. 수잔나가 케루비노와의 관계에서 결백하다는 것을 알면 뒷부분부터 들을 수도 있고, 알마비바가 결국에는 자신의 외설적인 음모로 곤란하게 될 것을 기대하면 앞부분부터 들을 수도 있다. 삼중주와 작품의 나머지 사이를 왕복하면 인물, 몸짓, 멜로디의 주제, 악기편성법 등의 수많은 여운을 이해할 수 있다. 이러한 의미로 삼중주는 더 큰 작품의 '홀로그램'이라고 생각할 수 있다.

〈피가로의 결혼〉에 나오는 다른 솔로나 앙상블과 이 삼중주 사이의 음악적·극적 관계는 탐구할 만하다. (내가 제시한 부분이 얼마나 작은 부분인지는 주인공 피가로가 이 삼중주 안에서 단 한 번도 언급되지 않는다는 사실로 알 수 있다. 오페라의 나머지 부분 내내 모든 사람의 머릿속에 피가로가 존재함에도 말이다.) 이 작품에는 내가 집중할 수 있을 정도의 비슷한 길이를 가진 24개의 곡이 나온다. 이 각각의 곡에는 〈피가로의 결혼〉에서 사용된 요소들이 전형적인 앙상블을 이루며 나오는 것은 물론 한층 가중된다.

〈피가로의 결혼〉과 비슷한 규모의 다른 빙산들이 있다. 〈돈 조반니 Don Giovanni〉와 〈여자는 다 그래 Cosi Fan Tutte〉로, 둘 다 모차르트와 다 폰테의 완전한 협동 작품이며, 후자는 삼중주의 끝에 바질리오가 표현한 여성혐오적인 감성을 분석한 것이다. 여기에 다른 예술 장르의 창작자나 다른 작곡가의 작품을 가미하면, 예술을 이해하려는 학생들을 위해 마련된 파노라마 같은 느낌을 받을 수 있다.

이런 감명 깊은 파노라마에 경외심을 느끼는 것이 좋기는 하지만, 감당할 만큼의 주제를 잊지 않는 것도 중요하다. 모차르트와 다 폰테의 과제는 보마르셰의 연극 일부를 축약하고 일부는 검열해 삭제한 뒤 자신들이 감당할 수 있는 배우의 수와 장면의 수를 파악하는 것이었다. 모차르트와 다 폰테는 이 세 배우(그리고 말이 없는 네 번째 배우와 보이지 않지만 행동의 주요 매개자인 다섯 번째 배우) 간의 상호작용을 특징으로 정하고 나서, 음악적 삼중주를 창작하기로 한다. 결과적으로 공연된 작품은 그들이 작곡하기 이전에, 그리고 아마도 처음 악보를 만들고 초기 리허설을 보고 난 뒤에 했던 (의식적·무의식적인) 수천 개의 결정이 반영되어 있다.

이제 우리에게는 작품을 즐긴 뒤 학생의 입장이 되어 작품에 나오는 효과를 꿰뚫어볼 수 있는 특권이 있다. 일단 이와 같은 연습을 하고 나면 모차르트와 다른 사람들의 다른 음악 작품에도 이 방법을 사용할 수 있다. 그리고 어쩌면 스스로 얻은 미적 감각을 다른 예술적 형태로 표현해낼 수도 있을 것이다.

모차르트의 음악은 아름다움의 예가 되지만, 진화론은 중요한 진실을 포착한다. 사람들에게 언제나 진실을 납득시킬 수는 없다. 그리고 어떤 작품이 아름답다고 설득하는 것은 아마 부적절한 일이 될 것이다. (비록 많은 학생들이 선생님과 존경하는 어른들이 아끼는 작품에 주목하지만) 로마인들이 말한 대로 "취향에 관해서는 논쟁의 여지가 없다". 왜 어떤 것이 아름답게 보이는지 결코 제대로 설명하지 못할 수 있다. 교육자의 과제는 공부할 만한 가치를 지닌 작품에 관심을 갖게 하고 실제로 응용할 수 있을 정도로 자세하게 얼마나 중요한 효과가 나타나는지 보여주는 것이다. 가끔은 아름답다는 감각이 이해보다 먼저 오고, 가끔은 자세한 연구 후에 아름다움을 느끼는 미적 감각이 뒤따라오기도 한다. 그리고 간혹 다른 사람들이 사랑스럽다고 여기는 것을 자신은 이해하지 못한다고 결론을 내릴 수도 있다.

클래식 음악, 송나라의 서화, 일본 연극의 일종인 가부키의 아름다움을 알아보지 못하는 사람들도 있다는 것은 인정한다. 그러나 터놓고 말하자면, 깊은 이해에는 도달하지 못하더라도 노력을 통해 적어도 인식은 할 수 있도록 해야 한다. 예술에서는 작품 세계에 들어가서 예술가가 무엇을 시도했는지 알고, 도구에 친숙해지고, 자기 나름의 생각을 '실행하도록' 노력해야 한다. 지금 언급한 사례에서 보자면, 삼중주 내 다른 부분에서는 악기편성법이 바뀌는 이유를 설명하거나 삼중주의 시작 부분이나 끝부분과 오페라의 다른 멜로디 간의 관계를 추적하는 것이 필요하다.

이해를 위해 정직하게 노력해야 기쁨과 무관심 또는 반감에 대해 자신이 직관적으로 내렸던 판단을 다시 공정하게 바라볼 수 있다. 각자의 취향이 모두 다르다는 것은 당연하다. 나의 경우 특정 예술가의 세계에 들어가려고 노력해봤지만 그저 그들의 작품이 마음에 들지 않기도 했다. 마찬가지로 사랑하게 된 예술가들도 있고, 시간이 흐르면서 멀리하게 된 예술가들도 있다. 그러나 보편적으로 존경받는 예술가들의 작품을 깊이 있게 들여다보는 시간 자체가 보상이 된다. 결국에 그 작품을 사랑하지 않아도 그 솜씨에 감탄하고, 왜 다른 사람들이 그 작품을 흥미롭고 강렬하고 아름답게 여기는지 알 수 있게 되기 때문이다.

홀로코스트

◇ ※ ◈

홀로코스트는 제2차 세계대전 중 옛 동독을 중심으로 독일과 다른 나라들에서 일어난 일련의 끔찍한 사건을 지칭한다. 예민한 정치적 본능을 가지고 독학했던 대중선동가 아돌프 히틀러는 국가사회당(나치)에 가입해, 얼마 후 당의 지도자가 되었다. 그와 나치집단은 1933년 초 독일에서 합법적으로 권력을 잡았다. 나치의 주요 신조인 반유대주의는 독일과 중부 유럽의 문화에 깊이 뿌리박혀 있었다. 제1차 세계대전에서의 패전과 그 후 부과된 전쟁 배상금으로 반유대주의는 더 거세졌다. 나치의 정신과 정치적 표어 속에서 국제주의자, 공산주의자, 유대인, 이 세 집단을 탓하게 되었기 때문이다.

히틀러가 권력을 잡았을 때 그가 어느 정도까지 반유대주의에 따라 행동할지는 자신과 부하들에게도 아직 명확하지 않았을 것이다. 초기에 히틀러는 독일 내외에서 자신의 체제에 대해 불필요한 반발이 일어나지 않도록 조심스럽게 움직였다. 예를 들면 히틀러는 자신의 인종차별적 견해와 프로그램들을 1936년 여름 베를린 올림픽을 개최할 때까지 몇 달 동안이나 드러내지 않았다.

하지만 1930년대 중반과 말기에 들어서면서 유대인들의 시민권을 박탈하려는 나치의 의도는 명확히 드러났다. 더 엄격한 법이 제정돼 독일 내 유대인들을 사회의 주류에서 쫓아냈다. 많은 이들이 독일을 떠났고, 더 많은 이들은 탈출하거나 도망가려고 했지만 실패했다. 나치는 강제수용소를 세워, 우선 다양한 정치적 반대자들과 성적·육체적·정신적 입장이 표준에서 벗어난 사람들, 유대교를 믿는 범죄자들을 그곳에 감금한 뒤 고문했고, 종국에는 죽였다. 1938년 11월 부모가 추방된 젊은 유대인이 독일인 외교관을 살해하는 사건이 벌어지자 나치는 나치 원정대에게 독일의 도시를 넘나들며 약탈할 수 있도록 허락했다. 소위 '수정의 밤 Kristallnacht'(또는 '깨진 수정의 밤', '깨진 유리의 밤')에 유대인의 가게와 교회가 파괴되었고, 많은 사람들이(내 친척도 포함하여) 공포에 질린 가족들의 눈앞에서 짓밟혀 죽었다. 결국 1939년 9월 제2차 세계대전이 발발하자 유대인 문제의 '최종 해결책'을 향한 계획의 앞뒤가 딱 맞아떨어지기 시작했다.* 아홉 달 안에 독일 제3제국은 하고 싶은 것을 마음껏 할 수 있을 정도로 유럽 대륙에서 막강한 권력을 갖게 되었다. 그 첫 단계는 독일에 남아 있는 유대인들을 완벽히 쫓아내는 것이었고, 두 번째는 가능한 한 빠른 시일 안에 유럽 내의 모든 유대인을 없애는 것이었다.

돌이켜 생각해보면 나치는 항상 유대인이 완전히 사라지기를 원했다고 쉽게 결론을 내릴 수 있다. 나치의 지도자들(과 많은 당원들)은 그저 (대중의 의견을 더 이상 신경 쓰지 않을 정도로) 막강한 권력을 얻고 자신들의 목표를 이루게 할, 가스를 이용한 치명적인 살해 같은 방법이 가능해지기를 기다리고 있었다. 실제로 히틀러는 자신의 책《나의 투쟁》에서 유대인이 '아리아인의 순수성'에 근본적인 위협이 되므로 그들을 없애야 한다고 주장했다. 유대인을 향한 반감은 1930년대 내내 나치의 연설 주제였다. 그러다가 제2차 세계대전이 발발하고 히틀러는 그제서야 '유럽에서의 유대인종

---

* 나는 '맞아떨어지다'라는 표현을 사용했지만, 이러한 결정에 관련된 적극적인 행위자의 숫자를 최소로 줄일 의도는 없다. 이러한 결정을 내린 사람이 누구인지, 그들이 이 결정을 직접 실행할 다른 사람에게 이 사실을 어떻게 전달했는지에 대해서는 역사가들이 아직도 논쟁 중이다.

8장 세 가지 사례에 대한 탐구

절멸'이라는 이전에 했던 약속을 지킬 수 있게 되었다고 공표했다.[10] 1940년과 1941년 당시의 관료들은 "유대인 문제에 대하여 눈앞에 임박해 있는 확실한 최종 해결책"을 언급했다.[11]

홀로코스트가 계획된 것이었다는 결론은 면밀한 조사 끝에 나온 것이다. 이전 장에서 언급했듯이, 나치의 관료들은 이 유대인 문제를 해결할 다른 방법을 심각하게 고려했다. 그중 한 가지는 모든 유대인을 아프리카 대륙 동쪽의 외딴섬 마다가스카르로 보내는 계획이었다. 지금 생각해보면 우습지만 실제로 일어난 일에 비하면 상상이 가능한 정도다. 하지만 이 계획은 독일이 영국을 제압하고 해양의 주도권을 잡는 데 실패하자 좌초되었다. 나치가 실제로 시행하기 시작한 다른 방법은 유대인들을 폴란드의 루블린시 등 동유럽의 거대 게토(빈민가)에 옮기는 것이었다.

나치는 1941년 여름 이 이주 계획과 다른 만일의 사태들을 두고 고민했는데, 이때는 독일이 소련을 정복하는 군사작전에서 첫 승리를 거두어 들떠 있을 때였다. 그러나 여러 가지 요인으로 인해 당시에 일정한 단계까지 진행되었던 계획에 대한 열정이 꺾이는 듯했고, 그래서 '진정한 최종 해결책'을 실행할 가능성이 높아졌다.

홀로코스트가 일어나도록 형세를 역전시킨 요소들 중 첫 번째는 독일 지배하에 있는 엄청난 수의 유대인들이다. 서유럽에 남아 있는 수백만 명 이외에 동유럽에 500만에서 600만 명의 유대인이 있었는데, 게토에 '쌓아'두거나 외딴섬에 재정착시키기에는 그 숫자가 너무 많았다. 게토를 세우고 불가피한 질병 및 정치적 불안을 통제하는 데 따르는 어려움 또한 과소평가되어 있었다. 게다가 나치는 폴란드와 로마 등 다른 외국기관에 유대인을 제거할 권한을 주고 독일 지배하에 있는 소련의 모든 유대인을 죽이라는 추가 명령을 하는 치명적인 결정을 내렸다. 나치의 연구자들은 그때까지 확인되지 않았던 두 가지 사실에 놀라게 되었다. 하나는 독일인이나 다른 외국인들에게 수많은 유대인들을 살해하게 하는 일이 생각보다 어렵지 않았다는 점이다. 다른 하나는 그와 반대로 총살하거나 아사하게 하는 것이 실질적으로 어려웠다는 점이다. 그래서 사형을 집행하는 이들이 가질 마음의 부담을 덜 수 있는 살인방법을 찾는 연구가 시작되었다.

히틀러는 1941년 1월 유대인 문제를 드러내놓고 고민하며 "다양한 방법으로 많은 것들을 생각하고 있는데, 결코 친절하지만은 않은 방법이다"라고 했다. 그리고 그는 "향후 몇 달 내에 자신의 예언을 실행할 것"이라고 선포했다.[12] 그달 말 게슈타포의 부위원장 라인하르트 하이드리히Reinhard Heydrich는 '최종 해결책 프로젝트'에 대한 제안을 제출했다.[13]

1941년 여름에서 연말 사이에 최종 결정이 내려졌고, 사건들이 맞아떨어지기 시작했다. 많은 이들은 히틀러와 그의 부하이자 친위대 SS의 대장인 하인리히 힘러Heinrich Himmler의 분명한 동의 없이는 그런 결정을 내릴 수 없었다고 생각한다.[14] 이 최종 해결책을 실제로 구현하여 집단처형장을 준비한 실제 인물은 라인하르트 하이드리히였다고 추측하기도 한다. 히틀러는 아마 제국 내의 '새로운 에덴동산'에 대해 언급했을 때인 1941년 여름에 이를 최종

8장 세 가지 사례에 대한 탐구

적으로 승인했을 것이다. 가장 중요한 표식은 1941년 7월 31일 제국 원수인 헤르만 괴링$^{Hermann\ Göring}$이 라인하르트 하이드리히에게 내린 승인이었다. 그것은 유럽 내 유대인 문제에 대한 '완전한 해결책^{Gesamtlosung}'을 준비하라는 것이었다. 또 한 가지 중요한 점은 독일인 한 명이 전사할 때마다 백 명의 유대인을 죽이라는 것과 같은 공식을 만들어내는 등 어마어마한 수의 유대인을 제거하라는 명령이 종종 내려졌다는 점이다.

몇 가지 중요한 '실험'을 해야 한다는 것 또한 결정되었다. 1941년 10월 중순 첫 국외추방 기차가 독일을 떠났다. 여성들과 아이들이 '작업장'이라고 표기된 포로수용소로 보내진 것이다. 그해 12월 리가에서 첫 번째 독일 내 유대인 학살이 있었다. 그리고 특별한 영향 없이 헤움노^{Chetmno}와 베우제츠^{Belzec}의 포로수용소에서 치클론 B$^{Zyklon\ B}$라는 화학약품을 이용한 독가스 살해가 처음으로 실행되었다.

이러한 사건은 그 운명적인 반제 회의를 떠오르게 한다. 라인하르트 하이드리히가 개최한 이 회의는 11월에 처음 공지되었고, 1941년 12월로 계획되었지만, 1942년 1월 20일로 연기되었다. 참석 인사는 독일 내각의 국무장관들, 점령지 대표자들 그리고 여러 관련 관료들이었다.[15] 한 보고서에 따르면 회의에 참석한 14명의 주요 인사들 중 8명은 유럽 중부의 주요 대학에서 박사학위를 받은 사람들이었다. 이 회의의 공식 목적은 '유대인 문제의 최종 해결책'을 논의하기 위함이었다. 오찬이 제공되었다.

이 회의에 대해 우리가 알고 있는 사항의 대부분은 게슈타포에서 소개疏開 및 유대인 담당부문 책임자였던 아돌프 아이히만Adolf Eichmann이 작성한 문서에서 나온 것이다. 그는 나중에 완곡어법으로 설명했다는 것을 인정했다. 참석자들에게 사전에 보낸 문서 중 병사들의 유대인 학살을 논의한, 사실상 공개된 문서가 포함되어 있었기 때문에 토론은 참석자들이 유럽의 유대 민족을 제거한다는 결정을 이미 알고 있는 듯이 진행되었다. 라인하르트 하이드리히는 나치의 지배하에 있는 1,100만 명의 유럽 내 유대인을 어떻게 처리할 것인지에 대한 괴링의 '최종 해결책' 계획을 논의하는 것으로 회의를 시작했다. 유대인을 유럽 밖으로 내쫓는 대신 동부 지역으로 이주시키겠다는 것이 전반적인 내용이었다. 그 후 회의의 중점은 세부계획으로 넘어갔다. 즉 어떤 절차를 따라야 할지, 각 점령지에서 누가 무엇을 해야 할지, 어떤 기준으로 유대인인지 아닌지를 결정할지 등이었다.

회의 참석자들은 이러한 내용이 전례를 찾을 수 없는 절차라는 것을 인식하면서 '살인' 혹은 '살해'라는 단어들을 의도적으로 피했다. 대변인들은 대신 '해결 가능성'이라고 지칭했지만, 아돌프 아이히만이 인정한 바에 따르면, 이 표현은 '살해 가능성'을 의미했다. 라인하르트 하이드리히는 또한 노역을 목적으로 징집된 유대인들 중 "많은 이들은 자연스러운 낙오를 거치면서 떨어져 나갈 것"이라고 언급했다.[16] 이 또한 죽음을 의미했고, 자연적으로 낙오되지 않을, 가스로 죽임을 당할 이들에게 벌어질 일과 대조되는 것을 의미했다.

몰살을 자행할 이들, 그리고 그것이 이뤄질 장소에 있는 사람들에게 이 회의의 보고서가 전달되었고, 다른 부차적인 회의들이 잇따라 열렸다. 그 후 한 달 내에 살인기계들이 작동되기 시작했다.

이 계획은 놀라운 효과를 거두었다. 1942년 3월 중순에는 유럽에 거주하던 유대인 중 대부분이 살아 있었다. 그로부터 채 1년도 지나지 않은 1943년 2월 중순에는 남성, 여성, 아이를 가리지 않고 나치에게 학살된 최종 600만 명의 희생자 중 절반 정도인 적어도 300만 명의 유대인들이 냉혹하게 살해되었다. 이 모든 일은 최대한 비밀리에 진행됐다. 1943년 10월, 힘러는 자랑스러워하며 자신의 부관들에게 이렇게 말했다. "우리 역사에서 이 사건은 기록되지 않은 그리고 결코 기록되지 않을 내용이다."[17] 다음 해 승전 동맹국들이 세운 법정에서 내려진 결론에 따르면, 히틀러는 반드시 필요한 경우를 제외하고는 그 누구에게도 이 집단처형장에 대해 알리지 말아야 한다고 명령했다고 한다.

집단처형장에 대한 진실의 전모가 알려지면서, 이성적인 사람들은 어떻게 그리고 왜 이런 사건들이 일어났는지 물었다. 앞에서도 언급했던 대로, 의도주의 역사학자들은 집단학살에서 시작해 히틀러와 그의 나치 심복들에 의한 명확하고 장기적인 계획까지 추적해 들어갔다. 기능주의 역사학자들, 때로는 구조주의자들로 불리는 학자들은 장기적 지속성과 직접적인 상의하달식 지휘계통에는 별로 주목하지 않았다. 대신 그들은 히틀러와 그 내부집단의 동의를 얻기 위한 나치 위계 구조 내 경쟁자들 간의 다툼, 성공적이지도 충분하지도 않았던 충동적인 행동들, 다른 모든 선택지를 쓸모없는 것으로 만들며 하나의 결정으로 무모하게 돌진했던 그들의 모습에 주목했다.

이 전반적인 방향 중 어느 것이 더 그럴듯한지에 상관없이, 역사학자들이 좀 더 국지적인 수준에서 일어났던 일을 재구성하는 것은 마찬가지로 중요하다. 실제로 1941년 중반에 최종 해결책에 다다랐을 때도, 아직 그것이 효과가 있을지 그리고 효과가 있다면 어떻게 해야 할지의 문제는 풀리지 않고 있었다.

이때 역사학자는 생물학자들이 관찰과 이론에, 음악가가 플롯과 배우와 작곡법과 미학적 개념에 의지하는 만큼 그에 맞먹는 자신의 도구에 의지해야 한다.[18] 나치는 스스로가 매우 중요한 역사적 임무에 관여하고 있다고 믿으면서, 물론 대부분의 기록이 대중을 위해 한 것은 아니었지만 공을 들여 여러 일들을 계속 기록해나갔다. 역사학자들은 어떤 기록들이 믿음직한지, 누구의 증언을 신뢰할 수 있는지에 대해 논쟁한다. 또한 전례 없는 규모의 이 야만적인 계획이 실행되리라는 것을 상당 수준까지 알고 있던 이들이 참석한 회의와 이 회의에 관한 실제 사실들을 어떻게 이해하여 종합할지에 대해서도 서로 토론한다. 역사학자들은 자신들이 이를 분명하게 추적할 수 없다는 것을 알면서도 이 일을 계속해나간다. 또한 문자로 기록되지 않은, 하지만 중요한 관련 증거가 있는 사건들과 씨름해야 한다.

일단 각 요소가 선택되고 평가되면, 역사학자들은 이것을 믿음직스러운 전반적인 설명으로 종합해야 한다. 유명 학자의 진술과 설명은 특별한 위치를 차지할 뿐만 아니라 후배 학자들이 어떤 사건의 범위를 재정의하도록 도와준다. 라울 힐베르크Raul Hilberg는

8장 세 가지 사례에 대한 탐구

처음으로 홀로코스트에 관한 글을 쓴 인물이다. 그는 유럽 유대인들을 살해하기 위해 고안된 거대하고 매우 관료적인 절차를 기술했다. 팀 메이슨Tim Mason은 의도주의자들과 기능주의자들의 경쟁적인 학설을 구분했고, 크리스토퍼 브라우닝Christopher Browning은 어떻게 1941년의 특정 사건들이 홀로코스트의 개시를 결정짓게 했는지 상술했다. 1980년대 초 독일 학자들은 홀로코스트가 얼마나 독특한 사건인지, 그리고 이 사건이 독일의 역사와 특성에 정확히 어떤 영향을 미쳤는지를 서로 심각하게 논의했고, 찰스 마이어Charles Maier는 '완전히 익힐 수 없는 과거unmasterable past'에 대한 독일 역사학자들 사이의 토론을 요약했다. 최근 많이 논의된 것 중에서 대니얼 요나 골드헤이건Daniel Jonah Goldhagen은 많은 평범한 독일인들이 가끔은 유대인 학살에 열의를 가지고 참여하고자 하는 마음을 가진 데 관심을 두고 기술하고자 했다. 윌리엄 스타이런William Styron의 소설에 바탕을 둔《소피의 선택Sophie's Choice》, 토머스 케닐리Thomas Keneally의 책에 바탕을 둔〈쉰들러 리스트Schindler's List〉 같은 주요 영화들뿐만 아니라, 엘리 위젤Elie Wiesel과 프리모 레비Primo Levi 같은 개인 생존자들의 문학적 기록도 이런 역사적 사건을 둘러싸고 있다.

다윈의 진화에 대한 관점을 그 전후의 다른 학자들의 관점과 관련지어 봐야 하고 〈피가로의 결혼〉이 예술적·음악적으로 다양하게 해석되는 것처럼, 홀로코스트에 대한 설명도 그것을 다룬 무수한 문학 작품 배경 속에서 그 틀이 형성된다. 특히 문학 작품에 관심이 있는 사람이 갈라파고스 군도의 핀치류, 삼중주의 곡, 반제 회의의 초안과 같이 '가공되지 않은 정보'에 집중하기는 쉽지 않다. 이런 각각의 정보는 학자들이나 관심 있는 일반인들 간의 대화를 통해, 특히 강력한 예술적 묘사를 통해 왜곡된다. 하지만 교육을 위해서라면 이 2차적인 문학이 최초의 사실 자체를 집어삼키도록 놔둬서는 안 된다.

진화를 이해할 때, 하나 이상의 종이나 아종^{亞種}의 변이를 시작점으로 삼아 놀라운 몇 가지 패턴과 예외에 집중하고, 그러고 나서 관찰된 자료와 전반적인 이론적 틀 사이를 오갈 수 있다. 모차르트의 음악을 이해할 때 '충돌하는 의도의 삼중주' 같은 특정 곡을 시작점으로 삼아 오페라의 나머지 부분 및 그 나머지 부분과 레퍼토리 내 다른 작품들 간의 관계를 탐색할 수 있다. 특정 곡과 그 작곡가의 전체 작품 사이에서 일어나는 공명에서 도발적인 변증법을 발견할 수 있다. 마지막으로 홀로코스트의 경우, 특정 사건과 몇몇 인물(반제 회의 참석자들)로 시작한 후 이 대학살의 사건을, 다른 비슷한 수준의 끔찍한 범죄의 맥락에 배치해볼 수 있다.

반제 회의라는 주제는 역사와 역사 속에서 발생한 사건 그리고 그에 대한 해석으로 들어가는 대표적이면서도 훌륭한 도입부이다. 홀로코스트의 기본을 이해하고 나면 다른 의문점이 생긴다. 여태까지 일어난 대학살 시도가 나치의 홀로코스트와 비교되곤 하며, 나치의 홀로코스트를 인류 역사상 독특한 사건으로 여겨야 할지, 아니면 비슷하게 치명적인 수많은 사건들 중 하나로 여겨야 할지를 놓고 토론이 일어난다. 의문점은 계속 이어진다. 반제 회의를 연구하는 데 사용한 도구를 완전히 다른 사건을 묘사하고 해석하기 위해 '전이'하는 것이 가능할까? 1861년 4월 사우스캐롤라이나의 섬터 요새, 1789년 7월 파리의 바스티유 또는 1989년 6월 베이징의 천안문 광장에서 일어난 사건들 말이다. 또 이러한 에피소드들은 역사가들 자신들이 편리한 대로 정해놓은 표시에 불과한가, 편의를 위한 간단한 표식인가 아니면 역사라는 것이 그러한 특정 지역이나 사건으로부터 성장해가는 것인가? 그리고 역사 속의 다른 이데올로기적 힘은 어떻게 이해해야 할까? 예를 들어 중동 같은 곳에서 일어나는 다른 증오, 마르크스와 엥겔스에 의해 제기된 이론처럼 정치적 전환을 일으키는 경제적·사회적 이론, 시민권과 페미니즘처럼 더 호의적으로 보일 수 있는 다른 운동을 어떻게 이해해야 할 것인가?

홀로코스트는 역사 속으로 흘러갔을지 모르지만 그 그림자는 오늘도 우리의 주변을 떠나지 않는다. 세계 곳곳에 추모관이 계속 세워지고 있으며, 이들은 대부분 논쟁을 불러일으키고 있다. 특히 명백하거나 잠재적인 신나치주의자들의 고집스러운 목소리가 들려올 때 더욱 그렇다. 정상적인 사람이라면 한 집단이 다른 집단을 절멸시키기로 결정하는 이유를 이해할 수 없다. 하지만 최근 보스니아와 르완다에서 일어난 일들을 고려할 때, 우리는 인간이 이런 일을 저지를 가능성과 여전히 직면해야 한다.

더 깊이 있는 연구를 통해 우리는 인간의 무엇이 증오와 갈등을 일으키는지, 피해자와 가해자 및 여타 사람들에게 주어진 다른 선택의 가능성은 무엇인지 질문해야 한다. 책임과 양심에 대한 문제도 남는다. 다른 독일인들, 프랑스나 오스트리아의 시민들과 병사들, 나치의 자금을 책임졌던 스위스 은행가들의 역할에 대해 최근까지 지속되는 토론과 이들이 가져가거나 훔친 예술 작품과 돈을 보면 이 사건들이 얼마나 복잡한지 드러난다. 홀로코스트 관련 사건에 대해 좀 더 진전된 이해가 없다면 이러한 논의에 참여할 수 없다.

마지막으로 홀로코스트는 도덕적 쟁점을 가장 신랄한 형태로 제시한다. 나치는 무엇을 바탕으로 그러한 일을 저질렀는가? 우생학과 유사과학적인 다른 근거는 홀로코스트에 어떤 공헌을 했는가? 힘이 정의를 만드는가, 그리고 그래야 하는가? 누가 나치를 멈출 수 있었는가, 그리고 왜 그러지 않았는가? 최종 해결책의 실행에 관여한 사람들을 처벌할 권리는 누구에게 있는가? 곁에서 아무것도 하지 않고 지켜보기만 한 독일 내 사람들, 유럽 그리고 미국의 책임은 무엇인가? 만약 책임이 있다고 한다면, 책임에 대한 공소시효는 언제 만료되는가? 물론 1930년대에 일본 침략자들이 저지른 중국인의 학살부터 유럽 식민지 개척자들이 아프리카 노예와 아메리칸 인디언을 어떻게 다루었는지까지, 다른 역사적 사건들에 관해서도 비슷한 질문을 던질 수 있을 것이다.

홀로코스트에 대해 완전한 역사적 지식을 얻는 것과 이를 도덕적 차원에서 이해하는 것은 다르다. 실제로 이 사건을 도덕적 차원에서 이해하기 위해서는 예술 작품이나 개인적 기억 혹은 추모비를 연구하는 것이 더 효과적일 수 있다. 역사학자들만이 도덕적 판단을 위한 특권을 가진 것은 아니며, 우리 모두 그러할 권리와 의무가 있다. 중요한 점은, 도덕적 문제들은 인간이 행한 구체적인 사건을 통해 가장 잘 접근할 수 있다는 것이다. 우리는 이러한 사건들을 상세하게 이해해야 하고, 그렇게 함으로써 우리의 결정과 행동을 그에 비춰봐야 한다. 홀로코스트는 미국 노예제도와 기독교의 자선과 마찬가지로 개인의 문제가 아닌 모든 인류의 일이다.

오늘날 사람들은 홀로코스트와 같은 잔혹한 상황을 겪지 않기를 바랄 것이다. 하지만 지난 세기에 그런 끔찍한 경험을 했음에도 몇몇 사람은 그런 잔혹한 상황을 겪게 될 것이다. 그런 극한 상황에서는 어느 누구도 자신이 어떻게 행동할지 확신할 수 없다. 그러나 사람들이 어떻게 행동했는지 그리고 어떤 행동을 하는 데 실패했는지에 대한 더 깊은 이해가 우리의 행동에 영향을 줄 수 있다는 점을 생각해야 한다.

내 생각에 홀로코스트와 관련해서 가장 중요한 사실은 이 사건은 사람이 다른 사람에게 저지른 일이라는 것이다. 우리 중에 누구나 피해자 또는 가해자가 될 수 있었다. 심지어 홀로코스트의 역사적 현실을 부인하지 않더라도, 심지어 그것이 절대적으로 잘못된 일이라는 입장에 서 있더라도, 여전히 이 사건이 다른 세계에 사는 다른 종의 일이라고 생각한다면 아직 홀로코스트를 근본적으로 이해하지 못한 것이다. 많은 이들이 주목했듯이 홀로코스트는 독일인이 유대인을 다른 종의 일원이라 생각했기 때문에 일어난 일이다. 그들은 잔혹할 정도로 완고했을 뿐만 아니라, 사람은 모두 같은 종에 속한다는 기본적인 과학 지식조차 간과했다.

교양인의 조건

◇▦◇

요즘 우리 세계의 교양 있는 일원이 되기 위해서는 배경지식이 필요하다. 다윈이 누구이고 진화는 무엇인가? 모차르트와 다 폰테가 누구이고 〈피가로의 결혼〉은 무엇인가? 히틀러는 누구이고 홀로코스트 때 어떤 일이 일어났는가? 문화적 이해를 위해 허시의 생각에서 취할 부분이 있긴 하다. 그러나 우리에게 필요한 것은 훨씬 더 중요한 것이다. 그것은 이름, 용어, 개념에 내포된 것을 이해하는 일이다.

이해에는 왕도가 없다. 단번에 그 빙산들을 흡수할 수 있는 처방이나 약은 존재하지 않는다. 처음에는 그것이 일종의 장애물처럼 여겨진다. 이해라는 것이 맛있는 식사처럼 단번에 흡수되고 똑같은 식단이 모든 이에게 효과적이라면 얼마나 쉽겠는가? 그러나 내가 관찰해본 결과, 개인들은 많은 오개념과 오해를 가지고 있으며, 이것들은 더 깊은 이해로 나아가기 위해서 어떻게든 처리되어야 한다.

이 주제에 대한 연구는 끝이 날 수 없다. 추측하건대 생각이 깊은 사람들이 존재하는 이상, 그들은 진화와 음악과 사람이 사람에게 행한 비인간성의 문제로 돌아올 것이다. 이 주제들을 더 깊이 조사하면 할수록 어떤 의미에서는 더 이해하기 어려울 수도 있다. 우리는 다윈의 획기적인 발견에서 핀치류가 얼마나 큰 역할을 했는지, 〈피가로의 결혼〉에서 수잔나의 곤경이 왜 우리에게 그런 영향을 끼쳤는지, 어떻게 히틀러의 꿈이 인류에게는 악몽이 되었는지 결코 알 수 없다. 그러나 교육의 목적은 궁극적인 답을 제공하는 것이 아니라 신비롭고 경이로운 느낌을 내동댕이치지 않으면서 이해력을 강화하는 것이다.

이런 주제와 개념의 다면적인 특징은 기회를 제공한다. 주요 개념에 접근하기 위해 단 하나의 특권적인 방법을 찾을 필요는 없다. 그런 건 아무 데도 없을 것이다. 대신 그러한 기본적인 생각에 다양한 측면으로 접근해볼 수 있어야 한다. 그리고 마지막으로 적어도 우리는 사람들 간의 차이에 관한 지식뿐만 아니라, 우리가 품고 있는 다양한 종류의 생각에 대한 우리의 지식도 이용할 수 있어야 한다. 그 차이는 적어도 다윈의 핀치류 간의 차이, 모차르트의 주인공들 간의 차이, 홀로코스트 피해자와 가해자 간에 발견되는 차이만큼 크다.

9장

다중지능으로
이해하기

궁극적으로 진실, 아름다움, 선함의 문제에 대한
사회의 답이 중요하지만,
우리의 개인적인 질문과 답은 더욱더 중요하다.

왜 다중지능인가?

◇ ▦ ◇

이제 나의 교육학적 견해를 분명히 드러내야 할 듯하다. 우리의 주된 목표는 깊은 이해가 되어야만 한다고 나는 생각한다. 문화적 맥락 속에서 어떤 것들이 진실인지 혹은 거짓인지, 아름다운지 혹은 그렇지 않은지, 선한 것인지 혹은 악한 것인지에 대한 이해를 심어주기 위해 노력해야 한다. 나는 진화론, 모차르트의 음악, 홀로코스트라는 근대의 역사적 사건들이 (심사숙고된 것들이기는 하지만) 그저 일례에 불과함을 강조하면서, 이에 대한 이해를 발전시키는 교육과정을 주장했다.

그러나 우리가 많은 학생들의 이해를 향상시키는 방법을 찾는 과정에서 인간의 발달과 개인차, 문화적 영향에 대해 보다 넓어지고 있는 우리의 지식에 의지할 수 있는가? 만약 그럴 수 있다면, 드디어 효과적인 교육에 관한 퍼즐 조각들을 조립할 단계에 다다른 것이다.

간단하게 말해 이러한 교육은 두 가지 기초에 토대해야 한다. 하나는, 교육자들은 학생들이 중요한 주제와 개념에 대해 참된 이해를 얻는 데 어려움을 겪을 수도 있음을 인정해야 한다는 것이다. 다른 하나는 교사들이 생각의 차이를 고려해야 하고, 가능한 한 한없이 다양한 학생들을 충족시킬 만한 교육을 만들어내야 한다는 것이다.

여기서 다중지능 이론이 효과적이고도 강력한 교육 파트너가 될 수 있다. 나는 '다중지능의 관점'이 적어도 세 가지 방식으로 이해를 강화할 수 있다고 생각한다.

1. 효과적인 출발점을 제공한다 하나의 주제를 어떻게 잘 소개할지에 대한 교육적 결정이 중요하다. 학생들은 빠르게 관심을 가졌다가 빠르게 식어버릴 수 있다. 또 학생들은 첫 번째 설명이나 관심 끌기용 흥밋거리를 기억할 확률이 크다. 심리학자들은 이 현상을 초두효과primacy effect* 라고 부른다. 다중지능 이론은 하나의 주제에 접근하는 풍부한 방법을 만들어낸다.

2. 적절한 비유를 제공한다   낯선 주제나 화제들을 더 많이 알려져 있거나 사람들이 더 잘 이해하고 있는 주제에 비유함으로써 이해가 되기도 한다. 익숙한 영역에서 빌려온 사례들이 낯선 영역

---

* 처음 제시된 것은 이후에 제시된 것보다 오래 기억될 가능성이 매우 크다는 점을 가리키는 말_옮긴이

에 대한 학생들의 이해를 도울 수도 있다.

모든 비유에는 당연히 장점과 단점이 있다. 정의상으로 비유나 사례는 거리가 먼 영역에서 유추된다. 그래서 낯선 주제와 그 주제를 더 명확하게 해주는 이해하기 쉬운 수단 사이에는 강력한 유사성뿐만 아니라 중요한 차이도 있다. 교사들은 비유의 힘을 반드시 전달해야 한다. 또한 그 한계점과 오해받는 측면도 지적해야 한다.

3. 주제의 핵심적 혹은 중점적 아이디어에 여러 가지 표상을 제공한다 교육용으로 쓰이는 모든 주제나 화제에는 몇 가지 핵심적 또는 중점적 아이디어가 포함되어야 한다. 학생들이 이 아이디어들을 잘 이해하고 새로운 상황에서도 적절하게 활용할 정도가 되어야 성공적인 교육이라고 할 수 있다.

교사들은 가끔 이 핵심 아이디어들을 특정 방식으로만 생각한다. 하지만 내가 보기에 오직 한 가지 방식으로만 생각할 수 있는 독창적인 아이디어는 존재하지 않는다. 그런 까닭에 여기서 더 나아가고자 한다. 강력한 아이디어의 특징은 한 가지 이상의 방식으로 표상될 수 있으며, 다수의 '모형언어(이 용어에 대해서는 이후에 자세히 논의할 것이다)'로 구현될 수 있다. 전문가라면 핵심 아이디어에 대해 여러 가지 표상, 많은 모형언어, 다양한 해석을 만들어낼 수 있고, 그 주제에 대해 새롭게 대두된 설명을 평가할 수도 있어야 한다.

우리의 목표인 진화론, 모차르트 음악, 홀로코스트, 이 세 가지 주제에 접근하고 그것을 소개할 방법은 아주 많다. 앞서 말했듯 이들은 각각 빙산의 일각이나 다름없다. 연구자 한 사람이 다룰 수 있는 것은 이 주제의 일부에 불과하다. 지금까지 나는 일부러 각 주제의 생성적인 도입부, 즉 핀치류, 오페라의 삼중주, 반제 회의에 초점을 두었다. 이제부터는 일부러 각 빙산의 여러 지점에서부터 사례를 끌어낼 것이다. 예를 들면 생명과학을 논하면서 입문용 예제(핀치류)나 전체 주제(다윈의 진화론)를 언급하기도 하고 가끔은 과학적 탐험과 설명에 대한 더 일반적인 사항을 제시하기도 할 것이다. 모차르트와 홀로코스트에도 이와 비슷한 표본추출 전략을 사용할 것이다.

내가 이 보편적인 접근법을 채택하는 데에는 두 가지 이유가 있다. 첫째, '다중지능' 접근법이 융통성이 있다는 것을 보여주고 싶어서다. 이는 보편적인 것뿐만 아니라 관심이 선명하게 집중된 주제들을 공부할 때도 적용할 수 있다. 둘째, 다중지능의 측면이 모든 교육목표에 대해 같은 정도의 효율성을 가져올 수 없기 때문이다. 좀 더 구체적으로 말하자면, 각 주제에 대해 한 가지 이상의 시작점, 비유, 모형언어가 존재하기는 하지만, 그것을 굳이 각각 7개, 12개 혹은 37개가 된다고 추정할 이유는 없다. 교육적 도전은 어떤 시작점이 특정한 부분에 대한 이해를 높이는지를 알아내고, 또 다른 시작점이 될 만한 것들을 시도해보며, 성공과 실패를 반추해보는 것이다. 적절한 비유와 모형언어의 선택에서도 이와 같은 사색적인 도전을 할 수 있다. 나는 이미 정해진 격자무늬의 모든 공간을 그저 채우는 체크리스트 형식의 예제들을 만들어낼 게 아니라 의미 있는 예제들을 활용하고 싶다.

완전하다고 할 수는 없지만, 앞으로 이어질 장에서 여러 가지 사례를 제시하려고 한다. 그렇게 하는 데는 이유가 있다. 다중지능 이론은 너무나도 자주 사소한 사례들을 설명하기 위해 동원되었고 혹은 중요한 예제를 엉뚱하거나 입증되지 않은 방식으로 나타내는 데 쓰였다. (예를 들면 이런 식이다. 선생님이 아이들에게 "구구단을 노래해보자"라고 말한다. 그러자 관찰자는 음악적 지능이 수학적 사고를 가르치기 위해 쓰였다고 주장한다.) 다중지능 이론이 존재하는 이유는 따로 있다. 다중지능 접근법은 중요한 아이디어들을 제시하는 데 아주 철저한 방법이 될 수 있다는 것이다. 나는 교사가 학생들이 있는 교실에서 일하는 모습을 염두에 두고 있기는 하지만, 그 어떤 중요한 주제를 익히려고 하는 사람이라면 누구에게나, 교실에 들어가 보지 않은 지가 수십 년이 된 사람들에게도 이 접근방법이 유용하다고 생각한다.

풍부한 주제를 위한 시작점

◇ ▦ ◇

다중지능 이론을 맹종하기보다는 효과적인 시작점을 최소한 일곱 가지는 찾게 해주는, 간단하지만 유용한 방법으로 활용할 수 있다. 여기서 얻은 실마리는 중요하고 도전적인 주제를 소개하는 데 도움이 된다.

9장 다중지능으로 이해하기

이야기식 시작점 어쩌면 많은 학습자들을 참여시킬 수 있는 가장 효과적인 방법은 명백하고 극적인 이야기를 활용하는 것이다. 모든 연령대의 사람들이 이야기에서 매력을 느낀다. 이야기는 당연히, '인간친화지능'과 '자기성찰지능' 같은 인성지능뿐만 아니라 '언어지능'도 활성화한다. 그리고 다른 지능과 관련된 무언극이나 영화 같은 다른 상징 형태로 전환될 수도 있다.

세 가지 사례 모두 이야기 형식의 시작점으로 쉽게 적용 가능하다. 다윈의 진화론에 대해 다음과 같이 재미있는 이야기를 제시할 수 있다. 장래성 있는, 그러나 개인적인 약점과 결점을 가진 젊은이, 신세기를 여는 비글호 여행, 진화이론을 고안해내려는 다윈의 노력, 그의 심리적 갈등을 나타내는 질병, 위대한 결과를 대중에게 공개하기를 꺼리는 마음, 월리스와 공동으로 진화를 발견해냈다는 이상한 우연과 우선권 다툼을 성격답지 않게 신사적으로 해결하려는 노력, 이론이 대중적으로 공개된 1859년 이후의 고조된 갈등이 하나의 매혹적인 이야기가 된다. 대중의 관심을 피하던 부끄러움 많던 남성이 장대한 드라마에 영감을 불러일으킨다는 것은 얼마나 역설적인가.

이 이야기는 다윈 그 자신을 넘어서까지 펼쳐질 수 있다. 이 진화 이야기 속에는 다윈의 선배 라마르크, 동시대의 월리스, 토머스 헉슬리^{Thomas Huxley}(다윈의 불독) 그리고 다윈의 할아버지이자 진화주의자인 이래즈머스 다윈을 비롯해 다른 매혹적인 주인공들이 존재한다. 그리고 이야기들은 한 개인을 넘어 이어질 수 있다. (갈라파고스 제도 곳곳에 사는 여러 종류의 핀치류와 같은) 특정 종에 대한 무용담 또는 심지어 진화 자체와 관련된 거대한 규모의 이야기를 망라하는 것도 매력적이다. 창세기의 첫 구절이나 다른 근원 신화들에서 펼쳐지는 그런 거대한 이야기들은 비록 비과학적이기는 하지만 아주 생생하게 시작된다.

모차르트와 야심 넘치고 까다로운 그의 아버지를 비롯해서 그의 가족은 피터 섀퍼Peter Shaffer가 연극 〈아마데우스〉에서 보여준 것처럼 흥미진진한 하나의 이야기가 된다. 〈피가로의 결혼〉의 이야기 속 인물들 또한 그렇다. 다 폰테는 결국 컬럼비아 대학에서 이탈리아어를 가르쳤고, 보마르셰는 미국독립전쟁 중 비밀리에 무기를 공급했으며, 모차르트는 〈피가로의 결혼〉의 최초의 연극에서 수잔나 역을 맡았던 낸시 스토라체와 사랑에 빠진 듯하다. 보마르셰의 연극에 포함된 이야기도 있고 심지어 예리하게 압축하고 '정치적으로 온당치 못한' 것들 대부분을 삭제하는 과정에서 연극이 어떻게 오페라로 변했는지에 대한 이야기도 있다.

그러나 음악적 관점에서는 이야기가 전혀 다른 의미를 가진다. 이 관점에서는 플롯과 등장인물이 아니라 모티프들을 언급해야 한다. 즉 그 모티프들이 어떻게 도입되었고, 어떻게 정교화되었으며, 다른 표현상의 목적을 위해 어떻게 변주되었는지에 대한 것이다. 예를 들어 서곡의 경우, 대부분 라장조 가락 안에서 기쁨의 감정, 호기심과 긴장감이 가미된 감정, 고통스러운 감정 등 다양한 주제가 소개된다. 이러한 주제와 분위기와 패턴과 특징들은 오페라 전체에 걸쳐서 활용된다. 그것은 오페라 연기의 일부를 차지하고, 작곡가들은 대비되는 효과를 얻기 위해 그것에 따라 작품을

9장 다중지능으로 이해하기

만든다.

더욱이 '충돌하는 의도의 삼중주'에서도 테마의 흐름을 추적할 수 있다. 바질리오는 세 가지 음이 단순하게 단계적으로 하강하는 모티프로 삼중주를 시작한다. (마지막 음은 한 번 더 반복된다.) 이것은 세 가지 음(바, 마, 내림 라, 라)에 걸쳐 이어지는데, 반음계로 나타나는 수잔나의 모티프와 경합하게 된다. 이 하강하는 모티프는 백작과 바질리오가 의식을 잃은 수잔나를 도우려 할 때 갑자기 바뀐다. 바질리오가 수잔나를 돕기 위해 여기 있을 뿐이라고 주장할 때 그는 다시 테마를 잡게 되는데, 이때는 상승하는 악절 속에서 낮은 조로 노래한다. 이후 그가 케루비노에 대한 소문을 전해주는 것일 뿐이라고 변명조로 설명할 때는 다시 처음의 하강하는 테마로 돌아간다. 이 삼중주 말미에서는 수잔나, 백작, 바질리오가 자신의 속마음을 드러내는 장면이 이어지는데, 이때는 세 가지 음이 비슷한 느낌으로 다양하게 변주되며 상승하기도 하고 하강하기도 하는 순서로 노래된다. 나는 이 삼중주에 '세 음의 노래The Song of Three Notes'라는 이름을 붙여 이야기를 더 진행할 수도 있다. 이 이야기는 장음계에서 연속되는 세 가지 음이 다양한 느낌과 행위를 전달하기 위해 활용될 수 있는 방법에 관한 이야기가 될 것이다.

진화론과 모차르트의 음악처럼, 홀로코스트도 눈을 뗄 수 없는 이야기의 풍부한 재료가 될 수 있다. 어쩌면 끔찍한 방식이지만, 아돌프 히틀러만큼 근대사에서 흥미진진한 인물은 거의 없다. 그의 이야기, 나치 이야기와 세상을 경악시킨 나치 지도자들, 예를 들어 육군 원수였다가 이후 제국 원수가 된 헤르만 괴링, 최고의 선동가 요제프 괴벨스 Joseph Goebbels, 홀로코스트의 설계자 하인리히 힘러의 이야기는 꾸준히 사람들의 관심을 받는다.

이야기는 또한 더 넓은 범위를 아우를 수 있다. 유럽 역사, 독일 역사, 유대인의 역사 그리고 반유대주의의 역사가 존재한다. 관심의 범위를 좀 더 좁혀보면 생존자들, 순교자들, 나치체제의 위협 속에서 유대인들을 보호한 이들에 관한 흥미로운 이야기도 존재한다. 우리가 앞에서 살펴보았듯이 반제 회의 같은 특정한 사건에 대해 이야기하는 것도 가능하다. 예를 들면 명시적으로 언급된 것과 명시적으로 언급되지 않은 것들에 관해서나 반제 회의의 서곡이 된 참사와 반제 회의 때문에 벌어진 참사들에 관하여 이야기할 수 있다. 이 회의를 영화적으로 혹은 연극적으로 다루는 것은 아돌프 아이히만이 준비한 초안에 주석을 붙이는 것만큼 효과적이라는 점이 증명될 수 있다. 하인츠 쉬르크 Heinz Schirk는 1984년에 그런 영화를 제작했다.[1]

요약하자면 학생들에게 풍부한 생성적인 주제나 물의를 일으키는 문제를 어떻게 소개할지 결정하는 것이 중요하다. 이야기는 많은 관심을 불러일으키기 때문에 매력적인 시작점이 될 수 있다. 여기 언급된 각각의 주제는 사람들의 시선을 사로잡을 만한 여지를 충분히 갖고 있다. 그래서 처음에는 사람들에게 호기심을 유발하고, 이후로도 이 문제에 지속적으로 흥미를 갖게 할 수 있다.

그러나 그 밖에도 희망적인 시작점들이 다양하게 존재한다. 더 간단히 말하면 먼저 이 시작점들을 각각 소개하고, 그것을 어떻게 나의 세 가지 주제에 적용할지 설명할 것이다.

수리적인 시작점 어떤 학생들은 숫자나 숫자 간 관계를 좋아한다. 그런 학생들은 진화론에서, 다윈이 갈라파고스 군도를 여행한 전후에 어떤 생각을 했는지 추적하는 것이 재미있다고 생각할 수 있다. 인근 섬에 사는 핀치류의 변이에 놀란 다윈은 이 분포의 본질과 이유를 알아내려고 노력했다. 존 굴드나 다른 사람들과 나눈 이후의 대화에서 다윈은 수적인 분류를 다시 수정했다. 그의 일지 원고와 출간된 판 그리고 《종의 기원》에서 약간씩 다른 이야기들을 읽을 수 있다. 한 세기 후 진화생물학자 데이비드 랙은 이 섬들을 다시 방문했고 관찰된 분포에 대한 자신만의 설명을 펼치기까지 다수의 종을 집중적으로 분석했다.

요즘에는 생물학의 나머지 영역에서도 진화에 대한 연구가 양적으로 상당한 진전을 이루었다. 그래서 수학 지향적인 학생들이 배울 만한 것을 충분히 찾을 수 있다. 예를 들면 진화과정 또는 인구 이동에 대한 수학적 모형, 인공생명을 만드는 프로그램 등이 있다. 전문적으로 자세히 들어가지 않고도, 돌프 쉴루터 Dolph Schluter 는 갈라파고스 제도의 모든 육상 핀치류의 부리 크기가 얼마부터 얼마까지인지에 관한 정보를 수집하고, 어느 가상의 섬에 얼마나 많은 종의 핀치류가 서식할 수 있을지 계산하는 프로그램을 만들었다.[2] 이 프로그램은 놀라운 것이었다. 갈라파고스에는 핀치들의 먹이인 씨앗이 세 종류가 있고, 그 셋 중 하나를 깰 수 있는 부리를 가진 세 종류의 새가 각각 존재한다는 사실이 드러난 것이다.

모든 음악 작품에는 특정 박자가 나타나고 그에 걸맞은 특정 리듬의 형태가 조직화된다. 어떤 이는 〈피가로의 결혼〉에 등장하는 아리아 중 두 개에서 각각의 박자와 리듬을 살펴보고, 왜 모차르트가 이 특정한 수적인 패턴을 선택했는지 생각해볼 수 있다. 실제로 '충돌하는 의도의 삼중주' 속 상승 또는 하강하는 세 가지 단계적 음의 모티프를 보고, 다양한 조, 리듬, 음표 길이를 이용해 여러 가지 배열을 시도해볼 수도 있다.

살해된 유대인 남성, 여성, 아이들이 600만 명이라는 잊을 수 없는 숫자로 기억되기 때문에 홀로코스트 이야기는 숫자들의 이야기가 된다. 누군가는 유대인, 비유대인, 집시 등 독일 제3제국 전후의 다양한 집단의 인구를 연구할 수 있다. 어떤 지역과 나라에서는 대부분의 유대인들이 구제된 반면, 어떤 지역에서는 거의 모든 유대인들이 죽었다. 실제로 '최종 해결책'이 어디에서 가장 효과적인 결과를 낼지에 대한 논쟁은 반제 회의와 그에 뒤따르는 정책 토론의 중심 주제가 되었다. 심지어 600만이라는 숫자가 나온 경로와 이것이 얼마나 정확한지도 홀로코스트를 연구하는 역사학자들 사이에서, 그리고 이들의 존재를 부정하거나 그 범위에 의문을 제기하는 사람들 사이에서 논점이 되어왔다.

논리적인 시작점　　숫자에 대한 관심과 연관이 있으면서도 거리가 있는 것으로서 논리적 전제, 상호관계 그리고 그 함의에 몰두하는 것이 있다. 진화도 삼단논법의 형태로 표현될 수 있다.

어느 영역에서 수용될 수 있는 것보다 개체 혹은 종이 많으면
그리고 그 개체 또는 종 사이에 변이가 존재한다면

특정 환경에서 가장 잘 생존하는 변이들이 가장 잘 번식하고 번성할 것이다.

홀로코스트도 이렇게 표현될 수 있다.

유럽에서 유대인들을 모두 제거하고 싶다면
그리고 그들이 다른 곳으로 옮겨지거나 자연사로 죽는 것이 허용될 수 없다면
그들을 제거하기 위한 다른 방법을 고안해야 한다.

덜 엄격한 삼단논법의 방식으로, 〈피가로의 결혼〉에서의 논리는 다양한 플롯과 하위 플롯들 간의 관계에서 발전된다. 오페라의 시작 부분에는 애정관계(알마비바와 백작부인, 피가로와 수잔나), 열망의 관계(알마비바는 수잔나를 욕망하고, 마르첼리나는 피가로와 결혼하고 싶어 하고, 케루비노는 모든 여자들과 사랑에 빠져 있다), 상황 변화(마르첼리나는 자신이 피가로의 친모이며 따라서 그의 아버지 바톨로와 결혼해야 한다는 것을 알게 되고, 케루비노와 바르바리나도 결혼에 이르게 된다)가 존재한다. 그 시대 대부분의 희극처럼, 악당이 천벌을 받고 모든 이들이 자신과 잘 맞는 사람과 맺어진다. 초기의 불균형은 개인 간의 결정적인 유대 속에서 최종적 균형으로 나아가야 한다. 마음의 틀이 논리적인 사람들은 인물 사이의 다양한 긴장과 반감과 열정이 해소될 방법 몇 개를 설명하고 싶어질 것이다.

모든 악곡 속에도 논리가 있다. 삼중주의 첫 번째 막에서 백작

과 수잔나와 바질리오 사이의 관계를 추적할 수 있고, 수잔나의 실신과 갑작스러운 회복 그리고 케루비노가 수잔나의 의자 아래 숨어 있다는 때아닌 폭로 같은 사건들로 인해 그들이 어떻게 변화하는지 알 수 있다. 실제로 극적인 순간들은 등장인물들의 관계가 갑자기 변하는 그 시점에 일어난다. 예를 들면 남성 인물들이 옳았다는 것이 밝혀지고 여성 인물들은 (비록 일시적이기는 해도) 가면을 벗을 때 변화한다. 그리고 악보에도 논리가 있다. 한 곡이 조바꿈을 하거나 리듬이 급격히 전환된다면, 결국에는 적절한 순간에 조와 리듬이 본래의 것으로 돌아오리라 예상할 수 있다.

실존적·근본적인 시작점 몇몇 개인에게 지속적으로 관심을 가지다 보면 삶의 의미, 죽음의 필연성, 열정, 사랑과 증오의 변덕 등 존재에 대한 심오한 문제들에 마주칠 가능성이 있다. 진화론은 인간을 자연의 종으로 표현한다. 모차르트는 인간의 감정적 스펙트럼을 묘사하는 데서 인간이 할 수 있는 위대한 창조를 보여준다. 홀로코스트는 인간에게 내재되어 있는 끔찍한 측면과 친절, 용기, 영웅심에 관한 고무적인 사례들을 보여준다.

더 구체적으로 실존의 문제에 관해서, 진화론은 우리가 하나의 종으로서 누구인가, 우리의 배경은 무엇인가, 우리의 미래는 어떤 모습인가에 대해 가장 좋은 과학적인 답을 제시한다. 진화론은 종교적 설명과 반대 입장에 서 있지만, 두 입장 사이에 갈등이 반드시 존재할 필요는 없다. 진화가 신의 계획이고, 신이 변이와 생존경쟁, 그리고 특정 장소에서 특정 종이 일시적으로 우세하도록 하

9장 다중지능으로 이해하기

는 것을 정교하게 계산했다고 믿을지도 모른다. 실제로 최근에 가톨릭교회는 진화론자들이 제안한 기원에 대한 설명과 화해했고, 신앙과 이성에 대해 적절한 영역을 설정했다.

앨프리드 테니슨Alfred Thennyson은 〈금이 간 벽의 꽃〉이라는 시에서 "만약 내가 이해할 수 있다면 / 네가 무엇인지, 네 뿌리와 모든 것 그리고 모든 것 속의 모든 것을, / 신과 인간이 무엇인지 알게 되리라"라고 했다. 세부적인 것을 중요하게 구별하는 이들에게 핀치류는 존재의 문제를 숙고할 흥미로운 기회가 된다. 생명의 비밀과 신비로운 생물학적 진화의 수수께끼는 갈라파고스 군도 곳곳에 서식하는 다양한 새 무리가 지닌 각양각색의 크기와 부리 모양으로 요약될 수 있다.

〈피가로의 결혼〉은 사랑, 호기심, 권력, 사회적 위계와 같은 강렬한 주제들로 가득 차 있다. 다른 흥미로운 극적인 장치들처럼, 이는 교묘함, 복잡함, 어리석음 그리고 가끔은 고귀함을 가진 사람들의 관계를 탐색한다. 이러한 주제들은 비극에서는 어둡게, 희극에서는 더 밝게 혹은 해학적으로 다루어진다. 삼중주 부분이 끝날 때쯤 등장인물들은 각각 자신의 현존재에 관한 의문점들과 대면한다. 수잔나는 자신이 미래에 어떻게 될지 궁금해하고, 알마비바는 경쟁자 케루비노의 존재를 이해하게 되며, 수잔나를 차지하려는 자신의 의도가 부당하다는 것을 알아간다. 또 바질리오는 여성 일반과 일반적인 삶 양쪽 모두에 대한 자신의 냉소적인 견해를 더욱 확신하게 된다.

홀로코스트는 증오, 잔인함, 사악함, 악의적으로 사용된 권력,

용기와 관대함의 몇몇 사례 등 인간의 가장 극단적인 속성을 보여준다. 이는 어떻게 한 국가에서 대학살이 국가 정책이 되었으며 어떻게 특정 인물들이 (가끔은 열정적으로) 그 정책의 수단이 되었는지를 고민하게 한다. 이는 문명화가 무엇인지에 대한 심오한 문제를 제기한다. 대학살이라는 아이디어는 많은 사람들이 문명화의 최고 단계에 있다고 여긴 나라에서 나타났다. 그 계획은 주요 대학에서 박사학위를 얻은 사람들이 세웠고, 개인들은 살인을 하면서도 동시에 문학적·미술적·음악적·종교적 관심사를 어떻게든 추구했다. 그리고 홀로코스트는 특히 이 사건에 개인적으로 연관된 사람 모두에게 삶의 의의에 대한 가장 근본적인 의문을 불러일으킨다. 어떻게 해야 이처럼 끔찍한 인간행동을 보고도 살아갈 이유를 찾을 수 있는가? 엘리 위젤, 프리모 레비 등 생존자들의 글에는 절박함이 드러나 있다.

심미적인 시작점 예술 작품은 전반적으로 색감, 명암, 색조, 의미의 모호성 등의 좀 더 구체적인 특성의 관점에서뿐만 아니라 유기성, 균형감, 적절함 등의 관점에서도 이해된다. 앞에서 언급한 세 주제들은 각각 예술 작품을 통해 소개될 수 있다. 진화는 세상에 작용하고 있는 자연의 힘을 묘사하는 다큐멘터리나 동영상 시나리오를 통해, 〈피가로의 결혼〉은 다양한 극적·오페라적 해석이나 발레와 관련된 해석을 통해, 홀로코스트는 레니 리펜슈탈Leni Riefenstahl의 선전 영화부터 스티븐 스필버그Steven Spielberg의 〈쉰들러 리스트〉까지의 영화를 통해 소개될 수 있다.

9장 다중지능으로 이해하기

그렇지 않을 것 같은 미적 표상들도 강렬한 효과를 낼 수 있다. 로빈 레이크^{Robin Lake}의 〈불협화음^{Dissonance}〉은 강제수용소 경험을 안무로 전달하려고 한다. 아래 묘사를 참고하자.

첫 부분에서 …… 무용수들이 일련의 번쩍이는 섬광 속에서 끔찍한 죽음을 맞이하는 것을 볼 수 있다. 전깃줄에 매달린 한 남성이 필사적으로 탈출을 시도하다가 감전사한다. 불꽃이 이는 전기실에서 시신들이 떨어져 나와 쌓여간다. 이 이미지들은 세부 묘사의 측면에서 강력하다. 울타리에 기대어 극심한 죽음의 고통에 휩싸인 남자의 경련이 느껴지고, 축 처진 몸들이 일그러진 모양으로 굳어가며 급기야 시체가 되는 것이 느껴진다. …… 장면들은 천천히 각본에 따라 이어진다. 강제수용소로 가는 포로들, 자신들의 의지와 상관없이 헤어져야 하는 부부, …… 그저 이름 모를 희생자들이라고 생각했던 사람들이 눈앞에서 실제 사람의 모습으로 나타난다. …… 당신의 팔에 정말로 죄수번호가 문신으로 새겨진 것처럼 느낀다. 당신 앞의 가시철사는 쉽사리 당신을 둘러쌀 것만 같다. 당신은 자신이 무용수의 누더기 옷을 입고 붕대를 감은 듯한 느낌을 받을 것이다.[3]

그러나 예술을 단지 익숙한 장르에만 비추어 생각하는 것은 너무 제한적이다. 주요 아이디어와 예시들은 심미적 속성을 지닌다. 식물과 새와 다른 동물들의 모양, 시간의 흐름에 따른 그들의 변화는 탐구심을 불러일으킨다. 변화하는 형태학은 흥미로운 표현을 만들어낸다. 멜로디와 화음, 가사, 성격 묘사, 배경, 몸짓, 심지어는 사실이 폭로되기 직전의 휴지休止처럼 〈피가로의 결혼〉에 드러나는 개별적인 특징 중 다수는 예술적인 이해와 분석을 요구한다.

홀로코스트와 예술가적 기교의 관계는 조심히 다뤄야 한다. 나는 두 가지 주안점을 제안하고 싶다.

첫째, 강제수용소를 설계한 사람들은 그것만의 형태를 가진 하나의 시스템을 만들어냈다고 생각했다. 수용소 정문의 "노동이 너희를 자유롭게 하리라Arbeit macht frei"라는 기만적인 문구부터 수용소로 들어가는 복도, 가스가 노출된 방식, 재가 된 뼈의 처리, 그리고 금니의 보존까지, 건축가들은 특정 설계의 기준을 만족시키기 위해 노력했다. 실제로 라인하르트 하이드리히와 힘러는 이전의 살인과 매장방식이 살인자들의 감정에 너무 큰 타격을 주기 때문에 더 정교하게 강제수용소를 만들도록 지시했다. 강제수용소는 살인자들이 상대적으로 위생적이고 거리감 있는 절차 속에서 이 일에 참여할 수 있게 해주었다.

둘째, 홀로코스트는 삶과 죽음이라는 주제에 대한 예술의 관계를 가장 직접적으로 제기한다. 영국의 비평가 조지 스타이너George Steiner나 다른 몇몇 비평가는 나치 친위대원들이 어떻게 그토록 잔인한 행동을 주도하고서 가족이 있는 집으로 돌아가 축음기로 모차르트의 음악을 듣거나 밤에 현악 4중주단 속에서 음악을 연주할 수 있었는지 이해해야 한다는 것을 일깨워줬다.[4] 우리는 나치가 태워버린 작품들을 창작한 수많은 예술가들뿐만 아니라, 나치가 받들어 모셨던 작곡가 리하르트 바그너Richard Wagner, 전문가로서의 운명을 나치에 걸었던 지휘자 헤르베르트 폰 카라얀Herbert von

9장 다중지능으로 이해하기

Karajan, 가수 엘리자베트 슈바르츠코프 Elisabeth Schwarzkopf 또는 영화 감독 레니 리펜슈탈 등도 주목해야 한다. 그리고 마지막으로 히틀러가 한때는 전도유망한 예술가이자 자신의 건축가였던 알베르트 슈페어 Albert Speer 를 친아들처럼 여겼으며, 자신의 연설과 건축적 창작이 독일 문화에 기여한다고 생각했다는 점을 잊지 말아야 한다.

직접 실천해볼 수 있는 시작점 젊은이들은 특히 물질적인 재료를 이용해 공부하는 것에 흥미를 느낀다. 보통 진화과정은 관찰하기에는 너무 더디게 일어나기 때문에 더욱 적극적이거나 상상력을 동원해서 접근할 필요가 있다. 초파리 유전 실험은 오랫동안 생물 수업에 이용되어왔다. 정확히 말하면 이 종이 여러 측면에서 단순한 종이고 생애 주기도 짧기 때문에, 특질 변화를 비롯해 그 변화가 다른 종의 생장과정과 병증病症에 영향을 미치는 방식을 관찰할 수 있다. 가상현실 및 다른 컴퓨터 시뮬레이션도 사상 최초로 학생들이 진화를 조절하는 요소를 적극적으로 실험할 기회를 제공한다. 이를 통해 종 간의 투쟁이나 분리된(생식적으로 배타적인) 종이 나타날 때까지 발생하는 점진적인 분리과정 등을 실험해볼 수 있다.

재력이 있는 사람들은 진화의 다른 징후를 직접 탐험할 수 있다. 매년 많은 관광객과 연구집단이 다윈과 그의 동료들을 당황하게 만든 생물학적 다양성을 직접 관찰하기 위해 갈라파고스 제도를 방문한다. 열대 우림을 방문하거나 오염된 개울을 검사하거나 혹은 진화과정을 모의실험하거나 관찰하기 위해 실험적으로 벌거

벗겨진 섬들을 조사함으로써 진화의 다른 양상을 살펴보는 것도 가능하다.

예술 작품들은 행동으로 (또는 말로 하며) 직접 참여할 수 있는 가장 잘 준비된 형태로 제공한다. 누구든 〈피가로의 결혼〉의 일부분을 듣거나 따라 부를 수 있다. 그리고 특히 컴퓨터 음악의 등장 덕분에 다양한 악기로 악보의 각 부분을 연주할 수 있고, 다양한 마무리와 테마의 조합을 이용해 시험해볼 수 있다. 또한 〈피가로의 결혼〉처럼 복잡한 작품의 제작에서는 가수뿐만 아니라 연주가, 지휘자, 안무가, 조명 스태프, 무대연출가, 프로그램 창작자, 희곡 작가, 프롬프터 등 맡을 수 있는 역할이 무수히 많다.

홀로코스트 문제에 관해 직접 참여할 때, 특히 아이들과 참여할 때는 조심스럽게 접근해야 한다. 아이들을 위해 만들어진 어떤 홀로코스트 전시회에서는 모든 방문자들이 입장할 때 실제 유럽 유대인 아이의 이름과 사진이 담긴 신분증을 받는다. 방문객들은 전시관 출구를 나서며 그 아이의 운명을 알게 된다. 당연히 이러한 임시 신분증은 강렬한, 어쩌면 아이들을 심란하게 하는 경험으로 구성될 것이다.

나이가 더 많은 아이들은 '권력에 대한 복종'이라는 고전적인 주제에 대해 배우거나 그 재해석에 참여하는 편이 유익할 것이다. 이 연구는 사회심리학자 스탠리 밀그램Stanley Milgram이 1960년대에 고안한 심리 조작 실험으로, 아무것도 모르는 피험자 A는 다른 피험자 B에게 연속적으로 전기충격을 가하라는 지시를 흰 옷을 입은 연구자에게서 받는다. A는 모르고 있지만 B는 사실 실험

9장 다중지능으로 이해하기

자와 공모한 상태이고, 실제로는 충격을 받지 않는다. 공범자인 B 가 울부짖고, 계기판은 전기충격이 위험 수준에 이르렀음을 나타내지만 피험자로 참여했던 대부분의 미국인들은 계속 전기충격을 가했다. 다른 나라 사람들도 비슷한 행동을 보였다.[5]

실험이 종료된 후에야 피험자들은 전기충격이 조작되었다는 것을 알게 되었다. 그들은 사실 자극적인 실험에 참여하게 된 것이었다. 왜 많은 독일인들이 어느 정도 선에서는 잘못된 것임을 알 수 있었던 명령을 따랐는지를 설명하기 위해 고안된 실험이다. 밀그램은 이 연구를 통해 피험자들이 자신이 하고 있는 일을 좋아하지 않았지만 실험이 시작된 이상 다른 선택지가 없다고 느꼈다고 밝혔다. 그들은 '불참'을 선택하기가 어려웠다. 흥미롭게도 대부분의 행동과학자들은 오로지 사이코패스들만이 전기충격을 위험한 정도까지 계속 가하리라고 예상했다. 이 일련의 실험 하나로 '자발적인 처형 집행인'이 되어버린 독일인들의 행동이 매우 비정상적이었다고 생각하는 많은 사람들의 견해가 수정되었다.

인간친화적인 시작점 지금까지 검토된 시작점들은 개별 학습자들을 대상으로 했다. 그러나 어떤 학생들은 동료들과 그룹을 지어 배우고 싶어 한다. 어떤 이들은 동료와 협동하기를 좋아하고, 또 다른 이들은 토론하고, 주장하고, 충돌하는 견해를 제기하거나 여러 역할을 수행하기를 좋아한다.

프로젝트들은 이러한 대인관계적인 시작점을 위한 훌륭한 수단이다. 학생들은 며칠이나 몇 주 동안 지속되는 프로젝트에 참여하여 다른 사람들과 교류하고, 서로의 말과 행동에서 배우며, 특정 주제에 대한 자신의 반응을 파악하고, 팀의 노력에 자신만의 독특한 공헌을 할 수 있다. 연극을 하는 프로젝트라면, 학생들은 서로 다른 역할을 맡아 특정 상황이 다른 참가자에게는 어떤 식으로 보이고 느껴지는지 배울 수 있다.

앞의 사례들은 집단을 참여시키기 위해 더 쉽게 재구성될 수 있다. 예를 들면 학생들은 강력한 현상을 다루고, 다양한 이야기의 줄거리를 구현하는 드라마를 만들고, 실존의 문제 혹은 논리적인 수수께끼들을 토론하고, 생물학적·사회심리학적 실험을 실행하는 그래픽아트 작품을 만드는 데 서로 협력할 수 있다.

우리의 세 가지 주제로 돌아가 보자. 진화론을 배우는 학생들은 다윈의 이론으로 촉발된 논쟁을 재구성해볼 수 있다. 새로운 생태 조건을 만들어 서로 다른 종이 그런 조건 아래에서 생활하는 방식들을 재연하거나 갈라파고스로 원정 탐험을 계획하고 핀치류, 거북, 이구아나의 분포 조사를 완성해보는 것이다.

모차르트를 공부하면서 앙상블을 연출하여 〈피가로의 결혼〉 속 한 장면을 상연할 수도 있다. 더 야심 차게, 사회계층 또는 세대 간의 충돌에 관하여 오페레타를 작곡하고 공연할 수 있다. '충돌하는 의도의 삼중주'를 다른 연기자가 공연하거나, 악보에 대한 다양한 이해를 반영하고, 등장인물의 욕구와 목표를 정반대로 해석하며, 심지어는 새로운 세 음짜리 모티프를 이용해 다시 공연하려고 노력할 수 있다.

홀로코스트는 역할극을 할 기회를 많이 제공한다. 학생들은 홀로코스트를 바탕으로 독일의 극작가 롤프 호흐후트^{Rolf Hochhuth}의 〈대리인^{The Deputy}〉 또는 미국의 부부 작가 프랜시스 굿리치^{Frances Goodrich}와 앨버트 해킷^{Albert Hackett}의 〈안네의 일기〉 같은 연극을 공연할 수 있다. 그들은 바르샤바 게토의 방어시설, 서로 헤어지기 직전 무엇을 해야 할 것인지에 대한 가족 내 토론, 홀로코스트에 참여하기를 거부한 군인에 대한 다른 부대원들의 반응 등과 같은 홀로코스트에서의 극적인 장면을 재창조할 수 있다. 우리의 주요 예제로 돌아가서 반제 회의 자체의 계획 혹은 그 후 1961년 아이히만이 자신을 기소한 이스라엘 법정에서 반제 회의에 대해 해명한 일 등을 재연할 수도 있다. 또는 반제 회의 참가자 중 하나가 독일의 인종말살에 관계된 명령에 맹렬하게 반대했다고 가정했을 때 반제 회의 참석자들이 보인 반응을 희곡화할 수 있다.

다시 말하자면 좋은 시작점을 만들기 위한 특별한 공식은 없다. 세심한 실험과 분석 그리고 상상력의 현명한 조합에 의지해야 한다. 모든 시작점을 반드시 사용해야 할 의무도 없다. 시작점이 다양해야 좋은 이유는 간단히 말하자면 이렇다. 특정 학생에게 효과적인 주제가 다른 학생에게 효과적인 주제와는 다를 수 있으며, 같은 학생에게도 매일 같은 효과가 나타나는 것은 아니다. 그러나 다양한 접근을 한다면 그 덕분에 더 많은 학생들이 참여하고 그들이 더욱 오랫동안 관심을 갖게 되며 이해의 실천으로 나아갈 가능성이 더 커질 것이다.

비유와 은유를 활용하라[6]

◇◈◇

일단 학생들이 관심을 갖기 시작하면, 바로 그때 수위를 높여 학생들이 이 풍부한 주제의 주요 내용에 완전히 접근할 수 있도록 해야 한다. 여기에는 두 가지 방법이 도움이 될 수 있다. 하나는 강렬한 비교이고, 다른 하나는 개념의 핵심적인 측면을 나타내기 위해 보충적인 시도를 하는 것이다.

골자는 비유란 그저 다른 영역의 경험에서 사례를 끌어오는 것이며, 그 영역은 아마 눈앞에 닥친 주제보다 학생들에게 훨씬 친숙한 것이다. 은유와 직유 또한 더 익숙한 관점으로 덜 익숙한 주제를 보여주는 것이다.

다윈이 경제학자 토머스 맬서스의 책을 읽고 진화론을 발견할 수 있었음을 기억하라. 그는 개체와 종 사이에 역사적인(그리고 선사적인) 투쟁이 있음을 인식하게 되었는데, 이는 맬서스가 '급증하는 인구가 제한된 자원에 직면할 것'이라고 설명한 상황과 유사한 것이었다. 다윈은 자신의 글에서 이 비유를 명시적으로 사용했다.

학자들이나 일반인들이 진화가 삶의 많은 국면에서 일어나고 있음을 발견하는 데, 혹은 발견했다고 생각하는 데는 몇 해 걸리지 않았다. 관찰자들은 시장경제를 거기에 참여한 개인과 기업들 사이의 투쟁이라고 묘사했다. 이 견해는 '적자생존'이라는 은유를 사용하기 때문에 간혹 다윈주의적이라고 여겨진다. 그러나 역사적 순간에 의식적인 인간들이 휘말린 싸움은 다윈의 진화와는 전혀 다르다. 생물학적 진화는 많은 세대에 걸쳐 서로 다른 다양한 유전적 구성을 지닌 개체(그리고 종) 간의 투쟁 결과로 일어난다. 이 투쟁의 참가자들 사이에 의식적인 지식이나 선택은 존재하지 않는다.

개인들은 특히 자신의 관심 영역에서 일어나는 변화에 경계를 늦추지 않는다. 예를 들면 젊은이들은 옷과 헤어 스타일의 유행이 변화하는 것을 관찰한다. 오페라의 청취자들은 박자 또는 발성 스타일이 이후 10년의 것과 비견될 수 있는 특성이 있는지, 또한 특정 테마들이 곡 안에서 어떻게 진화하는지 관찰한다. 문학 독자들은 소설 장르와 등장인물 유형의 변화에 주목하는데, 그것들은 종종 오늘날의 영화 또는 텔레비전 화면에 나오는 것들을 반영한다. 가끔은 이러한 변화들이 너무 점진적이어서 거의 감지되지 못하기도 하지만, 어떤 때는 이 변화들이 신속하고 극적이며 수명이 짧기도 하다.

이 예시들을 각각 다윈의 용어로 생각해볼 수 있다. 실제로 점진적인 문화적 진화와 재빠른 문화적 진화 사이의 차이는 현재 점진주의자의 설명에 찬성하는 진화론자와 단속평형설에 설득당한 진화론자 사이의 토론과 대략 비슷하다. 그러나 어떤 비교도 부정확하기 때문에 잠재적으로 오해하게 만드는 면에 관심을 집중해야 하는 것 또한 마찬가지로 중요하다. 예를 들면, 진화는 가끔 마치 일종의 사다리처럼 보여서, 최상위 종이 '가장 고등한 존재' 혹은 최선의 존재를 의미한다고 착각하게 한다.

모차르트의 경우에는 흥미로운 비유가 많다. 어린 시절 모차르트는 마치 굉장히 빨리 떠올랐다가 결국 우주로 사라지는 별똥별 같았다. 궁극적으로 그 우주는 천국으로 이어질 것이다. 그에 반해 그의 생산성은 대단히 안정되어 있었다. 새로운 둥지를 조심스럽게 짓는 새처럼, 새로운 도토리를 묻는 다람쥐처럼, 그는 한 곡에서 다른 곡으로 마치 장인과 같은 모습으로 나아갔다. 겉으로 보기에 그는 본인 개인사의 격변을 잊고 사는 듯했다.

오페라를 상연하는 것은 고도로 복잡한 많은 작업들과 닮았다. 그것은 건물 디자인과 건축, 새로운 무기의 발명 혹은 새로운 사업의 시작에 비유할 수 있다. 개별적인 많은 역할을 한 명이나 여러 명이 맡게 된다. 각각의 예술적 결정이 전체 작품에 영향을 끼친다.

〈피가로의 결혼〉 같은 특정 작품은 비교에 적합하다. 이 18세기의 사회적 풍경 속에서 복잡하게 얽힌 오해는 다른 복잡한 줄거리들을 떠오르게 한다. 예를 들면 로스앤젤레스를 배경으로 한 영화 〈빅 슬립〉과 〈차이나타운〉의 장면들이 떠오른다. 각 장면 사이나 각 행동 사이의 관계는 긴 식사의 코스와 닮았다. 입가심용의 간단한 요리와 대화나 춤을 위한 시간 사이에 메인 요리가 나온다. 삼중주 같은 곡들은 삶의 특정 사건을 생각나게 한다. 소문이 근거가 없는데도 진실의 오라를 보이는 때가 있다. 내가 아는 몇몇 사람들이 동일한 기본 요소(음표라기보다 아이디어)들로 연주를 하는데도 누구도 그 사실을 알아채지 못하는 때도 있다.

홀로코스트의 독특함에 대한 논쟁은 비유의 타당성에 의문을 제기한다. 비유는 항상 공통점뿐만 아니라 차이점을 포함하기 때문에, 나는 홀로코스트의 흥미로운 비유를 찾는 데 문제가 없다고

9장 다중지능으로 이해하기

생각한다.

유대인들을 근절하고 싶은 히틀러의 욕구는 원치 않는 집단의 모든 흔적을 절멸시키려는 다른 노력들과 유사하다. 이 노력은 예술 작품이나 과학 업적의 파괴, 시체의 처리, 암세포의 박멸, 유적을 폐허로 만들고 전리품을 분배할 때나 일어나는 일처럼 옛 문명의 마지막 흔적들을 제거하는 것에서도 나타난다. 강제수용소와 집단처형장은 시행착오의 실험방식을 거쳐 실제적으로 고안되었다. 설계자들은 가장 중요한 조건들을 만족시킬 방법을 찾을 때까지 다양한 방식을 시도했다. 일과 죽음 사이의 유사점이 의도적으로 이용되었다. 나치는 공장제 생산의 원리를 죽음을 포장하는 데 적용하려 했다. 그리고 수용소에 갇힌 사람들의 경험은 결코 끝나지 않는 악몽, 환한 대낮이 되어도 깨어나지 않는, 오직 잔인한 죽음으로만 끝나는 악몽이나 다름없었다.

아리스토텔레스의 말이 옳았고 은유가 천재성을 나타낸다면, 가장 적절한 비교를 찾는 일이 얼마나 도전적인지에 놀랄 필요는 없다. 확실히 실력 있는 교사들과 연구자들은 풍요롭고 적절한 비유와 은유를 찾기 위해 고군분투한다. 각각의 비교에는 한계가 있다는 점을 인식하는 것이 중요하다. 한번 학생들이 어느 주제를 깊이 다루게 되면 자신만의 비유와 은유를 만들어내도록 격려해주어야 한다. 이는 특정 개인들에게만 효과적인 것은 아닐 것이다. 학생들이 특정한 비교의 장점과 한계에 대해 토론하는 것으로 그것을 깨우칠 수 있을 것이다.

'모형언어'로 핵심 아이디어를 표현하기

◇ ※ ◇

 매력적인 시작점 덕분에 아이들의 흥미가 높아지고 다양한 비교와 비유와 은유를 통해 주요 아이디어들에 접근할 수 있다면, 이제 우리는 교육의 중요한 부분을 다룰 시점에 이르렀다. 그러나 아직 부담이 가장 큰 과제가 남아 있다. 어떻게 해야 주제, 아이디어 또는 현상들의 명확한 특징을 가장 잘 전달할 수 있을까?

 논의를 위해 나는 '빙산' 같은 주제와 관련된 가장 중요한 아이디어에서 시작하고자 한다. 진화에서는 변이, 생명체 간 경쟁, 번식하기 위해 생존한 이들의 자연도태, 특정 환경에 대한 장기적인 적합성을 들 수 있다. 모차르트의 음악에는 플롯의 핵심 윤곽을 인식하는 것, 등장인물들의 동기와 목표를 감지하는 것, 작곡가에게 중요한 주요 악기를 파악하는 것, 음악이 중추적인 행동과 느낌을 전달하는 방법의 가치를 인정하고 즐기는 것이 있다. 홀로코스트에서는 나치의 반유대인 프로그램, 전쟁이 시작되는 시점에서의 취약했던 유대인의 입지, '유대인 문제'에 대한 잠정적인 다수의 '해결책'의 실패, 체계적인 대학살의 실행 결정, 이 목표를 이루기 위해 고안된 수단들, 실제로 운영된 집단처형장 그리고 유죄 가능성에 대한 판단 등을 다룰 필요가 있다.

 이미 고착화된 지식에서 벗어나 핵심 아이디어들을 표상하는 데 최상의 방법은 없다고 생각된다. 이런 표상에 대한 관념은 일종의 착각으로, 대개 그 개념을 접하게 된 개인적인 이력에서 유래한다. 즉 자기를 가르친 교사가 그 개념을 어떻게 설명했는지

9장 다중지능으로 이해하기

또는 그 개념을 다룬 첫 책에서 그것이 어떻게 표현되거나 쓰였는지 등에 따라 생기는 것이다. 예를 들면 뻗어 나간 가지 모양으로 표현된 진화나, 뉴욕시 메트로폴리탄 오페라에서의 기억에 남는 〈피가로의 결혼〉 공연, 혹은 아우슈비츠에서 풀려난 강제수용소 생존자들의 사진을 보게 된다면, 이런 '정신적 표상'이 특정 주제를 전달하는 데 최적의 방식이라고 생각할 수 있다. 이와 반대로 나는 최고의 표상들은 다중적이라고 주장한다. 그래서 우리의 탐구는 정확하면서도 상호보완적인 다양한 방식 가운데서 핵심 아이디어를 나타낼 수 있는 표상의 집합을 찾기 위한 것이어야 한다.

'다중지능적 표상'의 관점은 '비유와 은유'의 방법 사이에서 균형을 유지한다. 비유를 할 때는 의도적으로 다르거나 동떨어진 참조 영역에서 생생한 요소를 골라낸다. 다중지능적 표상의 경우 주어진 주제에 쉽고 문제없이 적용될 수 있는 참조 영역에서 이 요소들을 고른다.

여기서 '모형언어'라는 아이디어를 소개하고자 한다. 학문에서 말하는 모형이란 주어진 주제나 학문에서 추출한 개념이다. 원자, 역사상의 혁명, 고전적 비극이라는 모형이 있을 수 있다. 모형은 (이 책에서 쓰이는 것들 같은) 일상언어로나 지식을 갖춘 사람들이 쉽게 해석해낼 만한 다른 상징적인 형태로 나타날 수 있다. 과학에서 모형은 그래프, 숫자 또는 논리적인 형태로 존재한다. 인문학에서 모형은 때로는 다른 상징체계들이 사용될 수도 있지만 언어로 제시될 가능성이 가장 크다. 예술에서 모형은 대체로 특정한 예술적 상징체계의 외형에서 드러난다. 그림의 모형, 즉 미술사의 한 유파는 그림의 형태로 나타난다. 음악 작품이나 장르의 모형은 악보에 표현될 것이다. 혹은 별로 일반적이지는 않지만, 기상도氣象圖 같은 그래픽 형태는 서로 다른 힘과 방향과 주제를 표현한다.

이제 우리의 세 가지 표본적인 예들의 핵심적인 측면을 파악하고 전달할 수 있는 모형언어에 초점을 맞추어보자. 과학적 학문의 사례에서 알 수 있듯이, 진화는 명제로 표현되어왔다. 이전에 소개한 삼단논법의 진술은 진화의 주요 아이디어를 잘 파악하게 하는 방법 한 가지를 보여준다.

하지만 진화의 주요한 측면은 다윈이 처음 그랬듯이 보통의 언어나 그림언어로도 포착할 수 있다. 한 가지 흔한 방법은 시간과 공간을 넘어 하나의 최초의 종이 여러 갈래로 진화해나가는 것을 가지치기식 모형으로 나타내는 것이다. 이 가지들 중 일부는 번성하고 증식한다. 나머지는 상대적으로 고립된 채 버틴다. 다수가 특정 장소에서 살아남지 못한다.

다윈의 글을 읽은 사람들은 가지치기식 모형을 다윈이 사용했던 그 모양으로 생각하는 경향이 있다. 그의 노트에서 나타난 방추 모양의 그림(그림 3) 또는 출판된 책에 나온 기하학적인 평행구조(그림 4)로 생각하는 것이다. 영화나 동영상이나 컴퓨터 시뮬레이션 또한 어떻게 종이 발생하고 진화해서 결국에는 번성하거나 사라졌는지를 보여줄 수 있다. (다양한 핀치류의 부리 크기 같은) 어떤 특질의 발생에서부터 모양의 변형을 지배하는 법칙들, 고정된 생태에서 다양한 종이 변화되는 비율에 이르는 진화과정의 다

9장 다중지능으로 이해하기

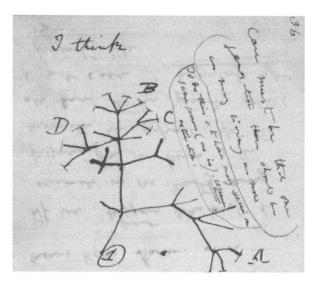

그림 3 다윈이 처음에 스케치한 '생명의 나무'(케임브리지 대학 도서관의 허락을 받아 수록했다).

른 면들에 대해서는, 다양한 대수학적, 기하학적, 미분학적 언어들까지 적용될 수 있다.

요점을 강조하자면 이 모형언어 중 그 무엇도 진화에 대한 최종적인 결론을 나타내지는 않는다. 모든 것은 기여할 뿐이다. 그래서 처음에는 전문가가, 나중에는 학생들이 다중지능적 표상들 사이를 편하게 오가며 적절할 때 사용할 수 있게 되면, 그때서야 그 개념을 완전히 이해하게 되었다고 말할 수 있다.

서로 다른 모형언어들이 각 개념에서 동일한 측면을 포착하지는 않을 것이다. 기하학은 모양을 포착할 것이고, 영화는 움직임을 포착할 것이며, 논리는 원인이 되는 요소들을 분별할 것이다. 실제로 각각의 모형언어들은 그 모형만의 천재적 재능을 지니고 있

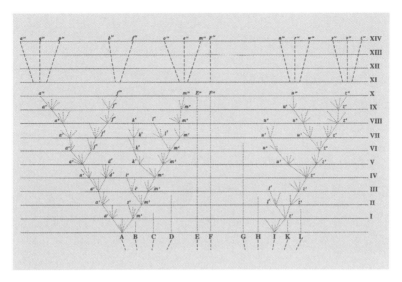

그림 4 《종의 기원》에 실린 자연선택과 멸종의 특성과 원리에 대한 생명의 나뭇가지 그림

다. 각각의 모형은 다른 부분에서는 덜 유용하거나 적절하지 않거나 정확하지 않아도, 각각이 특정 쓰임새에 대한 특권을 지닌 것이다. 이와 같은 개별적인 특성을 인식하고 이 조각을 모을 수 있는 사람들은 결국 가장 자유롭고 융통성 있고 바람직한 이해를 얻게 된다.

이 모형과 모형언어는 도대체 어떻게 결합되는 것일까? 이 문제는 심리학적 모델 학습 이론과 지금의 교육학 용어로는 답하기 어렵다. 모형언어를 의미 있는 통합체로 묶어버리기보다 모형언어들 사이의 앙상블을 이용하는 것이 확실히 더 쉽다. 부족하기는 하지만 나의 답은 '언어간 유창성'을 만들 수 있는 우월한 접근법은 확실히 없다는 것이다. 오히려 몇몇 모형언어를 이해하기 위해

9장 다중지능으로 이해하기

시간과 노력을 더 투자하면 투자할수록, 그들 간의 관련성을(또한 분리와 분열도) 더 적절하게 만들 가능성이 커진다. 사람들은 주어진 주제를 더욱 포괄적으로 다루는 모형에 안착하고자 한다. 하지만 장래성 있는 새로운 모형언어들은 한 사람의 표상을 뒤흔들고, 궁극적으로는 더 강력한 새로운 표현을 불러일으킨다.

모형언어는 경우에 따라 다르게 작용한다. 모차르트의 인생과 〈피가로의 결혼〉의 줄거리는 언어에서, 논리 분석에서, 그래픽 형태에서 쉽게 다뤄지는 특성을 가지고 있다. 〈피가로의 결혼〉처럼 복잡하고 긴 작품의 뚜렷한 음악적 특징들은 어떨까? 확실히 음악 악보는 모티프와 '그에 응답하는' 반대 모티프 그리고 테마, 조성, 음역, 악기, 독창의 변화무쌍한 사용을 표현할 편리한 방법을 제공한다.* 그러나 다른 언어들도 기여할 수 있다. 그것도 결정적인 역할을 할 수 있다. 음악에 관한 많은 책들이 있다. 어떤 것은 소수의 악보나 악보의 일부분만 담고 있다. 모티프의 진행은 기하학적 숫자 또는 덜 형식적으로 그려진 '현장 작업' 스케치로 전달될 수 있다. 이러한 묘사는 잭슨 폴록Jackson Pollock이나 프란츠 클라인Franz Kline 같은 추상적 표현주의자들의 '예술적 낙서' 또는 피터르 몬드리안Pieter Mondriaan과 미니멀리즘 미술가 솔 르윗Sol LeWitt의 도표적인 언어로도 나타난다. 그리고 〈피가로의 결혼〉 속 상황들이 움직임이나 춤으로 바뀔 수 있다면, 다양한 춤의 기법으로 악보의 중요한 특징들을 나타낼 수 있을 것이다.

---

* 지금 많은 음악적 표기체계가 경쟁하고 있다는 데 주목하라.

실제로 〈피가로의 결혼〉(아니면 하나의 삼중주)을 잘 모르는 청취자에게 이것을 알려주라는 과제를 받았을 때, 그저 악보만 건네주는 것은 무의미할 것이다. 주요 인물, 행동, 음악적 모티프 그리고 형태를 나타내는 더 간단한 상징체계를 고안해내는 것이 더 효과적일 것이다. 이러한 표상은 겨우 몇 페이지만으로도 매우 강력하게 특성화된 것을 제공할 수 있다. 그리고 학생이 이러한 종류의 개략적인 표상을 만들었다는 것은 그가 어떤 주제의 결론에서 이해를 적절하게 성취했음을 의미한다. 물론 여기에 잘 만들어진 범례나 핵심이 추가된다면 말이다.

홀로코스트는 생존해 있는 사람들이 기억하고 있기 때문에 많은 종류의 표상을 바로 확인할 수 있다. 증인의 증언이 이 끔찍한 인류 역사의 장에 대한 '살아 있는' 표상의 가장 강력한 형태로 남아 있다. 영화뿐만 아니라 사진과 다큐멘터리도 주요 아이디어를 표현하고 비교하는 강력한 방법이다.

더 추상적인 형태의 표상도 사용될 수 있다. 주요 요소들은 논리적 형태 혹은 숫자 형태로 분석될 수 있고, 주요 인물의 정체와 상호작용이 그림 등의 표상으로 만들어질 수 있다. 실제로 강제수용소와 그 수용소로 갔던 보급선, 수용소와 전선의 관계 등을 나타낸 지도와 도표가 존재한다. 이들 또한 정태적인 형태로도, 역동적인 형태로도 표현될 수 있다.

심지어 우리의 주요 예시인 반제 회의는 그 자체로 다양한 모형 언어로 파악될 수 있다. 직설적이며 서술적인 이야기를 부여할 수도 있고, 극적인 재구성을 제안할 수도 있고, 결정을 가져온 다양한 논리들을 분석할 수도 있고, 최종 해결책을 실현하기 위해 필요했던 단계들을 논리적이고 수학적으로 검증할 수도 있다. 그리고 회의 참석자들의 반응과 이후의 감정적 반응(또는 무반응)이 홀로코스트에 대한 완전히 다른 정신적 지도를 보여줄 수도 있다.

이러한 다양한 형태의 표상들이 홀로코스트를 그저 한 묶음의 공식으로 격하하고, 결과적으로 이를 사소한 것으로 만들까 불안해질 수 있다. 나는 이것이 하나의 위험 요소이며, 그렇게 되지 않도록 해야 한다고 생각한다. 그러나 제한적이거나 여러 방면에서 오해를 끌어낼 소지가 있는 단 하나의 표상을 가지는 것이 더 큰 위험 요소일 수 있다.

세 가지 예제 모두 시디롬, 비디오, 하이퍼텍스트 등 현대적 매체로 쉽게 표현될 수 있다. 그렇게 할 때 학생들에게 주목받기도 한다. 그러나 표현이 지나치게 풍부해질 수도 있다. 이런 다중감각적인 멀티미디어를 이용해 표현하면 너무 많은 추론을 할 수도 있고, 너무 많은 정신적 표상을 만들 수도 있다. 가끔은 학습자들을 연구 중인 개념의 핵심에 집중하도록 하기 위해 풍부함을 제거하고 희석되고 정돈된 내용의 표상들을 사용하는 것이 더 유용할 수 있다.

해결되지 않은 문제

◇❈✧

나는 중요한 주제에 접근하는 방법, 그것을 비유의 관점에서 제시하는 방법, 분리되었거나 상호보완적인 표상 형태로 정제하는 방법을 다채롭게 세시했다. 나는 이러한 접근이 결과적으로 깊이 있고 참되며 끈기 있는 학습을 형성할 수 있다고 믿는다. 그리고 이 학습은 다양한 학생들에게 의미 있는 방식으로 다가가며, 학생들이 이해를 쌓아나가고 그 이해를 공개적으로 수행하며 새롭고 적절한 방향으로 펼치게 할 것이다. 학생들이 다른 사람들과 동일한 표상으로 시작하거나 끝낼 필요는 없다. 오히려 서로 다른 표상이 학생들 각각에게 의미가 있으며, 다른 사람들과 의견을 나눌 수 있는 풍부한 표상일수록 더욱 좋다고 생각한다.

　나의 주장이 글로 쓰였다고 해서, 독자들이 덜 주목하지는 않을 것이다. 나는 글이라는 매체에 편안함을 느끼며, 책이 활용하고 있는 매체도 바로 글이다. 내가 비언어적인 상징체계의 강력함을 드러낼 정도로 충분히 고무적인 방식으로 말이라는 상징체계를 사용했기를 바란다. 그러나 몇 가지 해결되지 않은 논점이 남아 있다.

1. 이 세 가지 접근법을 어떻게 중요한 아이디어로 조직하는가?
2. 이 특성을 어떻게 다른 교육과정으로 확산할 수 있는가? 그리고 어떤 한계가 있을까?
3. 이런 접근이 성공했음을 어떻게 측정할 수 있는가?
4. 이 접근법은 어떻게 오해를 받을 수 있는가?
5. 결론적으로 진실, 아름다움, 선함이란 무엇이며, 서로 어떻게 연결될 수 있는가?

　　　　9장 다중지능으로 이해하기

가르침의 기술

◇▧◇

나의 설명양식에는 분명한 순서가 있다. 시작점에서 비유로 나아간 뒤, 주요 아이디어를 나타내는 다중지능적 표상으로 수렴된다. 이 대강의 순서는 일종의 도식처럼 추천할 만하다.

그러나 가르침의 기술은 정형화된 공식에 저항하는 데에 있다. 이 세 관점이 완전히 다르지는 않다고 강조하는 것이 중요하다. 다중지능적 표상이 비유를 사용하고 시작점 또한 주요 아이디어를 전달할 수 있다. 교사의 역할은 악보 전체를 마음에 두고 특정 소절과 연주자들이 특정한 악절과 연주자를 향해 나아가도록 하는 오케스트라 지휘자와 비슷하다. 교사는 학생들이 참여해 결국 그 학생들 대다수가 그 주제에 대해 더 깊은 이해를 성취하도록 하는, 서로 잘 맞는 질문, 구성 단위, 이해를 실현할 수행방법을 고안해야 한다. 더 넓은 의미에서 교사는 최대한 다재다능한 것이 좋다.

이해를 위한 교육의 한계와 가능성

◇▧◇

이해에 초점을 둔 교육과정에서도 더 많은 주제 혹은 이미 존재하는 주제들을 다양한 방법으로 다루도록 지속적으로 압박을 받을 것이다. 타협은 시대적 명령인 것이 틀림없다.

이미 말했듯이 나는 여기서 간단히 설명된 일반적인 접근법이 예술, 과학, 인문학의 폭넓고 다양한 주제에 적용될 수 있다고 믿는다. 실제로 나의 세 가지 예제들은 다른 많은 것들을 대신할 수 있기 때문에 선택된 것이다. 진화론은 과학의 광범위한 이론과 개념을 위해, 〈피가로의 결혼〉은 수많은 예술가들과 예술 작품을 위해, 홀로코스트는 다양한 역사적 사건들과 그 영향력을 위해 사용될 수 있다.

'이해'가 교육의 보편적인 목표가 되어야 하지만, 이러한 방법을 교육과정 전체에 동등하게 적용할 수 있게 하려는 노력도 필요하다. 수학의 어떤 패턴들은 알고리즘이다. 외국어 학습의 일부분은 단순한 암기만을 요구한다. 예술교육은 부속 기술들을 꾸준하게 익히고 그것들의 통합을 점진적으로 성공시키는 것이다.

그러나 이렇게 유연성이 떨어지는 일부 교육과정에서도 현재의 '모형'은 유용하다. 새로운 개념들이 다양한 과목에 걸쳐 융성하고 있다. 수학의 무한, 영, 적분 또는 증명을 배울지라도 '이해의 접근법'은 유용할 것이다. 비슷한 맥락에서, 불완전 과거형 또는 능격_{Ergative verb} 같은 외국어의 낯선 개념들은 여기 묘사된 관점들로 영어 사용자들에게 신중하게 소개될 수 있다.

성공의 측정 주요 개념을 이해하는 것이 목표라면 성공을 측정하기 위한 방법은 딱 하나뿐이다. 학생들에게 다양한 조건 아래 자신의 이해를 수행할 기회를 주고 정기적이고 유용한 피드백을 주어야 한다. 처음에는 학생들이 해야 할 일과 평가기준이 미리 정해져 있을 것이다. 시간이 흐르면서 여러 경향이 나타날 것이다. 학생들 스스로가 평가의 더 많은 측면들을 책임지게 될 것이다. 학생들은 다양한 개념, 주제, 아이디어를 조합해볼 기회를 더 많이 가질 것이다. 그들은 자신이 배운 것을 더 다양한 방법으로 표현할 것이고, 더욱이 자신이 이해한 바를 펼칠 기회를 찾으며 새로운 상황에 어떻게 적용되는지 혹은 적용되지 않는지 알아볼 기회를 추구하게 된다는 것이 가장 중요하다.

세 빙산 각각에 대한 이해를 면밀히 살펴보는 방법을 알려주려면 많은 페이지가 필요하다. 세 가지 사이의 관계는 차치하고라도 그 밖의 다른 빙산에 대해서도 마찬가지일 것이다. 그래도 나는 시작했다. 시작점, 비유, 또는 모형언어에 대한 거의 모든 예시들은 시도해볼 만한 평가 형태를 제안할 것이다. 그것이 한데 모이면, 상당한 규모의 앙상블이 되어 학생들의 이해를 측정할 수단을 제공하게 될 것이다.

지금까지 논의해온 세 가지 주제 각각에 대한 이해를 평가할 수 있는 방법을 주제별로 두 가지씩 제안해보겠다. 우선 다윈의 핀치류에 대한 이해를 평가하기 위해 각기 다른 생태계를 가진 가상의 섬들을 창조하고, 작은 곤충 집단을 이곳으로 이동시킨 다음, 학생들에게 시간이 흐름에 따라 어떤 일들이 벌어질지 예측해보라고 하는 것이다. 또는 학생들에게 갈라파고스 제도에 대한 최신 정보를 주고 어떻게 다윈이 식물과 동물의 현재 분포를 이해했을지 묻는 것이다.

모차르트 삼중주의 평가와 관련해서는 푸치니의 비극 〈토스카〉 같은 다른 종류의 오페라에서 이중주를 선택할 수 있다. 이 작품은 화가 카바라도시를 사랑하게 된 열정적인 가수 토스카, 토스카를 원하는 거칠고 음탕한 경찰서장 스카르피아 사이의 갈등을 그리고 있다. 학생들에게 필요한 배경자료를 제공하고, 플롯과 음악의 소재라는 관점에서 그 이중주의 사건들을 분석하라고 할 수 있다. 대조되는 두 등장인물의 특색이 드러나는 자신들만의 이중주를 창작하라는 문제를 낼 수도 있다.

홀로코스트의 경우, 금세기 초 수십 년 동안 아르메니아인들에게 일어난 사건들을 제시할 수 있다. 터키 정부는 자신의 이익을 위해 소수민족 아르메니아인들을 절멸시키라고 지시했고, 나치가 나중에 '완성한' 똑같은 기술들을 사용하여 이 목표를 대대적으로 달성했다. 학생들은 이 두 가지 인종학살 시도의 공통점과 차이점을 토론하거나 이 사건들을 추모하는 예술 작품을 창작할 수 있다.

이러한 접근에서 발생할 수 있는 오해들 새로운 아이디어는 보통 오해받기 마련이다. 그래서 내가 묘사하려는 접근법도 잘못 사용되지 않도록 경계할 필요가 있다. 아무 주제나 골라 시작점 일곱 개(또는 열 개), 은유나 비유 일곱 개(또는 세 개), 모형언어나 다중지능적 표상 일곱 개(또는 스물두 개)를 설명하려고 한다면, 그건 완전히 억지스러운 일이다. 앞의 세 가지 주제들이 오로지 예시로 쓰인 것처럼, 여기 만들어진 목록 또한 단지 예일 뿐이다.

모든 경우에 시작점, 비유, 모형언어의 최종 선택은 직관적인, 사실상 예술적인 방식으로 진행되어야 한다. 그리고 강조할 아이디어, 교사들이 편안해하는 지도방식, 학생들의 관심과 필요 간에 지속적인 변증법이 있어야 한다. 교사의 입장에서는 조사할 주제에 알맞은 몇몇의 시작점과 비유와 모형언어를 찾는 것으로 시작하는 것이 좋을 수 있다. 그러나 교사들이 좀 더 전문적이 되면서 모든 주제에서 개인적인 접근방식을 찾아낼 수 있을 것이다.

모든 시작점과 비유와 모형언어가 특정 개념에 동등하게 잘 맞는다고 가정하는 것은 잘못된 생각이다. 학문이 서로 다른 시각을 구성하여 어떤 주제의 독립된 측면을 강조하는 것과 마찬가지로, 각각의 시작점과 비유와 모형언어도 어떤 요소는 부각시키면서 또 어떤 요소는 최소화한다. 실제로 이렇게 강조점을 달리 하는 것은 한 주제에 다양한 방법으로 접근하는 것이 적절하다는 주장에 대한 강력한 논거 중 하나가 된다.

마지막으로 여기 언급될 다중지능 이론과 교육학적 접근 사이의 관계에 대해 이야기하는 것이 중요하다. 나는 다중지능 이론이 지적 분위기를 만들어냄으로써 그 속에서 서로 다른 시작점, 비유, 은유, 다중표상, 모형언어에 대해 이야기하는 것이 자연스럽고 생산적인 일이 되었다고 생각한다. 다양성이 바로 오늘날의 메시지다. 그러나 특정 시작점과 비유와 모형언어를 특정 지능에 직접적으로 연결하는 것은 다중지능 이론을 왜곡한 것이다. 이 관계들은 기껏해야 암시적일 뿐이다. 예를 들면 이야기는 언어지능과 연관되어 있으면서도 논리지능, 인성지능, 실존지능과도 강력한 관계를 가진다. 마찬가지로 공간지능이 시각적 표상을 제시하기는 하지만, 그 범위는 그래프, 사진, 영화, 하이퍼미디어의 표상들까지 확장되기도 한다.

확실히 어느 단계에서는 우리가 갖춘 지능이 우리가 세상을 어떻게 이해하는지를 결정한다. 마음과 뇌의 구조, 우리 세계의 물리적 특징, 다양한 문화의 관점, 시간의 흐름에 따라 발달된 특별한 상징체계와 학문 사이의 관계를 상세화하면 매우 흥미로울 것이다. 나는 이들 간에 어떤 관계가 있으며 서로 다른 문화 사이, 사람과 사람 사이에 놀라운 공통점과 두드러진 차이점이 있다고 확신한다. 그러나 안타깝게도 이 책에서는 그 관계나 차이점을 추적할 입장은 아니다. 여기서 말할 수 있는 것은 다만 마음의 다수성이 다양한 세계를 이해하는 방법의 다수성을 가져온다는 것이다.

다시 한번: 진실, 아름다움, 선함 나는 처음에 세 가지 예시를 진실과 거짓, 아름다움과 추함, 선함과 악함이라는 고전적인 영역들의 전형적인 사례로 소개했다. 각각의 예시를 자세히 들여다보면 진실, 아름다움, 선함이라는 이 폭넓은 범위에 붙여진 이름이 모호하게 느껴지거나 심지어 잊어버리는 게 어쩌면 불가피하고 당연해 보인다. 그러나 교육에 대한 나의 논의가 끝나갈 즈음에 이 덮어놓았던 주제들로 다시 돌아오는 것이 좋겠다.

문화는 중요한 개념들을 진화하게 한다. 후손들에게 이러한 교훈을 전하는 것이 반드시 필요하다고 생각한다. 이 주제들을 구성하고 묘사하는 방법은 시간에 따라 변할 것이고, 특히 진실, 아름다움, 선함 같은 개념들이 전반적으로 플라스틱 같은 현재의 문화에서는 옻칠이 된 나무처럼 구닥다리 같은 분위기를 풍길 것이 확실하다. 그럼에도 불구하고 이 중에서 무작위로 아무것이나 고르지만 않는다면, 선택은 그대로 가치관을 반영한다. 자신이 선택한 진실과 아름다움과 바람직한 행동방식들을 전하는 데 성공하지 못한다면 문화는 지속될 수 없다.

만약 진화를 이해하게 된다면, 우리는 종의 기원과 운명에 대한 중요한 진실을 알게 되는 것이다. 그리고 라마르크의 경쟁 이론과 근본주의자들의 종교적인 이야기들의 약점을 알아차릴 것이다.

만약 모차르트의 음악을 이해하게 된다면, 서양 고전작품 속의 명확하고 강렬한 아름다움의 순간들과 마주칠 수 있을 것이다. 또한 독일의 민속적인 오페라 '징슈필'의 대가 디터스도르프^{Dittersdorf} 같은 덜 서양적인 작곡가들의 한계, 대중음악 차트에서 발견되는 것과 같이 덜 야심적인 장르와 작품들의 한계를 인식하게 될 것이다. 나의 설명에 의문을 품는 이들은 지금으로부터 한 세기 후에는 사람들이 어떤 음악 작품들을 기쁨과 깨달음을 가지고 들을 것인지를 놓고 내기를 걸어도 좋다. ('후기 포스트모더니즘적' 후예들은 우리에게 진 빚과 부채를 상환해야 할 것이다.)

마지막으로 만약 홀로코스트를 이해하게 된다면 인간의 사악함의 정도와 본질을 이해하게 될 것이다. 다른 사람들과 자신 속에 있는 사악함의 근원과 정도, 인간의 사악함과 싸울 수단들에 대해더 나은 이해를 갖게 될 것이다. 그리고 이 적막한 그림 속에서 우리는 병사들, 일반인들, 정치적·종교적 지도자들의 모범적인 행동에서 희망의 빛줄기를 문득 보게 될 것이다.

궁극적으로 진실, 아름다움, 선함의 문제에 대한 사회의 답이 중요하지만, 우리의 개인적인 질문과 답은 더욱더 중요하다. 진실,

아름다움, 선함 사이의 접점과 반향들은 그 독특한 특성만큼이나 중요하다. 문화적인 이해와 개인적인 이해를 돕는 교육 프로그램을 구성하는 방법은 이후의 장에서 주로 논의될 것이다.

10장

이해를 위한
교육의 경로들

학교가 변화하는 과정은 자신이 누구이고
무엇이 될 수 있는지에 대한 지속적인 발견과
재발견 과정이기도 하다.

두 가지 시나리오

◇✦◇

이해를 위한 교육으로 나아가는 데는 상반되는 두 가지 대본이 있다. '중앙집권화된 기구 주도' 시나리오에 따르면, 학생의 교육과정 전체에 걸쳐서 조정된 계획이 필요하다. 이러한 조정은 단일한 그리고 모든 곳에 걸쳐 있는 하나의 권위로부터 생길 가능성이 크다. 이보다 더 유연한 '지방 주도' 시나리오에 따르면, 이해를 위한 교육은 교사와 학생이 지속적인 관심을 가진 주제에 몰두하거나 규정된 교수요목과 똑딱거리는 시계 없이 그들이 원하는 만큼 깊이 파고들 기회를 주었을 때 생겨날 확률이 가장 크다.

각각의 대본에서 마음에 들지 않은 결과들은 어떤 것일까? 중앙집권화된 기구가 주도하는 교육에서 손실은 자율성 상실과 '규정된 자료들을 공부하라'는 지속적인 압박이다. 분산된 지방 주도 교육에서는 매년 계속되는 반복, 편협하고 색다른 것에 대한 선호 또는 누락 그리고/혹은 학생의 성과를 평가하는 의미 있고 지속적인 기준의 부재로 인한 위험이 있다.

대부분의 국가들은 필수 교육과정을 추구해왔다. 최고의 시나리오는 학생들이 세계적으로 우위에 있으면서도 공통된 문화감각을 확립하는 것이다. 그러나 주제들에 관한 깊은 이해는 그런 깊이가 교육체계의 목표로 지목되어 있다고 하더라도 보통 희생되기 마련이다. 미국과 다른 일부 나라들은 지역 주도적으로 발달되어온 교육과정을 채택해왔다. 학생들이 주제들을 자세하게 조사하게 되었고 학습에 대한 진정한 애정을 갖게 되었다는 점은 바람직하다. 그렇지만 학생들이 너무 빈번하게 잡탕의 지식을 갖기도 하고 믿을 만한 지식이나 이해의 양이 너무 적다는 것이 문제다.

이런 양극 사이를 순항하는 것은 가능할까? 앞에서 나는 특정한 교실이나 학교 내에서의 이해를 위한 교육을 다루어왔다. 이제 나는 이해를 위한 포괄적인 교육을 대규모로 어떻게 달성할 수 있을지를 다루고자 한다. 이러한 교육이 널리 사용되기를 열망하면서도 이 목표가 모든 이의 동의를 얻지 못할 수도 있다는 점을 인정한다. 그리고 나는 한 나라의 시민들이 몇 가지 우수한 교육방법들 중 하나를 선택할 수 있는 '복수複數의 경로'라는 시스템을 간략히 제시하고자 한다. 가장 좋은 상태는 이러한 진로들에 중앙집권화된 그리고 지방화된 접근들의 강점이 조합된 것이다.

효과적인 교육 경로의 선택

◇ ▩ ◇

성공적인 교육을 위한 중대한 요소는 '경로'다. 하나의 경로를 택할 때 그 지역사회의 구성원들은 시스템의 목표들에 동의하고 그 목표를 달성하기 위한 단계들을 밟아야 한다. 이러한 계획에는 각 나이와 학년에서 어떤 일이 일어나야 하는지 그리고 일련의 수행들이 어떻게 더 큰 그림에 맞아 들어갈지에 대한 결정이 포함된다. 교사와 모든 연령의 아이의 부모는 이전에 어떤 일들이 행해졌는지, 왜 그 일들이 일어났는지, 어떤 것들이 다음 나이 또는 학년에 기대되는지를 알아야 한다. 이러한 조건에 합당하지 못한 실천행동들은 다시 비판적으로 조사되고, 어쩌면 신속히 제외될 수 있다. 중요한 재료를 아무 생각 없이 반복하고 부주의하게 누락하는 것도 참을 수 없는 일이다.

합의된 기준과 이정표가 비밀이 되거나 교육학적 특수용어를 이해할 수 있는 사람들만을 위해 제한되지 않아야 한다. 그 반대로 기대된 행동이나 이해들은 공개적으로 입증되고 토의되고 토론되면서, 성공적으로 실현되었을 때는 칭찬받아야 하며, 그것들이 비효율적이거나 달성하기 어렵다는 것이 입증되었을 때는 조정되어야 한다. 만약 초등학생들이 낯설고 미확인된 어떤 존재가 식물이나 동물임을 판단할 수 있어야만 한다면, 모든 가족들이 이 목표를 알아야 한다. 만약 졸업하는 고등학생들이 예술검열에 대한 당대의 논쟁 양쪽을 가지고 이를 공개적으로 변호할 수 있어야 한다면, 몇 년 전부터 적절한 실행연습이 시작되어야 한다. (이것들은 하나의 예일 뿐이다.)

그래서 앞에서 진술했던 것처럼 경로라는 아이디어는 논쟁의 여지가 있다. 그러나 사실상 이것이 가능할 만큼 충분히 실현된 경우는 없었다. 중앙집권화된 교육과정이 없는 구역에서는 교육이 과잉되거나 누락되며, 그것은 가끔 치명적이기까지 하다. 중앙집권화된 교육과정이 있는 구역에서는 경로를 설계하고 실행할 기회들이 겉보기에 더 대규모로 주어진다. 그러나 그것을 실행하는 데 있어서는 종종 노동분업이 존재한다. 초기 몇 년은 '기본적인 기술'에 투자되고, 그다음 몇 년은 문제들과 주제들과 바라던 결과들을 장기간에 걸쳐 조정하려는 노력 없이 학과목에 몰두하게 된다. 또한 초기 몇 년이 사회적·정서적인 발달의 측면들을 강조하는 반면, 그다음 몇 년은 거의 시험 준비에 집중되어 있다. (다음과 같은 선생님들의 빈정거림을 기억하라. "초등학교에서 우리는 아이들을 사랑한다. 고등학교에서는 우리의 과목을 사랑하고, 대학교에서는 우리 자신을 사랑한다.") 평가는 보통 필기시험으로 치러지고, '문항'들은 신중하게 비밀에 부쳐진다. 전면적인 수행은 지역사회에 의해 공개적으로 수행되지도, 비판받지도, 치하받지도 못했다. 이러한 요소들은 원래 그것들이 제공할 수 있는 것보다 덜 효과적인 경로들을 제공하게 된다.

경로들을 고려할 때면 사람들은 항상 지리적인 용어로 그것들을 추론했다. 예를 들면 한 학생은 매디슨 초등학교, 매디슨 중학교, 매디슨 고등학교에 재학했다. 이러한 지리학적 경로들은 그것들이 가능한 곳에서는 의미가 있다. 하지만 강력한 기술의 등장은

'가상 경로'의 가능성을 연다. 학생들이 물리적으로 가까이 있지 않은 학교에 다닐 수 있을뿐더러, 경로의 구성원들은 철학이나 문제들을 자신들과 공유하는 전 세계에 걸친 인터넷상의 '파트너 경로'로부터 배우고 그 경로에 접속할 수 있다. (사람들은 이제 평생 '마우스 친구'들을 가질 수 있다.) 이 접근은 학생들이 이곳에서 저곳으로 이동할 때 또는 원래 경로의 일부분이 갑자기 변경되었을 때 중요하다.

나는 개인적으로 '이해를 위한 경로'를 선호한다. 이 경로의 교육은 일련의 본질적인 문제들로부터 영감을 받아야 한다.[1] 즉 우리가 누군가? 우리는 어디서 왔는가? 우리는 무엇이 진실인지 거짓인지, 아름다운지 추한지, 선한지 악한지 판단할 수 있는가? 지구의 운명은 어떻게 될 것인가? 우리는 어떻게 그에 적응할 것인가? 지구는 무엇으로 이루어져 있는가? 우리는 무엇으로 이루어져 있는가? 우리는 왜 살며, 왜 죽는가? 우리의 운명은 신의 지배를 받는가, 혹은 다른 '높은 권위'의 지배를 받는가? 사랑이란 무엇인가? 증오란 무엇인가? 우리는 왜 전쟁을 하는가? 반드시 그래야만 하는가? 정의는 무엇이고 우리는 거기에 도달할 수 있는가?

이러한 질문들이나 이와 비슷한 시각은 어느 곳에 살건 인간이라면 누구나 던지고 고민하는 것들이다. 이 질문들은 젊은이들이 생각하기에 자연스러운 것들이다. 그러나 철학적으로 분명한 용어로 정의되어 있지 않다. 오히려 동화, 신화, '가상'의 놀이 그리고 영화의 시대에는 영화나 동영상 등의 언어로 표상되어 있다. 앞으로 사람들은 개인적인 위기나 사회적인 위기를 겪을 때마다

10장 이해를 위한 교육의 경로들

술집이나 카페에서의 토론, 대학의 자유토론, 라디오의 시청자 참여에서 이런 문제들을 정말로 직접적으로 질문한다. 그리고 그들은 신화, 종교, 예술, 과학, 철학을 포함한 다양한 상징의 형태로 그러한 질문을 계속 제기한다.

여기서 우리는 경로의 잠재적 힘을 볼 수 있다. 지역사회의 일부 학교들이 이러한 질문들을 물어보는 경로에 접속하기로 한다면, 학교에서는 일찍부터 이 문제들이 제기될 수 있으며, 학생들에게 적절한 방식으로 이 문제가 정기적으로 다시 논의될 수 있게 된다. 근본적인 문제에 대한 전념은 '중앙집권화된 기구' 같은 정책의 느낌을 풍긴다. 그러나 몇 년 동안 이러한 문제들이 제기된 특별한 방식은 지역 주도에 의한 것이었다. 그리고 그 결정이 가장 좋았다.

학제간 교육과정의 역할과 문제점[2]

◇▩◇

학과목은 개인과 단체들이 본질적인 질문을 제기하고 그에 답하려는, 혼신의 노력으로 만들어진 것이다. 그것이 잠정적인 것이라고는 해도 말이다. 의미 있는 예술 작품들과 과학이론들은 잠정적인 대답을 구체화하기 위해 분과학문적 형태 및 학제간의 형태로 이루어진 특별한 노력을 대표한다. 학교에 다니기 시작하는 초기부터 아이들은 학과목을 소화할 만큼 글자와 숫자를 알아야 한다. 그다음에는 관찰자로서, 더 좋게는 적극적인 전문가로서 인간의 가장 야심 차고 성공적인 노력에 참여할 수 있도록 그리고 궁극적으로는 보다 개인적이고 보다 포괄적인 답에 이를 수 있도록, 학과목들을 상당한 정도로 숙달해야 한다.

그래서 내가 앞서 말한 목표 예제들로 되돌아가면 다윈의 진화론은 인간 존재의 기원에 관해 깊이 있는 답을 제공한다. 다윈의 이론을 인정하기 위해서는 과학적 질문들에 대해 체계적으로 생각하는 능력뿐만 아니라 어떤 문해력을 획득해야 한다. 예를 들면 서로 다른 핀치 종이 생겨날 수 있는 변수들을 구분하는 방법이 있을 것이다. 모차르트의 작품들(그리고 등장인물들)은 사랑, 충성, 권력, 사람들 사이의 관계라는 문제와 씨름하게 한다. 모차르트의 세계를 이해하기 위해서는 음악적 테마, 화음, 리듬 패턴을 소화하는 능력과 인간에 관련된 앎을 통합할 줄 알아야 한다. 홀로코스트는 인간이 가진 선함과 악함의 문제를 벌거벗은 그대로 드러낸다. 이 사건을 이해하기 위해서는 특정 역사 시대의 상황에 익숙해져야 하고, 이후 그 원인과 결과를 서로 상반되게 이야기하는 것을 평가할 수 있는 도구를 획득해야 한다.

이러한 생각은 많은 교육과정에 이론적 근거를 제공할 수 있다. 읽고 쓰는 능력은 그것 자체를 숙달하는 것이 목적이 아니라 학생들에게 학문을 열어주는 수단이다. 또한 학문 자체가 목적이 되지는 않는다. 오히려 과학적 사고, 예술적 해석, 역사적 분석은 진화, 모차르트, 홀로코스트 같은 현상들에 이르는 특권적인 방법을 구성한다. 실제로 그것들은 인류를 사로잡는 문제들을 다루는 가장 정교한 수단을 구성할 수 있다.

이 부분에서 아주 흔하게 수단과 목적이 혼동된다. 미국의 대통령들은 여덟 살짜리 아이들이 책을 읽을 줄 아는 나라를 지향한다. 이것은 당연히 가치 있는 목표이기는 하지만, 사람들이 읽을 수 있지만 읽지 않는다는 미국의(그리고 몇몇 다른 나라들의) 핵심적인 문제를 다루지는 않는다. (사실 보통 미국인들은 1년에 책 한 권을 읽는다. 이 수치는 교사의 경우에도 비슷하다.) 사람들은 중요한 문제들에 호기심을 가지고 있기 때문에, 그리고 적절한 소설 혹은 비소설 작품을 읽으면서 해답을 찾을 수 있다는 확신 때문에 읽도록 동기화되어야 한다.

다시 말하자면 포스트모더니즘적 교육론을 제외하고는 학문과 학문적 사고가 추구하는 것은 논쟁의 여지가 없을 정도로 의미 있는 일이다. 그러나 학문을 추구하는 목적이 종종 잊힌다. 고등학교에서 몇 시간의 과학 수업이 필요한지에 대한 앤드루 카네기Andrew Carnegie의 생각(이른바 카네기 유닛Carnegie units이라고 불리며, 카네기 재단에서 이 개념을 확립했다)을 만족시키기 위해 혹은 특정 대학이나 직업학교의 입학허가를 얻기 위해서는 화학 수업을 들어서는 안 되는 경우도 있다. 학과공부에 대한 합당한 근거와 보상이 인간 삶의 주요 문제에 더 잘 접근하거나 그 문제를 더 강하게 부여잡는 것이어야 하기 때문이다. 만약 살아 있음의 의미를 이해하고 싶다면 생물을 공부하자. 물리적 세계의 구성과 역동성을 이해하고 싶다면 화학, 물리, 지리를 공부하자. 자신의 배경을 이해하고 싶다면, 국가의 역사 그리고 이민의 패턴과 경험을 공부하자. 인간이 이룰 수 있는 위업들에 대한 자세한 지식을 얻기 원한다면 예술,

과학, 종교, 체육과 발달심리학을 공부하고 거기에 참여하자.

대학 이전의 학과공부의 목표는 과학자, 역사학자, 예술가의 일종의 축소판을 만들려는 것이 아니다. 그보다는 젊은이들이 지식의 핵심에, 이 세상에 접근하는 방법들이 지닌 분석적인 힘에 친숙해지도록 하는 것이다. 젊은이들은 생물학적 과정, 음악 작곡법, 역사지리학적 토론을 위한 기술적인 세부사항들을 알 필요가 없다. 그들은 이 학문에 숙련된 사람들이 어떻게 이 문제에 접근하는지 이해해야 하고, 몇 가지 의미 있는 예제들에 생산적으로 연계되어야 한다.

대체로 이러한 생산적인 질문들은 정리되어 있지 않거나 특정한 학문적 암호로 표시되어 있다. 대부분의 경우 학제간 작업이 본질적인 질문에 대한 풍부한 답을 얻을 수 있게 한다. 그러나 학제간 연구에 직접적으로 뛰어들 수는 없다. 우선 하나 이상의 학문에 숙달되어야만, 각 학문들을 생산적으로 연결할 수 있다.

이런 언급은 통합된 교육과정, 주제 중심의 교육과정, 과목간 교육과정을 초등학교나 중학교 시기처럼 일찍부터 운영해야 한다는 광범위한 목표와 충돌할지도 모른다. 나는 이런 교육과정 자체에는 전혀 반대하지 않는다. 이런 교육과정은 대개 준비가 잘 되어 있고 학생들도 그것에 매력을 느낀다. 그러나 이것을 '과목간'이라고 부를 수 있을지는 상당히 의심스럽다.

이를 왜 반대하느냐 하면 '과목간'이라는 용어가 쓰이기 위해서는 특정한 과목들이 숙달되고 적절히 연계되어 있음이 드러나야 하기 때문이다. (오직 한 나라의 법체계에서만 훈련된 사람을 국제 변호사라고 부르지는 않을 것이다. 그리고 법을 배운 적이 없는 사람을 국제법 전문가라고 부르지는 않을 것이다.) 이러한 과목간 통합체는 아동기 중기에 이른 아이들에게 그리고 그들을 가르치는 대부분의 교사들에게 맞지 않다. 오히려 나는 과목간 교육과정이라 불리는 것 대부분을 상식 또는 '원原학문적'proto-disciplinary 활동이라고 간주한다. 이러한 접근들에서는 학과목적인 사고를 유도하거나 준비하기보다 전前학문pre-discipline이나 원原학문이 아이들을 얼마나 탁월하게 숙달시킬 수 있는지를 무시하는 경향이 있다. 그러한 접근들에서는 그저 침묵의 본질, 열대 우림, 아메리칸 인디언의 의례儀禮 등 흥미를 끄는 소재들을 소개하고 아이들이 원하는 방식으로 이 소재들을 읽거나 쓰거나 그릴 수 있도록 할 뿐이다.

초등학생들과 중학생들은 경험적 조사를 조건으로 하는 문제(다른 섬에서의 특정 핀치류의 실제 발생)와 그저 의견일 뿐인 것들(왜 부리 모양이 그런지에 대한 나름의 감각) 사이의 차이점, 실제 사건(아주 드문 경우로서, 경비대원과의 공모를 통해 살아남은 아우슈비츠 생존자에 대한 이야기)과 허구의 사건들(숲속에서 동물처럼 살면서 홀로코스트로부터 살아남은 아이에 대한 단편소설)의 차이점에 대해 이해하기 시작한다. 이러한 자칭 과목간 교육과정이라는 것이 학생들이 기초 과목들에서 탁월한 성취를 거두는 데 도움이 되는가를 질문하고 싶다. 그리고 많은 경우 그 대답은 아니오다.

그러나 이러한 전선에서 좋은 소식이 있다. 학문적 사고의 훈련을 시작하기 위해 중학교의 주제 중심 교육과정을 만드는 것이 가능하다는 것이다. 앤 브라운Ann Brown, 조지프 캠피온Joseph Campione과 그들의 동료들은 샌프란시스코에서 '학습 공동체'를 만들었다.[3] 이러한 공동체에서 학생들은 집단으로 나뉘어 정기적으로 '다른 동물들이 어떻게 번식하는가'처럼 흥미를 자극하는 문제의 다양한 측면들을 탐색한다. 젊은이들은 자료들을 읽고 쓰고 조사하고 발표한다. 그리고 그들은 서로를 비평하고 격려하며 이런 질문의 양식들을 모델화한다. 그들은 자료에 관해 그리고 해석에 관해 논쟁한다. 어떤 것이 좋은 요약, 흥미로운 질문, 사려 깊은 대답으로서 중요한지에 대한 기준을 만든다. 이러한 활동들을 통해 젊은이들은 생물학자나 동식물 연구가나 기자처럼 생각하는 방법에 대한 느낌을 갖게 된다.

이와 비슷한 노력으로 CSILE Computer Supported Intentional Learning Environments (컴퓨터로 지원되는 의도적인 학습환경) 프로젝트가 토론토에서 마를렌 스카다말리아 Marlene Scardamalia 와 칼 베레이터 Carl Bereiter 에 의해 실행되었다. 이와 같은 풍부한 기술공학적 접근을 통해 학생들은 관심 있는 주제들을 공부할 수 있다. 학생들은 독자적으로 혹은 친구들과 함께 탐색하고, 서로에게 메모를 적어주고, 다른 곳에 있는 동료들과 소통하고, 전문가들과 직접 대면하여 혹은 온라인으로 질문한다. 그들은 공부결과를 기록하고 주제에 대한 그 집단의 이해 정도를 보고하는 레조 스타일의 멀티미디어 하이퍼텍스트 문서를 작성한다. 이러한 활동을 통해 젊은이들은 역사, 과학, 사회학의 연구방식들을 배운다. 그들은 요약자, 질문자, 보고자로서의 역량을 발전시키고 동시에 어느 한 사람의 전문성을 초월하는 지식체를 함께 만들고 있다.

이 젊은이들은 서로 다른 학문군^群간의 차이점뿐만 아니라 유사성을 배우는가? 아마도 그들이 유별나게 독립적이고 혁신적인 사상가가 아닌 이상 혼자서는 안 될 것이다. 그러나 자료를 읽고 쓰고 모으고 보고하는 습관들 그리고 이 활동들을 체계적으로 연결하는 경험은 나중에 더 형식적이고 더 학문적인 연구를 하게 될 때 그들에게 유용한 도움이 될 것이다.

그때서야 비로소 우리들은 '하이픈으로 연결된' 교육과정, 즉 학과간 교육과정에 대해 합리적으로 이야기할 수 있을 것이다. 그들이 적어도 두 가지 과목을 숙달하고 대학에 입학할 때, 학생들은 진정한 학제간 공부를 시작할 수 있다. 예를 들어 그들은 정치적이고 역사적인 이해뿐만 아니라 생물학적 이해에 근거해 나치 독일의 우생학(인종개량)에 대한 도취를 공부할 수 있을 것이다. 나치의 우생학 프로젝트 같은 이슈는 유전에 대한 과학적(그리고 유사과학적) 정보, 이데올로기적 투쟁을 수반한 정치적 고려, 역사학적·과학적 문서와 기록들을 동시에 적절하게 다룰 수 있을 때만 이해할 수 있다.

다른 선택지도 존재한다. 학생들은 다학문적^{multidisciplinary} 입장으로부터도 얻을 수 있다. 이런 경우 두 가지 다른 학문을 통합하려고 의도적으로 노력할 필요가 없다. 오히려 학생들은 특정 주제를 그것을 대표하는 관련 학문의 관점에서 공부한다. 예를 들면 르네상스를 역사학자와 문학평론가가 이해한 대로 혹은 삶의 이유를 생물학자와 형이상학자가 보는 대로 이해한다. 물론 학생들은 자신만의 학제간 통합체를 만들 특권이 있다. 그러나 이는 이 교육과정의 명시적인 목표가 아니다. 마지막으로 학문의 본질과 이들이 어떻게 통합될 수 있는지에 관해 실제적인 토의를 하는 초학문적metadisciplinary 공부가 있다. 바로 이것이 이 장에서 다룰 주제다.

내가 학문을 변호하고 있다는 말에 동의하며 변명하지 않겠다. 그렇다고 해서 고등학교와 대학교에서 학문들을 가르치고 있는 전형적인 방법을 변호한다는 뜻은 아니다. 거의 모든 경우 역사, 생물, 지리를 가르치는 방법은 전문적인 학문주의자들에 의해 만들어졌다. 비유적으로 말하면 대학원의 그늘이 대학교육을 지배하고, 대학의 그늘이 고등학교 교육을 지배한다. 유감스럽게도 이는 모든 사람이 자신이 결코 추구하지 않을 장래의 직업을 위해 견습생으로서 훈련받고 있다는 뜻이다.

무엇보다 다른 진로로 나아갈 이들에게 가치 있는 학문적 안내가 절실히 필요하다. 우리에게는 새로운 발견(생명복제)과 새로운 개인적 선택(유전자 검사를 받을지)에 대해 과학적으로 생각하는 시민들, 역사학적·정치적 통찰력에 의지하여 자신의 사회에 대해 역사학적으로 생각하는 시민들, 국민투표에서 어떻게 투표하고 다른 사상과 정책을 지닌 후보들 중에서 누구를 어떻게 선택할지를 결정할 때 역사적·정치적 통찰력에 근거하는 시민들, 도덕성과 아름다움 그리고 이것들의 부재에 대해서 인식하는 시민들, 자신의 삶 속에서 이 미덕들을 추구할 시민들이 필요하다. 이러한 목표들은 주요 학문분과의 핵심 아이디어나 접근법을 드러내는 교육과정과 지도법을 필요로 한다. 반면 모든 주제를 망라하거나 대학원 공부를 준비하기 위한 교육과정과 지도법을 필요로 하지 않는다.

10장 이해를 위한 교육의 경로들

다행히 이런 핵심적인 측면들은 특정한 발견과 관점들에 비해 느리게 변한다. 따라서 평범한 시민들이 학문화된 사고를 흡수하는 방법에 상당한 안정성이 존재할 수 있게 된다.

국가 주도 시스템과 지역 주도 시스템

미국 헌법은 특이하게도 국가적 교육과정과 평가에 대한 논의를 미국적 맥락에서 논란거리로 만들었다. 교육에 대한 통제권이 각 주州에 있으면서 연방정부의 우려가 지속되고 있기 때문에, 교육에서 상대적으로 극소수였던 연방 차원의 성공적인 프로그램들은 증가되는 양상이다. 주요한 예외로는 학생들의 인권보호와 저소득 가구 학생들에 대한 경제적 지원이 있다.

그러나 미국에서는 많은 변화가 일어나고 있다. 역사상 처음으로 시민들 대부분이 국가 차원에서 시행하는 시험의 장점, 심지어 국가 교육과정의 장점을 알아차리고 있다. 그러나 정치적 스펙트럼의 양극에 있는 사람들 사이에는 이런 변화에 강하게 반대할 여지가 남아 있다. 좌파 진영의 사람들은 맹목적으로 애국적이고 단순한 교육과정과 이미 위험 상태에 빠진 이들에게 더욱 낙인을 찍을 시험을 두려워한다. 우파 진영의 사람들은 사적 영역(가치관)을 침해하는, 또는 '미국 국민들'의 다양한 목소리와 관심을 수용하기보다 워싱턴의 관료와 선출직 공무원들이 원하는 것들로 통제되는 교육과정을 두려워한다.

나는 국가 교육과정을 인정한다. 모든 아이들이 알아야 할 것과 할 줄 알아야 할 것들이 많다고 믿기 때문이다. 미국의 시스템이 국가 교육과정의 일관성과 엄격한 적용의 혜택을 볼 수 있을 것이라고 본다. 하지만 250만 명이 넘는 미국의 교사들 대부분이, 학자들과 선임교사들로 구성된 전문가 집단에서 제안한 수준만큼 의미 있는 교육과정과 평가를 만들기를 원하는지도 의심스럽고, 그들이 그럴 위치에 있는 것도 아니라고 생각한다.

그러나 나와 비슷한 생각을 가진 사람들이 그것을 만드는 과정에서 실제적인 역할을 할 수만 있다면, 국가 교육과정과 국가적 기준에 찬성한다. 만약 국가 교육과정이나 시험들이 나와 이데올로기적 혹은 교육적으로 공통점이 없는 사람들의 손에 놓인다면 과연 어떤 느낌일까를 고려할 때, 나는 국가적 또는 연방적 기준들을 만들려는 시도에 반대할 것이다. '제시 헬름스^{Jesse Helms}' 또는 '루이스 패러컨^{Louis Farrakhan}' 교육과정 팀의 추천에 동의할 수 없다.

여기서 맥락이라는 것이 유용할 수 있다. 교육이 모든 곳에서 정치화되고 있긴 하지만 미국에서만큼 심한 곳은 없다. 대부분의 다른 민주주의 국가들, 심지어 일부 비민주적인 국가들에서도 비교적 비정치적인 부처들 또는 행정기관들은 정부가 바뀌어도 지속된다. 하지만 미국에서는 연방 수준, 주 수준, 지역 수준의 모든 교육들이 정치적 고려사항들로 채워진다. 도시 감독관, 주립학교 담당관 또는 교육부 장관처럼 새롭게 임명된 관료들은 관례대로 그리고 가끔은 정력적으로 전임자들의 정책을 뒤집어엎는다. 사실 레이건 대통령은 테럴 벨^{Terrel Bell}이 (상관의 지시를 무시하고) 그 부처를 폐쇄하리라는 걸 알면서 그를 첫 교육부 장관으로 임명했다. 그리고 다른 교육부 장관들 역시 폐지를 요청했다. 하지만 전형적으로는 자신들의 내각 임기가 끝난 후에 그러는 경우가 많다.

이처럼 불평하는 데는 주목할 만한 이유가 있다. 미국에서 교육부 장관들(또는 국립예술기금NEA National Endowment for the Arts 나 국립인문학기금NEH National Endowment for the Humanities 의 이사장들)은 보통 자신들의 기관이 명령대로 따를 때 마음을 놓는다. 그러나 그들의 재임 도중에 혹은 이후에 기관들은 새로운 방향으로 나아가고 예전 수장普長들은 그들을 아무 거리낌 없이 비난한다. 이런 모습은 내 모습과 다르지 않다. 나는 개인적으로 받아들이는 기준들과 적당한 유사점을 지닌 한에서만 국가적 기준을 원한다.

이러한 쟁점들이 미국에만 제한되어 있지 않다는 것에 주의하라. 다른 사회들은 자신의 교육 시스템을 분산시키기 시작했다. 그리고 많은 이들은 바우처나 자율형 공립학교에 대한 현재 미국사회의 중독이 매력적이라고 생각한다. 시장 모델이 국가라는 경계에만 멈추어 있지 않다. 그러나 중앙집권화된 기구의 헤게모니가 깨지면 지역 주도적 시스템이 가진 유익함과 해악에 직면해야 할 것이다.

다수의 경로[4]

◇ ▥ ◇

이상적으로, 내가 자애로운 독재자라면 나는 모든 아이들이 이

장에서 기술한 교육을 받을 수 있게 하고 싶다. 지금 그리고 예견할 수 있는 미래를 위해 이것이 최고의 교육이라고 생각하고, 이것의 현실화를 지향하며 나는 노력하고 있다. 실제로 최근의 사건들은 '이해'가 모든 인간들을 위한 교육이라는 주장을 강력하게 뒷받침한다.

10년 또는 15년 전, 동아시아의 성공은 훌륭한 학교들 덕분이고 미국의 경제적 고민은 무능한 학교들 때문이라고 이야기되었다. 지난 천 년(밀레니엄)의 끝에서, 미국은 경제 부문에서 가장 성공적인 국가이지만 미국의 학교들이 실질적으로 발전했다고 주장하는 사람은 거의 없다. 최근의 국제적인 비교에 따르면, 미국의 학교들은 명백히 평범한 수준 혹은 그 이하에 그칠 것이라고 한다. 확실히 특정한 종류의 교육과 경제적 번영 사이의 관계는 아무리 잘 봐줘도 막연한 수준이다.

그러나 현재 미국이 가진 헤게모니 덕분으로라도 미국은 독보적인 위치에 있다. 성공적이라고 추정되는 다른 나라의 교육 시스템을 본뜰 필요는 없다. 다른 나라의 시험을 능가할 필요도 없고, 그들의 시험을 받아들일 필요도 없다. 이 나라는 자신이 원하는 시스템을 추구하고 자신에게 적절한 조치를 취할 자유가 있다. 이 책 앞부분에서 진술한 이유들 때문에 나는 이해를 목표로 한 교육이 빠르게 변화하는 세계에서 가장 적절하다고 생각한다. 미국을 비롯한 다른 나라들이 이해를 위한 경로를 설정하는 것이 이치에 맞다.

그러나 나는 독재자가 아닌 민주주의자다. 아직은 내 자식들이 내가 선택한 교육을 받았으면 하지만, 세상의 나머지 사람들이 내가 좋아하는 것을 또는 그 타당성을 반드시 지지하지 않으리라는 것을 알고 있을 만큼은 현실적이다.

이 딜레마에서 출구는 있는가? 나의 대답은 놀랍게도 단순하고 직설적이다. 우리는 다룰 수 있는 가짓수만큼 별개의 경로들을 창조하는 방향으로 다가가야 한다.

항공사나 장거리 통신사들에서 유사점을 찾을 수 있다. 단일한 국영 항공사나 전화 사업자가 필요한 것은 아니다. 우리는 독점기업들의 한계를 알고 있다. 또 한편으로는 선택지가 되는 항공사들이 많을 필요도 없으며 심지어 그것이 바람직하지도 않다.

내 마음속의 이성적인 교육자는 다소 상세한 지침에 맞춰 고안된 여섯 가지 정도의 경로가 특히 미국 같은 다민족 국가에서 최고의 대안이라고 제안한다. 이 경로들은 다른 짜임새를 가지거나, 은유를 이용하자면 다양하게 '배경화'될 수 있어야 한다. 2000년의 그림자 속에서는 다음과 같은 여섯 가지 가능한 경로들이 존재할 수 있다.

1. 고전작품의 경로 앨런 블룸Allan Bloom, 윌리엄 베넷William Bennett, 린 체니Lynne Cheney로부터 영감을 얻었다. 전통적인 미국(그리고 서양)의 역사적·예술적 가치를 특징으로 하는 시스템을 원하는 사람들을 위한 것이다. 전국적으로 학생들은 똑같은 책을 읽으면서 미국의 헌법적·역사적 쟁점들에 대해 이야기할 수 있을 것이다. 프랑스 시민들은 물론 제임스 매디슨James Madison과 마크 트웨인Mark

Twain보다 빅토르 위고$^{Victor Hugo}$와 장 자크 루소$^{Jean Jacques Rousseau}$를 읽겠지만, 대부분 이 경로를 즉시 인지하고 이해할 것이다. 브라질, 싱가포르, 남아프리카공화국에서도 이와 비슷할 것이다.

2. 다문화 경로 제임스 뱅크스$^{James Banks}$, 제시 잭슨$^{Jesse Jackson}$, 로널드 다카키$^{Ronald Takaki}$ 그리고 최근에 세워진 많은 대학 학과들로부터 영감을 얻었다. 미국의 주요 인종집단과 민족집단들의 본질적 특성과 정체성을 특징으로 하는 시스템을 희망하는 이들을 위한 것이다. 학생들은 자신의 문화를 공부하고 그것을 다른 문화, 특히 지금까지 미국의 다수 집단으로부터 부당한 취급을 당한 집단의 문화와 비교할 수 있을 것이다.

3. 진보적인 경로 존 듀이, 프랜시스 파커$^{Francis Parker}$, 데보라 마이어로부터 영감을 얻었다. 개인차와 성장 패턴이 존중되는 시스템, 교육과정이 공동체의 관심사로부터 발달하는 시스템, 이 경로는 민주적 가치가 그저 학습되는 것이 아니라 살아 있는 시스템을 지향하는 것이라고 믿는 이들을 위한 것이다. 학생들은 공동체 활동에 관여할 것이고, 민주적 가치를 구현하는 학교 공동체를 지속시킬 것이다.

4. 기술적인 경로 빌 게이츠$^{Bill Gates}$, 루이스 거스너$^{Louis Gerstner}$ 그리고 미국의 기업금융계로부터 영감을 얻었다. 미국이 경쟁적인 우위를 유지해야 한다고 믿는 이들, 기술을 숙달하는 것이 잘 훈

10장 이해를 위한 교육의 경로들

련되고 유연한 인력을 보증하는 최고의 방법이라고 믿는 이들을 위한 것이다. 이런 학교들에서는 특정 교육과정이 폭넓은 기술에 몰입하는 것보다 덜 중요하다. 학생들은 미디어 제품을 창조하고 비판하는 기술을 사용하는 것을 배우게 된다.

5. 사회적 책임의 경로 환경 지향적인 단체들, 사회적 기업가 정신을 지향하는 기관들, '사회적 책임을 위한 교육자 모임Educators for Social Responsibility' 등 다채로운 시민단체들로부터 영감을 얻었다. 세계의 거대한 사회적·경제적 문제들을 자각하고 세상을 개선하는 데 적극적으로 참여할 사람들을 키우고 싶은 이들을 위한 것이다. 이 학교들의 교육과정은 해법이 필요한 국가적·세계적 쟁점들에 집중하게 된다.

6. 이해의 경로 소크라테스로부터 영감을 얻었으며 이 책에 제시된 경로다. 존재에 대한 가장 근본적인 질문들을 이해하고 탐험하려는 욕구가 우리 모두에게 있다고 생각하는 이들, 이런 인식론적 관심사들(우리에게 익숙한 진실, 아름다움, 선량함)을 고려하여 교육과정을 짜야 한다고 생각하는 이들을 위한 것이다. 이 경로의 학생들은 계속하여 문해 실력, 교과 실력, 다多학문적 또는 간間학문적 접근법들의 가능성으로 무장한 채 전통적인 문제들을 계속 다룰 것이다. 이들은 자신들이 이해한 것을 공개적으로 드러낸다. 그리고 공식적인 학교교육이 끝난 뒤에도 그 문제들 간의 상호연결성을 고민하도록 동기화되어 있다.

물론 나의 여섯 가지 경로 목록은 단지 일종의 예시다. 루돌프 슈타이너의 발도로프^{Waldorf} 학교, 몬테소리^{Montessori} 학교, 커머^{Comer} 학교, 국제 바칼로레아^{International Baccalaureate}, 근본을 가르치는 학교 연합^{Coalition of Essential Schools} 같은 네트워크들, 가톨릭이나 다른 종파의 학교들처럼 이미 성공한 학교들에 대해서도 이야기할 수 있다. 예술, 경영 또는 건강에 초점을 둔, 주제 기반의 경로들도 나열할 수 있다. 또는 '영적 경로'나 '시민적 경로' 또는 '국제적 경로'에 대해서도 기술할 수 있을 것이다.

다양성을 갖춘 하나의 경로

백 가지 또는 천 가지의 경로가 꽃을 피우도록 허락해야 한다는 주장도 있다. 이는 어쩌면 역설적으로 초·중등학교의 교육 시스템보다 미국의 대학교육에서 더 성공적으로 일어난 일이다.

대학 이전의 교육과정 수준에서 나는 이 주장을 두 가지 이유로 반대한다. 첫째, 나는 기본적으로 공적 시스템이 시민의식의 가치를 심어줘야 할 책임이 있다고 믿는다. 즉 한 사람의 미국인(또는 프랑스나 싱가포르의 시민)이 된다는 것이 어떤 의미인지, 어떤 기준이나 관습 또는 가치를 구현할 것을 주장하는 한 나라의 국민이 된다는 것이 어떤 의미인지를 심어줘야 한다는 것이다. 둘째, 나는 공적 시스템은 대중적이고 책임 있는 외부 단체들로부터 감시받을 수 있는 공적 기준을 필요로 한다고 믿는다.

우리가 모든 경로, 사실상 모든 학교에 자신만의 이상(혹은 자신만의 악마성)을 추구할 수 있도록 허락한다면, 이러한 목표들은 현실적으로 추구될 수 없을 것이다. (이것이 차터스쿨의 급속한 성장이 야기한 위험이다.) 적절한 것은 국가 내에 한 가지 경로 이상이 있는 것이다. '공식 인가를 받은' 경로를 고안한 이들은 기본적인 국가적 가치를 그 경로 고유의 방식으로 전달하고 함양하는 데 헌신해야 한다. 이는 경로를 고안한 이들이 학생에게 적용될 기준을 발표해야 하고, 그 기준은 공적인 비평과 토론에 적합한 수준이어야 하며, 또 어느 학생이 성공의 기회를 얻을 수 있었음에도 그 기준에 미치지 못하여 이 경로의 졸업을 허가받지 못할 수도 있음을 의미한다.

한 가지 예로써(임의로 고른 것이 아니다!), '이해의 경로'의 책무들을 곰곰이 살펴보자. 미국에서 어떤 경로가 공적인 지원을 받으려면 그런 경로의 지지자는 이 사회에서 어떤 이해가 중요한지를 분명하게 밝혀야 한다. 예를 들면 주요 기본 문서들, 현재의 정부 시스템, 우리 역사에서의 다양성과 관용 및 불관용 등이 있을 것이다. 더 나아가 경로를 대표하는 개요에서는 특정한 교육과정의 초점들이 다양한 연령대에 맞게 펼쳐져야 하고, 헌법, 다양한 정부기관, 민주적인 토론과 의사결정과정, 자유와 관용과 정의 등에 대해 현재 진행되는 논의들을 학생들이 충분한 이해했는지 보여줄 수 있는 이해의 성취도가 기술되어야 한다. 마지막으로 개요에서는 이러한 이해를 보여주지 못한 학생들에게 주어지는 결과가 상세히 설명되어야 하고, 상당한 비율의 학생들이 성취도를 달성하지 못했을 때 학교가 취해야 할 단계들이 묘사되어야 한다.

하나의 초점, 하나의 경로, 미국의 민주주의에 대한 하나의 헌신, 이름뿐만이 아니라 실제로 존재하는 높은 기준 등, 이 모든 것들이 문제에서 자유롭지는 않지만, 각각은 다룰 만하고 추구할 만한 가치가 있다. 그러나 이런 보편적인 계획이 승인되더라도 많은 문제들이 야기된다. 경로들을 조합하는 것이 가능한가? 경로들을 거부하거나 자신만의 경로를 창조할 권리가 있는가? 만약 하나의 경로(혹은 특정 학교들 내에서 실체화된 하나 이상의 경로)가 그것이 약속한 것에 부합하지 못하게 된다면 그 결과는 무엇인가?

나는 복수의 경로 시스템이 유연성을 가지고 실시되어야 한다고 생각한다. 그럴 만한 적절한 이유가 있고 일련의 합리적인 기준에서 자신들이 성공적이라는 것을 보여줄 수 있다면, 학교들이 경로를 새로 선택하거나 기존의 경로를 포기할 수 있어야 한다. 개인적으로 추측하기에 90퍼센트 이상의 학교와 지역들이 이 여섯 가지 정도의 대안 중 하나를 선택할 것이다. 물론 나머지 소수의 주장들도 경청될 가치가 있다. 목표들을 달성하지 못했을 때는 경로의 피드백으로부터 도움을 얻어 개선시킬 시간이 충분히 주어져야 한다. 그러나 어떤 경로가 학생들을 교육할 역량이 없다면 폐지되어야 한다.

위에서 내가 '이해를 위한 교육'을 선호한다고 했지만, 나는 모든 이들이 이 깃발 아래 행진하지 않으리라는 것을 인정한다. 그럼에도 불구하고 타협은 가능하다. 우리는 이해를 위한 교육에 헌신할지 결정할 수 있는 동시에 그 결정을 폐지할 권리 또한 가진다. 그래서 나는 예술, 기술 또는 사회적 책임을 강조하는 '이해의 경로'를 생각해본다. 사실 자료들을 감추거나 고의로 노출하려는 경로를 상상하기가 더 어렵다. 이러한 경로는 지속적으로 교육을 이해의 반대 방향으로 이끌어, 결국에는 학생들이 그 '경험'으로부터 회복되어야 할 지경에 이르게 될 것이다.

우리는 얼마나 유연해질 수 있을까? 사람들이 반드시 합리적으로 일하지 않는다는 것을 심리학자들은 관찰하고 증명했다. 나는 사실 미국인들이 독특한 여섯 가지 경로들을 만들고 지킬 수 있을지 의심하고 있다. 후보 경로들은 디트로이트의 새 차들처럼 위험 요소가 내재되어 있다. 이 교육 경로들은 각자 자신이 우월하다고 과시하며 뽐내지만, 사실 자신만의 고유하고 독특한 특성이 있다고 확실하게 말하긴 어렵다. 내 생각에 이것은 진보하지 않았음을 의미한다.

리더십에 대한 도전

◇ ▦ ◈

방향을 잡기 위해서는 어떤 제도든 리더십이 필요하다. 새로운 경로(개별 학교나 전체 집단)의 창조와 유지는 높은 자질의 리더십을 필요로 할 것이다. 리더십은 특수하기도 하지만, 또 보편적이기도 하다.[5]

능숙한 지도자들은 자신이 이루고 싶은 것들 그리고 그것을 이루기 위한 방법에 대해 감각이 있다. 이러한 감각은 목표를 제시하고 주요 인물들을 소개하고 목표를 이루는 과정에서 일어나는 장애물을 묘사하고 어떻게 이 장애물을 피해 갈 수 있을지 제안하는 극적으로 창조된 이야기라는 수단을 통해 가장 잘 전달된다. 인간의 삶에 큰 영향을 끼치는 어떤 단체를 이끌어갈 때 우리의 이야기에는 존재와 정체성에 관한 질문들이 다루어져야 한다. 우리는 누군가? 우리는 어디서 왔는가? 우리는 어디로 가고 싶어 하는가? 그리고 왜 그러한가?

이야기를 잘 만들어내고 전달하고 수정하는 것은 변화를 불러일으키려는 지도자의 자격요건이다. 그러나 입심이나 상상만으로는 충분하지 않다. 능숙한 지도자들은 이야기한 것을 실행해야 한다. 그들은 개인적 행동을 통해 자신이 어떤 것을 이루려고 하는지, 그것을 이루는 최고의 방법이 무엇인지 알려주어야 한다. 그들은 결정할 수 있어야 하고, 가능한 한 그것을 고수해야 하며, 필요하다면 재검토해야 한다. 만약 지도자들이 자신들의 의도를 밖으로 내보일 수 없다면 이는 능력이 부족한 것이다. 만약 자신의 행동이 주장과 상반된다면 이는 위선적인 것이다. 그러나 자신의 일상에서 이 이야기들을 구현할 수 있다면, 그들은 진실되게 보일 것이고 다른 사람들이 그의 모험에 함께할 수 있도록 힘을 부여하는 듯이 보일 것이다.

이해에 헌신하는 하나 이상의 학교들의 도전에 대면하면서 지도자는 과거의 교육목표들에 대한 논의를 시작할 수 있다. 즉 어떤 목표들과 어떤 의도들이 남아 있는지, 어떤 것들이 새로운 상황 아래 재구성되어야 하는지에 대해 논의해야 한다. (이와 같은 훈련으로 나는 이 책을 시작했다.) 목표를 이루기 위해 선택한 길은 그 다음에 논의되어야 할 주제다. 나는 '논의'라는 단어를 신중히 사용했다. 만약 구성원들이 목표를 상상하고 계획하는 과정에서 중요한 역할을 했다면, 그들의 진정한 참여(그리고 심지어는 열의)를 확보할 가능성이 훨씬 크기 때문이다.

질문, 이해, 면밀한 조사 그리고 학문의 숙달에 바탕을 둔 교육은 짧게 요약된 형태로만 단순하게만 묘사하지 않으면 실현될 가능성이 크다. 선생님들과 학부모들은 자기가 교육을 받은 때를 상기하여, 무엇이 도움이 되었고, 왜 그랬는지, 그리고 없어진 것이 무엇이고, 곧 잊힐 것이 무엇인지에 대해서 생각해볼 필요가 있다. 그들은 자신의 학창 시절에는 보이지 않았던(또는 덜 보였던) 세상의 새로운 압력과 기회에 친숙해져야 한다. 그들은 자신이 이해하는 동시대적 쟁점의 종류와 이해하고 싶어 하는 것들을 생각해야 한다. 특히 인간의 변화라는 영역에서는, 유사한 환경에서 일어날 수 있는 일들을 실제 시범으로 보이는 것이 언급할 가치가 있고 권유할 가치도 있다. 그래서 교직원들은 다른 지역을 방문해 관찰한 것들을 깊이 숙고해야 한다.

물론 이러한 것이 이해의 경로에만 적용되는 것은 아니다. 특정 경로를 따라 움직이도록 자극하려는 지도자는 이와 유사한 일련의 활동들에 관여해야 한다. 따라서 기술 의존적인 경로에서는 참여자들에게 현재의 도구들을 사용할 많은 기회가 주어져야 하고, 다문화적 경로에서는 그것을 계획한 이들과 교직원들의 사회문화적 배경과 아이디어가 다문화적 다양성을 갖추어야 한다.

이 과정 전반에 걸쳐 지도자의 과제는 비전을 명백히 하는 것, 동료들로 하여금 그들이 지닌 의구심과 망설임을 표현하도록 격려하는 것, 어느 지점에서 그런 반대들이 잘못되었는지 보여주고 그 반대들이 옳았을 때 그것들을 참작하는 것이다. 교사들 스스로가 학생들이 원하는 종류의 가르침에 최대한 참여해야 한다. 구체적으로 이해의 경로에 있는 교사들에게는 적절한 자료와 절차들에 대한 자신들의 이해를 수행하고 발전시킬 여러 번의 기회가 주어져야 한다. 그래야 비로소 학생들이 자신처럼 수차례의 시행착오를 겪을 때 도와줄 수 있다.

일반적으로 사람들은 유적이나 영웅, 행동과 태도에 대한 긍정적이거나 부정적인 사례들로부터 가장 많이 배우게 된다. 지도자는 변화를 가져올 이들에게는 비교기준이 될 수 있지만, 지도자에게도 한계와 약점 그리고 선호하는 시각이 있을 것이다. 비교 가능한 다른 학교의 다른 사람들도 이해를 위한 교육을 구현할 수 있음을 보여주는 게 중요하다. 그리고 가장 중요한 것은, 학교 내에서도 혁신을 일으킬 수 있고 그 혁신이 살아남을 수 있다는 점을 깨닫는 것이다.

성과와 교훈

◇∗◇

나는 여기에서 묘사하고 있는 교육유형을 지향하려는 노력을 실제로 쏟아붓고 있다. 이 노력 중 일부는 다중지능에 대한 아이디어를 진지하게 받아들인 학교로 향해갔다. 또 다른 노력은 이해를 위한 교육을 목표로 하는 학교에서 나타났다. 또 포괄적이고 광범위한 학교의 변화를 수반한 것도 있다. 대표적인 것으로, 나와 제임스 커머James Comer, 시어도어 사이저Theodore Sizer, 재닛 휘틀러Janet Whitla가 함께 만든 '모든 학생들을 위한 참된 교육과 가르침Authentic Teaching and Learning for All Students'(일명 ATLAS 공동체 프로젝트)을 위해 고안된 K-12 진로가 있다.[6]

이 노력들로부터 배운 주요 교훈 몇 가지를 언급하려고 한다. 그 교훈들은 좋은 조언이 되며 때로는 영감을 자극한다.

리더십의 중요성 진지하고 지속적인 리더십이 없는 경우 변화를 위한 노력은 지속성을 갖지 못한다. 리더십이 항상 특정의 지도자로부터 시작될 필요는 없다. 리더십은 학부모회, 교사 모임, 심지어는 정기적으로 학교를 방문하고 자극하며 변화를 이끄는 지역 사회 사람들과 협력하는 외부인들의 집단이라는 특징을 가질 수도 있다. 나중의 경우에서 '권위를 인정받은' 리더십은 적극적인 반대가 있을 수 없으며, 개혁가들은 우호적인 믿음 속에서 일정 기간을 자유롭게 운영해나갈 수 있다. 그러나 만약 리더십이 존재하지 않고 오랜 기간 활성화되지 않는다면, 변화의 수명이 짧을 것이고 어쩌면 교육 공동체들이 이전보다 더 나빠질 수도 있다.

나 자신의 전망과 관련해서 나는 거듭해서 악몽을 꾼다. 어느 날 내가 일했던 학교로 돌아갔을 때 누군가가 "아, '이해를 위한 교육', 우리 그거 하려고 했었는데!"라고 말하는 것을 우연히 듣는 것이다.

장기적인 시각의 필요성 변화를 위해 변화를 만들거나 변화를 위해 전체 프로그램을 뒤섞는 것은 바람직하지 않다. 장기적 목표라는 관점에서 행동해야 한다. 예를 들면 교육은 '덮기'보다는 오히려 '열기'에 초점을 두어야 한다. 장식을 달거나 편향되는 것을 피해야 한다.

장기적인 시각에서는 '학교의 이야기'가 달성되고 있는지 그렇지 않은지, 어느 정도 달성되고 있는지를 알려주는 표식이 필요하다. 예를 들어 학교의 비전이 '드러내는 것'을 격려하는 것이라면, 학생들의 과제(에세이나 프로젝트)에 명확한 표식들이 있어야 한다. 이 표식들에서 학생들이 특정 학문에 더 깊이 들어갈 수 있는 때가 언제인지, 그들이 더 이상 파편적인 사실들을 수집하거나 쏟아내는 것만 하지 않아도 되는 때가 언제인지가 드러나야 한다. 그러한 특정한 표지가 없다면, 전체적인 비전은 "우리는 그것을 절대 할 수 없어"부터 "우리는 이미 그것을 하고 있어"까지의 자의적 반응을 이끌어내는 일종의 로르샤흐 Rorschach 테스트의 역할을 하게 될 가능성이 크다. 학교를 연구한 경험이 많은 학자들은 이 명백히 반대되는 발언들이 가끔 아주 짧은 시간을 두고 한 사람의 입에서 나올 수 있음을 잘 알 것이다.

유연성과 작은 승리의 필요성 과도한 경직성을 가지고 비전을 추구하려고 한다면, 인사나 압박감, 지역적·국가적 분위기 속에서 피해 갈 수 없는 변화들을 다루는 데 어려움을 겪게 된다. 가끔은 시간을 끌어야 한다. 그리고 모든 일을 한꺼번에 성취하려고 하지 말아야 한다. 그러면 실패할 것이다. 선견지명이 있는 리더라면 반드시 초기의 노력과 목표 중 적어도 몇 가지에서는 성공을 거둬야 한다. 그래야 학생들, 교사들, 학부모들이 낙담하지 않는다. 학생들이 한 해 동안 학부모들과 교사들의 풍부한 도움 아래에서 피드백과 함께 수많은 예행연습을 거처 하나의 프로젝트를 마치게 되면 그 학생들은 성취감을 맛볼 것이다.[7] 그리고 다음 해에 추가적인 프로젝트들과 씨름하고자 하는 의지가 샘솟을 것이다. 첫해부터 다섯 가지 학생 프로젝트를 요구하는 것은 선생님들을 지치게 할 것이고, 많은 학부모와 학생에게 좌절을 야기해, 두려움 섞인 반발을 불러올 수도 있다.

실패를 예견하고 그 실패를 다룰 준비를 하라 가급적이면 명랑해야 한다. 비관은 에너지를 침식하고 추진력을 약화시킨다. 실험이 가장 중요하다는 점을 명백히 해야 한다. 모든 이들은 실수를 하고 세상은 계속 돌아간다. 중요한 점은 실수로부터 배우며 그 실수를 반복하지 않고 더 전도유망한 방법으로 옮아가는 것이다. 사이버 공간 전문가 에스터 다이슨 Esther Dyson의 말처럼, 우리는 모두 "새로운 실수를 저질러야 한다".[8] 그리고 실패를 절망이 아니라 배움의 기회로 삼는 법을 배워야 한다. 예를 들어 만약 어느 해에 시험성적이 떨어졌다면, 그 시험을 연구하여 어디에 문제점이 있었는지 살펴보고, 학생들이 시험에서 곤란을 겪은 지점을 다룰 수 있도록 교육과정에 적용하려고 노력해야 한다.

빤히 보이는 승리들은 일시적일 뿐이다. 실패는 반드시 있을 것이다. 중요한 문제는 그 실패가 더 많은 학생들에게 더 안정적인 성공을 위한 중간 기착지로서 배움의 기회로 여겨질 것인가 아니면 후퇴나 낙오, 포기의 기회가 될 것인가의 여부다.

반성의 시간을 허용하라　행위를 강요하는 것은 때때로 강력한 효과가 있다. 특히 참을성 없는 관리자와 학부모들이 강요할 때는 더하다. 그러나 무엇을 하고 있는지, 잘된 일과 잘되지 않은 일은 무엇인지 그리고 왜 그런지를 다시 생각해볼 기회를 가지지 않는 이상, 장기적인 발전 가능성은 희박하다. 개인적으로 혹은 모두 함께 반성하는 시간도 일정 속에 들어 있어야 한다. 만약 그렇지 않다면 진정한 변화는 일어나지 않을 것이다.

장점들을 발전시켜라　모든 공동체, 모든 직원, 모든 학생은 장점을 가지고 있다. 이 강점들을 찾아내고 발전시켜라. 약점의 영역에 대해 애태우지 말라. 어떤 규모의 지역사회이든 그 사회는 구성원들의 장점으로 서로 보완될 것이다. 약점을 강점으로 바꾸는 것보다 강점을 강화하는 것이 더 좋다. 보완이 되는 강점들을 찾는 이 과정은 발전을 넘어서까지 뻗어 나갈 수 있다. 어떤 능력이 보완될지는 학부모, 다른 학교, 더 큰 공동체 그리고 인터넷에서 찾을 수 있다. 그래서 만약 당신의 학교가 과학보다 인문학에 더 강하다면, 예술을 이해하려는 탐험을 시작하라. 만약 수준 높은 학생의 에세이를 다룬 이력이 있다면 그 영역에서 평가를 진행해라. 그리고 상반되는 장점을 지닌 자매 학교를 찾아라. 그 학교들은 서로에게서 배울 수 있다.

그 기관의 문화에 함축된 메시지들을 주목하라 자신이 믿는 것을 말하는 것도 중요하다. 그러나 일상적으로 하는 행동들이야말로 정말 중요하다. 나는 리더들의 함축적 메시지에 대해 앞에서 이미 언급한 적이 있다. 또한 마찬가지로 교사들, 학부모들 그리고 선배 학생들의 메시지들 역시 효과적이다. 교사가 직접 새로운 자료들을 이해하려고 노력하는 모습보다 이해에 대한 동기를 높이는 것은 없다. 그리고 자신의 이해를 심화하려는 것에 마음 내키지 않아 하거나 자신들의 학문적인 의구심(그리고 기쁨)을 남들과 공유하려 하지 않는 교사보다 이 과정을 더 악화시키는 것 또한 없다.

배려하는 지역사회를 만들라[9] 학교 공동체에서 가장 중요한 메시지는 아이의 삶에 어른들이 완전히, 심지어 비정상적으로 신경을 쓴다는 것이다. 요즘 모든 사람들이 "모든 아이들이 배울 수 있다" 그리고 "아이를 기르는 데는 하나의 마을이 필요하다"라는 상투적 문구를 사용한다. 이런 표어를 넘어 개별 아이들에게 무조건적인 격려와 사랑을 베푸는 환경만이 장기적으로 봤을 때 배움에 관심을 가지고 서로를 배려하는 젊은이를 길러내는 데 성공한다. 교사가 학생을 잘 파악하는 것, 학생의 관심사와 가족에 대해 물어볼 수 있는 것, 어려울 때 보듬어주고 더 큰 노력으로 이끄는 것이 중요하다. 동료들과 함께 학교 발전 프로젝트에 공을 들이거나 개인적인 상실로 고통받는 학생을 돕는 것은 중요하다. 식당 직원부터 학교를 방문하는 학부모까지 지역사회 구성원들이 서로에게 예의를 지키고 도움을 주는 것이 중요하다.

이러한 정서가 합의를 가져올 동안, 그런 정서를 뒷받침할 만한 경험적인 증거를 가지는 것도 든든하다. 에릭 샵스Eric Schaps와 그 동료들 덕분에 우리는 초등학생 시절에, 서로를 배려하는 공동체가 학교에서 긍정적인 성과를 거둘 수 있음을 알게 되었다. 린다 달링해먼드Linda Darling-Hammond와 그 동료들의 연구에서는 서로 배려하는 소규모 공동체들이 고등학교에서도 비슷하게 긍정적인 영향을 끼친다는 사실이 입증되었다.

방문하고 방문 받으라 여행을 시작할 때 목적지를 살짝 미리 살펴보는 것이 좋다. 내가 묘사한 실천들을 구현하는 많은 학교들이 이미 존재하고 있다(그중에는 다른 경쟁적인 경로들을 실천하는 경우도 포함되어 있다). 이 학교들을 실제로 또는 인터넷을 통해 방문하고 그들로부터 배워라.[10] 당신의 학교에 이 학교들의 전문가를 초대하라. 그리고 '비판적인 지지자'들을 학교로 초대해 그들의 진실한 피드백을 활용할 마음의 여유가 생기면, 즉시 그렇게 하라.

새로운 에너지를 기르라 기존의 학교를 바꾸는 것보다 새로운 학교를 세우는 것이 더 쉽다. 새로운 학교들은 보통 직원들을 선택할 수 있고 처음 시작함으로써 갖는 에너지의 덕을 볼 수 있다.

10장 이해를 위한 교육의 경로들

거꾸로 예전 기관들은 이미 많은 짐을 지고 있어서 이것들을 없애고 시작하기가 너무 어렵다.

이때 상상력을 가진 리더십이 필요하다. 장소와 사람들이 같을 때라도 새로운 에너지를 끌어낼 수 있다. 이런 에너지들은 외부(방문자들이나 견학, 흥미로운 책 또는 도발적인 영화)에서 또는 내부(새로운 계획, 새로운 정신, 새로운 비전)로부터 나올 수 있다. 자신의 생각과 학생들의 생각을 성장시키는 것은, 너무도 당연한 일이겠지만, 내가 생각하기에 가장 흥미로운 노력이 될 것이다.

변화의 과정에 자신을 헌신하라 그 기관의 문화에 변화를 가져오고, 스스로가 학습하는 조직이 되어라. 우리들 대부분은 일을 처리하는 데 특정한 방법들이 있다는 생각을 하며 자랐다. 보통 그 방법은 적절했다. 그렇지 않았다면 우리는 새로운 방법을 배웠을 것이다. 우리는 이를 변화에 대한 교육으로 형성되지 않은 '교육받지 않은unschooled' 관점이라고 부를 수 있을 것이다.

이 관점이 더 이상은 유효하지 않다. 변화는 지속되고, 현재 아무리 효과적일지라도 장기간 변하지 않은 상태로 생존할 방법은 없다. 사람이든 제도든 변화를 다루는 것, 사실상 그것을 받아들이는 것을 배울 수 있어야만, 생존과 번영을 위한 가장 큰 기회를 얻게 된다.[11]

마찬가지로 한 가지 방식으로 일하는 법만 배운 기관들은 힘이 들더라도 새로운 것들을 새로운 방식으로 해보는 법을 배워야 한다. 그러나 여기에는 이 새로운 방법이 결코 끝이 아니라는 인식이 포함되어야 한다. 이는 교육받지 않고 갖게 된 시각과 상반되는 것일 것이다. 새로운 방법들은 지속되는 배움, 배움에 대한 고찰, 한 걸음 더 나아간 배움이라는 지속적인 과정을 통해 구성된다는 것을 인식해야 한다. 궁극적으로 이 새로운 과정들이 반영되어 교육자들이 무의식적으로 자연스럽게 이 과정을 스스로 고찰할 수 있어야 한다. 그리고 이 신선한 도전이 개인들의 기술 향상이나 단체감의 고무와 맞물려 돌아가면서, 이 과정은 '몰입flow'으로 표현되는 즐거움의 상태가 된다.[12]

나는 교육자들에게 새로운 서약을 만들기를 추천한다. 지금까지 교사들은 교실 밖의 사람들이 공공의 교육계획을 만들도록 허용했다. 교실 내에서 하고 싶은 것을 모두 할 수 있는 자유를 얻은 대가로, 교사들은 외부 권력이 부과한 기준과 시험에 동의하지 않는다 해도 따라가게 된 것이다.

장기적으로 이 정책은 지혜롭지도 지속 가능하지도 않다. 이는 적개심과 위선을 야기할 것이다. 교육자들은 자신이 학생들을 위해 바라는 것들을 공개적으로 주장할 준비를 해야 한다. '새로운 서약'의 한 부분으로서, 교사들은 어떤 것들이 성취의 증거로 여겨질지 그리고 성취가 즉시 달성되지 않으면 어떻게 하려고 준비했는지 주장할 수 있어야 한다. 이러한 용기 있는 한 걸음을 내디뎠을 때, 책임 있는 교육자들은 자신의 소명을 모니터링할 수 있는 전문가로서 기능하게 될 것이다. 그리고 그들은 자신의 일에 대한 권위를 주장(혹은 회복)하게 될 것이다.

도움이 되는 세 가지 요소

◇▦◇

요즘 '스케일을 확장한다'는 입장을 배제하고서 학교교육에 관한 대화에 참여하지 못한다.[13] 그 주장에 따르면 효과적으로 운영되는 학교들, 심지어는 어려운 조건들 속에서 번영하는 학교들이 있다. 특히 미국에서는 이러한 성공들이 서로 분리되어 있다는 것이 문제이다. 따라서 정책입안자들의 도전은 더 큰 범위에서 성공을 달성하는 방법, 즉 성공을 유통 판매하는 방법을 찾아내는 것이다.

많은 경우 학교의 수행에서 신속하고 작은 성과를 만드는 것은 가능하다.[14] 읽고 쓰는 조기교육 확대, 수업하는 일수나 햇수를 늘리는 정책, 시험에 딱 맞아떨어지는 가르침, 의미 있을 정도의 학급 크기 축소 등, 이런 프로그램들과 그 밖의 다른 조치들이 학교가 개선되었다는 지표를 나타내는 경향이 있다.

그러나 학교의 궁극적 성공은 교직원의 자질, 프로그램의 신중성, 학부모나 더 큰 공동체의 지속된 참여 그리고 실수를 감수하고 그것으로부터 배우려는 의지에 달려 있다. 이 중 어느 것도 빠른 해결책에 적합하지 않다. 높은 수준의 학교들과 높은 성과를 내는 학생들을 가진 관할권이 하루아침에 만들어진 것이 아니다. 오히려 프로그램을 고안하고 이것이 체계적으로, 철저히, 반성적으로 실행되는 것을 확실히 하는 데 몇 년이 투자되었다. 이 접근은 다음 교육위원회 선거에서 이겨야 하는 이들에게는 유용하지 않겠지만, 장기간에 걸쳐 따를 수 있는 유일한 방법이다.

게다가 스케일을 확장하는 것이 지역 현장과 연관성이 없는 과정이 아니다. 결국 스케일을 확장하는 것에는 특정 경로, 특정 학교, 특정 교실, 특정한 교사와 가정과 학생들로 스케일을 축소하는 것을 수반한다. 궁극적으로는 스케일을 키우는 것이 특정 기관들의 점진적인 발전을 수반한다.

희망적인 언급 하나를 덧붙이겠다. 다룰 수 있는 숫자만큼의 경로를 고안하고 추구하는 것은 좋은 학교를 달성하는 첫 번째 생산적인 단계라고 할 수 있다. 학교들은 명백히 제시된 프로그램으로부터 혜택을 얻을 뿐만 아니라, 서로 아이디어와 관행과 자료를 교환하면서 지속적으로 유지할 수 있는 다른 학교들의 존재로부터도 그럴 수 있다. 그리고 이 경로에 만족하지 못한 학부모들과의 끝없는 싸움에 말려들지 않아도 된다. 대안적인 경로들이 가능하기 때문이다. 여기서 다음의 세 가지 요소가 도움이 될 수 있다.

분명하게 표현된 프로그램   이러한 프로그램은 아이들이 학교에서 학생으로 몇 년을 지내면서 그들이 경험할 내용들로 꽤 자세히 채워져야 한다. 이 그림은 최대한 생생해야 하지만, 교사나 학생의 개별적인 주도성을 무너뜨릴 정도로 명령적이지는 않아야 한다.

일관성 있게 맞춰진 초점   경로를 고려한 교육자들은 어떤 중요한 요소에 중점을 둘 것인가에 관해서 동의해야 한다. '프로젝트 제로'에서는 '학생 작품의 풍부한 예제들'이 이상적인 초점을 제공한다는 점이 밝혀졌다. 학생들의 작품은 실재한다. 그것은 비판

될 수 있으며, 그 학생의 이전 작품뿐만 아니라 다른 사람의 작품들과도 비교될 수 있다. 또한 학생의 발전과정도 추적 관찰될 수 있다. 그리고 이러한 성과들은 학생이 직업세계로 나아가는 것을 비롯해 이후 삶의 이정표와 관련될 수 있다.

어떠한 운동에 참여하고 있다는 확신 개혁은 외롭게 책임지는 일일 수 있다. 그리고 험난한 오르막길을 오르는 투쟁에 헌신하고 있다고 느껴 낙담하거나 심지어 절망에 빠질 수도 있다. 진보는 학교 내에서 또는 학교들의 네트워크 사이에서 일어날 가능성이 크고, 사람들이 자신이 중요한 일에 속한다고 느끼거나 대의를 가지고 참여한 일에서 정서적 보상을 얻게 된다면 스케일 확장은 실현될 수도 있다. 학교개혁이라는 접근법에서 행동주의자들의 방책인 당근과 채찍은 치명적인 한계가 있다. 이 방책은 장기적으로 봤을 때 인간행동을 동기화하는, 자신이 매우 중요한 어떤 일에 관여되어 있다는 느낌과 자신이 한 지역사회, 학생들 그리고 자기 자신에게 중요하다는 믿음을 무시한다는 점이다.

기업의 역할

냉전 이후의 시대에 기업들은 전 세계적으로 거대하고 강력한 힘을 갖게 되면서, '관심과 행위의 근원'인 정치체제와 경쟁하게 된다. 미국에서는 기업들이 교육의 질을 몹시 우려하고 있다. 대체로 기업인들은 미래의 노동자들이 적절하게 준비되고 있지 않다고 생각한다. (이러한 관심이 전례가 없는 것은 아니다. 제2차 세계대전 이후 일본 교육의 많은 혁신은 기업 공동체로부터 자극을 받았다.) 기업들은 정시에 출근하는 정직하고 믿음직한 직원들을 지속적으로 원하면서도 또한 더 높은 수준의 읽고 쓰는 능력을 요구한다. 그리고 몇몇 직급에서는 창의적인 사람, 문제를 해결하고 예견할 줄 아는 사람, 슬기롭고 협동적인 자세로 다른 사람들과 함께 일할 사람을 찾는다. 마이크로소프트, 머크^{Merck}, 몬샌토^{Monsanto} 같은 대부분의 미래 지향적인 기업들은 '지식 노동자'를 선호할 확률이 높다.

어떤 교육 시스템이든 이러한 요구에 최소한 전반적인 방식으로라도 반응하는 것이 적절하다고 생각된다. (나는 교육이 어때야 하는지를 강하게 요구할 권리가 법, 의학, 언론에 있는 것과 마찬가지로 기업에도 있다고 생각한다.) 게다가 기업들이 자기들 마음대로 광대한 자원을 처분할 수 있다면 그리고 주어진 공공교육, 특히 도심에서의 공공교육에 대한 정부의 재정 지원이 빈약하다면, 기업들이 교육의 발전에 참여하는 것이 적절하다고 생각한다.

그러나 어떻게? 많은 기업들은 영리적인 학교나 학교 시스템을 만들기를 선호한다. 또 어떤 기업들은 학생들이 영리적인 학교, 사립학교, 공립학교 중 어느 곳이든 다닐 수 있도록 바우처를 주는 것을 좋아한다.

이러한 사고방식에 동의할 수 없다. 나는 교육이 본질적으로 공적인 책임이라고 믿는다. 공공기관들이 이를 다루어야 하고, 공공의 기금으로 비용을 부담해야 한다(이는 내가 사립학교에 반대한다는 것을 의미하지는 않는다. 나의 자녀들과 나는 공립학교와 사립학교를 모두 다녔다). 시민을 위한 교육, 모든 배경의 아이들이 다닐 수 있는 양질의 학교 설립, 학생들을 동료 시민들에게 소개해야 할 필요성은 민주주의에서 간과되어서는 안 된다. 일부 기업이 이 과제들을 책임감 있게 수행할지라도, 기업의 일은 팔리는 제품을 만들고 그 소유주들을 위해 이익을 창출하는 것이다. 이 목표들이 교육의 중요한 전통적인 목표들, 특히 이 책에서 제안한 목표들에 지장을 준다는 시각은 나만의 것이 아니다.

이윤을 추구하는 기업들이 설립한 것을 포함해서 몇몇 실험적인 학교들은 확실히 훌륭한 업적을 쌓고 있고, 이들 중 몇몇은 다른 학교들에도 좋은 영향을 끼치고 있다. 그러나 이러한 성공들은 설립자들의 각별한 열정, 손수 뽑은 교사들 그리고 가끔은 투기자본의 거대한 유입 덕분에 생겨난 일시적인 것일 가능성이 크다. 우리에게는 더 이상 고립된 성공이 필요하지 않다. 싱가포르 또는 일본을 본뜬, 전체적으로 아이들을 더 잘 교육하는 공립학교 시스템이 필요하다.

기업들이 학교를 직접 운영하지 않더라도, 그들은 국내에서건 해외에서건 모두 학교에 중요한 뒷받침을 제공할 수 있다. 그들은 가르침과 평가에 전문성을 부여할 수 있고, 학교에서 노동현장으로의 취업과정을 도울 수 있고, 학생들이 기업 업무에 견습생이나 훈련생으로 참여하도록 초청할 수 있다. 그들은 또한 기업 근처에 있는 학교들과 전반적인 후원 약정을 하거나 특정 프로그램의 비용을 부담함으로써 금전적으로 도움을 줄 수 있다. 그리고 학교들이 재정적인 문제에 처할 때(이러한 빈도는 잦아지고 있다) 기업들은 운영 모델, 기술적 조언 그리고 맞춤식 후원을 제공할 수 있다.

기업들이 가장 크게 기여하는 방법은 내 생각에 학생들을 더 효과적으로 가르치는 것을 돕는 제품들을 만들거나 그런 기술을 개발하는 것이다. 현재까지 미국의 기업들은 세 가지 뚜렷한 활동에 관여했다. 교재와 교육과정 자료집을 제작하는 일, 시험을 설계하는 일, 텔레비전과 비디오카메라와 개인용 컴퓨터 같은 기술을 개발하는 일이 그것이다. 이들 기계나 창조물 중 그 무엇도 국내에서든 해외에서든 주목할 만한 발전을 가져오지 못했다.

그러나 기업들이 이 책의 목표들을 진지하게 고려한다면, 그들은 여러 측면에서 공헌했을 수도 있다. 우선 여러 가지 기술이 개발되어 학생들은 자신에게 가장 알맞은 방법으로 배울 수 있게 되었고, 자신의 성공과 실패를 기록한 것을 바탕으로 앞으로의 교육을 구성할 수 있게 되었으며, 자신에게 편안하면서도 외부 평가에 적절한 방법으로 자신이 배운 것을 표현할 수 있게 되었다. 이런 기술은 아이디어 단계로서 아직 실현되지는 못했다.

이해를 위한 교육은 매력적인 소재들, 검토와 종합을 가능케 하는 소재들, 새로운 이해를 실천할 기회를 충분히 제공하는 소재들을 만들어낼 수 있느냐에 달려 있다. 상업적으로 만들어진 어떤 시디롬들은 학생들을 집중시키고 생산적으로 탐색하게 만드는 데 더 믿음직한 면을 지녔다. 그러나 이는 학생들을 특이한 방향으로 나아가도록 자극하고 학교교육과정의 목표로부터 빗나가게 할 수도

10장 이해를 위한 교육의 경로들

있다. 다른 말로 하면, 거기에는 '바로잡는 기제'가 종종 부족하다.

이러한 매력적인 오락 또는 '교육용 오락물^{edutainment}'을 효과적인 교육 매개체로 들여오는 것은 꽤 힘든 과제다. 그것은 아직 성공적으로 수행되지 못하기도 했다. 확실히 하자면 비범한 능력을 가진 선생님들은 화려한 발명 기술들을 쓸 때와 쓰지 말아야 할 때를 정확히 안다. 그러나 이러한 천재들에게는 어차피 화려한 기술이 필요하지 않다. 그들의 '기술'은 그들의 손과 머리에 혹은 그들의 가슴속에 있다.

심화된 이해의 부문에서 기술적 재능과 아이들의 호기심을 동원하여 교육적인 인터페이스(접속장치) 그리고 교육과정상의 인터페이스를 만드는 것이 관건이다. 기업으로서는 이것이 자신들이 하기에 꼭 맞는 일을 할 완벽한 기회다. 이 과제는 교육자, 연구자, 교육과정 설계자, 마케팅이나 영업 종사자들 사이에서 공동작업의 참맛을 제공한다. 즉시 이익이 창출되지는 않겠지만, 온실이 아닌 일반 환경 속에서 수학이나 역사나 유전학의 배움을 명백히 개선할 수 있음을 보여줄 첫 기술들은 전 세계적으로 손님들을 끌어올 것이다.

기업들은 또한 스케일 확장을 도울 수 있다. 많은 기업들은 장래성 있는 실천들을 대규모로 성공시켜왔다. 학교를 기업처럼 운영하는 것이 옳지 않을 수도 있지만, 종합적인 품질관리나 연수원과 관련된 기업의 특정한 기법들은 법인기업 본사로부터 PS 101 같은 학교로 이전될 수 있다. 끊임없이 변화를 다루고 요구된 변화들이 자신의 기관 곳곳으로 효과적으로 퍼져 나가도록 하는 일에서 기업들은 자신만의 경험을 교육기관들과 공유할 수 있다. 상업적인 기술은 학교들을 서로 연결하고 자료와 자원과 평가를 공유하게끔 도울 수 있다. 마지막으로, 학생 프로젝트의 질을 개선하는 것과 같은 중요한 문제는 고품질 제품을 만들고 현장에서 만족스러운 서비스를 제공하는 기업들의 경험들로부터 교훈을 얻을 수 있다.

적합한 환경 찾기

진화 연구에 빗대어서 적합한 환경을 찾는 것에 대한 내 생각을 다시 짚어보자면, 우리 모두는 아이들을 위한 좋은 교육을 원하고, 많은 사람들이 세계의 다른 아이들의 교육에 관심을 가진다. 그러나 질 좋은 교육의 본질에 반드시 동의하는 것은 아니다. 교육 기획자들의 일은 대부분의 관계자들이 만족할 모형을 만드는 것이다. 우리가 사는 이 복잡한 사회에서는 수많은 사람들이 좋은 교육이 무엇인지에 대해 근본적으로 서로 다른 견해들을 강력하게 제기하고 있다. 이 유권자들이 서로를 문제 삼거나 비생산적인 방식으로 서로 타협하도록 하는 것보다는, 소수의 모형을 만들고 가족들이(그리고 공동체와 심지어 국가까지도) 그들에게 최적의 장소를 찾도록 하는 것이 더 현명할 듯하다.

이와 똑같은 사고방식이 학교 수준에서도 적용되어야 한다. 학교는 모든 이들에게 전부가 될 수는 없다. 사람들은 자신의 맥락

10장 이해를 위한 교육의 경로들

속에서 의미가 있는 비전과 이야기를 발전시키고, 그것에 동의하는 사람들을 자신의 학습자 공동체에 초대해 참여하고 공헌하게 하는 것이 더 좋다. 학교가 변화하는 과정은 자신이 누구이고 무엇이 될 수 있는지에 대한 지속적인 발견과 재발견 과정이기도 하다. 효율적 리더십이 이 논의를 자극할 것이며, 또한 자기 정체성을 확고히 하고 자신의 새로운 가능성을 여는 등 개인들이 자기 자신을 발견하도록 도울 것이다.

마지막으로 사회 내에서 다양한 단체들이 각기 어떤 역할을 해야 하는지에 대한 문제가 있다. 학교가 불충분하다고 느끼는 많은 개인과 단체들이 도움이 되고자 한다. 그런데 이들 중 너무나 많은 사람들이 교육문제를 단번에 해결할 수 있다고 믿는다. 그들에게 주어진 과제는 학교에 공헌하기 위해 최선을 다할 수 있는 부분을 생각해내는 것이다. 권력을 남용하거나 그 문제에서 완전히 손을 떼는 것은 방법이 아니다. 학교들에 주어진 과제는 이 도움이 적절할 때는 정중하게 받아들이는 것, 명백히 부적절해 보일 때는 거절하는 것, 교육적 비전들이 서로 더 잘 배치되도록 지속적으로 대화하는 것이다.

11장

마무리하며

더 넓은 사회에서 타전되어오는 신호들과는 무관하게
어떤 것이 올바르고 어떤 것이 그렇지 않은지에 대한
기제를 발달시키기 위해서는 모든 사람이 어떤 영역이나
학문분야에서 공부할 필요가 있다고 나는 믿는다.

교육 100년과 세계사 100년

◇ ▦ ◇

　내가 19세기 말에 살고 있고 앞으로 다가올 세기를 예견하며 교육에 관한 책을 쓰기로 결정했다고 상상해보자. 어떤 것들을 깊이 고려하게 될까?

　우선 '쓰기'가 꽤 다른 물리적 맥락에 처해 있을 것이다. 나는 펜이나 만년필 혹은 새로운 기계인 타자기를 사용하며 집필용 책상에 앉아 있을 것이다. 내가 몇 페니짜리 우표를 붙여 원고를 출판사에 보내면, 기차로 며칠을 여행하여 도착지에 이를 것이다. 컴퓨터는 물론이고 전자 타자기는 전혀 상상할 수조차 없을 것이다. 심지어 선견지명이 뛰어난 통신원도 비행기나 팩스 또는 이메일로 전 세계에 전송되는 우편이란 것을 예상치 못할 것이다. 심지어 오늘날 워드프로세서 앞에 앉아 있는 나만 해도 종이 없이 그저 깜빡이는 일련의 전기신호로 쓰인 메시지(책은 차치하고라도)에 관해 생각하는 데 어려움을 느낄 것이다.

그리고 책에서 묘사된 교육의 초상은 어떠한가? 모든 교실에 있는 텔레비전, 대부분의 학교에 있는 컴퓨터, 버스로 등교하는 학생들, 비행기를 타고 회의하러 가는 교사들과 교직원들처럼 내가 예상하지 못한 요소들이 또한 존재한다. 1896년 미국의 연방대법원이 천명하길, 공용시설은 "구분되어 있지만 동등하다"고 했다. 당시 시민권 혁명, 소수민족우대 정책, 다문화적 교육과정은 생각조차 되지 못했다.

1900년의 교실에서는 어떤 일들이 일어났을까? 국내 그리고 국제적 상황이 매우 달랐다. 미국의 남북전쟁은 최근의 기억이지만(그리고 스페인과 미국 간의 전쟁은 발발한 지 얼마 되지 않았다) 더 넓은 유럽과 전 세계적 차원의 전쟁은 과거의 일처럼 여겨졌다. (실제로 일촉즉발의 제1차 세계대전을 의식하지 못한 이유 중 하나는 현대에는 대규모의 대립이 가능하지 않으리라 생각했기 때문이다.) 대부분의 사람들이 파시즘이나 나치즘을 예견하지 못했다. 공산주의와 사회주의는 어설픈 지식을 자랑하는 이상한 지식인들의 몽상으로 보였을 뿐이다.

과학과 기술은 어땠을까? 알베르트 아인슈타인Albert Einstein은 대학 교육을 막 끝낸 시점이었다. 그와 그의 양자역학의 후예들 중 어느 누구도 물질세계에 대한 우리의 인식에 가져올 혁명을 예상하지 못했다. 게다가 그 누구도 원자 간의 힘을 이해한 결과가 대량 살상무기라는 것을 상상하지 못했다. 프랭크 설로웨이Frank Sulloway의 주장에 따르면 동생들이 맏이보다 더 순조롭게 일이 풀린다고 하지만 멘델의 아이디어보다 다윈의 아이디어가 더 널리 받아들여지고 있었다. 그레고어 멘델의 발생학과 유전형질에 대한 업적은 아직 알려져 있지 않고 있었다.[1] DNA의 역할, 분자혁명, 항생물질, 유전공학, 복제 등의 주제를 담은 글은 편집자에 의해 공상과학소설 같다는 이유로 거부되었다.

그러나 이런 시대적 사건들과 과학적 발전을 겪은 100년 동안 일상적인 학교교육의 구조는 상대적으로 조금밖에 바뀌지 않았다. 특히 대학 이전 단계에서는 더 그렇다. 초기 학년에서는 아직도 읽고 쓰는 능력이 강조되었다. 중등학교의 경우(1900년에는 굉장히 적은 비율의 미국인들만이 재학하고 있었다) 명망 있는 10인 위원회 Committee of Ten(다섯 명의 대학 학장이 포함되어 있다)가 오늘날까지 우리에게 밀접한 영향을 미치는 핵심 교육과정을 발표했다.[2] 당시의 교육에는 한 세기 이전의 많은 교육자들에게도 구식이었을 수업, 수련장, 시험 그리고 몇 가지 실험이 포함되어 있었다.

그들 혹은 우리들에 대한 인류의 이해는 어떠했는가? 지난 세기 동안 예술 분야에서 비틀스와 스트라빈스키의 음악, 조이스와 프루스트와 울프의 글, 찰리 채플린과 잉마르 베리만의 영화들, 과학 분야에서 아인슈타인의 통찰력과 DNA 발견과 분자생물학과 판구조론 등, 기술 분야에서 항생제와 항정신질환제와 컴퓨터와 비행기와 텔레비전 등 인간이 할 수 있는 놀라운 수행의 생생한 예시들이 축적되어왔다. 또한 사람들이 개인 수준 혹은 집단 수준에서 저지를 수 있는 사악함에 대한 풍부한 예증도 얻었다. 히틀러 치하의 독일인들, 스탈린 치하의 러시아인들, 마오쩌둥 치하의 중국인들, 폴 포트 치하의 캄보디아인들도 있다. 슬프게도 이것은 케네디와 존슨과 닉슨 대통령 시절에 동남아시아에 대한 미국의 초당파적인 외교 정책이 예기치 못하게 불러온 장기적인 결과였다. 우리가 해온 많은 발견들이 선이나 악에 이용될 수 있다. 원자력, 유전공학, 여론 동원, 학생들에 대한 대규모 시험이 그러한 사례다.

2000년 전의 삶까지 언급하지 않더라도 한 세기 전의 삶은 굉장히 달랐다. 동아시아나 아프리카 사하라 사막 이남 지대에서 성장하는 것은 서유럽이나 미국에서 성장하는 것과 아주 다른 경험이었다. 그러나 생명체의 역사는 물론이려니와 겨우 우리 종의 역사 안에서도 일시적인 변화만 있었을 뿐, 사람의 뇌와 마음은 이 기간 동안 변하지 않았다. 우리는 성경이나 그리스 희곡에 묘사된 사람들과 근본적으로 다르지 않다. 소크라테스와 플라톤과 아리스토텔레스의 철학, 소포클레스와 아이스킬로스와 에우리피데스의 문학적 업적 같은 과거의 가장 위대한 성과들은 대부분 최고 수준의 정신을 반영한다. 내가 세상의 매우 작은 부분, 예를 들면 예수 탄생 몇 세기 전인 아테네의 예만 언급한다는 것에 유의하라.

최근에 놀라운 변화가 일어났음에도, 인간으로서 우리는 석기시대 동굴인들, 비옥한 초승달 지대에 정주한 사람들, 중동과 인도 아대륙과 남아프리카의 강과 해안에 처음 도시를 건설했던 사람들의 인지적이고 정서적인 형제자매로 남아 있다. 우리는 그들의 고통, 실망감, 두려움, 열망, 욕망, 소망, 꿈을 이해할 수 있다. 우리 세계의 표면적인 외양은 그들이 상상했던 것과 너무 달라서 그들이 우리에게 공감하기가 더 어려울지도 모르겠다.[3]

그러나 석기 시대 사람들이라고 불리는 이들은 변화를 만들어 낼 수 있다. 노벨상 수상자이자 바이러스 학자인 칼턴 가이듀섹 Carleton Gajdusek은 놀라운 사실을 발견했다. 그는 미크로네시아와 멜라네시아 부족의 아이들 60여 명을 미국으로 데려와 워싱턴 교외의 가정에서 키웠는데, 이주한 모든 아이들이 잘 자라지는 못했지만 많은 아이들이 서구에서 또는 자신의 고향으로 돌아가서 보다 생산적인 직업으로 나아갔다. 이 비공식적인 실험 덕분에 우리는 호모 사피엔스가 지닌 놀라울 정도의 유연성에 대한 생생한 확증을 얻었다. 많은, 어쩌면 대부분의 사람들이 가장 기본적인 기술을 제외한 모든 것들이 부족한 문화로부터 시간과 공간과 인간능력에 대한 우리의 '상식'을 근본적으로 변화시킬 기계들에 의해 지배된 문화로 내던져질 수 있다. 우리의 뇌와 마음은 그 어떤 제약이든지 간에 현기증 날 정도로 다양한 생태계와 문화적 기준에 적응할 수 있다.

이제 교육학자들이 도처에서 대면하는 상황을 단 한 마디로 정리할 수 있다. 대략적으로 말하자면 모든 사람들은 동등한 뇌와 정신과 신체를 가지고 있다. 어떤 시간표와 능력 혹은 무능력이 우리 종에 서식하고 있다. 동시에 역사와 지리가 변덕을 부린 결과로, 우리는 아주 다른 조건 아래에서 태어났고 동등하게 다양화된 표준과 가치들의 영향을 받고 있다. 교육학자들은 보편적인 한계를 존중해야 한다. 동시에 교육학자들은 특정한 역사적 순간에 있는 특정한 사회에 대처할 수 있고 우리 사회의 주요 규칙과 실천들을 후속 세대들에게 전달할 수 있는 젊은이들을 길러내야 한다. 이것이 사실 이제 어른인 내가 이 책에서 하고 있는 노력이다.

이 세상에서 나타나는 거대한 변화들이 이 과제를 확장시킨다. 우리는 그 윤곽을 예상할 수 없는 세상에서 살 준비를 해야 한다. 내 생각에 이를 위한 최고의 준비는 이 세상과 천 년 동안 축적된 경험들에 대한 깊이 있는 통찰들을 이해하는 것이다. 엘리엇^{T. S.} ^{Eliot}과 어느 젊은 동료 간의 교류가 떠오른다. 이 동료는 엘리엇에게 현대인들이 고대인들보다 많은 것을 알고 있다고 이야기했다. 엘리엇은 동의했지만 그 특유의 말투로 "그리고 그것이 바로 우리가 아는 그것이다"라고 덧붙였다.[4]

나의 비전

◇ ▦ ◈

거친 바다를 헤쳐나가는 중에 만난 '땅'처럼, 나는 어떤 것이 진실인지(혹은 거짓인지), 어떤 것이 아름다운지(혹은 그렇지 않은지), 어떤 것이 선한지(혹은 비난받을 만한지)라는 아주 오래된 세 가지 시금석을 다루었다. 나는 적절한 기준을 가지고 서양문화 속에서 특히 고려할 만한 주제들인 진화론, 모차르트의 음악, 홀로코스트의 사례를 골랐다. 나는 우리 사회의 사람들이 이러한 주제들에 대해 완전히 이해해야 하고, 그러한 숙달은 이 문제들을 탐색하는 데 시간과 에너지를 투자할 의지가 있어야만 달성된다고 생각한다. 동시에 이 선택들이 예시일 뿐이라고 강조했다. (어떤 이들이 내가 한 일을 잘못 전달하는 것을 막을 수는 없다. 어디에서인가 비판적인 리

뷰와 간접적으로 전해 들은 다른 이야기를 훑어본 사람이라면 의심의 여지 없이 유럽 마니아인 하워드 가드너가 개인적인 집착을 바탕으로 세 가지 교육과정을 만들었다고 생각할 것이다.)

그래서 다시 한번 말하자면, 어떤 문화가 자신이 가치를 두는 진실과 아름다움과 미덕을 밝히고, 그러고 나서 젊은 학습자들에게 이를 이해시키기 위해 최선을 다하는 것이 중요하다. 문화 속에서 이러한 덕목들이 계속 재정의되고 있지만, 이러한 정의와 그 개선은 추구할 가치가 있다는 점을 인식해야 한다. 결국에 사람들은 이 덕목들에 대해 자신만의 통합체를 만들어내야 한다. 그리고 우리 세상에서 가치가 있다고 생각되는 내용을 추가하는 데 전력을 쏟아야 하며, 이것은 나의 희망사항이기도 하다.

두 가지 거대한 진실이 이 과제를 복잡하게 만든다. 첫째, 이해는 달성하기 어렵고 이를 달성하는 과정에는 장애물이 만만치 않다. 둘째, 사람들은 서로 다른 종류의 마음을 가지고 있기에 나름의 독자적인 방식으로 정보와 지식을 나타낸다. 앞으로 교육이 더 많은 사람들에게서 더 큰 성공을 이루려면, 교육은 이 두 가지 고려사항을 확인하고 이를 기반으로 해서 이루어져야 한다.

학생들이 중요한 주제와 화제들에 대한 깊은 이해를 얻는 방법들을 나는 이 책의 중심 논점들에서 직접적으로 주장해왔다. 나는 개인적인 차이가 교육에서 지장을 주는 짐이라기보다 동맹이라는 데 주목하려고 한다. 만약 이 중요한 주제들에 시간을 투자한다면, 몇 가지 시작점을 통해 그것들에 접근할 수 있고, 다양한 비유를 만들 수 있으며, 심지어는 이러한 주제들에 대한 핵심 아이디어들을 몇 개의 모형언어로 포착할 수 있다. 이러한 다면적인 교육은 결과적으로 대부분의 학생들에게 깊은, 아니면 좀 더 깊은 이해를 가져다줄 것이다. 그리고 학생들은 중요한 주제들을 이해한다는 것이 무엇을 의미하는지, 즉 그것이 어떤 느낌인지에 대한 감각을 가지게 될 것이다. 그들은 단련된 마음을 맛볼 수 있을 것이다.

이러한 통찰력은 중대한 이정표로 나타난다. 그때부터 학생들은 자신의 문화와 다른 문화에서 다루는 논점과 주제들에 대해 이해하고 있는가를 보여주는 판단검사에 적용할 수 있다. 그리고 어쩌면 이해의 달콤한 과실을 맛봤으므로 학생들은 '지식의 추구자', 심지어 '지식의 창조자'로서 자신의 남은 삶을 살아가도록 동기화될 수도 있다.

이것이 나의 교육에 대한 비전이다. 이 교육이 모든 사람을 위해 하고 싶은 교육이다. 나는 이러한 교육이 자신의 공동체와 더 넓은 세계에 대한 책임감을 느끼는 개인들을 양성하리라고 믿는다. 소규모의 상대적으로 동질적인 공동체에서는 이 책에서 간략히 기술된 내용에 의거해 정교하게 기획된 교육이 합의를 얻을 수 있을 것이다.

그러나 인생은 짧고, 사람들은 이러한 쟁점들에 몹시 반대한다. 기꺼이 그런 것은 아니지만, 나는 특정 공동체와 나라와 문화에 서로 다른 각각의 교육적 진로를 제공하는 것이 의미가 있다고 결론 내렸다. 학생들, 교사들, 가족들, 공동체 구성원들 그리고 정책 입안자들은 자신이 선호하는 경로에 따라 스스로를 분류할 수 있다. 각각의 경로는 타당성을 입증할 필요가 있다. 각각의 경로는 학생들이 자신의 나라 그리고 이 세계의 시민이 되는 것을 도와야 하고, 충족할 가치가 있는 기준들이 달성되었는지 평가할 수단을 제공해야 하고, 그 기준들에 미치지 못했을 때 스스로를 재창조할 준비가 되어 있어야 한다. 이 계획이 개인적인 이익 때문이 아니라 공공부문에서 다뤄져야 한다는 것이 나의 굳건한 믿음이다. 기업들은 교육의 질을 높이는 데 도움이 될 수 있지만, 학교를 운영할 권한을 위임받은 개인과 기관을 대체할 수는 없다.

나는 복수의 경로가 딜레마를 일으킬 수 있다고 생각한다. 예를 들어 부모인 내게 두 학교 사이에서 선택권이 있다고 가정해보자. 학교 1의 경로에 대한 철학에 나는 의견을 달리하지만, 교사들과 그 공동체의 나머지 구성원들은 그 철학의 장점과 그것이 수행되어야 할 방법에 동의하고 있다고 치자. 학교 2의 경우 나는 이 학교의 경로에 대한 철학에 동의하지만, 직원들은 우왕좌왕하고 공동체는 학교를 지원하는 데 실패한다. 나는 고민할 필요 없이 나의 자녀들을 첫 번째 학교에 보내겠다. 이데올로기적 일치가 일관성 및 공동의 비전을 이길 수는 없기 때문이다.

어쩌면 놀라운 이 고백에는 두 가지가 첨부되어야 한다. 첫째, 부모로서 나는 학교 활동을 보충할 수 있는 나의 경험들을 자녀들에게 제공할 것이다. 예를 들어 만약 내 아이를 보낸 학교가 예술 과목을 없애거나 모든 아이들이 단일한 정전正典을 읽어야 한다면, 나는 예술적 경험을 내 아이에게 '부차적으로' 제공하는 한편, 그들이 인정하지 않는 책과 영화들에도 내 아이를 노출시킬 것이다.

둘째, 내가 거부하고자 하는 경로들이 있다. 앞에서 언급한 주제의 삼중주는 편리한 참고점이 된다. 나는 진화의 중요성이나 홀로코스트의 발생을 부인하는 학교를 받아들일 수는 없다. 그리고 모차르트의 음악과 관련해서는 고전음악을 거부하거나 포스트모더니즘적 감상들만이 지배하는 학교라면 그 학교에 보낼지에 대해 당연히 재고해보겠다. 나는 모든 예술 작품의 가치가 동등하다거나 공부할 동일한 가치가 있다는 것을 인정할 수 없다.

노력할 가치가 있는 세상

◇ ▒ ✧

금세기 동안 세계는 굉장히 많이 변화했다. 하지만 미래는 어떠한가? 대략적으로 줄잡아서 얘기하자면, 기술적인 변화는 한 세기 전보다 네 배나 빠르게 일어나고 있다. (실제로 이것이 40배 또는 4000배 빨리 일어난다고 할지언정 이 추정에 이의를 제기하고 싶지는 않다.) 이 숫자들의 의미를 생각해보라. 2025년까지 우리는 1900년과 2000년 사이에 일어났던 것만큼의 큰 변화들을 볼 수 있을 것이다. 그리고 대략적으로만 추정한다고 해도 세계는 지금부터 2년만 지나도 굉장히 달라 보일 것이다. 우리들 중에는 불과 몇 년 전까지만 해도 월드와이드웹, 인터넷, 생명복제에 대해 들어본 적이 없었던 사람들, 자신이 철의 장막이 여전히 현존하는 와중에서 또는 소아마비가 여전히 횡행하는 와중에서 죽으리라고 예상했던 사람들이 있었으며, 그들에게는 미래의 양자$_{量子}$적인 급속한 변화가 놀라움으로 다가오지 않는다.

두 가지 고려사항들은 논쟁의 여지가 없다.

우선 모든 사람들이 변화에 가능한 한 편해져야 한다. 변화를 좋아하지 않을 수 있고, 그것이 변하지 않았으면 하고 소망할 수도 있다. 하지만 변화가 오늘날 시대의 명령임을 받아들여야 한다. 과거 몇십 년보다 더 많이, 특히 경제와 문화와 기술에서 나타난 새로운 경향들을 중심으로 세상에서 어떤 일들이 벌어지는지 살펴보아야 한다. 어떤 사람은 독서에 의해, 어떤 사람은 인터넷 검색에 의해, 또 어떤 사람은 일터와 놀이공간 그리고 지속되는 교육의 장에서 일어나는 일들에 면밀하게 주의를 기울임으로써 그렇게 할 수 있다.

두 번째 사항은 첫 번째와 충돌할 수 있지만, 사실은 보완적이고 서로 시너지 효과를 낸다. 우리는 인간의 경험에서 상수들, 즉 변하지 않는 것들을, 그것들이 변할 수 없기 때문이든 그것이 변하는 것을 우리가 원치 않기 때문이든 항상 의식해야 한다. 많은 진실이 변화하지만, 어떤 진실은 변하지 않을 것이다. 우리가 우아하게 늙든 덜 우아하게 늙든 늙어가다가 결국에는 죽는다는 것, 인류와 문화는 진화의 법칙에 따른다는 것 등은 변치 않는 진실이다. 아름다운 것들도 많이 변할 테지만 일부는 그렇지 않을 것이다. 그리스, 이집트, 앙코르와트, 콜럼버스 이전의 중남미사회의 유물들은 지난 세기와 같이 강력한 인상을 주는 채로 남아 있다.

도덕에서도 선과 악의 의미와 관련해서 변하지 않는 것들이 많다. 나는 우리가 모세의 계율, 예수의 가르침, 유교, 불교, 이슬람교(내가 이것들의 교리들이 지닌 모든 측면에 동의하는 것은 아니다)의 암호화된 지혜를 초월하지 못했다고 생각한다. 어쩌면 이 영역에서 진보가 있었지만, 그 진보는 화가 날 정도로 느리게 일어나고 있을 것이다. 우리는 이제 더 이상 노예제도를 인정하지 않으며, 거의 모든 사람이 인종차별, 성차별, 고문, 외국인 혐오, 다른 국제적인 인권침해의 극악한 사례들을 칭찬하지 않는다. 그러나 이 영역에서 또한 퇴보도 있다. 우리의 무기는 그 무기를 쏜 사람 입장에서 개인적인 수고 없이 더 많은 사람들을 죽인다. 가족과 공동체의 유대관계 약화는 이전에 친밀했던 시대에는 예상하기 어려웠을 냉담함과 비인간적 느낌을 양산할 수 있다.

현재 한 사람이 부모, 학교, 친구집단 덕분에(그리고 미디어와 소비사회에서 종종 나오는 무도덕적인 메시지에도 불구하고) 도덕적으로 성장했다고 가정해보자. 이 사람의 도덕 감정을 위협하는 것들을 확인할 필요가 있다. 무엇보다도 먼저 오늘날 사람들은 예전보다 더 잘 이동하게 되었고, 그 누구도 친숙하지 않은 상황에 있는 자신을 종종 발견하게 된다. 이러한 상황에서 도덕적 태도를 유지하는 것은 더 어렵다. 직장의 상황도 엄청나게 빨리 변화된다. 피고용인에 대한 고용주의 신의, 고용주와 '회사'에 대한 피고용인의 충성심, 피고용인 간의 신의 같은 상호신뢰라는 규범이 인원축소와 구조조정의 시기, 더 좋은 직책이나 더 부유한 합병 상대를 찾는 기회주의적 탐색의 시기에는 그다지 타당해 보이지 않는다.

특히 급변하는 시대, '착한 놈'과 '나쁜 놈'의 개성이 더 이상 뚜렷하지 않을 때는 많은 이들이 인간다움의 모델을 찾는다. 이 같은 허기는 지능에 대한 더 폭넓은 정의를 고안해내려는 최근의 노력에 불을 지핀다. 전통적으로 '지능'은 학과목과 학업기술을 위한 적성을 뜻했다. 개인적 지능, 정서적 지능, 도덕적 지능, 지혜를 언급하면서 더 완전한 시각을 원하는 이들은 읽고 쓰는 능력과 특정 유형의 문제해결 능력으로 충분한 것은 아니라고 주장한다. 우리는 분석하는 사람만이 아니라 옳은 것을 실행할 사람을 찾는다. 사상가나 창조자로서만이 아니라 인간으로서 존경할 만한 사람들을 찾는다. 우리는 에머슨Emerson의 명언 "인격은 지적 능력보다 우월하다"는 말을 지지한다.

이러한 생각이 이전 시대의 사람들에게는 익숙했을 것이다. 그리스인들은 인간의 모든 미덕을 어떤 균형 속의 일부로 보았고, 유교 사상가들은 아름다움과 선량함 사이에 어떤 차이도 없다고 생각했다. 키츠는 선함과 아름다움에 동일한 가치를 매겼다. 그러나 초기의 인간 성취 모델을 그저 무비판적으로 지지하는 것으로는 충분하지 않다. 우리는 순수함을 잃었다. 심리학과 뇌 과학의 연구에서는 인간의 마음이 영역에 따라 분리되는 것으로 여겨지며 지능, 기술, 창의력, 도덕성에 다양한 형태들이 있다는 것이 확인되었다. 인류학 연구에서는 문화들이 서로 다른 미덕과 악덕을 심지어는 서로 이해할 수 없는 혼합 속에서 조합하는(혹은 조합하는 데 실패할 수 있는) 엄청나게 많은 방법들이 밝혀졌다. 후속 연구들에서는 개별 인간 정신의 신경학적 세부사항뿐만 아니라 심지어는 문화들 간의 더 큰 차이가 발견되리라고 나는 예상한다.

인간이 도덕적이지 않으면서도 지적일 수 있는 냉혹한 현실을 받아들여야 한다. 윤리적이지 않으면서도 창의력은 있을 수 있다는 것, 다른 사람들을 위해 그 감각을 사용하지 않으면서도 감정에 예민할 수 있다는 것을 인정해야 한다. 우리가 무엇이 진실인지 알아차릴지라도 아름답거나 선한 것에 눈감을 수 있다는 현실을 인정해야 한다. 비슷하게 자신의 인생에서 선을 추구하는 경향을 보이지 않으면서도 무엇이 윤리적인가는 알고 있을 수 있다는 것을 인식해야 한다.

연결하기

◇ ❀ ◈

그러나 이 '분리된' 상황에 순종해야 할 필요는 없다. 이 문제를 해결하는 열쇠는 포스터^{E. M. Forster}의 유명한 "그저 연결해라"라는 공식에 있다. 창의력과 선함이 굳이 연결되지 않음은 사실일 수 있지만, 한 문화 속에 있는 인간으로서 이러한 미덕들을 연결하려 노력할 수 있다. 실패할 수 있지만 이것이 노력하지 말라는 이유가 되지는 않는다.

미하이 칙센트미하이, 윌리엄 데이먼^{William Damon}은, 그리고 나 또한 다음과 같은 질문을 던졌다. 첨단 작업과 계속되는 유동성이 모든 영역에서 특징화되는 세계에서 어떻게 책임감과 예의와 도덕성에 대한 감각을 유지할 수 있겠는가? 이런 시기에는 종교적인 가치와 법적 제재에 의해 인간의 행위에 부과된 전통적 기준이 지침을, 필요에 따라서는 균형추를 제공하는 데 부적합해 보일 수 있다. 우리 중에서 도대체 누가 어떤 (사적이고 외설적인) 내용이 인터넷에 허용될지에 대하여 사려 깊게 결정할 준비가 되어 있는가? 정보가 너무나도 자유롭게 흐르는 이 시대에 개인의 정보를 어떻게 보호할지에 대해서는 어떠한가? 우리의 그리고 우리 후손들의 유전자를 바꾸는, 우리를 복제하는 혹은 무한하게 삶을 연장할 가능성에 대해서는 어떠한가? 전통적인 도덕적 가치들 그리고 종교적·법적 규범이 이와 같은 영역에서, 마찬가지로 미지에 놓여 있는 다른 많은 영역들에서 우리를 얼마나 잘 안내할 수 있을까?

더 넓은 사회에서 타전되어오는 신호들과는 무관하게 어떤 것이 올바르고 어떤 것이 그렇지 않은지에 대한 기제를 발달시키기 위해서는 모든 사람이 어떤 영역이나 학문분야에서 공부할 필요가 있다고 나는 믿는다. 이러한 바로 세우는 기제는 다양한 자원으로부터 나올 수 있다. 하나는 젊은 시절 흡수한 가치와 기준들이다. 때때로 이것들은 한 사람의 일생 내내 유지될 정도로 충분히 포용력이 있는 것으로 나타난다. 두 번째는 다른 공동체 심지어는 나머지 인류 전체와 연결된다는 느낌이다. 예를 들면 인간의 뿌리가 되고 지향이 되는 황금률이 그것이다. 세 번째는 자신의 전문분야와 직업에 대한 충성, 즉 특정한 방식으로 행동하려 하거나 자신의 직업적 행동에 대한 책임을 피하려 한다면 그것은 자신의 소명을 저버리는 일임을 이해하는 것이다. 도덕적인 동료에게서 받은 응원 또한 특히 유혹적인 반대 압력에 직면했을 때 '올바름'에 대한 감각을 형성하고 유지하도록 도울 수 있다.

일부 훌륭하거나 성스러운 사람들은 이렇게 자신을 바로 세우는 기제들을 스스로 알아서 찾아내고 구성하는 것 같다. 그러지 못하는 대부분의 사람들은 인생의 전략적 지점에서 이러한 가치관, 즉 무엇을 해야 하고 무엇을 하지 말아야 할지에 대한 감각을 구체화한 사람들과 접촉함으로써 도움을 얻게 된다. 심지어 유혹이 특정한 방향으로 강하게 잡아당기더라도 그럴 수 있다. 이러한 멘토의 역할은 최근 닐스 보어 같은 과학자들, 파블로 카잘스 같은 음악가들, 모한다스 간디와 넬슨 만델라 같은 정치 지도자들, 레이첼 카슨과 조지 오웰 같은 작가들이 맡아왔다. 훈련 중인 젊은 전문가들이 이러한 '기준이 되는 인물들'과 개인적인 관계를 가지도록 또는 매우 제한적이지만 정기적으로 그들과 접촉하도록 도와줄 필요가 있다. 이것이 내가 '도덕적인 말을 행동으로 옮기는' 사람들을 소중하게 바라보는 이유다. 정치 활동가 에르네스토 코르테스, 암생물학자 조지 클라인, 공연 예술가 애나 데버 스미스, 사회적 기업가 윌리엄 드레이턴, 교육 혁신가들인 퍼트리샤 볼라노스, 제임스 커머, 데보라 마이어, 테드 사이저 같은 사람들 말이다. 그리고 이 때문에 나는 비범한 재능과 업적을 가진 사람들을 계속 찾아내고 있으며, 그들에 대해 계속 글을 쓰고 있다.

이와 같은 생각의 흐름은 교육을 위한, 즉 우리가 어떻게 가르치고 어떻게 평가해야 되는가에 대한 함의를 갖는다. 학생들이 진실, 선함, 아름다움을 동경하고 이런 가치들을 구현하기 위해 노력하기를 희망하는 것만으로는 충분하지 않다. 가능할 때마다 이것들을 서로 연관시켜야 한다. 마찬가지로 학생들이 이것들을 인지하고 동경하며 그 동경으로부터 자신의 삶 속에서 진실, 아름다움, 선함을 추구하고자 하는 지속된 욕망으로 나아가도록 도울 필요가 있다. 확언하자면 학생들과 그들의 작품을 평가할 때 그 미덕들을 그저 단순하게 합체시킬 수는 없다. 그러나 우리는 진실, 아름다움, 선함을 서로 연결하는 데 성공한 사람들의 가치를 사적으로나 공적으로나 특별하게 인정할 수는 있다.

어떤 측면에서는 어느 때보다 '성공적'으로 보이는 지금 시점에 느껴지는 우리 사회의 불편함 중 많은 것들이 문제를 야기하는 '분리'로부터 온 것이라고 나는 확신한다. 우리는 매일 오직 한 가지 재능에만, 즉 기술적인 창의성이란 재능에만 보상을 주고 단지 하나의 척도인 시장에서 얻은 이익만 인정하고 있음을 볼 수 있다. 그러나 이러한 지표들은 불충분하며 인간 영혼의 다른 부분들이 인정받고 존중받고 존경받아야 한다는 것을 뼛속 깊이 느낄 수 있다. 월스트리트나 워싱턴에서는 성공을 거두지만 인간으로서는 실패할 수도 있다. 과연 누가 이러한 '부드러운' 미덕들과 이것들의 '연결'을 구현하고 있는가에 대하여 동의를 얻는 것은 확실히 더 어렵고 논쟁의 여지가 있다. 그러나 하나의 사회로서 우리는 그렇게 하도록 노력하지 않는다면 정당하다고 느끼기 어려울 것이다. 체코의 희곡 작가이자 대통령 바츨라프 하벨은 다음과 같이 열변을 토했다.

우리 문명이 직면한 문제들에 대하여 내 생각이 어디서부터 시작되었는지와 무관하게, 나는 항상 인간의 책임이라는 주제로 돌아갑니다. 그 주제는 문명을 따라가지 못하는 것처럼 보이고, 문명이 인간 종족에게 등을 돌리는 것을 막지 못하는 것처럼 보입니다. 세상은 우리가 다루기에 그저 너무 커져버린 듯 느껴집니다. 이제 다가올 시대의 주요 과제는 다른 그 무엇, 바로 책임감에 대한 근본적인 재설정입니다. 우리의 의식은 우리의 이성을 따라잡아야 합니다. 그러지 못하면 우리는 길을 잃게 될 것입니다.[5]

우리는 작은 생명체로서 태어나서 몇 년 동안 상대적인 무기력감을 느낀다. 그리고 보잘것없다는 느낌은 적절하게 인간 조건의 부분이 된다. 우리는 그저 잠시 동안 살다 가지만, 그 잠시 동안에도 이 작은 별 위에는 똑같이 가치 있는 수십 억의 사람이 존재한다.

그러나 이 순간 동안에도 우리는 현재 상황을 최대한 활용하기 위해 노력해야 한다. 교육을 통해 차이를 만들어가도록 준비시키면 아마도 긍정적인 변화가 생길 것이다. 우리에게 작용하는 생물학적 한계와 대면하여 겸손해야 한다. 우리가 우연히 태어나게 된 문화에 의해 주어지는 한계와 기회, 학교교육과 여행과 언론과 개인적인 접촉에 의해 노출된 한계와 기회와 관련해서도 또한 겸손해야 한다.

우리의 공헌이라는 것은 진실, 아름다움, 선함의 비전 속에 근간을 두게 하여, 개인적으로 그리고 함께 시너지를 일으키도록 이 비전에 따라 행동하려는 의지, 이 세계에서 변하는 것과 변하지 않는 것에 대한 이해, 특정한 역사적 시점에 특정 분야, 특정 기관 또는 특정 문제 공간에 위치하게 된 우연에 좌우된다. (무자비한 폭군이 이끌어가는 사회에 사는 이들을 동정하라. 개인의 독립성이 존중되고 지역에 대한 그리고 더 큰 공동체에 대한 봉사가 존중받는 사회에 사는 사람들을 부러워하라.) 우리는 이러한 우연성을 통제할 수 없지만, 그렇다고 그것에 휘둘려서는 안 된다. 여기에 제시된 교육적 비전은 사람들이 기회를 가지도록 더 잘 준비시키고 후대를 위해 새로운 것들을 창조하도록 도와줄 것이다.

✦

후기

두 개의 오두막 이야기

이 책에서 나는 개인이 분과학문(교과목)에 숙달되기 어렵다는 관습적인 생각에 맞서서 학문적인 이해를 구성해야 한다고 주장했다. 우리의 바람에도 불구하고, 일부 학문분야에서는 자연적이고 자발적인 학습방법에서 구조화된 사고방식으로의 유연한 진행이 거의 이루어지지 않았다. 실제로 사실은 그 반대에 더 가깝다. 과학에서의 '오개념', 역사와 경제학에서의 '각본' 혹은 예술에서의 '취향'을 다루든 다루지 않든, 우리가 궁극적으로 학문화된 사고능력을 가진 사람이 되기를 희망한다면 가장 자연적인 학습방법 중 몇 가지는 실행하지 않도록 적극적으로 노력해야 한다.

그러나 이것은 적용하기 어렵다는 것이 판명되었다. 이러한 사실은 세계 도처의 교육이 커다란 차이를 낳는 이유다. 인지과학과 심리학 문헌에 매우 익숙한 사람들은 새로운 사고방식이 난관에 맞서 공들여 구성되어야 한다는 것을 인정한다. 하지만 대부분의 사람들은 이 사실을 인식하지 못한다. 혹은 비인지학적인 지식인들은 아이들이 학문적인 태도로 생각할 수 있도록 태어났다고 가정한다. 또한 아이들이 정보를 획득하고 그 정보를 잘 활용하도록 격려받음으로써 생각하는 것을 점차 배우게 되리라고 단순하게 생각한다.

이 책이 1999년 봄에 출간되었을 때, 나는 '구성주의적' 관념에 대한 저항을 충분히 인식하지 못했다. 확실히 나의 생각이 '핵심 지식'에 기반을 둔 교육과정을 창조한 교육 지도자 허시의 생각과 긴장관계에 있다는 것을 알게 되었다. 이 책의 주장들을 둘러싸고 허시 교수와 지면과 라디오에서 일련의 논쟁을 벌였고, 실제로 우리가 매우 다른 관점에 서 있다는 것을 확인하게 되었다. 내가 충분히 알아차리지 못한 것은 허시의 견해가 사실은 전통적인 지혜를 대표한다는 점이다. 일반적으로 학습이, 특수하게는 학문적인 숙달이 실제로 어떻게 작동하는지에 대한 '자연적인 관점'이라는 것을 이해하기 어려웠다.

이와 같은 관점의 차이를 잘 설명하기 위하여 나는 여기서 '두 개의 오두막 이야기'라는 용어를 사용하는 대조 개념도를 고안했다. 대부분의 관찰자들은 영아가 정신적 공간, 즉 마음-두뇌 혹은 텅 빈 오두막과 닮은 백지 상태a tabula rasa를 가지고 태어난다는 개념을 기꺼이 받아들인다. 이 경험주의자의 견해에 따르면 처음에는 오두막에 가구가 거의 없다(그림 5의 경험 0). 오두막 안은 점차 정보가 들어차게 되는데, 주로 사실, 정의, 절차 같은 것들이 될 것이다. 이러한 정보의 조각은 특정한 방식으로 부호화되지 않으며, 서로 교환이 가능하다. 시간이 가면서(그림 5의 경험 1~경험 3), 오

　　　　　　　　　　　　　　　　　　　　　　　　　후기

두막 안에는 점차 과다한 사실과 숫자들이 들어차서 아주 잘 저장될 것이다. 허시의 어구를 빌리면, 이제 '문화적 이해'가 형성된 것이다.

이처럼 학습에서의 '오두막 채우기' 접근법에 따르게 되면 학문적인 사고의 문제에 결코 직면할 수 없다. 학문은 처음부터 그곳에 있었던 것이다(선천성 가설). 또는 학문은 시간이 흘러가면서 점

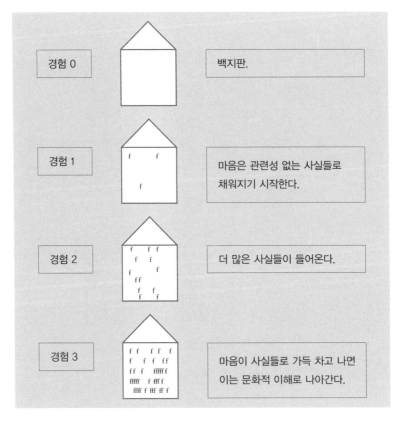

그림 5 경험주의적 오두막

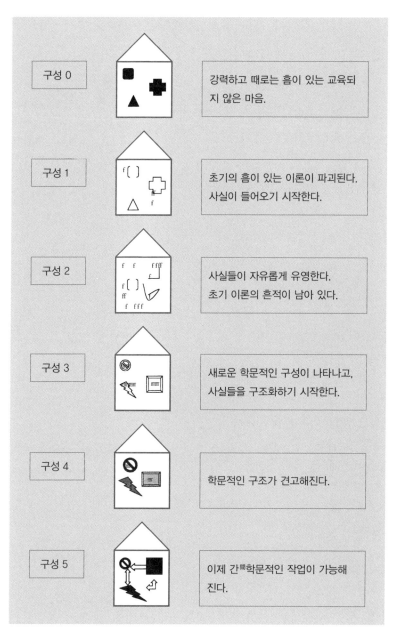

구성 0		강력하고 때로는 흠이 있는 교육되지 않은 마음.
구성 1		초기의 흠이 있는 이론이 파괴된다. 사실이 들어오기 시작한다.
구성 2		사실들이 자유롭게 유영한다. 초기 이론의 흔적이 남아 있다.
구성 3		새로운 학문적인 구성이 나타나고, 사실들을 구조화하기 시작한다.
구성 4		학문적인 구조가 견고해진다.
구성 5		이제 간™학문적인 작업이 가능해진다.

그림 6 구성주의적 오두막

차 나타나는 것이다. 또는 마치 잘 제작된 가구처럼 어느 시점에 일종의 기적이 생겨 학문이 갑자기 분출하는 것이다.

자명하게도 나의 관점은 매우 다르고 매우 복잡하다. 이 구성주의적 견해에 따르면 마음-두뇌는 처음에 텅 빈 판자가 아니었다. 오히려 이미 상당한 양의 정보(예를 들면 인간의 얼굴과 닮은 배열이 중요하다)로 채워져 있거나 상당한 양의 앎의 방식(예를 들면 대조되는 부분에 관심을 가진다)이 저장되어 있다(그림 6의 구성 0). 이와 같이 앎에 대한 타고난 몇 가지 방법은 평생 줄곧 도움이 된다. 그러나 다른 것들은 학문적인 학습을 하는 데 장애가 된다. (예를 들면 당신과 달라 보이는 사람들을 두려워하는 것, 원인을 알 수 없다면 신비하다고 말하는 것이 그것이다.)

그러므로 미래에 학문을 배우는 이의 첫 번째 과제는 오두막의 대부분을 완전히 파괴하는 것이다. 그림 6의 구성 5와 구성 6에서 그 파괴과정을 볼 수 있다. 단순화해서 말하면 나는 보존되어야 하는 학습방식들을 무시해왔으며, 주요 학문분야를 습득하는 방법을 방해하는 오해와 각본을 파괴하는 것이 얼마나 중요한지에 집중했다. 텅 빈 오두막에서 사실과 정의가 획득된다. 학문이라는 가구가 없는 상황에서 그것은 단순히 떠다닐 뿐 의미 있는 구조로 연결되지 않는다.

파괴된 가구 대신 아이들은 좋은 교사의 도움으로 점차 새로운 가구를, 주요한 학문적 사고방식 각각을 구현할 수 있는 새로운 가구를 구성해야만 한다(그림 6의 구성 3~구성 5). 앞에서 언급했듯이 이 작업은 부담스럽지만 보상도 크다. 새로운 가구, 즉 학문분야에서 최근 생겨난 구조가 점차 실현됨에 따라 과거에는 고립되어 있던 정보의 조각들이 제자리를 찾게 될 것이다. 과학적 사실은 과학이라는 거주지에서 종합되고, 역사적 발견은 역사라는 거주지에서 종합되고, 다른 것들도 마찬가지일 것이다.

동시에 각 분야와 연결된 실제적인 전략과 움직임이 하나의 덩어리로 합쳐진다. 각 분야와 연계된 증거와 해석과 표현의 규칙이 있다. 그리고 이들 각각은 특징적인 강조점을 가지고 있다. 실험이 정확히 또는 계획적이고 정량화할 만한 변수를 가지고 반복될 수 있는 과학에는 하나의 설명양식이 있다. 역사적 설명은 서로 다른 색조를 가지고 있다. 사건은 오직 한 번만 발생하는 것이며, 우리는 행위자의 의도와 1차 자료나 2차 자료의 편향성을 고려해야만 한다.

결국 오두막은 합리적으로 재구성된다(그림 6의 구성 4). 아마 이상적으로는 중등학교의 마지막 학년쯤일 것이다. 이 시점의 교육에서 아이들은 수많은 학문, 즉 자신이 선택한 수학, 과학, 역사 그리고 적어도 하나의 예술 분야에서 합리적으로 잘 사고하게 된다.[1] 그러나 앞에서도 지적했듯이, 요즈음 중요한 작업 중 많은 것들이 학문의 경계에서 그리고 학문들 사이에서 생겨난다. 학문의 경계가 너무 견고하게 구성되어 학문들이 서로 상호작용을 할 수 없으면 안 된다는 것이 중요하다. 행복하게도 가구와 달리 학문의 구조는 반(反)투과적인 경계를 가질 수 있다. 그리고 좋은 교육의 경우에는 개인이 자신의 학문적 사고방식을 결합하는 것이 가능할 것이며, 아마 간학문적 사고방식이나 새로운 학문적 사고방식의 구성에 도움이 될 수도 있을 것이다(그림 6의 구성 5).

다들 인정하듯이 인상적인 설명을 요구하는 시대에 구성주의적 설명은 '오두막을 채우는 접근'뿐만 아니라 캐치프레이즈에도 적합하지 않다. 나는 다음과 같은 아인슈타인의 일갈을 지지한다. "과학적 설명은 가능한 한 단순해야 한다. 하지만 그보다 더 단순해서는 안 된다."

허시와의 대화에서 그는 나와 자신의 접근방법의 차이가 경험적인 것이라고 했다. 그에게는 핵심 지식에 기반을 두고 운영되는 학교들이 많은 반면, 학문적인 이해나 다중지능에 대한 나의 생각에 기반을 둔 학교의 수가 그만큼 된다고 자신 있게 말할 수 없다. 허시는 많은 학교들에 영감을 주었다는 측면에서는 옳다. 그리고 나는 그 학교들 중 다수가 그의 관점에 따라 성공했다는 증거 또한 기꺼이 받아들인다. 그러나 하나 혹은 또 다른 종류의 표준화된 검사에서 성공하는 것이 성공적인 학교의 유일한 시금석은 아님을 지적하는 것이 또한 중요하다. 실제로 이 책에서 주장했듯이, 학문적인 이해의 측정은 통상적인 단답식 기계 채점 검사와 상당히 다르다. 학문적인 이해를 측정하기에 좋은 검사는 학생들에게 적절한 학문적 틀을 적용함으로써 익숙하지 않은 표본을 설명하도록 요구하는 것이다. 이것은 '말풍선 채우기' 도구와는 현저히 다르다. 나는 내 이름으로 학교나 프로그램을 후원하는 데 주저한다. 하지만 다른 사람들이 추진한 '다중지능 학교'가 교육적으로 성과를 거두었다는 고무적인 신호는 있었다.[2]

허시나 다른 이들이 '오두막 채우기'의 입장에 공감하고는 있지만, 그들에 대한 나의 반응은 또 다른 형태를 취한다. 나는 우리의 차이가 주로 경험적인 것에 있다고 생각지 않는다. 그것은 인식론적 차이다. 우리는 학습과 지식이 어떠해야 하는가에 대하여 서로 아주 다른 견해를 가지고 있다. 위의 분석에서 보자면, 허시는 교육을 주로 정보 획득과 문화 지식의 공유 정도에 관한 것으로, 그리고 이것을 하는 방법은 매년 정보를 추가해가는 것이라고 믿는다. 나는 교육의 목적이 기초적인 앎의 방법을 숙달하는 것이라고 믿는다. 그러한 형태의 지식은 저절로 생겨나지 않기 때문에 구성이 되어야 한다. 우리는 먼저 마음의 오두막의 대부분을 완전히 무너뜨리고 나서, 개별 학문의 윤곽을 반영하는 새로운 '인지적인 가구'를 구성해야 한다.

종파초월주의 측 사람들은 허시 교수와 나 사이의 상호화해를 제안한다. 그들의 설명에 따르면 허시 교수의 교육과정[3], 즉 기초 수준의 읽고 쓰기 능력과 문화적 이해를 특징으로 하는 이 교육과정을 학교교육과정의 처음 몇 년간에 포함시킨다. 이후에 학문에서의 이해에 초점을 둔 교육과정을 점차 도입해나간다는 것이다.

나는 학교생활 초기의 대부분이 3R의 획득을 수반해야 한다는 관념에 전적으로 찬성한다. 그리고 나는 그와 다른 어떤 것에 찬성하는 책임 있는 교육자를 본 적이 없다. 그러나 분명히 해야만 할 것이 있으니, 단순히 허시의 관점에 따라서만 학교교육의 초기를 보내게 할 수는 없다는 것이다. 이 시각은 오개념과 고정관념에 도전할 필요성을 심각하게 받아들이지 않는다. 또한 그 시각에 의해 보다 정교한 사고방식의 토대가 닦이기 시작하는 것도 아니다. 그리고 그 시각은 아이들을 많은 양의 사실적 지식을 기억하는 데 전념시킬 것을 너무 강조한다.

실제로 우리 두 사람의 인식론적 차이에 더하여 우리는 동기에서도 서로 다른 관점을 추구한다. 나는 주제와 질문을 좋아하는 데서 내재적으로 생기는 동기를 중시한다. 동기화된 학습자는 외부의 압력과 보상이 없는 상태에서도 지식과 전문기술을 추구하려고 계속 노력한다.[4] 내가 그렇게 생각할 때, 허시는 동기가 한 지역사회 내에서 다른 사람들과 공유된 지식이라는 느낌으로부터, 또한 권장량의 시험과 그에 상응하는 고통과 보완으로부터 생긴다고 믿는다.

물론 문화적 이해는 바람직한 것이다. 그러나 나는 반복으로 획득되는 문해를 추구하지는 않는다. 많은 정보를 축적하는 최선의 방법은 읽는 것을 배우는 것이고 읽기를 사랑하는 것이다. 그리고 세상에 호기심을 갖고 질문하는 것이고, 답을 찾기 위한 노력 속에서 실험하는 것이다. 즉 인생 초기부터 구성주의자가 되는 것이다. 모든 사람이 동일한 지식을 알아야 한다고 주장하는 사람을 위해서는 단순하고 기술적인 해법이 있다. 나폴레옹 시대와 그 정체성에서부터 주기율표상의 원소의 원자량과 특성에 이르기까지 모든 사실적 정보를 즉시 제공하는 밀레니엄 팜 파일럿 Millenium Palm Pilot이 그것이다.

내가 '논쟁의 문화' 속에서 살고 있다는 것을 아주 잘 알고 있지만, 특별히 다른 학자들의 견해에 반대하며 내 생각을 제시하는 것을 특별히 즐기지는 않는다. 많은 측면에서 허시 교수가 노력해온 것에 경탄하며 그가 나쁜 사람이라고 생각하지 않는다. 그러나 운명이 우리를 현재의 교육풍토에서 반대의 역할을 맡도록 던져놓았기 때문에 인식론적으로, 동기의 측면에서, 프로그램 수준에서 서로 어떻게 다른지에 대한 내 생각을 밝히는 것이 중요하다고 생각한다.

이 책의 출간본 말미에 붙은 이 후기에서 나는 두 가지 부가적인 지침을 독자에게 제시하겠다.

1. 내가 진화, 홀로코스트, 모차르트의 음악이라는 세 가지 예시를 고를 때, 그 사례들을 좋아하지 않는 사람들의 분노를 살 위험이 있다. 나는 이것은 오직 예시에 불과하며, 다른 것도 똑같이 사용될 수 있음을 강조했다. 그러나 어떤 세 가지는 문제가 될 수 있다고 생각한다. 실제로 이와 관련하여 허시에게 공감한다. 허시가 책에서 꼭 필요한 이름, 날짜, 개념을 인용할 때마다 사람들은 거기서 그가 누락한 실수를 찾아낸다.

그렇지만 나는 나의 처음 선택이 과거의 사건으로 강화되었다고 생각한다. 다윈적 진화는 매주 뉴스 속에 계속 존재한다. 캔자스주 교육위원회의 성문법에서는 진화론을 가르치는 것이 선택사항임을 명시했고, 이것은 전국적으로 엄청난 화제를 불러일으켰다. 강력한 새 시디롬은 관심을 끄는 회화적·음악적 예술품을 창조하기 위해 진화의 원리를 사용한다. 그리고 DNA 연구는 갈라파고스섬의 열네 가지 다양한 핀치가 실제로는 단일한 고대의 종으로부터 나왔다는 다윈의 원래의 진술이 사실임을 확인해주고 있다.

지금 이 시점에 과학적인 선택만이 남아 있는 것은 아니다. 유럽 여러 나라들은 지속적으로 홀로코스트에서 자신들이 한 역할에 대하여 논쟁하고 있으며, 다양한 방법으로 자신들의 악행을 수정하기 위해 노력하고 있다. 많은 도시가 홀로코스트에 기초한 박물관과 기념비를 계획하고 있으며, 이는 가끔 논란을 야기하기도 한다. 신나치 웹사이트의 존재는 이 나라에서 수정 헌법 제1조의 보호의 한계가 어디까지인지에 대한 논쟁을 자극했다. 특히 그런 웹사이트가 금지된 독일에서 더했다. 그리고 슬프게도 코소보와 르완다에서 일어난 대량학살로 인해 인종학살이라는 것이 어떤 상황에서는 동기 요인으로 계속 존재한다는 것을 기억하게 되었다.

어쩌면 당연할지도 모르지만, 모차르트의 〈피가로의 결혼〉에 대한 논쟁은 그다지 빈번하지 않다. 예술 작품은 고도로 개별화되어 있고, 음악의 분석과 관련해서 배운 기술이 다른 맥락에서 유용한 것으로 입증되려면 그에 맞게 변경되어야 한다. 이러한 이유로 나는 1999년에 매우 크게 갈채를 받았던 존 하비슨의 미국 오페라 〈위대한 개츠비The Great Gatsby〉에 대한 설명을 몹시 보고 싶었다. 《뉴욕타임스The New York Times》의 비평가 앤서니 토마시니는 다음과 같이 선언했다.

하비슨은 어떤 젊은 작곡가를 만나고 실망했다고 말했다. 그 작곡가의 콘서트 작품은 우리가 성장과정에서 즐겨 듣거나 사랑했던 음악과 어떤 스타일상의 연결점도 가지고 있지 않았다. 위대한 오페라 작곡가에게는 그러한 괴리가 없다. 모차르트는 춤을 사랑했고, 모든 종류의 춤곡을 사랑했으며, 선술집의 산뜻한 곡조를 사랑했다. 악보가 아무리 복잡하더라도 그의 오페라에는 그의 그러한 사랑이 모두 드러나 있다. 그는 쇼를 즐겼고, 오페라 극장에서 일했을 때 가장 행복해했다. 그와 존 하비슨이 그것에 대해 많은 이야기를 나눌 수 있었으면 좋으련만.[5]

2. 많은 독자들과 평자들은 나의 교육적 비전을 칭찬하면서도 그 비전을 성취하는 것이 가능할지에 의문을 제기한다. 어떤 사람들은 깊은 이해를 가지고 있으면서 지속적으로 학생들과의 작업에 헌신하는 교사가 필요하다고 이야기한다. 또 다른 사람들은 나의 생각이 미국이나 다른 나라들에서 학생의 성적에 대한 책임과 현재의 초점에 직접적으로 충돌한다고 이야기한다. 이 책임이란 허시 스타일의 '오두막 채우기' 접근법과 잘 어울리는 단답형 시험에서 성공하는 것으로 협소하게 정의된다.

두 가지 의구심 모두가 일리가 있음을 인정한다. 나는 많은 교사들에게 새로운 도전에 즉시 성공적으로 대처하는 그런 열정적인 직업의식을 기대하는 것은 무리인가라고 질문하고 싶다. 상당한 지원과 인내가 필요하고, 또한 이 직업을 가지려는 재능 있는 젊은이를 끌어당기고 계속 머물게 할 조건들도 필요하다. 슬프게도 교육정책 입안자들로부터 오는 지금의 '신호'는 반대의 결과를 가져오는 것 같다. 이것이 (어떻게 정의되든) '가장 명석한 최고의 인재들'을 가르치는 직업으로부터 멀어지도록 하는 경향을 만든다.

교사들에게만 요구하는 것은 아니다. 교육이라는 업무에 관여된 모든 사람들, 지도자, 부모, 학생들에게 요구한다. 이 모든 참여자들이 각 부분에서 시너지를 내는 헌신으로 서로 촉매작용을 하지 않는다면, 어느 나라도 교육에서 장기적인 성공을 이루어내지는 못할 것이다. 미국도 이 원칙에서 어떤 예외가 되기를 기대할 수는 없다.

이제 나는 마지막 요점을 이야기하고 싶다. 지금의 시험 정책 중 많은 것들은 의도가 어찌 되었든 기본적으로 잘못되어가고 있다고 생각한다. 우리는 교육을 이행하는 것으로 바뀌어야 한다. 기껏해야 산같이 정보를 쌓아놓은 것이 교육받은 사람의 표지로서 여겨지는 이전 시대에 맞추어서는 안 된다. 내일을 위해 우리가 가져야 할 것, 정신과 뇌와 학생이나 교사의 문화에 대해 현재 알게 된 것은 기본적으로 아주 다른 종류의 교육이 필요하다는 사실이다. 그러한 미래를 강조한 교육은 가장 중요한 학문적 형태의 숙달을 필요로 할 뿐만 아니라, 새로운 문제를 풀고 새로운 흐름의 생각을 창조하는 데 이 숙달을 융통성 있게 사용하는 역량을 필요로 한다. 교육이 결코 완전한 과학이 되지는 않을 것이다. 하지만 퇴행적인 교육, 마음이 어떻게 지식을 구성하고 재구성하는지에 대해 지금 우리가 알고 있는 것들을 무시하는 교육을 설계하는 것은 배임 행위에 가깝다. 이 책에서부터 내가 발전시키고자 하는 비전은 내일을 위한 교육의 변화와 기회를 제안하는 것이다.

매사추세츠 케임브리지에서

2000년 6월

◈

옮긴이의 말

다중지능 이론은 교육학이 사회에 기여한 최고의 성과이다. 다중지능이 뇌신경학적, 심리과학적으로 검증되기 이전에 이미 개인의 잠재력 실현과 그 다양성을 제기한 교육이론이었으며 이후 많은 관련 연구를 자극했기 때문이다.

하워드 가드너는 엄정하고 예리한 심리학적 학문의 틀 속에서 과학적 엄밀성에 대한 수많은 고민을 뒤로하고, 교육적 가치를 위해 다중지능의 개념을 대중에게 제시했다. 이 책은 우리 모두에게 '어떻게 아이들이 자신의 재능을 마음껏 살리면서 진실, 선함, 아름다움을 구현할 수 있을 것인가?'라는 질문을 제기하고 있다. 이 책에는 가드너의 어떤 책보다도 학교교육에 대한 그의 충성과 인식이 담겨 있다. 또한 다중지능을 가진 개개인이 나아갈 자기실현의 방향을 제시한다. 따라서 교육실천가, 교육학자, 이후 세대를 걱정하는 부모를 포함한 일반 사람들은 이 책을 교육 고전으로 읽을 필요가 있다.

하워드 가드너의 책을 읽을 때에는 그가 그동안 발표한 저서들을 모두 통독하는 것이 도움이 될 때가 많다. 그의 책은 날짜와 같다. 한 날짜 한 날짜는 그저 한 날에 불과하지만 과거의 경험이 있어야 오늘 나의 나이와 삶이 유의미하게 해석되는 것처럼, 그의 저서의 다른 부분을 경험해야 이 책의 특정 부분이 유의미하게 이해되는 경우가 많은 것이다. 예를 들면 이 책에서 중국에서의 부모 역할에 대한 내용을 짧게 한두 문단으로 제시하고 있지만, 그 내용은 사실 그의 1991년도 저술《중국 교육, 미국 교육To Open Minds》의 내용 전체를 요약한 것과도 같다.《중국 교육, 미국 교육》을 이미 읽은 독자들은 이 책에 언급된, 중국문화 속에서 교육의 주체로서의 부모 역할에 대해 더욱 깊이 이해할 수 있다. 더불어 이 책에서 다양성과 보편성이라는 오래된 교육적 주제에서 가드너가 의미하고자 했던 것을 더 잘 이해하게 될 것이다.

지난 20여 년 동안 다중지능 이론을 공부하고 알리면서, 혼자서만 가드너의 책을 번역하고 고민한 것은 이번이 처음이었다. 스승과 동료, 선후배와의 논쟁과 협의 없이 번역하는 일에 지칠 때도 많았지만, 처음 가드너와 독대한 듯한 느낌이 들기도 하여 부족한 번역을 마치면서도 개인적으로 색다른 행복감이 든다. 그러나 다중지능 이론을 역자에게 처음 소개해주시고, 생각의 고리들을 모아갈 수 있도록 지도해주신 문용린 선생님, 밤과 낮을 가리지 않고 함께 토론하고 고민했던 예전의 선후배 동료 선생님들, 그리고 다중지능연구소의 사랑하는 식구들 덕분에 이나마의 번역 수준에 도달할 수 있었던 것 같다. 이분들과 학문을 함께했었다는 것은 내게 무한한 행운이자 행복이었다. 앞으로도 다중지능연구소 식구들, 그리고 다중지능 이론을 인연으로 함께한 교육현장의 훌륭한 선생님들, 그리고 그곳에서 더 좋은 교육을 위해 고민하는 교육실천가들과 더불어 더 한국적이고, 더 아름다운 다중지능 교실을 위해 더 열심히 노력해갈 수 있기를 기원한다.

학식과 상념이 부족한 역자를 하워드 가드너의 여러 책 중에 교육에 대한 비전을 가장 잘 보여주는 이 책의 역자로 선정하여 긴 번역 기간을 기다려주시고 도와주신 사회평론의 윤철호 사장님께 감사를 드린다.

2015년 7월
류숙희

옮긴이의 말

충돌하는 의지의 삼중주
_모차르트 〈피가로의 결혼〉

(Mineola, New York: Dover Publications, 1979), pp. 80~91.

1. 계획 세우기

2. 수잔나의 불안

3. 회복

1장
모든 이들을 위한 교육

1 S. Blakeslee, "Computer 'Life Form' Mutates in an Evolution experiment", *The New York Times*, November 25, 1997; G. Lolata, *Clone; The Road to Dolly and the Path Ahead* (New York: Morrow, 1998); G. Taubes, "Community Design Meets Darwin", *Science*, no. 277, September 26, 1997, pp. 1931~1932.

2 S. Pinker, *How the Mind Works* (New York: Norton, 1997), and E. O. Wilson, *Sociology: The New Synthesis* (Cambridge: Mass.: Harvard University Press, 1975), and *Consilience* (New York: Knopf, 1998).

3 C. Yoon, "Evolutionary Biology Begins Tackling Public Doubts", *The New York Times*, July 9, 1998, and R. Zacks, "What Are They Thinking: Students' Reasons for Rejecting Evolution Go Beyond the Bible", *Scientific American*, October 1997.

4 E. M. Gaffney, "How the Scopes Trial Frames the Modern Debate over Science and Religions", *Los Angeles Times*, July 12, 1998.

5 News Report on Cable News Network, April 12, 1998.

6 J. Leo, "Absolutophobia", *The Responsive Community*, winter 1997~1998, pp. 4~6.

7 H. Gardner, *The Unschooled Mind: How Children Think and How Schools Should Teach* (New York: Basic Books, 1991).

8 H. Gardner, *Frames of Mind: The Theory of Multiple Intelligences* (New

York: Basic Books, 1983; rev. ed. 1993), *Multiple Intelligences: The Theory in Practice* (New York: Basic Books, 1993), and *Intelligence Reframed* (New York: Basic Books, 1999).

9 J. Dewey, *Experience and Education* (New York: Macmillan, 1938), p. 103.

10 E. D. Hirsch, *Cultural Literacy* (Boston: Houghton Mifflin, 1987) and *The Schools We Need and Why We Don't Have Them* (New York: Doubleday, 1996).

2장
교육에서 변하지 않는 것

1 H. D. F. Kitto, *The Greeks* (London: Penguin 1965), and W. Jaeger, *Paideia: The Ideals of Greek Culture*, 3 vols. (Cambridge, Mass: Harvard University Press, 1943~1945).

2 B. Schwarts, *The World of Thought in Ancient China* (Cambridge, Mass.: Harvard University Press, 1985), and J. Spence, "What Confucius Said", *New York Review of Books,* April 10, 1997, pp. 8~11.

3 A. N. Whitehead, *The Aims of Education and Other Essays* (New York: Free Press, 1929), p. 2.

4 R. Archambault, ed., *John Dewey on Education: Selected Writings* (Chicago: University of Chicago Press, 1964).

5 P. Jackson, *The Practice of Teaching* (New York: Teachers College Press, 1986).

6 J. H. Cardinal Newman, *The Idea of A University* (Garden City, New York: Image Books, n. d.; first published 1873), F. W. Turner, ed., *The Idea of a University* (New Haven Conn.: Yale University Press, 1977).

3장
변화하는 교육

1 L. Cuban, "Reforming Again, Again, and Again", *Educational Researcher,* vol. 19 (1990), pp. 2~13.

2 F. Trompenaars and C. Hampden Turner, *Riding the Waves of Culture* (New York: McGrawhill, 1998); R. Marshall and M. Tucker, *Thinking for a Living: Education and the Wealth of Nation* (New York: Basic Books,

1992); R. Murnane and F. Levy, *Teaching the New Basic Skills* (New York: Free Press, 1996); and E. Vogel, *Japan as Number One* (Cambridge, Mass.: Harvard University Press, 1979).

3 M. Dertouzos, *What Will be* (New York: HarperCollins, 1996); R. C. Schank and C. Cleary, *Engines for Education* (Hillsdale, New Jersey: Erlbaum, 1995); and D. Viadero, "Brave New Worlds: Virtual Reality Technology", *Education Week*, August 7, 1996, pp. 51~58.

4 S. Turkle, paper presented at the World Economic Forum, Davos, Switzerland, February, 1997.

5 S, Zuboff, *In the Age of the Smart Machine: The Future of Work and Power* (New York: Basic Books, 1988).

6 M. Arnold, "Stanzas from the Grande Chartreuse"(1855), 1. 85.

7 R. Altman, "The Nuke of the 90s", *The New York Times Magazine*, March 1, 1998, pp. 33~34.

8 S. Huntington, *The Clash of Civilization* (New York: Simon & Schuster, 1996).

9 R. Dahrendorf, *Life chances* (Chicago: University of Chicago Press, 1978).

10 T. Becher, "The Counterculture of Specialization", *European journal of Education*, vol. 25, no. 3 (1990), pp. 333~346: J. W. Botkin, M. Elmandjra, and M. Malitza, *No Limits to Learning: Bridging the Human Gap, a Report to the Club of Rome* (Oxford, England: Pergamon Press, 1979).

11 M. H. Abrams, "The Transformation of English Studies: 1930~1995", *Daedalus*, winter 1997, pp. 105~132; Z. Bauman, *Postmodernity and Its Discontents* (Oxford, England: Polity, 1997).

12 A. Sokal and J. Bricmont, *Intellectual Imposters* (London: Profile, 1998).

13 M. B. W. Tabor, "Rescuing Beauty, Then Bowing to Her Ower", *The New York Times*, April 11, 1998.

14 J. Derrida, *Writing and Difference* (Chicago: University of Chicago Press, 1978); J.-F. Lyotard, *The Postmodern Condition* (Minneapolis: University of Minnesota, 1984); and R. Rorty, *Contingency, Irony, and Solidarity* (New York: Cambridge University Press, 1989).

15 L. Levine, *The Opening of the American Mind* (Boston: Beacon Press, 1996).

16 M. Arnold, "The Function of Criticism at the Present Time", in *Essays in Criticism: First Series*, 1865.

17 E. Rothstein, "As Culture Wars Go On, Battle Lines Blur a Bit", *The New*

York Times, May 27, 1997; J. Banks, "Multicultural Education: Historical Development, Dimension, and Practice", In L. Darling-Hammond, Review of Research in Education (Washington, D.C.: American Educational Research Association, 1993), vol. 19, pp. 3~49; M. Lefkowitz, Not Out of Africa (New York: Basic Books, 1996).

4장
뇌 연구의 가능성과 한계

1 E. L. Thorndike, "The Contribution of Psychology to Education", The Journal of Educational Psychology, vol. 1(1910), pp. 5~8.

2 H. Gardner, The Mind's New Science: A History of the Cognitive Revolution (New York: Basic Books, 1985).

3 B. F. Skinner, The Technology of Teaching (New York: Appleton Century Crofts, 1968).

4 J. B. Watson, Psychology from the Standpoint of a Behaviorist (Philadelphia: Lippincott, 1919).

5 H. Gardner, M. Kornhaber, W. Wake, Intelligence: Multiple Perspectives (Fort Worth, Tex.: Harcourt, Brace, 1996), and R. Sternberg, Handbook of Human Intelligence (New York: Cambridge University Press, 1982).

6 N. Block and G. Dworkin, eds., The IQ Controversy: Critical Readings (New York: Pantheon Books, 1976) (Lippmann-Terman debate); A. Jensen, "How Much Can We Boost IQ and Scholastic Achievement?", Harvard Educational Review, vol. 39, no. 1(1969), pp. 1~123; R, J. Herrnstein and C. Murray, The Bell Curve; Intelligence and Class Structure in American Life (New York: Free Press, 1994).

7 H. Gardner, The Mind's New Science (New York: Basic Books, 1985).

8 H. Gardner, The Quest for Mind: Piaget, Lévi-Strauss and the Structuralist Movement (Chicago: University of Chicago Press, 1981), and J. Piaget, "Piaget's Theory", In P. Mussen, ed., Handbook of Child Psychology, vol. 1 (New York: Wiley, 1983), pp. 103~128.

9 L. Kohlberg, The Psychology of Moral Development (San Franscisco: Harper & Row, 1984).

10 H. Gardner and E. Winner, "First Intimations of Artistry", In S, Strauss, ed., U-shaped Behavioral Development (New York: Academic Press, 1982), pp. 147~168.

11 N. Chomsky, Rules and Representations (New York: Columbia University

Press, 1980).

12 B. Rogoff, *Apprenticeship in Thinking: Cognitive Development in Social Context* (New York: Oxford University Press, 1990).

13 J. Barkow, L. Cosmides, and J. Tooby, *The Adapted Mind: Evolutionary Psychology and the Generation of Culture* (New York: Oxford University Press, 1993); "Matters of Life and Death: The Worldview from Evolutionary Psychology", *Demos*, no. 10 (1996); M. Ridley, *The Origines of Virtue* (New York: Viking, 1996); and R. Wright, *The Moral Animal* (New York: Vintage, 1994).

14 H. Gardner, *Frames of Mind: The Theory of Multiple Intelligences* (New York: Basic Books, 1983; rev. ed., 1993).

15 H. Gardner, *The Unschooled Mind: How Children Think and How Schools Should Teach* (New York: Basic Books, 1991). especially chapters 5, 8, and 9.

16 J. Baron, *Rationality and Intelligence* (New York: Cambridge University Press, 1985); J. Bruer, *Schools of Thought* (Cambridge, Mass.: MIT Press, 1993); and D. Perkins, *Outsmarting IQ: The Emerging Science of Learnable Intelligence* (New York: Free Press, 1995).

17 T. Amabile, *The Social Psychology of Creativity* (New York: Springer Verlag, 1983).

18 M. Csikszentmihalyi, Flow (New York: HarperCollins, 1990).

19 P. Barrett, ed., *The Collected Papers of Charles Darwin* (Chicago: University of Chicago Press, 1977), pp. 232~233.

20 A. Damasio, *Descartes' Error: Emotion, Reason, and the Human Brain* (New York: Putnam, 1994); D. Goleman, *Emotional Intelligence* (New York: Bantam, 1995); and J. LeDoux, *The Emotional Brain* (New York: Simon & Schuster, 1996).

21 A. Battro, "Half a Brain Is Enough" (unpublished manuscript); J. Bruer, "Education and the Brain; A Bridge Too Far", *Educational Researcher*, vol. 26, no. 8 (1997), pp. 4~16; "The Brain", *Daedalus* (special issue), Spring 1998; G. Dawson and K. Fischer, *Human Behavior and the Developing Brain* (New York: Guilford Press, 1994); S. Dehaene, *La bosse des maths* (Paris: Odile Jacob, 1997); H. Gardner, *The Shattered Mind: The Person After Brain Damage* (New York: Vintage, 1976); W. Greenough, J. E. Black, and C. S. Wallace, "Experience and Brain Development", *Child Development*, vol. 58(1987), pp. 539~559. E. Klima and U. Bellugi, *The Signs of Language* (Cambridge, Mass.: Harvard University Press, 1979); F. Newman, "Brain Research Has Implications

for Education", *State Education Reader*, vol. 15, no 1(winter 1997), pp. 1~2; D. Rumelhart and J. McClelland, *Paralle-Distributed Processing* (Cambridge, Mass.: MIT Press, 1986); and D. Schacter, *Searching for Memory* (New York: Basic Books, 1996).

22 F. Rauscher, G. L. Shaw, L. J. Levin, E. L. Wright, W. R. Dennis, and R. L. Newcomb, "Music Training Causes Longterm Enhancement of Preschool Children's Spatial-temporal Reasoning", *Neurological Research*, vol. 19, no. 1(1997), pp. 2~7.

23 T. J. Bouchard, et al., "Sources of Human Psychological Differences: The Minnesota Study of Twins Reared Apart", Science, no. 250(1990), pp. 223~228; M. L. Rutter, "Nature-Nurture Integration", *American Psychologist*, vol. 52, no. 4(April 1997), pp. 390~398; R. Plomin, *Genetics and Experience: The Interplay Between Nature and Nurture* (Thousand Oaks, Cal.: Sage Publishers, 1994).

24 S. Ceci, *On Intelligence: More or Less* (Cambridge, Mass.: Harvard University Press, 1996); U. Neisser, *The Rising Curve* (Washington, D.C.: American Psychological Association, 1998).

25 F. Newman, "Brain Research Has Implications for Education", *State Education Reader*, vol. 15, no. 1(winter 1997), p. 1.

5장
문화가 중요하다

1 L. B. Caldwell, *Bringing Reggio Emilia Home* (New York: Teachers College Press, 1997); C. Edwards, L. Gandini, and G. Forman, eds., *The Hundred Languages of Children*, 2nd ed. (Greenwich, Conn.: Ablex Publishing Company, 1998); "The 10 Best Schools in the World and What We Can Learn From Them", *Newsweek*, December 2, 1991, pp. 50~59.

2 A. Gambetti, Personal Communication, April 3, 1998.

3 H. Gardner, *To Open Minds: Chinese Clues to the Dilemma of Contemporary Education* (New York: Basic Books, 1989).

4 ibid.

5 J. S. Bruner, *Acts of Meaning* (Cambridge, Mass.: Harvard University Press, 1990).

6 E. Hutchins, "The Social Organization of Distributed Cognition", In L. B. Resnick, J. M. Levine, and D. Teasley, eds., *Perspectives in Socially*

Shared Cognition (Washington, D.C.: American Psychological Association, 1991), pp. 283~307; J. Lave and E. Wenger, *Situated Learning: Legitimate Peripheral Participation* (New York: Cambridge University Press, 1991); G. Salomon, ed., *Distributed Cognitions: Psychological and Educational Considerations* (New York: Cambridge University Press, 1993); J. Stigler, R. A. Shweder, and G. Herdt, eds., *Cultural Psychology: Essays in Comparative Human Development* (New York: Cambridge University Press, 1990).

7 T. Kuhn, *The Structure of Scientific Revolutions*, 2nd ed.(Chicago: University of Chicago Press, 1970).

8 O. Sacks, *The Islands of the Colorblind* (New York: Knopf, 1996), p. 68.

9 D. Tyack, *The One Best System: A History of American Urban Education* (Cambridge, Mass.: Harvard University Press, 1974).

10 H. Gardner, *Frames of Mind: The Theory of Multiple Intelligences* (New York: Basic Books, 1983; rev. ed. 1993), Chapter 14.

11 M. Krechevsky, et al., *Building on Children's Strengths; The Experience of Prosject Zero* (New York: Teaching College Press, 1998).

12 N. D. Kristof, "Where Children Rule", *The New York Times Magazine*, August 17, 1997, pp. 40~44; C. Lewis, *Educating Hearts and Minds: Reflections on Japanese Preschool and Elementary Education* (New York: Cambridge University Press, 1994); L. Peak, *Learning to Go to School in Japan* (Berkeley: University of California Press, 1991); T. Rohlen, *Education and Training in Japan* (New York: Routledge, 1998); N. Sato, "Ethnography of Japanese Elementary Schools: Quest for Equality", Unpublished doctoral dissertation, Stanford University, 1991; H. Stevenson and J. Stigler, *The Learning Gap* (New York: Simon & Schuster, 1994); E. Vogel, *Japan as Number One: Lessons for America* (Cambridge, Mass.: Harvard University Press, 1979); M. White, *The Japanese Educational Challenge* (New York: Free Press, 1987).

13 H. Gardner, *To Open Minds: Chinese Clues to the Dilemma of Contemporary Education* (New York: Basic Books, 1989).

14 L. Olson, "Children Flourish here: Eight teachers and a theory changed a school world", *Education Week*, 1988, 7(18), 1, pp. 18~20.

15 E. D. Hirsch, *Cultural Literacy* (Boston: Houghton Mifflin, 1987) and *The Schools We Need and Why We Don't Have Them* (New York: Doubleday, 1996).

16 S. Hamilton, *Apprenticeship for Adulthood: Preparing Youth for the Future* (New York: Free Press, 1990), H. Hansen, "Caps and Gowns:

Historical Reflections on the Institutions That Shaped Learning for and at Work in Germany and the United States, 1800~1945". Unpublished manuscript, Harvard University, 1998.

17 M. Weber, *The Protestant Ethic and the Spirit of Capitalism* (London: G. Allen and Unwin, 1930).

18 D. Meier, *The Power of Their Ideas* (Boston: Beacon Press, 1995).

19 "Guide to The Middle Years Programme". Geneva: International Baccalaureate Programme, 1994.

6장

이해를 위한 교육

1 E. Brommer, "University of Working Adults Shatters Mold", *The New York Times*, October 15, 1997; J. Traub, "Drive Thru U", *The New Yorker*, October 20~28, 1997; C. Shea, "Visionary or Operator? Jorge Klor de Alva and His Unusual Intellectual Journey", *Chronicle of Higher Education*, July 3, 1998.

2 Traub, op. cit., p. 184.

3 R. Elmore, "Backward Mapping: Using Implementation Analysis to Structure Program Decisions", *Political Science Quarterly*, vol. 94 (1979~1980), pp. 606~616; J. McDonald, "Planning Backwards from Exhibition". In J. P. McDonald et al., *Graduating by Exhibition* (Alexandria, Va.: Association for Supervision and Curriculum Development, 1993).

4 S. Wiske, *Teaching for Understanding* (San Francisco: Jossey-Bass, 1998); D. K. Cohen, M. W. McLaughlin, and J. E. Talbert, eds., *Teaching for Understanding: Challenges for Policy and Practice* (San Francisco: Jossey-Bass, 1993).

5 H. Gardner, *The Unschooled Mind* (New York: Basic Books, 1991).

6 P. Sadler, cited in K. Koman, "High School Physics: A Dead End?", *Harvard Magazine*, October 1997, pp. 11~12.

7 L. Resnick, personal communication, October 13, 1997.

8 S. Wiske, *Teaching for Understanding* (San Francisco: Jossey-Bass, 1998); D. K. Cohen, M. W. McLaughlin, and J. E. Talbert, eds., *Teaching for Understanding: Challenges for Policy and Practice* (San Francisco: Jossey-Bass, 1998); *Educational Leadership*, February 1994, passim, and T. Blythe, *The Teaching for Understanding Guide* (San Francisco:

Jossey-Bass, 1998).

9 L. Shulman, "Knowledge and Teaching: Foundations of the New Reform", *Harvard Educational Review*, vol. 57, no. 1 (1987), pp. 1~22: "Those Who Understand: Knowledge Growth in Teaching", *Educational Researcher*, vol. 15 (1986), pp. 4~14.

10 D. Meier, in a talk on the occasion of the 75th anniversary of the Little Red Schoolhouse, New York, April 5, 1997.

7장
성공적인 교육을 위해

1 J. Bowlbi, *Charles Darwin* (London: Hutchinson, 1990); J. Browne, *Charles Darwin* (London: Jonathan Cape, 1995); C. Darwin, *On the Origins of Species* (New York: Mentor/New American Library, 1958: Originally Published 1859; R. Dawkins, *The Selfish Gene* (Oxford, England: Oxford University Press, 1976); D. Dennett, *Darwin's Dangerous Idea* (New York: Simon & Schuster, 1995); S. J. Gould, *Ever Since Darwin* (New York: Norton), H. Gruber, *Darwin on Man: A Psychological Study of Scientific Creativity*, 2nd ed. (Chicago: University of Chicago Press, 1981); E. Mayr, *Populations, Species, and Evolution* (Cambridge, Mass.: Harvard University Press, 1975); E. Mayr, *The Growth of Biological Thought: Diversity, Evolution, and Inheritance* (Cambridge, Mass.: Harvard University Press, 1982); C. Ralling, *The Voyage of Charles Darwin* (New York: new Mayflower Books, n.d.); M. Ridley, ed., *The Essential Darwin* (London: Unwin, 1987); J. M. Smith, *The Theory of Evolution* (Cambridge, England: Cambridge University Press, 1995); F. Sulloway, *Born to Rebel* (New York: Pantheon, 1996); and J. Weiner, *The Beak of the Finch* (New York: Vintage, 1994).

2 D. L. Wheeler, "A Biochemist Urges Darwinists to Acknowledge the Role Played by an Intelligent Designer", *The Chronicle of Higher Education*, November 1, 1996.

3 E. Crozier, ed., Mozart's *The Marriage of Figaro* (London: John Lane/ Bodley Head, 1948); A. Einstein, *Mozart: His Character, His Work* (New York: Oxford University Press, 1945); W. Hildesheimer, *Mozart* (New York: Farrar, Straus & Giroux, 1982); R. B. Moberly, *Three Mozart Operas: Figaro, Don Giovanni, The Magic Flute* (New York: Dodd, Mead and Company, 1968); M. Solomon, *Mozart: A Life* (New York:

HarperCollins, 1995); A. Steptoe, *The Mozart-Da Ponte Operas* (Oxford: Clarendon Press, 1988).

4   C. Browning, *The Final Solution and the German Foreign Office* (New York: Holmes and Meier, 1978); C. Browning, *The Path to Genocide: Essays on the Launching of the Final Solution* (New York: Cambridge University Press, 1992); R. K. Chartock and J. Spencer. eds., *Can It Happen Again? Chronicles of the Holocaust* (New York: Black Dog and Leventhal, 1995); S. Friedlander, *Nazi Germany and the Jews*, vol. 1 (New York: HarperCollins, 1997); D. J. Goldhagen, *Hitler's Willing Executioner: Ordinary Germans and the Holocaust* (New York: Vintage, 1996), pp. 3~4; P. Levi, *Survival in Auschwits* (New York: Collier Books, 1993); C. S. Maier, *The Unmasterable Past: History, Holocaust, and German National Identity* (Cambridge, Mass.: Harvard University Press, 1988); M. Marrus, *The Holocaust in History* (Dartmouth, N. H.: University Press of New England, 1987); D. Patterson, *When Learned Men Murder* (Bloomington, ind.: Phi Delta Kappan Education Foundation, 1996).

5   Goldhagen, op. cit., pp. 3~4.

6   H. Butterfield, *The Origins of Modern Science 1300~1800* (New York: Macmillan, 1953), p. 67.

7   G. H. Hardy, *A Mathematician's Apology* (Cambridge, England: Cambridge University Press, 1967).

8   E. O. Wilson, *Naturalist* (Washington, D.C.: Island Press, 1994), chapter 13.

9   D. Lack, *Darwin's Finches* (Cambridge, England: Cambridge University, 1947); E. Mayr, *Populations, Species and Evolutions* (Cambridge, Mass.: Harvard University Press, 1963); J. M. Smith, *The Theory of Evolution* (New York: Cambridge University, 1993); F. Sulloway, "Darwin and His Finches: The Evolution of A Legend", *Journal of History of Biological Journal of the History of Biology*, vol. 15, no. 1 (1982), pp. 1~43, and "Darwin and the Galapagos", *Biological Journal of the Linnaean Society*, vol. 21 (1984), pp. 29~59; J. Weiner, *The Beak of the Finch* (New York: Vintage, 1994).

8장

세 가지 사례에 대한 탐구

1   C. Ralling, *The Voyage of Charles Darwin* (New York: New Mayflower

Books, n. d.), p. 137.

2 J. Browne, *Charles Darwin* (London: Jonathan Cape, 1995), p. 305.

3 ibid., p. 339.

4 M. Ridley, ed., *The Essential Darwin* (London: Unwin, 1987), pp. 51~52.

5 C. Ralling, op. cit., p. 127.

6 J. Browne, op. cit., p. 388.

7 ibid., p. 467.

8 D. Lack, *Darwin's Finches* (Cambridge, England: Cambridge University Press, 1947); E. Mayr, *Populations, Species and Evolutions* (Cambridge, Mass.: Harvard University Press, 1963); J. M. Smith, *The Theory of Evolution* (New York: Cambridge University Press, 1993); F. Sulloway, "Darwin and His Finches: The Evolution of a Legend", *Journal of History of Biological Journal of the History of Biology*, vol. 15, no. 1(1982), pp. 1~43, and "Darwin and the Galapagos", *Biological Journal of the Linnaean Society*, vol. 21(1984), pp. 29~59; J. Weiner, *The Beak of the Finch* (New York: Vintage, 1994).

9 C. Darwin, *On The Origin of Species* (New York: Mentor/New American Library, 1958; originally Published, 1859), p. 450.

10 D. J. Goldhagen, *Hitler's Willing Executioners: Ordinary Germans and the Holocaust* (New York: Vintage, 1996), p. 142.

11 C. Browning, *The Final Solution and the German Foreign Office* (New York: Holmes and Meier, 1978), p. 44.

12 C. Browning, *The Path to Genocide: Essays on the Launching of the Final Solution* (New York: Cambridge University Press, 1992), p. 25.

13 Goldhagen, op. cit., p. 146.

14 C. Browning, *The Final Solution and the German Foreign Office* (New York: holmes and Meier, 1978); *Path to Genocide: Essays on the Launching of the Final Solution* (New York: Cambridge University Press, 1992).

15 D. Patterson, *When Learned Men Murder* (Bloomington, Ind.: Phi Delta Kappan Educational Foundation, 1996), p. 5.

16 Goldhagen, op. cit., p. 322.

17 M. Marrus, *The Holocaust in History* (Hanover, N. H.: University Press of New England, 1987), p. 26.

18 R. Hilberg, *The Destruction of European Jewry* (Chicago: Quadrangle Books, 1961); T. Keneally, *Schindler's list* (New York: Random House, 1979); P. Levi, *If This Is a Man; The Truce* (New York: Vintage, 1996); T. Mason, "Intention and Explanation: A Current Controversy about the

Interpretation of National Socialism", in G. Hirschfeld and L. Kettenacket, eds., *Der "Fuehrerstaat": Mythos und Realitaet* (Stuttgart: Klett Cotta, 1981); W. Styron, *Sophie's Choice* (New York: Random House, 1979); E. Wiesel, *Against Silence: The Voice and Vision of Elie Wiesel*, I. Abrahamson, ed. (New York: Holocaust Library, 1985).

9장
다중지능으로 이해하기

1 D. Patterson, *When Learned Men Murder* (Bloomington, Ind.: Phi Delta Kappan Educational Foundation, 1996), p. 26.
2 J. Weiner, *The Beak of the Finch* (New York: Vintage, 1994), pp. 155~156
3 E. Mihopoulos, "Invitation to the Death Camps: Review of *Dissonance-Robin Lake's Rough Dance*", *Chicago Reader*, June, 1990.
4 G. Steiner, *Language and Silence* (New York: Atheneum, 1967).
5 S. Milgram, *Obedience to Authority* (New York: Harper & Row, 1974).
6 B. Holland, "Mining Music and Law for Original Meanings", *The New York Times*, April 22, 1998.

10장
이해를 위한 교육의 경로들

1 T. Sizer, *Horace's Compromise* (Boston: Houghton Mifflin, 1984) and *Horace's School* (Boston: Houghton Mifflin, 1992).
2 H. Gardner and V. Boix-Mansilla, "Teaching for Understanding in the Disciplines-and Beyond", *Teacher College Record*, vol. 96, no.2 (1994), pp. 198~218; V. Boix-Mansilla and H. Gardner, "Of Kinds of Disciplines and Kinds of Understanding", *Phi Delta Kappan*, vol. 78, no. 5 (1997), pp. 381~386; and V. Boix-Mansilla and H. Gardner, "On Disciplinary Lenses and Disciplinary Work", In S. Wineburg and P. Grossman, eds., *Interdisciplinary Encounters: A Second Look* (New York: Oxford University Press, forthcoming).
3 V. Battistich, D. Solomon, D. Kim, M. Watson, and E. Schaps, "Schools as Communities, Poverty Levels of Student Populations, and Students' Attitudes, Motives, and Performance: A Multilevel Analysis", *American*

Educational Research Journal, vol. 32, no. 3 (fall 1995), pp. 627~656; M. Scardamalia and C. Bereiter, "The CSILE Project: Trying to Bring the Classroom into World 3", and A. Brown and J. Campione, "Guided Discovery in a Community of Learners", Both in K. McGilly, ed., *Classroom Lessons* (Cambridge, Mass.: MIT Press, 1994), pp. 201~228, 229~270; J. Comer, *School Power: Implications of an Intervention Project* (New York: Free Press, 1980); and E. Schaps, "A Sense of Community Is Key to Effectiveness in Fostering Character Education", *Journal of Self Development*, vol. 17, no. 2 (1966), pp. 42~47.

4   J. Katzman and S. Hodas, *Class Action* (New York: Villard Books, 1995).

5   H. Gardner with E. Laskin, *Leading Minds* (New York: Basic Books, 1995).

6   C. J. Orell, "ATLAS Communities: Authentic Teaching, Learning and Assessment for All Students", in S. Stringfield, S. Ross, and L. Smith, eds., *Bold Plans for School Restructuring: The New American Schools Designs* (Mahwah, N.J.: Erlbaum, 1996), pp. 53~74. For additional information, write to ATLAS Communities, Education Development Center, 51 Chapel Street, Newton, MA 02158.

7   H. Gardner, *Extraordinary Minds* (New York: Basic Books, 1997).

8   Esther Dyson had this message as a header on her electronic mail in 1997.

9   L. Darling-Hammond, *The Right to Learn: A Blueprint for Creating Schools That Work* (San Francisco: Jossey-Bass, 1997), and Battistich, Solomon, et al., op. cit.

10 R. Brown, *Schools of Thought* (San Francisco: Jossey-Bass, 1993); J. Bruer, *Schools for Thoughts: A Science of Learning in the Classroom* (Cambridge, Mass. : MIT Press, 1993); E. Fiske, *Smart Schools, Smart Kids* (New York: Simon & Schuster, 1991); D. Perkins, *Smart Schools* (New York: Free Press, 1992); and Stringfield, Ross, and Smith, op. cit.

11 M. Fullan, *The New Meaning of Educational Change* (New York: Teachers College Press, 1990). On "learning organizations", see P. Senge, *The Fifth Discipline: The Art and Practice of the Learning Organization* (New York: Doubleday, 1990), and D. Schon, *The Reflective Practitioner: How Professionals Think in Action* (New York: Basic Books, 1983).

12 M. Csikszentmihalyi, *Flow* (New York: Basic Books, 1983).

13 R. Elmore, "Getting to Scale with Good Educational Practices", In S. Fuhrman and J. A. O'Day, eds., *Rewards and Reform: Creating Educational Incentives That Work* (San Francisco: Jossey-Bass, 1996), pp. 294~329.

14 M. Neill, "Jigh Stakes Tests Do Not Improve Student Learning", *Fairtest*, January 1998; see also D. C. Cohen and H. C. Hill, "State Policy and Classroom Performance: Mathematics Reform in California", *Consortium for Policy Research in Education Policy Brief*, RB 23 (January 1998), pp. 1~13.

11장
마무리하며

1 F. Sulloway, *Born to Rebel: Birth Order, Family Dynamics, and Creatives Lives* (New York: Pantheon, 1996).
2 D. Ravitch, *The Schools We Deserve* (New York: Basic Books, 1985).
3 D. C. Gajdusek, "Paradoxes of Aspiration for and of Children in Primitive and Isolated Cultures", *Pediatric Research*, vol. 27, supplement 59(1990). See also G. Klein, "Proteus 2", in his *Live Now* (New York: Prometheus Books, 1996), pp. 85~164.
4 Quoted in N. Frye, *T. S. Eliot: An Introduction* (Chicago: University of Chicago Press, 1963).
5 V. Havel, Commencement address, Harvard University, June 15, 1995.

후기

1 H. Gardner, *Intelligence reframed* (New York: Basic Books, 1999).
2 H. Gardner, *Intelligence reframed* (New York: Basic Books, 1999); M. Kornhaber, Report on Project SUMIT (Schools Using M.I. Theory). Available from Harvard Project Zero, Harvard Graduate School of Education, Cambridge, MA 02138(2000).
3 E. D. Hirsch, *The New York Times*, September 11, 1999, pp. A15, 17.
4 M. Kornhaber, Report on Project SUMIT (Schools Using M.I. Theory). Available from Harvard Project Zero, Harvard Graduate School of Education, Cambridge, MA 02138(2000).
5 A. Tommasini, 'Gatsby' as opera, fox trots and all. *The New York Times*, December 20, 1999, pp. B1, 5.

찾아보기

하워드 가드너 심리학 총서 2 학습 편

인간은 어떻게 배우는가

2015년 9월 3일 초판 1쇄 발행
2019년 6월 17일 개정판 1쇄 인쇄
2019년 6월 27일 개정판 1쇄 발행

지은이 하워드 가드너
옮긴이 류숙희

편집장 김정민
책임편집 정승호
편집 이단네 김가람 고명수
마케팅 남궁경민
북디자인 박진범
본문디자인 윤은주

펴낸이 윤철호
펴낸곳 (주)사회평론

등록번호 10-876호(1993년 10월 6일)
전화 02-326-1182
팩스 02-326-1626
주소 서울시 마포구 월드컵북로12길 17
이메일 editor@sapyoung.com

ISBN 979-11-6273-047-8 04180
ISBN 979-11-6273-045-4 04180 (세트)